Michael Behnisch, Michael Winkler (Hrsg.)

Soziale Arbeit und Naturwissenschaft

Einflüsse, Diskurse, Perspektiven

Mit 9 Abbildungen

Ernst Reinhardt Verlag München Basel

Prof. Dr. *Michael Behnisch* lehrt Methoden und Konzepte der Sozialen Arbeit an der Fachhochschule Frankfurt a. M.
Prof. Dr. *Michael Winkler* ist Inhaber des Lehrstuhls für Allgemeine Pädagogik und Theorie der Sozialpädagogik am Institut für Bildung und Kultur der Friedrich-Schiller-Universität Jena.

Coverbild unter Verwendung eines Fotos von © Simfo – iStockphoto

Abbildungen 1–6: Jörg Dinkelaker, Matthias Herrle, Jochen Kade
Abbildungen 7, 8: Susanne Maurer, Lars Täuber

Hinweis
Die Wiedergabe von Gebrauchsnamen, Handelsnamen, Warenbezeichnungen usw. in diesem Werk berechtigt auch ohne besondere Kennzeichnungen nicht zu der Annahme, dass solche Namen im Sinne der Warenzeichen- und Markenschutz-Gesetzgebung als frei zu betrachten wären und daher von jedermann benutzt werden dürften.

Bibliografische Information der Deutschen Nationalbibliothek

Die Deutsche Nationalbibliothek verzeichnet diese Publikation in der Deutschen Nationalbibliografie; detaillierte bibliografische Daten sind im Internet über <http://dnb.d-nb.de> abrufbar.
ISBN 978-3-497-02052-2

© 2009 by Ernst Reinhardt, GmbH & Co KG, Verlag, München

Dieses Werk, einschließlich aller seiner Teile, ist urheberrechtlich geschützt. Jede Verwertung außerhalb der engen Grenzen des Urheberrechtsgesetzes ist ohne schriftliche Zustimmung der Ernst Reinhardt GmbH & Co KG, München, unzulässig und strafbar. Das gilt insbesondere für Vervielfältigungen, Übersetzungen in andere Sprachen, Mikroverfilmungen und für die Einspeicherung und Verarbeitung in elektronischen Systemen.

Printed in Germany
Reihenkonzeption Umschlag: Oliver Linke, Augsburg
Satz: Arnold & Domnick, Leipzig
Druck und Bindung: Friedrich Pustet, Regensburg

Ernst Reinhardt Verlag, Kemnatenstr. 46, D-80639 München
Net: www.reinhardt-verlag.de E-Mail: info@reinhardt-verlag.de

Inhalt

Vorwort

Von Michael Behnisch und Michael Winkler 7

Zwischen Faszination und Ablehnung. Einflüsse, Diskurse, Perspektiven im Verhältnis von Sozialer Arbeit und Naturwissenschaften

Von Michael Behnisch und Michael Winkler 10

Erster Teil: Positionen in veränderten Handlungsfeldern

Früherkennung und Prävention von Entwicklungsstörungen. Medizinisierung und Pädagogisierung der frühen Kindheit aus praxisanalytischer Perspektive

Von Sabine Bollig und Helga Kelle 42

Verhaltensauffälligkeiten im Kindes- und Jugendalter. AD(H)S im Spannungsfeld von Erziehungswissenschaft und Naturwissenschaften

Von Christine Freytag und Ulf Sauerbrey 58

Zur Relevanz naturwissenschaftlicher Erkenntnisse für die Versorgungs- und Kooperationsperspektiven zwischen Jugendhilfe und Jugendpsychiatrie

Von Silvia Denner und Björn Enno Hermans 73

Gesundheitsprävention und Gesundheitsförderung im Kindes- und Jugendalter. Soziale Arbeit als Erfüllungsgehilfin der Gesundheitswissenschaften?

Von Stephan Sting 86

Von der Kindheit zur Jugend. Pubertätskonstruktionen in pädagogischen Fachdiskursen und ihre Effekte für pädagogisches Handeln

Von Antje Langer 106

Evolutionsbiologische und entwicklungspsychologische Erkenntnisse und ihre Relevanz für die Geschlechterpädagogik

Von Doris Bischof-Köhler 121

Einüben, Üben, Ausüben. Körperbildung in Kursen der
Erwachsenenbildung
  Von Matthias Herrle, Jörg Dinkelaker und Jochen Kade 134

Körperbezogene Wahrnehmung. Zur Übersetzung neurowissenschaftlicher Erkenntnisse in die (sozial)pädagogische Praxis
  Von Susanne Maurer und Lars Täuber 153

Soziale Altenarbeit. Vom Nutzen eines autobiographischen
Gedächtnisses als Wandlungskontinuum für den Alternsprozess
und der Gefahr des Verlusts durch eine Demenz
  Von Christine Meyer 167

Zweiter Teil: Sozialpolitik und Menschenbild – Veränderungen im sozialpädagogischen Denken

Neo-soziale Körperpolitiken in der Sozialen Arbeit. Eine sozialpolitische Vergewisserung
  Von Fabian Kessl 184

Die Natur des Menschen und das Leben als Person. Naturalistische Herausforderungen der Sozialen Arbeit
  Von Ulrich Steckmann 199

Das Menschenbild des neurophysiologischen Determinismus. Mögliche Entgegnungen und deren Implikationen für den Erziehungsprozess
  Von Katharina Schumann 214

Entwicklungspsychiatrische und psychodynamische Diagnostik als Grundlage interdisziplinärer Intervention bei Kindern und Jugendlichen
  Von Oliver Bilke 231

Herausgeber und AutorInnen 239

Sachregister 242

Vorwort

Naturwissenschaftliche Erkenntnisse und Deutungsmuster haben in den vergangenen Jahren deutlich an öffentlicher Resonanz und diskursiver Macht gewonnen, mitunter sogar hohe kulturelle und alltagspraktische Bedeutung erreicht. Dies lässt sich, um nur einige Beispiele zu nennen, in den Themenbereichen Gesundheit, frühkindliche Bildung, Pränataldiagnostik oder der Behandlung kindlicher Verhaltensauffälligkeiten nachzeichnen. Obwohl manche Autoren davon ausgehend bereits eine „Revolution des Denkens" (Treml 2002, 663) für die Geistes- und Sozialwissenschaften diagnostizieren, nimmt die Soziale Arbeit jene Debatten bislang jedoch nur äußerst randständig auf: In Handbüchern fehlen einschlägige Beiträge, ebenso sind bisher keine Monografien über den Einfluss naturwissenschaftlicher Debatten zu verzeichnen. Gleichwohl spricht einiges dafür, dass jene Debatten das (durchaus traditionsreiche) Verhältnis der Sozialen Arbeit zu den Naturwissenschaften als zentralen Reflexionsbestand (wieder) stärker in den Fokus von Theorie und Praxis der Sozialen Arbeit rücken. Insbesondere die medizinischen und biologischen Teildisziplinen gelten dabei als relevant.

Diese naturwissenschaftlichen Erkenntnis- und Deutungsangebote, verbunden mit der diskursiven Macht ihrer Präsentation, lassen daher eine weiterhin randständige Beachtung des Verhältnisses von Sozialer Arbeit zu den Naturwissenschaften nicht mehr zu: Die Soziale Arbeit muss sich mit diesen, durch die Naturwissenschaften evozierten Diskursen über Entwicklung, Erziehung und Bildung – und damit mit dem sich neu justierenden Verhältnis von Natur- und Geisteswissenschaft – auseinandersetzen; jene naturwissenschaftlichen Erkenntnisofferten werden die Theorie und Praxis der Sozialen Arbeit beeinflussen. Negiert sie hingegen diese Auseinandersetzung, droht die Soziale Arbeit ihre eigenen Praxisdiskurse nicht mehr zu verstehen: Theorieangeboten nämlich kann man sich (vorläufig jedenfalls) entziehen oder diese kritisch abwehren, aber Geltungsansprüche, die längst die Anwendungsbereiche des pädagogischen Feldes erreicht haben, verlangen eine Auseinandersetzung.

An dieser Herausforderung setzt der vorliegende Band an: Dem Buch geht es um eine Klärung von Positionen und eines – möglichen – Verhältnisses von Sozialer Arbeit und Naturwissenschaften. Möglicherweise kommt der Text kaum über eine Annäherung an die Problematik hinaus, in der das diskursive Feld umrissen und bestimmt wird, wie dieses Verhältnis zu sehen ist. Das Buch ist letztlich aus Neugier entstanden und will daher bei aller kritischen Beobachtung und Analyse des Feldes weder Argumente in einem Abwehrkampf liefern, noch eine – ohnedies nur vermeintlich – größere Relevanz pädagogischen Denkens gegenüber naturwissenschaftlicher Deutung nachweisen. Der Band nimmt vielmehr eine erste Bestandsaufnahme vor, was naturwissenschaftliche Erkenntnisse und Einflüsse für die Entwicklung der Profession bedeuten und wie sie pädagogisches Handeln und Denken verändert haben und weiter verändern könnten – stets im Bewusstsein darüber, dass mit dem Begriff der Naturwissenschaften in den öffentlichen und fachlichen Diskursen eine Illusion von Sicherheit einhergeht, die es in der Wissenschaft prinzipiell nicht geben kann, die sich aber insbesondere in den Naturwissenschaften geradezu notorisch beschleunigt auflöst.

In einem weiteren Interessenszugang fragt der Band, an welchen Stellen unterschiedliche Denkformen die Handlungsfelder Sozialer Arbeit bereichern, an welchen Stellen Soziale Arbeit hingegen um ihres Auftrags und ihres eigenen Sinnes willen auf Kritik und Abgrenzung beharren muss. Bei der Beantwortung dieser Fragestellung gehen die Beiträge in ihren Einschätzungen und Tendenzen auseinander und repräsentieren damit jene Bandbreite, mit der man das Verhältnis von Naturwissenschaften und Sozialer Arbeit wohl nur diskutieren kann.

Das Buch versteht sich als Annäherung und Initiierung einer Debatte, um das aktuelle Verhältnis zwischen naturwissenschaftlichen Diskursen und Erkenntnissen einerseits sowie der Theorie und Praxis der Sozialen Arbeit andererseits zu vermessen. Angesichts der Relevanz der Thematik kann davon ausgegangen werden, dass es bei dieser ersten Vermessung nicht bleiben wird. Vermutlich müssen die lange Zeit üblichen, inzwischen aber in den Hintergrund gedrängten Fragen nach der möglichen und tatsächlichen Interdisziplinarität in der Wissenschaft der Sozialen Arbeit und Sozialpädagogik wie die nach der Multiperspektivität in den einschlägigen professionellen und fachlichen Debatten neu aufgeworfen werden. Dabei sollte sich die Aufmerksamkeit nicht nur auf die Naturwissenschaften, sondern ebenso auf die Ökonomie richten, die zwar in den Debatten um Sozialwirtschaft einen fachlichen Widerhall findet, ansonsten aber mehr als Bedrohung, denn als Gesprächspartner wahrgenommen wird. Solche disziplinär und fachlich übergreifenden Auseinandersetzungen sind nicht zuletzt wichtig, weil die Soziale Arbeit nur in diesen ihre Diskurskompetenz stärken kann, um ihre sozialethischen Arbeitsgrundlagen neu zu verhandeln und zu justieren. Sie muss beweisen, dass sie sich aus guten eigenen Gründen mit anderen Disziplinen befasst und von diesen lernt oder im Umgang mit diesen nur ihre eigenen Legitimationskrisen bewältigt.

Der Band diskutiert diese Fragestellungen in drei Schritten: In einem ersten Kapitel werden, überblicksartig und einleitend, die Fragen nach den Gegenständen und Diskurslinien im Verhältnis von Sozialer Arbeit und Naturwissenschaften verhandelt. Diesem Einleitungsbeitrag schließen sich im ersten Teil des Buches Einblicke in das Spannungsfeld von Sozialer Arbeit und Naturwissenschaften entlang verschiedener Praxisfelder an. Diese sind lebensphasenchronologisch angelegt (Kindheit, Jugend, Erwachsenenalter). Damit werden die Debatten innerhalb der sozialen Praxis zum Ausgangspunkt der Überlegungen. In einem zweiten Teil schließlich wird das Verhältnis von Sozialer Arbeit und Naturwissenschaften im Hinblick auf Veränderungen pädagogischer Denkformen ausgelotet, wobei insbesondere sozialpolitische Fragestellungen sowie solche im Fokus stehen, die sich mit dem Menschenbild befassen.

Eine abschließende Anmerkung zur Reichweite der vorgestellten Texte: Der Bereich der Behinderten- und Heilpädagogik findet hier keine Berücksichtigung (einführend hierzu: Handwerker 2007). Denn es bestehen auf eine für die Betroffenen möglicherweise – wie beispielsweise der Umgang mit Fällen seelischer Behinderung in der Jugendhilfe belegt – fatale Art und Weise nur wenig Verbindungen zwischen der Sozialen Arbeit und der Behindertenpädagogik. Es handelt sich gewissermaßen um zwei getrennte Arbeitsfelder und zwei verschiedene Disziplinen. Dabei pflegen die Behinderten- und Integrationspädagogik enge Beziehungen etwa zur Medizin und zu anderen Naturwissenschaften, so dass sich völlig andere Perspektiven für das hier diskutierte Problem ergäben hätten.

Wir danken den Autorinnen und Autoren für Ihre Mitwirkung an diesem Buch sowie Sabrina Langenohl für das Korrekturlesen der Beiträge. Ferner gilt unser Dank dem Ernst Reinhardt Verlag für die Umsetzung und Betreuung des Projekts.

Jena und Frankfurt / Main, April 2009
Michael Behnisch und Michael Winkler

Zwischen Faszination und Ablehnung.
Einflüsse, Diskurse, Perspektiven im Verhältnis von Sozialer Arbeit und Naturwissenschaften

Von Michael Behnisch und Michael Winkler

1 Einleitung

Soziale Arbeit und Sozialpädagogik haben ein seltsam gebrochenes Verhältnis zu den Naturwissenschaften. Diese wie auch andere Disziplinen, die Ökonomie etwa, werden entweder mit großer Distanz oder in geradezu gläubigem Interesse wahrgenommen und in ihren Aussagen und Befunden rezipiert: Strenge Ablehnung, die bis zu einer Form von genereller Wissenschaftsfeindlichkeit tendiert, korrespondiert einer zuweilen naiv wirkenden Übernahme, in der nicht minder wissenschaftliche Grundprinzipien wie Skepsis und Falsifikationismus auf der Strecke bleiben. Zwischen „Faszination und Ablehnung" oszilliert also jener binäre Code, in dem sich aktuell wie historisch das Verhältnis der Sozialen Arbeit zu den Naturwissenschaften vornehmlich abbildet.

In diesem Beitrag soll dieses zwischen Faszination und Ablehnung verortete Verhältnis der Sozialen Arbeit zu den Naturwissenschaften einer differenzierten, wenngleich notwendigerweise verdichteten Analyse unterzogen werden. Dabei wird in zwei Schritten vorgegangen: Zunächst wird der Gegenstand der Natur(-Wissenschaft) in seiner Relevanz für die Soziale Arbeit eingeordnet (2.1) und historisch nachgezeichnet (2.2). Der zweite Schwerpunkt widmet sich den aktuellen Argumentationszusammenhängen sowie den damit verbundenen Diskurspolitiken im Verhältnis von Sozialer Arbeit und Naturwissenschaften: Nach einem pointierten „Appetitanreger" (3.1) folgt in Kapitel 3.2 eine analysierende Beobachtung, die jene Diskurspositionen auf einer Ebene der inhaltlichen Relevanz naturwissenschaftlicher Erkenntnisse (3.2.1) sowie auf einer Ebene der öffentlichen Gültigkeit und Definitionsmacht (3.2.2) betrachtet. Ihren Abschluss finden jene Diskursbeobachtungen in einem essayistisch angelegten Kommentar, der vor allem den Blick auf die Soziale Arbeit als Wissenschafts- und Wissenssystem richtet – freilich unter dem Fokus naturwissenschaftlichen Diskurseinflusses (3.3). Ein Fazit sowie ein kurzer Ausblick (4.) beschließen den Text.

2 Problem und Geschichte des Gegenstandes oder: Warum Soziale Arbeit weder auf Natur verzichtet hat noch verzichten kann

2.1 In der „Natur der Sache": Warum Soziale Arbeit nicht auf Natur(-wissenschaft) verzichten kann

Vordergründig scheint das Interesse an den Gegenständen der Naturwissenschaften auf deren Erklärungsmacht und Effizienzversprechen zu beruhen, welche Naturwissenschaften zudem noch gegenüber gesellschaftlich höchst relevanten Fragen (vgl. auch 3.2) geltend machen können. Gleichwohl sollte diese Entwicklung als Grund für das Interesse an Naturwissenschaften im Zusammenhang der Sozialen Arbeit nicht überbewertet werden. Es existiert vielmehr ein weitgehend übersehener Zusammenhang, der es fast unabweisbar macht, Naturwissenschaften im Kontext der Sozialen Arbeit und Sozialpädagogik (wie übrigens in der Theorie der Erziehung schlechthin) zu rezipieren – intensiver vielleicht, als dies gemeinhin der Fall ist.

Tatsächlich verweist nämlich die Unterscheidung des disziplinären und des professionellen Denkens auf ein fundamentales Sach- und Gegenstandsproblem der Sozialen Arbeit. Etwas ironisch könnte man monieren, dass die Theorie der Sozialen Arbeit schlicht ein empirisches Problem in den Arbeitsfeldern ignoriert, mit welchem die Professionellen dann eben pragmatisch umgehen müssen: Dass diese sich der naturwissenschaftlichen Befunde bedienen, liegt nämlich in der Natur der Sache bzw. darin, dass die Natur zur Sache der Sozialen Arbeit gehört. Das Selbstverständnis der Disziplin als sozialwissenschaftlich, ihre Ausrichtung an der Soziologie und den politischen Debatten blockiert jedoch den Blick auf die Naturdimensionen des Geschehens in der Sozialen Arbeit.

Dieser verstellte Blick verweist – so die These – auf ein Gegenstandsproblem. Zwar wird die wissenschaftliche Auseinandersetzung mit der Sozialen Arbeit und der Sozialpädagogik wissenschaftssystematisch den Sozialwissenschaften zugeordnet. Doch liegt darin eine Verengung auf spezifische Traditionslinien, über die keineswegs Einigkeit besteht. Wenigstens die Sozialpädagogik reklamiert ihre Wurzeln auch in den Geisteswissenschaften, zudem besteht ein Zusammenhang mit den Kulturwissenschaften, der in den Bezügen zu den sogenannten cultural studies zu erkennen ist.

Darüber hinaus lassen sich aber frühe Referenzen zwischen Pädagogik und Naturwissenschaft in der terminologischen Entwicklung nachzeichnen: Der Begriff der Bildung entstand zunächst als eher biologischkonnotierter Begriff und wird später in einem Zusammenspiel von Natur- und Geistesphilosophie differenziert, so etwa – um ganz unterschiedliche Spielarten zu erwähnen – bei Fröbel oder bei Hegel. Fröbel konstruiert seine „Menschenerziehung" zwar mit einer Mischung aus stark religiösen Motiven und Aufklärungsdenken, interpretierte aber schon das freilich spekulative Sphärengesetz pädagogisch als Zusammenhang von Natur und Geist in der Entwicklung des Menschen. Selbst die Idee der *Bildung* enthielt stets eine Dimension des Natürlichen, weil nur so Veränderung und Individualität erkannt und interpretiert werden konnten. Schließlich kann auf die häufig bemühte Kindergarten- und Gärtner-Metaphorik verwiesen werden, die zeigt, dass der Pädagogik ein technisches Bild des Biegens, Formens und Züchtens traditionell eingeschrieben war und ist.

In jüngerer Zeit fanden ursprünglich naturwissenschaftliche Terminologien ihre Adaption in den Sozial- und Geisteswissenschaften: Das bekannteste Beispiel stellt der Begriff „System" dar, der, ursprünglich definiert in der Quantenphysik und Quantenmechanik, zunächst durch die angloamerikanische Soziologie und später durch Luhmann für die Sozialwissenschaften adaptiert wurde. Weitere Begriffe wie Kontingenz (Treml 2002, 664), Autopoiesis, Ganzheitlichkeit (Tichy 2007, 403) oder Selbstorganisation (Becker 2002, 713) haben ihre Ursprünge ebenso wie einige Theoriezweige (Konstruktivismus, verschiedene Lerntheorien) in den Naturwissenschaften. Eine Vielzahl von alltäglich gewordenen Standardbegriffen der Erziehungswissenschaften stellen also nahezu unproblematisierte Adaptionen naturwissenschaftlicher Konzepte dar: *Kompetenz* etwa hat zumindest auch eine biologische Dimension, *Anpassung* ebenfalls, *Stress* offensichtlich; in keinem Fall kann ausgeschlossen werden, dass die Begriffe nicht diese Konnotationen weiterhin mittragen.

Aus den schon angedeuteten feldspezifischen, praktischen und terminologischen Gründen bestand und besteht also schon immer eine Nähe zu den Naturwissenschaften. Mehr noch: Sieht man von der Antike ab, in der die Einflussnahme auf die natürliche Konstitution von Menschen bis hin zu eugenischen Vorstellungen durchaus präsent war – und durch die Rezeption etwa Platons und Aristoteles' bis in die beginnende Neuzeit hin wirksam blieb –, wird Natur spätestens mit der Aufklärung zu einem konstitutiven Moment des Nachdenkens über Menschen, ihre soziale Organisation und ihre Erziehung. Das gilt in mehrerlei Hinsicht: *Natur* wurde als politischer, rechtlich gemeinter Kampfbegriff gegen ungerechtfertigte Ordnung und Machtausübung benutzt und war zudem antireligiös und säkular ausgerichtet. *Natur* erinnerte an den Menschen als irdisch mundanes Wesen. *Natur* sollte antimetaphysisch orientiert die physiologische Organisation des Menschen deutlich und die in ihm wirkende Kausalität zum Thema machen. La Mettries „L'homme machine" spitzt diesen Gedanken zu, der im Materialismus der französischen Aufklärung zum Tragen kommt.

Endlich setzt sich – spätestens mit Rousseau – die Idee eines Handelns durch, welches „gemäß der Natur", der Natur folgend sich den relativ gültigen Normen und Geboten einer Gesellschaft verweigerte; das war kulturkritisch gedacht, hatte aber dramatische und nachhaltige Folgen.

Denn *einerseits* hat der Appell an die *Natur des Menschen* den Weg geebnet, als Natur des Menschen im Sinne einer Wesensbestimmung seine Gesellschaftlichkeit und Kulturalität zu erkennen. Damit war zwar der bis heute anhaltende Streit um das Verhältnis von Natur und Kultur virulent geworden, wobei sich schnell abzeichnete, dass und wie dieser unlösbar bleiben musste, zumal die naturwissenschaftlich nicht zu erklärende, unglaubliche Dynamik der kulturellen Evolution und ihre Wirkung noch bis in weite Bereiche des Phänotyps von Menschen anzuerkennen waren und sind. Michael Tomasello hat inzwischen für das Problem die mehr oder weniger salomonische Lösung vorgeschlagen, dass wohl die – genetisch formierte – Natur den größten Anteil an der menschlichen Existenz habe, Gesellschaftlichkeit und Kultur aber über die praktische Bewältigung des Lebens entscheiden (Tomasello 2002).

Andererseits aber öffnet erst die Radikalität einer Anthropologie, die den Menschen als Naturerscheinung wahrnimmt, den Weg sowohl zur modernen Medizin wie zur Psychotherapie. Dass seelisch-psychische Störungen als Krankheiten erkannt wurden, nicht mehr bloß als Schicksal oder gar als Strafe Gottes, vielleicht sogar als Effekt unmoralischen Handelns bewertet wurden, dass man sie heilen durfte und konnte, diese Entdeckung und Einsicht war nur möglich geworden, weil sich naturwissenschaftliches Denken durchsetzte (Ellenberger 1985).

Angesichts jener Bestimmung der Natur als konstitutivem Element geht man letztlich nicht fehl, wenn man wiederum Soziale Arbeit und Sozialpädagogik in den Kontext eines weiten Begriffs von Menschenwissenschaften einstellt, wie ihn etwa Norbert Elias geprägt hat – durchaus in der Perspektive, die Sozialität und Kulturalität menschlichen Lebens in enger Verbindung mit seiner biologisch-physiologischen Natur zu sehen und zu begreifen. Der Grund für ein solches weites grundlagentheoretisches Konzept der Sozialen Arbeit liegt schlussendlich in der Sache selbst, die allerdings in einer strenger sozial*pädagogischen* Perspektive erst deutlich wird: Soziale Arbeit und Sozialpädagogik haben zwar zu tun mit den gesellschaftlichen Bedingungen menschlicher Existenz, aber diese sind nicht allein in ihren strukturellen Rahmungen und funktionalen Zusammenhängen relevant, sondern bleiben bezogen auf Veränderungs- und Entwicklungsprozesse von Menschen.

Soziale Ausgrenzung etwa, um ein aktuell diskutiertes Problem aufzunehmen, ist nicht bloß als ein soziologisch interessanter Zusammenhang wichtig, sondern muss einerseits im Blick darauf verfolgt werden, was sie mit der Psyche von Menschen, ihrer Selbstdeutung und ihrer Handlungsfähigkeit anstellt, wie sie sich auf ihre soziale Handlungskompetenz auswirkt. Andererseits ist für die Soziale Arbeit nicht minder entscheidend, ob und wie Menschen soziale und kulturelle Anforderungsstrukturen, verfügbare sowie durch Soziale Arbeit entdeckte oder bereitgestellte Ressourcen aufnehmen und sich mit diesen so entwickeln können, dass sie zumindest

Ausgrenzungserfahrungen bewältigen, wenn nicht überwinden. Anders formuliert: Soziale Arbeit kann auf Annahmen über Veränderung und Entwicklung nicht verzichten – andernfalls wäre sie eigentlich zur Aufgabe verurteilt. Diese *Entwicklungstatsache* – wie Siegfried Bernfeld sie bekanntlich nennt (Bernfeld 1925 / 1973) – lässt sich aber nur begreifen, wenn man die Natureigenschaften des Menschen zur Kenntnis nimmt – übrigens in aller Ambivalenz, die damit verbunden ist: Der Blick auf Natureigenschaften legt nämlich Differenzen frei, die nicht unberücksichtigt bleiben dürfen, aber in eine Spannung etwa mit gerechtigkeitstheoretisch begründeten ethischen Annahmen der Sozialen Arbeit treten können.

Wer also die Problemlagen angemessen verstehen will, mit welchen Soziale Arbeit konfrontiert ist, wer zudem sinnvolle Hilfestrategien entwickeln und entwerfen will, kommt wenigstens dann nicht an den natürlichen Bedingungen vorbei, wenn er auf Veränderung und Entwicklung setzt. In diesen Prozessen hat man zumindest immer auch mit einem Naturelement zu rechnen, das selbst widerständig oder hilfreich sein kann, sich mithin als ein Teil der Ressourcen erweist, welche wenigstens zu prüfen sind. In der Behinderten- oder Integrationspädagogik ist dieser Bezug auf Natur selbstverständlich, weil es darum geht, Entwicklungsverzögerungen und sensorische oder motorische Besonderheiten zu beachten bzw. in der Förderung Umwege zu entdecken, auf welchen Menschen die ihnen – sozial – verwehrte Teilhabe an Gesellschaft und Kultur realisieren.

Und dennoch liegt das Dilemma der Sozialen Arbeit auf der Hand: Obwohl der Bezug auf Natur zunächst und zu aller erst auf allgemeine Merkmale und Kausalitäten abhebt, im Grunde eigentlich erst erkennen lässt, wie eine umfassende menschliche Existenz aufgrund sozialer und kultureller Restriktionen nicht gelebt werden kann, lässt dieser Bezug zugleich Differenzen hervortreten, die in eine Form von Diskriminierung führen können. Weil und wenn die naturwissenschaftliche Erkenntnis mit ihren Kausalitätsannahmen normierend wirkt, entstehen mit ihnen Menschenbilder, die am Ende doch Idealnormen transportieren und die Vielfalt menschlicher Lebensweisen nicht mehr angemessen repräsentieren.

Will man nun jenes soeben skizzierte Gegenstandsproblem sowie die Kontinuität des Codes *Faszination und Ablehnung* näher begreifen, lohnt der Blick auf zumindest einige historische Positionen im Verhältnis von Sozialer Arbeit und Naturwissenschaften. Dabei soll der Schwerpunkt auf jener Kumulationsphase liegen, die sich für das späte 19. und frühe 20. Jahrhundert identifizieren lässt.

2.2 Einblicke in eine Gegenstandsgeschichte zwischen Faszination und Ablehnung: Warum Soziale Arbeit nicht auf Natur(-wissenschaft) verzichtet hat

Erstens: Das Abwägen zwischen natur- und geisteswissenschaftlichen Überlegungen für ein Verständnis der conditio humana reicht in die griechische Antike zurück, dort bereits thematisiert als Relation von Anlage und Umwelt (Liegle 2002, 5). Doch erst im 18. Jahrhundert entstanden die bis heute nachwirkenden anthropologischen Denkfiguren, welche gleichwohl bis in das 19. Jahrhundert hinein noch stark von naturromantischen und christlichen Vorstellungen geprägt blieben (Winkler 2006, 66).

Beeindruckt durch Rousseau, der das Motiv einer Erziehung „gemäß der Natur" in der Pädagogik populär machte, beschrieb das pädagogische Denken des ausgehenden 18. Jahrhunderts (zu erinnern wäre an die sogenannten Philanthropen) und des 19. Jahrhunderts seinen Gegenstand, also den Erziehungssachverhalt, stets im Zusammenhang mit natürlichen Eigenschaften und im Bezug auf Naturwissenschaften (so etwa in der bedeutenden Rolle der Diätetik und der Hygiene). Auf welche Komplexität die Erziehungstheorie sich dabei einlassen musste, belegen Pestalozzis „Nachforschungen über den Gang der Natur in der Entwicklung des Menschengeschlechts" (Original 1797, bei Nipkow 2002, 672; Winkler 2006, 65). Die im 19. Jahrhundert maßgebende Strömung der Herbartianer behielt diesen Blick bei. In summa lässt sich also feststellen, dass die frühen Entwürfe pädagogischer Theorie einen Naturbezug keineswegs scheuen, während sich erst im späten 19. und frühen 20. Jahrhundert viele jener Wegmarkierungen und Bedingungszusammenhänge in aller Schärfe herausbildeten, die das Verhältnis von Sozialer Arbeit und Naturwissenschaften bis heute prägen.

Zweitens: Die Naturwissenschaften erlebten im Laufe des 19. Jahrhunderts einen rasanten Aufstieg innerhalb einer sich entwickelnden industriell-technischen Moderne, was zu heftigen Auseinandersetzungen führte, die in das Verständnis der höheren Schulbildung reichten; als Beispiel kann DuBois-Reymonds Forderung nach Kegelschnitten als Unterrichtsinhalt der Gymnasien gelten (DuBois-Reymond 1877/1974; Fuhrmann 2004).

Für die Soziale Arbeit zieht jene zunächst technisch-industrielle Entwicklung drei Folgen nach sich: Auf wissenstheoretischer Ebene entstand, bei Dilthey noch vorsichtig abgemildert, dann bei Windelband und Rickert zugespitzt, die methodologische Differenz zwischen Natur- und Geisteswissenschaften, die zunehmend in eine „Kultur der Sprachlosigkeit" zwischen diesen führte. Parallel zu diesem Aufstieg der Naturwissenschaften und der wachsenden Klage über einen Sinnverlust, der Geisteswissenschaften nötig macht, entwickelte sich aber – fast als eine neben Natur- und Geisteswissenschaften eigene Kultur – die Soziale Arbeit in ihrer Formatierung als wohlfahrtsstaatliche Institutionalisierung und rechtliche Administration. Sie wurde gewissermaßen „hineingesetzt" in ein zunehmend durch die Naturwissenschaften maßgeblich gedeutetes Weltverständnis.

Anders als die durch Reformpädagogik und geisteswissenschaftliche Pädagogik geprägte Historiographie der Sozialpädagogik dies dann darstellt, verband jedoch die Naturwissenschaften und die Soziale Arbeit, dass sie mit ihren Wissensbezügen zu maßgeblichen Projekten der beginnenden klassischen Moderne wurden: Diese war geprägt durch die Herausbildung einer „Normalisierungsgesellschaft" (Foucault) mit ihrer Durchsetzung von technischen wie kulturellen Normsetzungen und Normalisierungen (Sohn 1999; Link 2006). Überspitzt formuliert geht es in der institutionalisierten Sozialen Arbeit schon sehr früh um die Durchsetzung der Industrienorm auf den menschlichen Körper, um Regierbarmachung der Personen durch die Anwendung von Kausalwissen auf sie. Technisch-industrielles und kulturell-soziales Normalisierungswissen werden in einer Beherrschung der Natur des Menschen zur Bevölkerungsregulierung eingesetzt (Sohn/Mertens 1999) oder umgekehrt: Die Natur des Menschen, wie sie sich in Physis und Psyche identifizieren lässt und als bearbeitbar zu erkennen gibt, wird Objekt der Fürsorgearbeit.

Drittens: Jener am Ausgang des 19. Jahrhunderts sichtbar werdende Bezug auf Physis und Psyche des Menschen konkretisierte sich in seiner Auswirkung auf die Soziale Arbeit wesentlich durch zwei Entwicklungen: Der Rekurs auf Naturwissenschaften trat zu Beginn des 20. Jahrhunderts zum einen durch die auf Hygiene und Ernährung der Bevölkerung gerichteten Stränge der Fürsorge auf. Diese hatten sich zunehmend von der Arbeit an den sozialen Gegebenheiten gelöst und verselbständigt: Der Körper wurde Gegenstand einer präventiv gedachten Gesundheitsfürsorge. Darüber hinaus trat der naturwissenschaftliche Bezug im Zusammenhang von pädagogischen Krisenerfahrungen in Erscheinung. Vor allem in den 1920er Jahren wurden die für Fürsorgemaßnahmen entscheidenden „Grenzen der Erziehbarkeit" eng an vermeintlich naturwissenschaftliche Befunde gekoppelt (Peukert 1986). Damit entstand eine Grundlage für die nationalsozialistische Politik der „Ausmerze".

Bei der Frage nach den Naturwissenschaften in der Sozialen Arbeit darf man also nicht verdrängen, wie dem Nationalsozialismus Eigenschaften der Körper und vermeintliche Naturmerkmale als Selektionskriterien gedient haben, die darüber entscheiden sollten, wer einer Unterstützung bedurfte (ausführlich: Steinacker 2007, 700 ff). Eugenik mutierte in eine Doktrin barbarischen staatlichen Handelns, die Evolutionstheorie in einen Sozialrassismus und der medizinische Fortschritt in Unmenschlichkeit. Es wäre naiv zu übersehen, dass und wie die dann doch immer nur behauptete Objektivität der Wissenschaften und der Naturtatsachen zur Grundlage pädagogischen Handelns erhoben wurden; rassenbiologische Theorien formten seit Ausgang des 19. Jahrhunderts das herrschende Paradigma, das in Deutschland durch die einschlägigen kaiserlichen Forschungsinstitute verbreitet wurde.

Viertens: Neben jener Durchdringung von Jugend- und Gesundheitsfürsorge durch naturwissenschaftliche Deutungsmuster verbanden Soziale Arbeit und Naturwissenschaften ihre – im Rahmen der sich entwickelnden Normalisierungsgesellschaft – zugeschriebenen Funktionen. Die Normalisierungsgesellschaft folgte dem Konzept der Aufklärung und strebte nach Utopien für die Möglichkeiten der Entwicklung jener Moderne. Naturwissenschaft sowie Wohlfahrt als die beiden zu Beginn des 20. Jahrhunderts epochal aufstrebenden Verbesserungsprojekte kreisen um die Entwicklung sowohl der menschlichen Natur wie der Kulturalität: Während die Naturwissenschaften durch technischen und medizinischen Fortschritt und den Versuch einer Einflussnahme auf die (genetische) Ausstattung des Menschen an jener Verbesserung wirkten, gründete der pädagogische Legitimationsanspruch darauf, das Kindliche durch Erziehung in seinen natürlichen Anlagen zur Entfaltung kommen zu lassen – ein geradezu klassischer Traktat in dieser Argumentationslinie stellt übrigens Ellen Keys Buch „Das Jahrhundert des Kindes" dar, das sich auf einen popularisierten Darwinismus bezieht.

Zudem stützten die naturwissenschaftlichen Perspektiven – übrigens bis heute – volkspädagogische Konzepte einer Verbesserung menschlicher Kultur durch Erziehung, weil sie der pädagogischen Vision von der „Erreichbarkeit des Besseren" (Voland/Voland 2002, 691) neue Nahrung geben. Kurzum: Neben der erzieherischen Gemeinschaft mit ihrem pädagogischen Telos (Führen) war es die Entwicklung der Natur des Kindes, seiner biologischen Reifung (wachsen lassen), die jene zwei Pole des Fortschrittsoptimismus bildeten – was Theodor Litt in seinem berühmten Begriffspaar pointiert erkannt hat.

Zu besonders engen, nahezu synthetisierten Ausprägungen jenes gemeinsamen pädagogisch-naturwissenschaftlichen Verbesserungs- und Normalisierungsprojekts kam es im Bezug auf die eugenische Bewegung, die sowohl in Teilen der Wohlfahrtsarbeit (Reyer 1991) als auch in Teilen der sozialistischen Bewegung anschlussfähig war.

Jenes utopische Grundpotenzial bleibt keineswegs eine historische Randnotiz; als Vision von der Verbesserung des Menschen, als historischer Anspruch und gesellschaftliche Legitimation bleibt Pädagogik und Naturwissenschaften, allzumal den biologischen und medizinischen Disziplinen, ein utopischer Grundzug eingeschrieben: Die Zukünftigkeit des Gegenstandes einerseits und die Begrenztheit und Unvollkommenheit natürlicher Entwicklung andererseits provozieren geradezu das Sich-Abarbeiten an Grenzen und regen das utopische Potenzial an. Utopieverluste lassen Überwindungsphantasien und schließlich Gegenutopien reifen, weshalb auch die Naturwissenschaften, in den Worten von Feuerstein/Kollek (2001, 27), den Charakter einer „utopischen Oase" innehaben.

Fünftens: Parallel zu den Folgen von Technisierung und Normalisierung, zum Einfluss von Naturwissenschaften auf die Fürsorge sowie parallel zur utopischen Idee des gemeinsam geteilten Signums als Verbesserungsprojekt lässt sich für die Zeit des ausgehenden 19. und frühen 20. Jahrhunderts jene erste Rezeptionswelle seitens der Pädagogik datieren, die nicht primär auf (theologisch inspirierte) Fragen des Bilde(n)s menschlicher Natur abhob, sondern auf die tatsächlichen naturwissenschaftlichen Erkenntnisse in ihrer Bedeutung für pädagogisches Handeln und Denken Bezug nahm. Beispielhaft markiert einen ersten Abschluss dieser eher integrativen Sichtweise das Enzyklopädische Handbuch von Wilhelm Rein (Erstauflage 1895), das den Stand relevanter naturwissenschaftlicher Erkenntnisse umfassend dokumentiert.

Zu nennen wären darüber hinaus die Arbeiten von Montessori und Piaget, „für deren Denken eine biologische Anthropologie grundlegend gewesen ist" (Liegle 2002, 8), sowie Teile der reformpädagogischen Bewegung mit ihrem Postulat von der Natur des Kindes als einem Zurück zum Telos seiner inneren Natur (Treml 2002, 654). Liegle (2002, 11) folgert gar, dass die aktuelle Rezeption biologischer Erkenntnisse durch die Pädagogik „hinter den zu Beginn des 20. Jahrhunderts erreichten Stand zurückgefallen" sei.

Einen zweiten Abschluss in der Rezeption naturwissenschaftlicher Befunde kann man in den Versuchen sehen, die Psychoanalyse in die Pädagogik einzuführen. Siegfried Bernfelds „Sisyphos" geht beispielsweise ganz selbstverständlich von Grenzen aus, die in den natürlichen Eigenschaften des Menschen liegen. In den Arbeiten Freuds wird zudem deutlich, in welchem Maße die Natur des Menschen mit seiner Sexualität zusammenhängt; es ist wohl keine Spekulation, wenn man vermutet, dass die Ablehnung eines Bezugs auf Natur mit Motiven zu tun hat, die als schlicht sexualfeindlich zu bezeichnen wären.

Sechstens: Beispielhaft lässt sich der binäre Code aus *Faszination und Ablehnung* an der geisteswissenschaftlichen Pädagogik zeigen. Dass Wilhelm Flitners „Systematische Pädagogik" die biologische und anthropologische Betrachtungsweise des Menschen als grundlegendes Erklärungsparadigma erörterte, bildete dabei die Ausnahme. Mehrheitlich nahm die geisteswissenschaftliche Pädagogik naturwissenschaftliche Grundlagen – unter Berufung auf Dilthey und Windelband – eher skeptisch bis ablehnend auf. Auch aus disziplin- und professionspolitischen Gründen begegnete sie dem Autoritäts- und Deutungsanspruch der Naturwissenschaften mit einer Kritik, die sich auf ein ganzheitliches, bisweilen neuromantisches Verständnis im Rahmen der lebensphilosophischen Wendung berief: So spricht sie den Naturwissenschaften einerseits wenig Erklärungswert für das Verstehen des menschlichen Gefühls- und Seelenlebens zu, andererseits gilt die Kritik einer vermeintlich rationalistischen und deterministischen Sichtweise menschlicher Entwicklung (Neumann 2002, 721).

Die gemeinsame Figur aus Faszination und Ablehnung lässt sich dabei am Beispiel Sprangers zeigen (Neumann 2002; 2003): In Sprangers Typisierung der Lebensformen sowie im „geborenen Erzieher" und den „Liebesnaturen" liefert Spranger einen quasi genetisch definierten Typus pädagogischen Handelns. Die Behauptung einer Erzieherfigur als naturhaft vorbestimmter Wesensform wendet sich dezidiert der naturwissenschaftlichen Perspektive zu und widerspricht einer „milieutheoretisch und kulturrelativistisch ausgerichteten Pädagogik" (Neumann 2002, 726), zumal Träume erzieherischer Wandelbarkeit „schon von der Natur immer wieder über den Haufen geworfen" (Spranger zit. n. Neumann 2002, 737) würden. So stimme, folgert Neumann (2002, 735),

> Sprangers „Diagnose über die Existenz unterschiedlicher Menschentypen mit stark festgelegten und durch äußere Einflüsse kaum veränderbaren Eigenschaftsmerkmalen (…) mit den Hypothesen der modernen naturwissenschaftlichen Forschung am Menschen überein".

Siebtens: Die Erfahrungen mit dem Nationalsozialismus sorgten für nachhaltige Skepsis in der pädagogischen Rezeption von Naturwissenschaften. Annäherungen waren erst wieder im Laufe der 60er-Jahre des letzten Jahrhunderts zu verzeichnen, wobei die „Pädagogische Anthropologie" von Heinrich Roth zu nennen wäre, später dann Max Liedtkes Untersuchung „Evolution und Erziehung" (1972), die wiederum von Alfred Treml aufgegriffen und im Rahmen seiner „Einführung in die Allgemeine Pädagogik" (1987) weitergeführt wird. Die Rezeption der Arbeiten von Niklas Luhmann brachte evolutionstheoretische und systemtheoretische Theorien miteinander in Verbindung und fungierte als Impulsgeber für das Theorieangebot der „Evolutionären Pädagogik".

Seit etwa 1990 nimmt die Beschäftigung mit naturwissenschaftlichen Deutungen und Erkenntnisse deutlich zu (u.a. Treml 1996; Miller-Kipp 2002; Literaturübersicht bei Reyer 2003, 215; Becker 2006a, 10 ff; v.a. Becker 2006a, 169 ff); jene Rezeptionswelle wurde dabei unter anderem durch ein Themenheft der Zeitschrift „Erziehung und Bildung" über die „Pädobiologie"(Ewert/Rittelmeyer 1994) forciert. Die „zunehmende Rezeptionsbereitschaft" (Becker 2006a, 11) hat zur Herausbildung einer nennenswerten Diskurslandschaft geführt, die im Folgenden untersucht wird.

3 Argumentationszusammenhänge zwischen Sozialer Arbeit und Naturwissenschaften: Beobachtung und Kommentierung einer Diskurslandschaft

3.1 Diskurspolitiken zwischen Sozialer Arbeit und Naturwissenschaften – ein Einstieg

Es scheint ein Merkmal von modernen Wissensgesellschaften, dass der vordergründigen Vor- wie Übermacht wissenschaftlichen Wissens und besonders des naturwissenschaftlichen Wissens eine Ignoranz sogar von grundlegenden Erkenntnissen gegenüber steht, vor der selbst – wie Howard Gardner einmal gezeigt hat – die akademisch ausgebildeten Experten in ihrem eigenen Arbeitsfeld nicht gefeit sind (Gardner 1993); sie greifen dann auf Alltagstheorien zurück. Es ist also durchaus zweifelhaft, ob die Soziale Arbeit überhaupt in dem Maße wissens- und wissenschaftsbasiert denkt, lehrt oder agiert, wie sie das gerne von sich behauptet. Dennoch lässt sich kaum übersehen, dass neben einem freilich breiten Spektrum an zudem mehr oder weniger expliziten Grundbeständen an Wissen und Reflexionsformen doch eine Vielzahl von Erkenntnissen und Einsichten aus – vorsichtig formuliert – eher naturwissenschaftlichen Forschungszusammenhängen durchaus selbstverständlich präsent und gebräuchlich sind, mithin Befunde in den Wissenskorpus der Sozialen Arbeit eingegangen sind, die hypothesengeleitet durch kontrollierte, experimentelle Erfahrung gewonnen worden sind, welche sich wiederholen lässt, nomothetisch darzustellen ist und prognostisch taugt – um die klassischen Merkmale naturwissenschaftlicher Forschung kurz zu nennen.

Solche Wissensbestände treten dabei nicht nur an den Grenz- und Randbereichen auf, wie etwa gegenüber der Medizin – beispielsweise in der Sozialen Arbeit im Zusammenhang der Gesundheitsdienste –, der Psychiatrie oder in Handlungsfeldern der Suchtarbeit, die unvermeidlich mit den biochemischen Effekten toxischer Substanzen zu tun hat. Sie begegnen uns vielmehr auch in den Kernbereichen, die traditionell als anthropologisch bezeichnet oder mit dem Begriff „Menschenbild" verbunden worden sind.

Einen wichtigen Einfluss hat die Ökologiedebatte, die Zweifel am utopischen Veränderungsprojekt nährt und eine – wie das viel gelesene Buch von Frithjof Capra überschrieben ist – „Wendezeit" annehmen lässt (Capra 1985, kritisch: Hochkeppel 1985). Damit entsteht eine Art neuer Horizont nicht nur sozialpädagogischer Diskurse. Maturanas biologische Konzepte wären zu nennen, neuerdings haben durch Joachim Bauer (Bauer 2006; 2008) die so genannten Spiegelneuronen eine gewisse Popularität gewonnen (auch Rizzolatti/Sinigaglia 2008) wie insgesamt die sogenannten Neurowissenschaften in der Sozialen Arbeit angekommen scheinen, nachdem sie durch die Veröffentlichungen von Manfred Spitzer die Debatten um das Bildungssystem noch so weit beeinflusst haben, dass selbst die OECD ihn als Autor eingeladen hat (OECD 2005). Es fällt auf, dass Wolf Singer oder Gerhard Roth Aufmerksamkeit gewonnen haben, obwohl sie in der internationalen Forschungsdebatte wenig präsent sind; ganz offensichtlich wirken gezielte Promotionsaktionen von strategischen Akteuren wie der Bertelsmann-Stiftung oder McKinsey diskursprägend.

Der Verdacht liegt also nahe, dass es bei der Debatte um Diskurspolitiken um den Versuch geht, professionelle Domänen zu wahren. Ein Blick auf die Elementarerziehung belegt dies: Sie war über Jahrzehnte bestimmt durch die Kinderärzte; deren Vormacht wurde erst in den letzten Jahren zugunsten einer Perspektive geändert, die sich einerseits stärker an Bildungsinhalten orientiert und andererseits Bezug nimmt auf die Einsicht in die außerordentliche, in Phasen gegebene Plastizität des menschlichen Gehirns und in die – vermeintliche – Notwendigkeit, diese möglichst früh für angeleitetes Lernen zu nutzen. Obwohl solche Einsichten schon bei Maria Montessori und Friedrich Copei zu finden sind und als Gemeingut der pädagogischen Debatte gelten, wird ihre Geltung heute durch den Rückgriff auf neurowissenschaftliches Wissen bestätigt und bestärkt; so gewinnen mit der Neurobiologie die Naturwissenschaften wieder Definitionsmacht, übrigens um den Preis, dass die damit verbundenen Prozesse einer Instrumentalisierung der Elementarpädagogik übersehen werden, welche noch im Politikerspruch „Wir wollen das Gold in den Köpfen unserer Kinder heben" anklingen.

3.2   Zwei Analyseebenen der Diskursbeobachtung

Versucht man nun, die eingangs skizzierten Beobachtungen in stärker systematischer Absicht fortzuführen, so lässt sich jene Diskurslandschaft von Sozialer Arbeit und Naturwissenschaften zunächst auf zwei kategorial verschiedenen Ebenen identifizieren: *Zum einen* werden jene Debatten auf der Ebene der *inhaltlichen Relevanz* geführt. Auf dieser Ebene wird danach gefragt, wie naturwissenschaftliche Einflüsse inhaltlich zu bewerten sind; genauer: ob und inwieweit pädagogische Zusammenhänge durch naturwissenschaftliche Erklärungen und Gestaltungsansprüche bestätigt, als irrelevant oder ‚gefährlich' verworfen, endlich vielleicht in neuem Licht gesehen werden (müssten). Auf der *zweiten Ebene* wird nach dem *diskursiven Verhältnis von Pädagogik und Naturwissenschaften* gefragt, also nach der Relevanz und (öffentlichen) ‚Gültigkeit' ihrer Wissensformen sowie nach ihrer jeweiligen Deutungs- und Definitionshoheit. Im Fokus steht hier also nicht die inhaltliche Wertung von Erkenntnissen, sondern die diskursive Reichweite derselben.

Auf beiden Ebenen lassen sich wiederum drei Perspektiven unterscheiden: Eine kleine Gruppe von Autoren verweist auf den engen Konnex von Pädagogik / Sozialer Arbeit und Naturwissenschaften und lotet die Möglichkeiten einer, so könnte man sagen, *affirmativen Interdisziplinarität* im Sinne eines Erkenntnisgewinns der Pädagogik durch die Naturwissenschaften aus; Vorbehalte rücken hier bei in den Hintergrund. Den Gegenpol bildet eine zweite, ebenfalls kleine Gruppe, in der *Skepsis und kritische Ablehnung* von naturwissenschaftlichen Erkenntnissen dominieren.

Die meisten Kommentare lassen sich gleichwohl einer Zwischengruppe zuordnen: Diese zeichnet sich durch eine *kritisch-selbstvergewissernde Annäherung* an die Naturwissenschaften aus und bildet gewissermaßen eine „moderate Rezeptionsperspektive" (Becker 2006a, 211). In dieser Perspektive werden die Möglichkeiten der interdisziplinären Sichtweise formuliert, wird eine vorschnelle Ablehnung naturwissenschaftlicher Deutungsmuster zurückgewiesen und stattdessen auf eine integrierende Diskurskompetenz gesetzt: Naturwissenschaftliche Erkenntnisse und Deutungsansprüche werden mit kritischer Distanz betrachtet, die sich aus einer Position der pädagogischen Selbstvergewisserung heraus ableitet; innerhalb dieser wiederum wird selbstbewusst auf das genuine Wesen des Pädagogischen mit seinen spezifischen Erkenntnisinhalten und Wissenszugängen hingewiesen.

3.2.1 Zur Frage nach der Relevanz naturwissenschaftlicher Erkenntnisse und Deutungsmuster – eine erste Beobachtungsebene

Den naturwissenschaftlichen Erkenntnissen und Debatten wird aus affirmativ-interdisziplinärer Sicht zugestanden, dass sie „interessante Erkenntnisse über die ‚conditio humana' ermöglichen" (Scheunpflug 2002, 649), die zudem aufgrund ihrer Bedeutung als „Ideenrevolution" (Treml 2002, 663) eine biologischen Aufklärung der Pädagogik mit sich bringen (Scheunpflug 2001, 33; auch Frey 1999; Miller-Kipp 1992). Dies trage zu Veränderungen pädagogischen Handelns bei, indem etwa die Naturwissenschaften der Pädagogik brauchbare „Aussagen über Kausalzusammenhänge" (Tichy 2007, 407) lieferten. Die naturwissenschaftlichen Einblicke in die menschliche Entwicklung seien zu „beherzigen, um Lehr-Lern-Prozesse neu zu denken und zu gestalten" (Herrmann 2006, 7), weshalb der Autor für „die mögliche gegenseitige Anschlussfähigkeit" (Herrmann 2006, 11) plädiert. Neben der inhaltlichen Relevanz (zur Sicherung von Diskurskompetenz) spielen dabei mithin disziplin- und professionspolitische Gründe – zur Sicherung von Prestige und Forschungsressourcen – eine wichtige Rolle (Becker 2006a, 16): Nur durch Rezeption der Naturwissenschaften könne die Erziehungswissenschaft, so die Erwartung, interdisziplinär und empirisch anschlussfähig bleiben und künftig mit Akzeptanz rechnen (Scheunpflug 2001, 9; Becker 2006a, 15 f).

Die schärfste Kritik an naturwissenschaftlichen Debatteneinflüssen, vorgetragen in der Perspektive der *Skepsis und kritischen Ablehnung*, entzündet sich dagegen an einem durch die Naturwissenschaften veränderten Menschenbild. Prinzipiell wird ein „Paradigmenwechsel im Menschenbild" (Becker 2006a, 9) befürchtet, wobei den Naturwissenschaften eine „reduktionistische Anthropologie" (Neumann 2002, 729) unterstellt wird, die von den einschlägigen Diskussionsbeiträgen primär an der Frage des freien Willens festgemacht wird (allg. Pauen/Roth 2008): Dieser nämlich werde durch physikalische und (erb-)biologische Faktoren als deterministisch bestimmt und damit bezüglich seines emanzipatorischen Gehalts unterminiert (Nipkow 2002, 678). Die subjektiv erlebte Autonomie drohe dabei als konfabulierte Illusion oder als kulturelle Konstruktion diskreditiert zu werden (Voland/Voland 2002, 693; Giesinger 2006, 99). So arbeite die Neurowissenschaft daran, „die menschliche Willensfreiheit als Illusion zu entlarven. Ihre Äußerungen stellen aber auch in Frage, dass Menschen im soeben erläuterten Sinn Personen sein können" (Giesinger 2006, 99).

Kritisch wird das naturwissenschaftliche Menschenbild danach befragt, ob mit der Desillusionierung über menschliche Willensfreiheit nicht zugleich das pädagogisch-emanzipatorische wie bildungspolitische Projekt der Aufklärung zur Disposition gestellt werde (Thole 2006, 8). Das „im Aufklärungsdenken wurzelnde Verständnis von Erziehung und Bildung" (Giesinger 2006, 98) drohe „durch die Vision eines biogenetischen ‚Züchtungsprojekts' ersetzt" (Thole 2006, 8) zu werden, welches sich zudem noch vortrefflich paare „mit effizienzorientierten Bildungsideen und Erziehungsdoktrinen, die Disziplin, Unterordnung, Anpassung und Gehorsam durch die Führung natürlicher Autoritäten zu etablieren wünschen" (Thole 2006, 12f). Ähnlich argumentiert Hafeneger (1998, 538), wenn er unterstellt, naturwissenschaftliche Deutungen würden „aufklärerisch-emanzipatorischen Projekten und gesellschaftlich-politischen Visionen (Utopien) eine Absage" erteilen, um stattdessen die Visionen einer Soziobiologie „‚vom Molekül bis zum Staatsverband' [zu propagieren, M. B./M. W.], deren Kern es ist, Kultur in einen Kausalzusammenhang mit den Naturwissenschaften zu stellen" (Hafeneger 1998, 537).

Schließlich wird das durch naturwissenschaftliche Deutungen sich verändernde Menschenbild im Hinblick auf die Folgen für (sozial-)pädagogisches Handeln problematisiert. Da den Genen eine Schlüsselstellung zugesprochen werde, „die nur begrenzt erzieherische Einflüsse zulassen" (Hafeneger 1998, 537), werde der Weg bereitet für eine utilitaristische Grundposition, die sich etwa im Zwang zur „Qualitätssteigerung der Mitbewerber in der unbarmherzigen Verdrängungskonkurrenz" (Voland/Voland 2002, 701) zeige. Mit diesem Primat von Evolution und Genetik entlaste sich die Gesellschaft von ihren erzieherischen und bildenden Anstrengungen und öffne die Tür für Verbilligungs- und Deprofessionalisierungseffekte Sozialer Arbeit: „Es lohnt und rechnet sich nicht in einen Teil von Kindern und Jugendlichen pädagogisch zu investieren" (Hafeneger 1998, 539), so der in zynischem Duktus formulierte Vorwurf. In der Heilpädagogik werden zudem Befürchtungen aufgrund der bioethischen Lebensrechtsdiskussion geäußert, weil der Personbegriff der Bioethik kaum noch in erziehungs- und bildungstheoretischen Selbstverständnissen gründe.

Neben affirmativ-interdisziplinärer Zustimmung und skeptisch-kritischer Ablehnung schlägt die dritte Grundposition eine *kritisch-selbstvergewissernde Annäherung* auf der Grundlage des eigenen, pädagogischen Selbstverständnisses vor. Dieses Selbstverständnis begründet sich darin, dass zum einen weiterhin umfangreicher Klärungsbedarf auf der Ebene der *methodisch anspruchsvollen Rezeption* naturwissenschaftlicher Erkenntnisse bestehe: Noch überwiegen hier, so die Einschätzung (Reyer 2003; Becker 2006a, 165; Tichy 2007, 403), Fehldeutungen, Kategorienfehler, unzulässige Verallgemeinerungen, Vereinfachungen, Instrumentalisierungen, offene Fragen sowie überhöhte Erwartungen, die zu einer vorschnellen, oberflächlichen und „unkritischen Rezeption" (Becker 2002, 714) geführt hätten, in der eine Vermischung von nahe liegenden Redeweisen, unklarer Rezeption und dem tatsächlichen Exzerpieren von Erkenntnissen zu diagnostizieren sei (Becker 2006a, 165). Gefordert werden infolgedessen das Aufdecken von Missverständnissen und Fehldeutungen, das Entlarven von Pseudolösungen und die Präzisierung von Aussagen innerhalb einer sich als kritisch-offen verstehenden Rezeption.

Zum anderen wird nach der *Aussagekraft naturwissenschaftlicher Erkenntnisse* für das pädagogische Fach gefragt. Demnach sei weiterhin offen, „ob die neuen Ergebnisse der Hirnforschung einen Paradigmenwechsel in der Pädagogik erzwingen" (Tichy 2007, 396f). Skeptisch bemerkt Becker (2006b, 21), dass „die pädagogische Aussagekraft der bisherigen Erkenntnisse der Hirnforschung […] äußerst begrenzt" sei. Inhaltlich wird diese Zurückhaltung etwa an dem neurowissenschaftlichen Verdikt von den sensiblen, sich gleichwohl schnell wieder schließenden Entwicklungsfenstern festgemacht. Jene Rede schätze das für ein pädagogisches Verständnis wichtige Lernen in Institutionen sowie das Lernen kulturell tradierter Symbolsysteme zu gering (Tichy 2007, 406; auch Becker 2006b, 20).

Schließlich wird beklagt, dass nicht genügend sorgfältig zwischen pädagogischer Theorie und Praxis differenziert werde (Becker 2002). Ohne diese Unterscheidung jedoch sei eine realistische Einschätzung naturwissenschaftlicher Erkenntnisse für das Fach nicht zu leisten, zumal die „These von der praktischen Bedeutung der Hirnforschung für die Pädagogik nicht hinreichend begründet" (Tichy 2007, 398) und ein direkter Praxistransfer „nach den Resultaten der Gehirnforschung selbst unmöglich" (Tichy 2007, 406) sei; Einsichten übrigens, die in der biologischen Disziplin geteilt werden würden (Neumann 1994, 218). Gleichwohl werde aber häufig – nicht nur in der Ratgeberliteratur, sondern auch in Teilen des wissenschaftlichen Diskurses – eine direkte wie vorschnelle Anwendbarkeit naturwissenschaftlicher Erkenntnisse suggeriert. Diese Nicht-Differenzierung von pädagogischer Theorie und Praxis in der Rezeption naturwissenschaftlicher Erkenntnisse führe zu übertriebenen Erwartungen, zu Befürchtungen der Steuerbarkeit menschlicher Entwicklung sowie zur Negierung der Möglichkeiten von Erziehung (Scheunpflug 2002, 650).

3.2.2 Zur Frage nach der diskursiven Reichweite naturwissenschaftlicher Erkenntnisse und Deutungsmuster – eine zweite Beobachtungsebene

Neben der Frage nach der *inhaltlichen Relevanz* befasst sich ein zweiter Schwerpunkt der Auseinandersetzung mit der *diskursiven Reichweite* naturwissenschaftlicher Erklärungsangebote für Pädagogik und Soziale Arbeit. Dabei lassen sich fünf Diskussionsschwerpunkte identifizieren.

Erstens: Mit Blick auf die differente Verhandlung pädagogischen und naturwissenschaftlichen Wissens im öffentlichen Raum herrscht weitgehend Einigkeit. Die Wahrnehmung pädagogischen respektive naturwissenschaftlichen Wissens könnte in den öffentlichen wie wissenschaftlichen Diskursen „nicht unterschiedlicher sein" (Becker 2006a, 9): Auf der einen Seite die als innovativ geltenden, „blühenden Wissenschaftszweige" (Scheunpflug 2002, 649), die, angeführt von den Biowissenschaften, den Status einer Leitwissenschaft mit interdisziplinärem Vorbildcharakter für sich in Anspruch nehmen; auf der anderen Seite die pädagogischen Disziplinen mit ihren, zunehmend seit den 1980er-Jahren zu diagnostizierenden Legitimationsproblemen: Während die Naturwissenschaften ihre Themen im öffentlichen Bewusstsein mit dem Anspruch auf einen unbedingten Expertenstatus an die eigene Disziplin und Professionalität binden, muss die Pädagogik die Hoheit über ihre, gleichwohl gesellschaftlich ebenfalls relevanten Themen an andere Disziplinen abtreten.

„Auffällig ist", so folgert Becker (2006a, 84) in ihrer Auswertung öffentlicher Wissensdiskurse, „dass zur pädagogischen Relevanz der Neurowissenschaften ausschließlich Hirnforscher befragt werden". Hier sprechen also „Wissenschaftler öffentlichkeitswirksame Urteile über die Leistungen einer anderen Disziplin" (Becker 2006a, 11) und damit zumindest implizit über die „Defizite der Disziplin Erziehungswissenschaft" (Becker 2006a, 11) aus. Damit dränge, so Neumann (2002, 729),

> „wie schon am Ausgang des 19. Jahrhunderts" der naturwissenschaftliche Erklärungsanspruch „die Sozialwissenschaften in eine Defensivposition, ohne dass bisher klar ist, ob deren Erklärungspotenzial noch für eine Ver-

teidigung ausreicht oder nur durch Monopolansprüche und Bereichsbegrenzungen geschützt werden kann" (Neumann 2002, 729).

Jene Hierarchie in der öffentlichen Wahrnehmung bildet sich offenbar auch aufgrund der unterschiedlichen Wissens*präsentation* heraus: Die Naturwissenschaften reüssieren mit der ‚Macht der harten Fakten', die ihnen wissenschafts- und dabei vor allem experimentalbasierte Vertrauenswürdigkeit verleihen (Becker 2008, 33).

Zweitens: In jenen pädagogischen Blick auf das hierarchische Wahrnehmungsverhältnis zwischen Naturwissenschaften und Pädagogik mischt sich das Thematisieren eigener szientifischer Problematiken und Konstitutionen: So gelinge es den naturwissenschaftlichen Deutungs- und Wissensmustern auch deshalb, „neue Gewissheiten auf einem von Unsicherheiten geprägten Terrain" (Feuerstein/Kollek 2001, 26) der Erziehung und Bildung zu erzeugen, weil dem Erziehungsbegriff und seiner Konzeption jene Gewissheit nicht zugesprochen wird oder werden kann. Darüber hinaus sei das Fach bezüglich ihrer Gegenstände „in besonderem Maße von den Resultaten anderer Wissenschaften abhängig geblieben" (Tichy 2007, 396) oder hat sich in solche Abhängigkeiten begeben. Diese Gründe zusammengenommen führten, so ein Beispiel von Giesinger (2006, 106), zu einer gleichwohl „unbedachten Übernahme der Sprechweise von Hirnforschern", denn: „Nicht jeder, der dies übernimmt, meint was er sagt." Ergänzt wird diese Vorhaltung durch die Behauptung, wonach einige Fachvertreter „hinter der Nachdenklichkeit von Aussagen namhafter Vertreter der Biowissenschaften zurück" (Liegle 2002, 17) blieben.

Eine weitere Facette des szientifischen Selbstvorwurfs bezieht sich schließlich auf eine unterstellte Diskursverweigerung seitens der Sozialwissenschaften: „Anstatt sich wie bisher immer weiter in Sackgassen zu verrennen" (Renninger/Wahl 2000, 16) oder gar, wie Rittelmeyer (2002, 16) pointiert, die „antibiologische Einstellung des erziehungswissenschaftlichen Betriebes fortzuführen", sollten sie stattdessen „ihre hochnäsige Ignoranz gegenüber den biologischen Wissenschaften [...] rasch abbauen, um noch am wissenschaftlichen Fortschritt partizipieren zu können" (Renninger/Wahl 2000, 16). Herzog (1999, 98f; auch Brumlik 1999) bemängelt, dass der Paradigmenwechsel in den Naturwissenschaften von Seiten der Pädagogik weitgehend ignoriert oder einseitig als Bedrohung empfunden worden sei.

Drittens: Neben dem Hinweis auf die ungleiche öffentliche Wahrnehmung sowie der Debatte um eigene Versäumnisse wird Kritik an naturwissenschaftlichen Wissenspräsentationen und Zugängen formuliert: Problematisiert wird die „Suggestionskraft [der] zentralen Thesen" (Tichy 2007, 396), die als derart selbstgewiss in Szene gesetzt würden, „dass es scheinbar keiner weiteren Untersuchung mehr bedarf, um die Bedeutung der Hirnforschung für die Pädagogik einzusehen" (Tichy 2007, 396). Diese Einschätzung bestätigt Becker (2006a, 162) im Anschluss an ihre diskursanalytische Studie: Demnach finden sich in zahlreichen pädagogischen Publikationen Hinweise auf die Ergebnisse der Hirnforschung, „nach Quellenangaben und direkten Verweisen auf neurowissenschaftliche Untersuchungen sucht man in den allermeisten Fällen allerdings vergeblich." Und weiter: „Der Verweis auf die moderne Hirnforschung wirkt wie ein Garant für die Richtigkeit der eigenen Darstellung und stellt zugleich eine Immunisierung gegen Kritik dar" (165).

Deutet sich darin bereits ein Plausibilitätsverdacht an, so wird bisweilen die Validität naturwissenschaftlicher Deutung explizit in Frage gestellt. Es wird darauf hingewiesen, dass lediglich von einer Objektivität unter subjektiven Bedingungen und keineswegs von Naturwahrheiten mit Eindeutigkeits- oder Endgültigkeitsanspruch gesprochen werden könne: Daston/Galison (2007) haben diskurstheoretisch nachgezeichnet, wie die Objektivität in den Naturwissenschaften im 19. Jahrhundert aufkam und keine hundert Jahre später aufgrund ihrer Widersprüche als Leitidee wieder abgelöst wurde – das Objektivitätspostulat tauge selbst innerhalb der Naturwissenschaft nicht mehr als Kontingenzbewältigungsformel. Vor diesem Hintergrund fragen Feuerstein/Kollek (2001, 26), ob „die Leistungsdimension der Gendiagnostik vielleicht nur ein Vexierspiel konstruierter Gewissheiten, vorgespiegelter Rationalitäten, beherrschbarer Risiken" sei und nicht das biowissenschaftliche Konstrukt selbst „eine soziale Konstruktion" (Feuerstein/Kollek 2001, 30) darstelle. Becker formuliert dies noch schärfer und unterstellt, man habe es bei den scheinbar eindeutigen Erkenntnissen häufig mit „populären Neuro-Mythen" (Becker 2006b, 18; auch Becker 2008, 33; Neumann 2002, 733ff) und weniger mit validen naturwissenschaftlichen Erkenntnissen zu tun.

Schließlich wird dem naturwissenschaftlichen Diskurs methodisch begründete Überheblichkeit vorgeworfen: Kritisiert wird die Tendenz, alles, was außerhalb von Empirie stattfinde, für unwissenschaftlich zu halten (Ladenthin 2006, 4) und sich zugleich selbst als gültige „Weltauffassung" (Hafeneger 1998, 538) anzubieten. Naturwissenschaften leiden demnach unter mangelnder Selbstaufklärung und glauben, „aus Beschreibungswissen von Welt auf Normen ihrer Einrichtung schließen zu können" (Ladenthin 2006, 4).

Viertens: Die Kritik an den Naturwissenschaften und ihrer szientifischen Selbstgewissheit wird durch die Behauptung ergänzt, Naturwissenschaften könnten auf pädagogisches Wissen und Können nicht verzichten. Zum einen benötige naturwissenschaftliches Wissen eine *pädagogische Didaktik*, um ihre „Forschungsergebnisse in eine Form zu bringen, die sie vermittlungsfähig und reflexionsfähig macht" (Rekus 2006, 8) um damit ihrem "eigenen Anspruch auf Wissenschaftlichkeit gerecht werden" (Ladenthin 2006, 5) zu können. Pädagogisch-didaktische Reflexion lasse sich nicht durch fachspezifische Logiken ersetzen, zumal in der „Differenz zwischen dem, was Naturwissenschaft präsentiert und dem, wie Naturwissenschaft sich präsentiert [...] ein ‚Professionsdefizit'" (Ladenthin 2006, 5) bestehe: „Mathematisch lässt sich eine Mathematikvorlesung nicht planen" (Ladenthin 2006, 4).

Darüber hinaus werde die Weite des pädagogischen Reflexionsfeldes benötigt, damit die Naturwissenschaften jenen Kontext nicht aus dem Blick verlieren, unter denen ihre Erkenntnisse nur zum Tragen kommen können – etwa „damit die pädagogisch orientierten Neuro-Forscher überhaupt ein Verständnis für ihre Forschungsgegenstände und deren Praxisbedeutung entwickeln können" (Herrmann 2006, 12).

Damit zusammenhängend (doch zugleich darüber hinausreichend) wird der Pädagogik/Sozialen Arbeit eine aufklärende Rolle zugestanden, indem sie in „Kenntnis des Diskurses der Biowissenschaften Stellung bezieht und zur Aufklärung in diesem auch ethisch schwierigen Feld beiträgt" (Scheunpflug 2002, 650). In diesem Zusammenhang „erscheint eine neuerliche Besinnung auf die epistemologische Bedeutung der Pädagogik für die Geltung naturwissenschaftlicher Erkenntnisse notwendig" (Rekus 2006, 17).

Schließlich wird, ausgehend von jener Bedeutung pädagogischer Reflexion für die Naturwissenschaften, auf neue Aufgabenbereiche von Pädagogik und Sozialer Arbeit verwiesen. Diese erwachsen nämlich immer dort, wo naturwissenschaftliche Erkenntnisse in Handlungsfeldern verhandelt und an Menschen vermittelt werden müssen – etwa für die Aneignung von medizinischer Selbstbestimmung.

Fünftens: Eine direkte Vorrangigkeit pädagogischen Wissens (etwa Tichy 2007, 409) wird nur selten postuliert, allerdings wird – in erstaunlich vielen Texten – jene Vorrangigkeit darin erkannt, dass naturwissenschaftliche Erkenntnisse mit ihren methodischen Instrumenten und Deutungen oftmals genau zu solchen Schlussfolgerungen gelangen, die vorhandenes pädagogisches Wissen letztlich bestätigen: Demnach könnte etwa Wolf Singer manche seiner publikumswirksam vorgetragenen Behauptungen schon bei Maria Montessori nachlesen (Winkler 2006, 19, auch 34, 85) und dabei entdecken, dass die von ihm geforderte Neuropädagogik schon erfunden sei. Herrmann (2006, 9) erkennt in den Forderungen der Neurodidaktiker über das Lernkonzept den „Kernbestand aller Reformpädagogik", mehr noch: „Eine progressive reformpädagogisch inspirierte Pädagogik pflegte und pflegt einen Umgang mit Gehirnen, welcher der Hirnforschung zu erstaunlichen Befunden verhilft" (Herrmann 2006, 14). Der Autor beruft sich zudem auf Herder und Herbart (Herrmann 2006, 9ff), die die Regeln des gehirngerechten Lernens so benannt hätten, dass sie „nicht besser formuliert werden" (Herrmann 2006, 10) könnten und zitiert den Neurobiologen Scheich, wonach pädagogische Klassiker die Einsichten der Neurobiologie bestätigen, mit dem Unterschied, dass Neurobiologie nun zeigen könne, warum diese Klassiker Recht hatten (auch Becker 2002, 707 ff; 2008, 33). Sprangers Analyse der Lebenstypen stimmten, so Neumann (2002, 735) „mit den Hypothesen der modernen naturwissenschaftlichen Forschung am Menschen überein" (Neumann 2002, 735). Liegle (2002, 18) schließlich verweist auf die Schriften von Pestalozzi, Herbart und Piaget, wobei vor allem die „biologisch orientierte Theorie, Empirie und Praxisbeschreibung eines Jean Piaget schon ein gutes Stück weiter gelangt" sei als die aktuelle biologische Aufklärung über das Lernen; diese biete „prinzipiell keine neuen Erkenntnisse, sondern eher eine neue Begründung und die Unterstützung bewährter pädagogischer Erkenntnisse" (Liegle 2002, 19).

Eine der wenigen kritischen Positionen zu jener Vorrangigkeit pädagogischen Wissens formuliert hingegen Giesinger (2006, 98), der darin eine Beruhigungsformel sowie einen Verdrängungsmechanismus gegenüber den dominanten naturwissenschaftlichen Deutungs- und Gestaltungsansprüchen erkennt, welche pädagogisches Denken gleichwohl massiv in Frage stellten. Giesinger hält dieser „Vorrangigkeits-Auffassung" entgegen, sie unterschlage, dass pädagogische und naturwissenschaftliche Postulate mit sehr unterschiedlichen Weltbildern operierten und ersetze diese Differenz durch eine schlichte, gleichwohl beruhigende Analogieformel.

3.3 Zur diskursiven Lage der Sozialen Arbeit als Wissenschafts- und Wissenssystem – ein abschließender Kommentar

Naturwissenschaftliches Wissen gewinnt also wieder – dies hat der Blick auf die Diskurslandlandschaft gezeigt – an Definitionsmacht. Dabei wird deutlich, dass es allen Anlass zur Vorsicht gegenüber der Rede von den Naturwissenschaften schlechthin gibt bzw. gegenüber der von den naturwissenschaftlichen Befunden. Bei den Verweisen auf solche geht es nämlich weniger um streng naturwissenschaftliche Erkenntnisse, sondern häufig eher um Popularisierungen, die gleichsam subkutan in andere Disziplinen und Handlungsfelder einwandern oder importiert werden. Insbesondere die Neurowissenschaften stellen ein heikles Gebiet dar, weil der generalisierende Ausdruck eine Homogenität und Übereinstimmung von Erkenntnissen und Befunden suggeriert, die in diesem heterogenen Feld nicht existiert und in einem letztlich kontrovers verlaufenden Wissenschaftsprozess auch nicht existieren kann.

Der Ausdruck „Naturwissenschaften" erschleicht also einerseits eine Bestimmtheit, die sich so nicht finden lässt; pädagogisch relevante Positionen werden unter Naturwissenschaftlern kontrovers diskutiert, wie sich etwa in der Debatte um Bindung (Wiegand 2001) oder an der Kritik zeigt, die der Mediziner und Neurowissenschaftler Gerald Hüther gegenüber verkürzten Rezeptionen etwa der Evolutionstheorie vorträgt (Hüther 1999, 2001). Andererseits operieren beispielsweise Mediziner, Psychiater und Psychologen nicht nur mit standardisierten Beschreibungen und Klassifizierungen (wie ICD 10 oder DSM IV), sondern können auf umfangreiche Datenbanken zurückgreifen, welche Informationen zu Symptomen, Krankheitsbildern, Therapien und möglichen Nebeneffekten enthalten. Hinzu kommt: Abgesehen davon, dass selbst diese Klassifikationssysteme eigentlich nicht als naturwissenschaftliche Erkenntnisse gewertet werden können, sondern auf Konventionen beruhen, stützt sich das vielfach für sicherer gehaltene Wissen häufig genug nur auf statistisch geschaffene Verlässlichkeit. Kurz: Es handelt sich weniger um Naturwissenschaften, sondern um ein Wissen im Feld des menschlichen Lebens, das durch Häufigkeit bewährt erscheint. Das spricht prima facie nicht gegen dieses, muss aber berücksichtigt werden, wenn die Frage nach Normalität und Normierung aufgeworfen wird. Denn es lässt sich gar nicht ausschließen, dass unter der Flagge des Naturwissenschaftlichen ganz andere Boote segeln, nämlich (sozial-)politisch angelegte Normalisierungsstrategien, in welchen es primär darum geht, an vermeintlich gesicherten Befunden etwa Gesundheitsrisiken nicht nur festzumachen, sondern vielmehr statistisch mögliche Wahrscheinlichkeiten – also etwa eines Zusammenhangs von Übergewicht und chronischen Erkrankungen – in Anspruch zu nehmen, um Erwartungen an die Einzelnen bzw. an Verhaltensweisen zu normieren.

Einiges spricht zudem dafür, dass sich das Ausmaß eines Interesses an naturwissenschaftlichen Befunden und ihre Verwendung in der Tat darin unterscheiden, ob man eher disziplinäre, also selbst vorrangig wissenschaftliche Zusammenhänge beobachtet oder den Blick stärker auf die Handlungsfelder und die Vorstellungen derjenigen richtet, welche in diesen professionell tätig sind. Der Unterschied ist sicher graduell. Gleichwohl sind Sozialarbeit und Sozialpädagogik als Wissenschaft offensichtlich skeptischer gegenüber den Beständen anderer Disziplinen und drängen stärker auf Abgrenzung, während die sogenannten „Praktiker" pragmatischer mit diesen umgehen und umgehen müssen. Im Prinzip überrascht das freilich gar nicht: Für die *Wissenschaft der Sozialen Arbeit und Sozialpädagogik* besteht nicht nur ein Zwang, vor aller Interdisziplinarität erst die disziplinär eigenen Konzepte und Befunde zu sichern. Für die Soziale Arbeit gilt dies in besonderem Maße, weil sie zum einen als junge Disziplin gilt, zum anderen aber erhebliche Schwierigkeiten hat, ihre eigene Identität allzumal gegenüber Soziologie und Psychologie, vielleicht sogar gegenüber der Erziehungswissenschaft zu wahren. Verschärfend kommt hinzu, dass sie sich selbst in großer Nähe zur Sozialpolitik bewegt und häufig genug damit hadert, dass sie auf sozialpolitische oder gesetzgeberische Maßnahmen reagieren muss, nicht hingegen ihr Sachwissen geltend machen kann. Zudem lassen sich Legitimationsgründe nicht ausschließen: Disziplin wie

Profession profitieren von einer Mängelwesen-Vorstellung mehr als von „Annahmen vom Menschen als einem evolutionsbewährten und deshalb womöglich kaum zu verbessernden Naturprodukt" (Voland / Voland 2002, 691), ganz zu schweigen von jenen zeitweilig auch populären Vorstellungen, nach welchen die biologische Ausstattung Erziehung schlicht überflüssig mache.

Diese eher labile Lage im Wissenschaftssystem verschärft geradezu unvermeidlich die methodischen und methodologischen Probleme, welche der Anschluss eigener Erkenntnisse, Denkformen, Modellkonstruktionen und „Sprachspiele" an andere Disziplinen bereithält. Dabei geht es nicht nur um die sicher mehr als triviale Problematik, dass etwa die Medizin oder die Psychiatrie eine Sicherheit für ihre Befunde behaupten, mit welcher diejenigen aus der Disziplin der Sozialen Arbeit und Sozialpädagogik zumindest vordergründig nicht konkurrieren können. Viel schwerer fällt aber die Lösung des Problems, wie man das meist hochgradig spezifische und in präzise kontrollierten, daher seine Geltung einschränkenden Situationen gewonnene naturwissenschaftliche Wissen mit den Erfahrungen Sozialer Arbeit verbinden kann. Diese sind nämlich eher ungenau in umfassenden, komplexen Life-Experimenten gewonnen worden, welche sich meist nicht replizieren lassen, weil durch die Erfahrung selbst die Situation verändert wurde.

Schließlich kommt hinzu, dass die Soziale Arbeit als Disziplin jenseits allgemeiner wissenschaftstheoretischer Überlegungen kaum in der Lage ist, die naturwissenschaftlichen Befunde ernsthaft in ihrer Geltung und ihrer Verlässlichkeit zu prüfen. Nüchtern betrachtet lassen sich naturwissenschaftliche Erkenntnisse nur nach einem bona fide-Prinzip – frei nach dem Motto: es wird schon stimmen – und mit der optimistischen Interpretation aufnehmen, dass das Erkannte zu den eigenen Gedanken und Befunden schon „irgendwie" passen wird. Mehr als Plausibilität können nur jene beanspruchen, welche über Doppelqualifikationen verfügen. Aber selbst sie vollziehen die Übergänge zwischen den unterschiedlichen Denkzugängen oftmals in irritierender Weise. Strenge Naturwissenschaftler reden dann anregend und spannend philosophisch, streng genommen aber unpräzise und verallgemeinernd, jenseits des streng kontrollierten Verfahrens der Naturwissenschaften. Als Beobachter ist man dann zwar fasziniert, ertappt sich aber bei dem unguten Gefühl, dass die Naturwissenschaftler doch ihr eigentliches Terrain verlassen.

Dies gilt selbst gegenüber doch aufregenden Werken wie etwa Ernst Peter Fischers „Die Bildung des Menschen. Was die Naturwissenschaften über uns wissen" (2006), das in einer tour de force eine Vielzahl von naturwissenschaftlichen Befunden zu einer informierten und lehrreichen Anthropologie zusammenträgt, welche an jene „Neue Anthropologie" erinnert und diese aktualisiert fortführt, die Gadamer und Vogler in den siebziger Jahren herausgegeben hatten. Nur: Letztlich legt Fischer, der selbst regelmäßig für eine intensivere Rezeption von Naturwissenschaften plädiert, ein geradezu klassisches Exemplar einer Schrift vor, welche der allgemeinen Bildung von interessierten Menschen, sozusagen von Bildungsbürgern, dient, den Schritt aber zu einer im strengen Sinne wissenschaftlichen Integration von Naturwissenschaften und beispielsweise Sozialer Arbeit nur in dem Sinne ermöglicht, dass informierte und gebildete Akteure tätig werden könnten.

Anders stellt sich also die Situation in den Handlungsfeldern selbst und in den professionellen Aktivitäten dar. Zwar gilt auch für diese, dass sie sich auf gesichertes wissenschaftliches Wissen stützen müssen. Gleichwohl werden sie – allzumal in Kontexten des Fallverstehens oder in der Organisation konkreter Settings – sich stets entweder auf gleichsam „ungefähre" Wissensbestände oder gar auf Beobachtungen beziehen müssen, welche singulär und partikular die gegebene Situation in ihrer Besonderheit charakterisieren. Zu Beginn des 19. Jahrhunderts hat Johann Friedrich Herbart dafür bekanntlich den „pädagogischen Takt" reklamiert, dabei Überlegungen aus der Kritik der Urteilskraft Kants und Fichtes „logischen Takt" aufgenommen. Fallverstehen in der therapeutischen Begegnung stützt sich deshalb, so zeigen heute Rosmarie Welter-Enderlin und Bruno Hildenbrand, auf mehr als wissenschaftliches Wissen und schließt noch ethische Vorstellungen wie die Vergewisserung über die eigene Person des Professionellen ein (Welter-Enderlin/Hildenbrand 2004, 24ff). Professionellen wird mithin zwar eine prüfende Haltung abverlangt, doch müssen sie mit allen Wissensbeständen fallbezogen konstruktiv und sogar intuitiv umgehen, so dass umgekehrt eine strenge Prüfung der Geltung benutzter Wissensbestände von ihnen gar nicht zu leisten ist. Ob und wie tragfähig naturwissenschaftliche Befunde dann nach streng szientifischen Maßstäben sind, tritt hinter die Aufgabe und Leistung zurück, die Hans Georg Gadamer für die ärztliche Heilkunst so beschrieben hat: Es gelte doch den „Menschen im Ganzen seiner Lebenssituation" zu sehen (Gadamer 1993, 63) und mit allen Mitteln dazu beizutragen, dass ein Heilprozess möglich wird, auf welchen der Arzt selbst nur bedingt Einfluss habe. Gadamers Beobachtungen sind dabei besonders interessant, weil er nämlich – notabene: Ärzten – die Grenzen des naturwissenschaftlich-medizinischen Wissens zeigt und dabei belegt, wie die Heilkunst selbst auf eine weitere, letztlich nur philosophisch-anthropologische Denkweise angewiesen ist.

Diese Beobachtungen erklären umgekehrt jedoch, dass und wie Sozialarbeiter und Sozialpädagogen ihrerseits das naturwissenschaftliche Wissen gleichsam unproblematisch in einem umfassenden Prozess der Hilfe einbetten und insofern nutzen; dabei darf die Problematik nicht übersehen werden, wie in diesem pragmatischen, aber gewissermaßen notwendig unwissenschaftlichen Umgang Wissensbestände gegenüber bloßen Glaubensvorstellungen oder schlichtem Unsinn abzugrenzen sind. Dieses Dilemma lässt sich nicht zuletzt dort erkennen, wo Sachverhalte als wissenschaftlich gesichert behauptet werden, die in das Reich der Spekulation gehören oder schlichter Unfug sind. Ein Beispiel dafür kann man in der Anthroposophie erkennen, die zudem noch das Problem birgt, wie manches im menschlichen Umgang hilft, dessen Wirksamkeit kaum zu erklären ist; zuweilen versetzt nicht nur der Glaube Berge, vielmehr bewegt sich Soziale Arbeit in Dimensionen, die eben nicht hinreichend begriffen sind.

Allerdings geschieht die – um es etwas ironisch zu formulieren – Leichtigkeit des praktischen Umgangs mit Naturwissenschaften durchaus um einen bedenklichen Preis. Abgesehen davon, dass genauere Betrachtung dann doch zeigt, wie schmal und fast vergeblich die Rezeption naturwissenschaftlicher Einsichten bleibt; so hat sich die Rezeption neurowissenschaftlicher Debatten auf den Bereich frühkindlichen und schulischen Lernens konzentriert, wird seitens der Allgemeinen Pädagogik geführt und kommt beispielsweise in der Ausbildung von Erzieherinnen noch gar nicht an (Becker 2006; Rittelmeyer 2002), während man in der Altenarbeit vielleicht um (einige) natürliche Grundlagen etwa einer dementiellen Entwicklung weiß, ohne jedoch präventive, respektive den Krankheitsverlauf mildernde Strategien ableiten zu können. Letztlich ändert sich wenig an den pädagogischen Handlungsformen.

Der dann doch nur vermeintliche Erfolg naturwissenschaftlicher Erkenntnisse und Befunde hat also möglicherweise weniger mit diesen selbst, sondern mit den Geltungsansprüchen zu tun, die zunächst aus den statistischen Häufigkeiten, der Macht der Klassifikationen und endlich der Erwartung entstehen, man könne mit bewährten Techniken arbeiten; der schon angedeutete diskursive Prozess in einer Gesellschaft, in welcher Aufmerksamkeit ein wichtiges Kapital etwa der medialen Veröffentlichungen darstellt (Franck 2005), dieses durch den Verweis auf Experten zudem aufgewertet wird, trägt nicht wenig zu den dann doch flüchtigen Erfolgssituationen naturwissenschaftlichen Wissens bei, die der Wissenschaftsforscher Peter Weingart mit der skeptischen Frage „Die Stunde der Wahrheit?" beschrieben hat (Weingart 2001). Zweifellos hat das Phänomen der vordergründig erfolgreichen Naturwissenschaften viel mit den veränderten Konstellationen zwischen Öffentlichkeit, Wissenschaft und Politik zu tun, die sich in den letzten Jahrzehnten nicht zuletzt im Zusammenhang der Entstehung privatrechtlich organisierter Medien und der Aufnahme einer angelsächsisch inspirierten Denkkultur herausgebildet haben. Viele der vorgeblich sicheren naturwissenschaftlichen Befunde verbreiten sich in der paradoxen Form einer Popularisierung, der aber zugleich durch den Verweis auf Experten Gewissheit gegeben wird; das ändert aber wenig daran, dass sie streng genommen außerhalb der wissenschaftlichen Entstehungskontexte aufgenommen und verbreitet, mithin trivialisiert werden.

Einige Überschriften aus Tageszeitungen mögen dies veranschaulichen: „Gute Gene sind bares Geld wert – wer einen IQ von über 130 hat, kann

Studiengebühren sparen" (Frankfurter Rundschau), „Forscher entdecken Bindungs-Gen" (Frankfurter Rundschau), „Fähigkeit zum Glücklichsein liegt in den Genen" (Frankfurter Neue Presse), „Essensvorlieben werden vererbt" (Spiegel). Ausgehend von solchen (meist aus einer Verallgemeinerung hoch spezifischer Forschungsergebnisse gewonnenen) Behauptungen dienen Bio- und Neurowissenschaft dazu, ein Umdenken in der Pädagogik zu fordern. Nur: Was folgt eigentlich aus der Einsicht, dass es einen Pubertätstrigger – also einen „Genschalter" für den Eintritt in die Pubertät – gibt? Selbst die inzwischen umfassende Ratgeberliteratur, welche gerne solche Befunde anführt, gibt dann nur vergleichsweise banale praktische Tipps, die auch ohne Naturwissenschaften auskommen könnten. Einiges spricht sogar dafür, dass die klassischen Grenzen zwischen Natur in der menschlichen Existenz und ihrer Gesellschaftlichkeit wie Kultürlichkeit zunehmend durchbrochen werden, weil sich eine geradezu hypertrophe Vorstellung von Machbarkeit durchsetzt, die nicht nur in ein Denkmodell führt, nach welchem es ein künstliches Design des Menschen schlechthin geben könne, sondern dieses durch die Einzelnen selbst zu verwirklichen sei. Symptomatisch dafür ist die Arbeit an den Körpern, der schon gesellschaftlich wirksame, neue sozialpolitische Muster widerspiegelnde Zwang (Lessenich 2008), sich selbst Normen der Gesundheit und Vitalität zu unterwerfen. Menschen treten dann eben als gelehrige „reizbare Maschinen" auf (Sarasin 2001). Schon von Schülern wird erwartet, dass sie sich selbst fit halten. Insbesondere über die Haut und an dieser entstehen also neue professionelle Praxen, die über die Körperästhetik hinausgehen und dazu beitragen, die Kultur quasi unter die Haut zu bringen (Niewöhner et al. 2008). Das bedeutet: Nicht die naturwissenschaftlichen Erkenntnisse als solche erweisen sich als Problem. Kritisch und kritikabel wird wohl eher die Vorstellung, aus vorgeblich gesicherten Befunden normierende und normalisierende Kenndaten und Eckwerte ableiten zu können, die das Handeln steuern, weil sie die Effekte festlegen, welche erwartet und gewünscht werden könnten. Das verweist nämlich nicht nur auf Wirkungen, die zwar im kontrollierten Versuch eintreten mögen, in den komplexen Feldern der Sozialen Arbeit aber unwahrscheinlich sind, weil in diesen stets mit kontaminierenden Faktoren wie mit Interaktionen zu rechnen ist, welche die Kontexte und Bedingungen des Handelns beeinflussen und verändern; das von Gadamer an der ärztlichen Kunst diskutierte Problem taucht in aller Dramatik wieder auf. Vielmehr liegt die Schwierigkeit darin, dass es gar nicht um Effekte, sondern um Effizienzhoffnungen geht. Was Naturwissenschaften und deren Befunde dann so reizvoll erscheinen lässt, gründet in den Illusionen darüber, mit günstigen Mitteln das Geschehen optimieren und die Menschen formen und normalisieren zu können.

Solche Erwartungen sind schon länger verbreitet und an der Medikalisierung von menschlichen Verhalten zu erkennen; Reinhard Voß weist beispielsweise schon länger auf die (sogar vorbeugende) Medikamentierung bei Kindern hin (vgl. schon Voß 1987), die angesichts der Belastungen in Schulen, dann allgemeiner bedingt durch zunehmend strengere Verhaltensanforderungen bei gleichzeitiger Abnahme von eindeutig zu erkennenden Lebensmustern zu einer verbreiteten Strategie geworden ist. Medienberichte weisen darauf hin, wie unter Studierenden der Gebrauch von Psychopharmaka als „normales" Mittel der Alltagsbewältigung zuletzt dramatisch zugenommen habe. Hinzu kommen jedoch die Möglichkeiten, die Naturseite menschlichen Lebens unmittelbar zu gestalten, wie sie in der Pränataldiagnostik und zunehmend in den Formen zu erkennen ist, menschliches Leben vorgeburtlich zu gestalten. Augenfarbe und Haarfarbe lassen sich, so versprechen Reproduktionsmediziner, inzwischen beeinflussen – nicht mit völliger Sicherheit, aber doch mit hoher Wahrscheinlichkeit. Die schon vor mehr als zwanzig Jahren etwa von Elisabeth Beck-Gernsheim angedeuteten Szenarien werden also Wirklichkeit (Beck-Gernsheim 1988), eine Einflussnahme auf aktuelle Verhaltensweisen rückt näher.

Solche Entwicklungen sind kritisch zu sehen, zumal die Versuche wenig erfolgreich erscheinen, sie ethisch kontrollieren zu wollen. Die Verführungsmacht weniger von naturwissenschaftlichen Erkenntnissen, die doch Ambivalenzen zeigen und Abwägung nahelegen, mehr aber der technischen Versprechen scheint kaum zu bremsen zu sein.

4 Fazit und Ausblick

In der bis hierher vorgenommenen Vermessung des Verhältnisses der Sozialen Arbeit zu den Naturwissenschaften entsteht zugleich eine erste Orientierung darüber, vor welchen Herausforderungen die Soziale Arbeit steht. Herausforderungen, wie sie sich beispielsweise auch in den Auseinandersetzungen im Vorfeld und nach Erscheinen des Zwölften Jugendberichts zeigten, der mit seinem Schwerpunktthema „Gesundheit junger Menschen" Naturwissenschaftler, Sozialwissenschaftler und Fachvertreter der Jugendhilfe in einen allerdings spannungsvollen Gesprächszusammenhang gebracht hat.

Welche Herausforderungen stellen sich also? Stichwortartig können sechs thematische Pfeiler benannt werden, zwischen denen das Verhältnis von Sozialer Arbeit und Naturwissenschaften aktuell und zukünftig diskutiert (werden) wird – und auf die sich der hier vorgelegte Band stützt: Förderung von Lernen und Entwicklung und neurobiologisch inspirierte Lernkonzepte; Körperbildung und Körperwahrnehmung; Gesundheitsvorbeugung und Prävention; Entwicklungsverzögerungen und abweichendes Verhalten; Sozialpolitik als „Biopolitik und Regierung der Risiken"; Erziehungsphilosophie und Menschenbild.

Deutlich wird an jenen Themenpfeilern zugleich: Wie wichtig Naturwissenschaften sein mögen, um das gegenständliche Verständnis der Sozialen Arbeit und Sozialpädagogik zu erweitern, um mithin Problem- und Sachstrukturen, Möglichkeiten und Grenzen des Handelns zu erfassen, so darf doch nicht übersehen werden, wie solche Einsichten einerseits eingebunden sind in – im weitesten Sinne des Ausdrucks – sozialpolitische Rahmungen. Andererseits sollte und darf man sich ebenso wenig etwas darüber vormachen, dass alle Soziale Arbeit und Sozialpädagogik letztlich auf konkrete, individuelle Subjektivität verwiesen ist, die schließlich auf eine menschliche Begegnung angewiesen bleibt, welche sich weder natur- noch sozial- oder geisteswissenschaftlich reduzieren lässt, sondern auf das mühsame Experiment menschlicher Vernunft angewiesen ist, welche die dem Einzelnen eigenen Entwicklungswege aufzudecken versucht.

Literatur

Bauer, J. (2008): Warum ich fühle, was du fühlst. Intuitive Kommunikation und das Geheimnis der Spiegelneurone. 10. Aufl. München
– (2006): Prinzip Menschlichkeit. Warum wir von Natur aus kooperieren. Hamburg
Beck-Gernsheim, E. (1988): Die neue Elternpflicht. Genetik vor Bildung. Sozialwissenschaftliche Literatur Rundschau 11, 16, 83–91
Becker, N. (2008): Reißt die Zeitfenster zum Lernen auf! Die Rede vom „hirngerechten Lernen" gehört zu den Neuro-Mythen, die nicht vergehen wollen. Frankfurter Allgemeine Zeitung, Nr. 134, 11.06.08, 33
– (2006a): Die neurowissenschaftliche Herausforderung der Pädagogik. Bad Heilbrunn
– (2006b): Abschied von den Neuromythen. Theorie und Praxis der Sozialpädagogik 10, 18–21
– (2002): Perspektiven einer Rezeption neurowissenschaftlicher Erkenntnisse in der Erziehungswissenschaft. Zeitschrift für Pädagogik 5, 707–719
Bernfeld, S. (1925/1973): Sisyphos oder die Grenzen der Erziehung. Frankfurt/M.
Brumlik, M. (1999): Humanismus, Biologismus und die Pädagogik. Der pädagogische Blick 7, 4, 197–206
Capra, F. (1985): Wendezeit. Bausteine für ein neues Weltbild. Bern/München/Wien
Daston, L., Galison, P. (2007): Objektivität. Frankfurt/M.
DuBois-Reymond, E. (1877/1974): Kulturgeschichte und Naturwissenschaft. In: DuBois–Reymond, E. (Hrsg.): Vorträge über Philosophie und Gesellschaft. Eingeleitet und mit erklärenden Anmerkungen herausgegeben von S. Wollgast. Berlin, 105–158

Ellenberger, H. F. (1985): Die Entdeckung des Unbewussten. Geschichte und Entwicklung der dynamischen Psychiatrie von den Anfängen bis zu Janet, Freud, Adler und Jung. Zürich
Ewert, O., Rittelmeyer, C. (1994): Pädobiologie – eine sinnvolle pädagogische Fragestellung. Bildung und Erziehung 47, 383–396
Feuerstein, G., Kollek, R. (2001): Vom genetischen Wissen zum sozialen Risiko. Gendiagnostik als Instrument der Biopolitik. Aus Politik und Zeitgeschichte, B 27, 3–30
Fischer, E. P. (2006): Die Bildung des Menschen. Was die Naturwissenschaften über uns wissen. Berlin
Franck, G. (2005): Mentaler Kapitalismus. Eine politische Ökonomie des Geistes. München, Wien
Frey, K. (1999): Biologische Grundlagen von Bildung und Erziehung. Bildung und Erziehung 52, 3, 265–272
Fuhrmann, M. (2004): Der europäische Bildungskanon. Erweiterte Neuausgabe. Frankfurt / Leipzig
Gadamer, H.-G. (1993): Über die Verborgenheit der Gesundheit. Aufsätze und Vorträge. Frankfurt / M.
Gardner, H. (1993): Der ungeschulte Kopf. Wie Kinder denken. Stuttgart
Giesinger, J. (2006): Erziehung der Gehirne? Zeitschrift für Erziehungswissenschaft 1, 97–109
Hafeneger, B. (1998): Anlage oder Umwelt. Neue Praxis 6, 537–539
Handwerker, M. (2007): Heilpädagogik und Bioethik im Lichte der Person. Würzburg
Herrmann, U. (2006): Gehirngerechtes Lehren und Lernen. Gehirnforschung und Pädagogik auf dem Weg zur Neurodidaktik? In: Herrmann, U. (Hrsg.): Neurodidaktik. Weinheim, Basel, 8–17
Herzog, W. (1999): Verhältnisse von Natur und Kultur. Neue Sammlung 39, 1, 97–131
Hochkeppel, W. (1985): Nebelwerfer als Aufklärer. Anderes Denken, beispielsweise nach Art des Fritjof Capra. Merkur 39, 831–842
Hüther, G. (2001): Biologie der Angst. Wie aus Stress Gefühle werden. 4. Aufl. Göttingen
– (1999): Die Evolution der Liebe. Was Darwin bereits ahnte und die Darwinisten nicht wahrhaben wollten. Göttingen
Ladenthin, V. (2006): Einführung. Vierteljahresschrift für wissenschaftliche Pädagogik 82, 3–6
Lessenich, S. (2008): Die Neuerfindung des Sozialen. Der Sozialstaat im flexiblen Kapitalismus. Bielefeld
Liedtke, M. (1976): Evolution und Erziehung. Göttingen
Liegle, L. (2002): Ein neuer Meilenstein auf dem Weg zu einer „Biopädagogik"? Sozialwissenschaftliche Literatur Rundschau 24, 44, 5–27
Link, J. (2006): Versuch über den Normalismus. Wie Normalität produziert wird. 3. Aufl. Göttingen
Miller-Kipp, G. (2002): Natur und Erziehung – Neue Perspektiven? Bildung und Erziehung 55, 3, 251–161

– (1992): Wie ist Bildung möglich? Die Biologie des Geistes unter pädagogischem Aspekt. Weinheim
Neumann, D. (2003): Erziehernaturen. In: Gabriel, T., Winkler, M. (Hrsg.): Perspektiven der Heimerziehung. München, 74–83
– (2002): Ein Klassiker der Pädagogik in evolutionärer Perspektive. Eduard Sprangers „Lebensformen" im Lichte der modernen Biologie. Zeitschrift für Pädagogik 5, 720–740
– (1994): Pädagogische Perspektiven der Humanethologie. Zeitschrift für Pädagogik 40, 201–227
Niewöhner, J., Kehl, C., Beck, S. (Hrsg.) (2008): Wie geht Kultur unter die Haut? Emergente Praxen an der Schnittstelle von Medizin, Lebens- und Sozialwissenschaft. Bielefeld
Nipkow, K. E. (2002): Möglichkeiten und Grenzen eines evolutionären Paradigmas in der Erziehungswissenschaft. Zeitschrift für Pädagogik 5, 670–689
OECD (Hrsg.) (2005): Wie funktioniert das Gehirn? Auf dem Weg zu einer neuen Lernwissenschaft. Mit einer Einführung von Manfred Spitzer. Stuttgart
Pauen, M., Roth, G. (2008): Freiheit, Schuld und Verantwortung. Grundzüge einer naturalistischen Theorie der Willensfreiheit. Frankfurt/M.
Peukert, D. J. K. (1986): Grenzen der Sozialdisziplinierung. Aufstieg und Krise der deutschen Jugendfürsorge 1878 bis 1932. Köln
Rekus, J. (2006): Warum die Naturwissenschaften die Pädagogik brauchen. Vierteljahresschrift für wissenschaftliche Pädagogik 82, 7–18
Renninger, S. V., Wahl, K. (2000): Gene und Sozialisation. Eine neue Runde in einem alten Streit. Sozialwissenschaftliche Literatur Rundschau 23, 40, 5–16
Reyer, J. (2003): Eugenik und Pädagogik. Weinheim/München
– (1991): Alte Eugenik und Wohlfahrtspflege. Freiburg
Rittelmeyer, C. (2002): Pädagogische Anthropologie des Leibs. Biologische Voraussetzungen der Erziehung und Bildung. Weinheim/München
Rizzolatti, G., Sinigaglia, C. (2008): Empathie und Spiegelneurone. Die biologische Basis des Mitgefühls. Frankfurt/M.
Sarasin, P. (2001): Reizbare Maschinen. Eine Geschichte des Körpers 1765–1914. Frankfurt/M.
Scheunpflug, A. (2002): Evolutionäre Pädagogik. Zeitschrift für Pädagogik 5, 649–651
– (2001): Biologische Grundlagen des Lernens. Berlin
Sohn, W. (1999): Bio-Macht und Normalisierungsgesellschaft – Versuch einer Annäherung. In: Sohn, W., Mertens, H. (Hrsg.): Normalität und Abweichung. Studien zur Theorie und Geschichte der Normalisierungsgesellschaft. Opladen, 9–29
–, Mertens, H. (Hrsg.) (1999): Normalität und Abweichung. Studien zur Theorie und Geschichte der Normalisierungsgesellschaft. Opladen
Steinacker, S. (2007): Der Staat als Erzieher. Jugendpolitik und Jugendfürsorge im Rheinland vom Kaiserreich bis zum Ende des Nazismus. Stuttgart

Thole, W. (2006): Die Wiederentdeckung der Erziehung und ihre Infragestellung durch die Neurobiologie. Schriftfassung des Vortrags. In: https://kobra.bibliothk.uni-kassel.de/bitstream, 11.04.2009
Tichy, M. (2007): Neurowissenschaften und Pädagogik. Ein Diskurs und seine Probleme für die Praxis. Pädagogische Rundschau 4, 395–412
Tomasello, M. (2002): Die kulturelle Entwicklung des menschlichen Denkens. Ur-Evolution der Kognition. Frankfurt/M.
Treml, A. K. (2002): Evolutionäre Pädagogik – Umrisse eines Paradigmenwechsels. Zeitschrift für Pädagogik 5, 652–669
– (1996): „Biologismus" – Ein neuer Positivismusstreit in der deutschen Erziehungswissenschaft. Erziehungswissenschaft 14, 85–98
– (1987): Einführung in die Allgemeine Pädagogik. Stuttgart
Voland, E., Voland, R. (2002): Erziehung in einer biologisch determinierten Welt – Herausforderungen für die Theoriebildung einer evolutionären Pädagogik aus biologischer Perspektive. Zeitschrift für Pädagogik 5, 690–706
Voß, R. (1987): Anpassung auf Rezept. Die fortschreitende Medizinisierung auffälligen Verhaltens von Kindern und Jugendlichen. Stuttgart
Weingart, P. (2001): Die Stunde der Wahrheit? Zum Verhältnis der Wissenschaft zu Politik, Wirtschaft und Medien in der Wissensgesellschaft. Weilerswist
Welter-Enderlin, R., Hildenbrand, B. (2004): Systemische Therapie als Begegnung. 4. völlig überarb. und erw. Aufl. Stuttgart
Wiegand, G. (2001): Psychotherapie und Bindungstheorie. Untersuchung unhinterfragter Prämissen. Psychotherapie und Soziologie 3, 2, 119–142
Winkler, M. (2006): Kritik der Pädagogik. Der Sinn der Erziehung. Stuttgart

ERSTER TEIL

Positionen in veränderten Handlungsfeldern

Früherkennung und Prävention von Entwicklungsstörungen. Medizinisierung und Pädagogisierung der frühen Kindheit aus praxisanalytischer Perspektive

Von Sabine Bollig und Helga Kelle

Soziale Arbeit und Medizin, hier verstanden als angewandte Naturwissenschaft, gehen in den Feldern der öffentlichen Gesundheitsförderung zunehmend Allianzen ein. Dies zeigt sich nicht nur an der erfolgreichen Etablierung der Gesundheitswissenschaften als interdisziplinärer, gegenstandsbezogener Querschnittsdisziplin, welche eine Integrationswirkung zwischen dem medizinisch-naturwissenschaftlichen und dem sozialwissenschaftlichen Paradigma beansprucht (Franzkowiak 2003). Auch die verschiedenen Programme, die auf der Kooperation von medizinischen und pädagogischen Professionellen aufbauen, nehmen gerade im Bereich der gesundheitsbezogenen Vorsorge zu. Der folgende Beitrag verfolgt die Frage der Allianzen von Pädagogik und Medizin aus einer wissenssoziologisch-praxisanalytischen Perspektive und stellt am empirischen Beispiel der Kindervorsorgeuntersuchungen die Hybridisierung von pädagogischen und medizinischen Wissens- und Praxisformen im Feld der Prävention heraus.

Kein Bereich der Kindheit hat in jüngster Zeit international einen solchen Ausbau und Institutionalisierungsschub erfahren wie die Maßnahmen zur Früherkennung und Prävention von Entwicklungs- und Lernstörungen in der frühen Kindheit. Dazu gehören in Deutschland etwa die kindermedizinischen Vorsorgeuntersuchungen von Geburt bis zum Schulalter, Entwicklungsbeobachtungen und Sprachstandserhebungen in Kindertagesstätten oder so genannte „Frühwarnsysteme", die eine gesellschaftliche Dauerbeobachtung von Kindern und frühzeitige Interventionen in einem komplexen Netzwerk von Institutionen der frühen Hilfe realisieren sollen.
    Ihre hohe gesellschaftliche Akzeptanz gewinnt ein Teil dieser Maßnahmen aus den dramatischen Fällen von Kindesvernachlässigung mit Todesfolge, die in den vergangenen Jahren die öffentliche Debatte zum verbesserten Kinderschutz wesentlich dynamisiert haben. Im Einklang mit der Skandalisierung der erhöhten Risiken in Armut lebender Kinder und der allgemein konstatierten Zunahme von frühkindlichen Entwicklungsstörungen, Verhaltensauffälligkeiten und Schulleistungsschwächen (exemplarisch Robert-Koch-Institut 2004) hat sich zudem die Einsicht durchgesetzt, dass es weiterer systematischer Beobachtungen aller Kinder bedarf, um durch frühzeitige Identifikation von Entwicklungsrisiken geeignete Fördermaßnahmen früh ansetzen lassen und so allen Kindern optimale Entwicklungschancen gewährleisten zu können. Insbesondere der Vernet-

zung von Jugend-, Familienhilfe und Pädiatrie wird dabei eine hohe Bedeutung zugeschrieben. Diese findet zum einen auf der Ebene eines auf alle Kinder bezogenen Routineaustauschs zwischen pädagogischen MitarbeiterInnen in Kindergärten und Kinderärzten/Schulärzten statt, wie er beispielsweise durch Kita-Vorsorgebögen (Maier 2005) organisiert wird oder durch Reihenuntersuchungen für 4-Jährige in Kindertagesstätten, wie sie seit 2005 in Sachsen (wieder) durchgeführt werden. Zum anderen gibt es die interventionsbezogenen Kooperationen, die einsetzen, sobald bei Familien/Kindern bestimmte Risikofaktoren oder darauf bezogener Abklärungsbedarf vorliegen (Stadt Herne 2007).

In Bezug auf den pädiatrischen Bereich ist der Umbau der Institutionen der frühen Kindheit auch an den aktuellen Initiativen und länderübergreifenden Diskussionen zur gesetzlichen Verpflichtung der Kindervorsorgeuntersuchungen (U1 bis U9) erkennbar. Einige Bundesländer wie etwa Bayern, Brandenburg, Bremen, Hessen, Niedersachsen, Rheinland-Pfalz, Saarland und Schleswig-Holstein haben mit hohem Durchsetzungstempo 2006/2007 Gesetze novelliert, die den U1 bis U9 Kontrollfunktionen im Sinne des wohlfahrtsstaatlichen Wächteramtes über das Kindeswohl zuschreiben, die zuvor nicht in die Zuständigkeit von Kindermedizinern fielen. Im Zuge der Etablierung eines verbindlichen Einladewesens wird dabei an neu eingerichtete Screening-Stellen gemeldet, welche Kinder die Vorsorgetermine wahrgenommen haben. Diese Daten werden mit den Melderegistern verglichen, um säumige Eltern zu ermitteln. Kommen diese der Aufforderung, ihre Kinder zu den Untersuchungen vorzustellen, nicht nach, wird die Nicht-Teilnahme selbst als Indiz für Gesundheits- und Entwicklungsgefährdungen des Kindes deutbar und zieht Interventionen von Mitarbeitern der Jugend- oder Gesundheitsämter nach sich (z.B. Hessischer Landtag 2007).

Der Funktionswandel, den kindermedizinische Vorsorgeuntersuchungen aktuell im Ensemble präventiver Maßnahmen erfahren, könnte entsprechend als eine schleichende Ausweitung der Zuständigkeiten der Kindermediziner gedeutet werden. Es scheint aber gerade nicht so zu sein, dass die Pädiatrie anderen, mit Frühdiagnostik, -prävention und -förderung befassten Professionen ihre Zuständigkeitsbereiche streitig macht. Vielmehr sind, so unsere These, pädagogische und pädiatrische Handlungsfelder über Kopplungen und funktionale Symbiosen ihrer jeweiligen Praxis- und Wissensformen gemeinsam an einer Intensivierung der (staatlich) organisierten Beobachtung von Kindern beteiligt. Auf diese Weise lassen sich immer weiterreichende gesellschaftliche Ansprüche an die (frühe) Bearbeitung von Kindern etablieren, die u.E. nicht allein dem einseitigen Einfluss bestimmter Arten des Denkens zuzurechnen sind. Eher ist davon auszugehen, dass die Formen der Institutionalisierung und Vernetzung der Professionen auf diese zurückwirken und immer größere Überschneidungsbereiche – wenn nicht einen ‚Verschnitt' – zwischen kindermedizinischer Früherkennung,

(Früh)Pädagogik und frühen Hilfen erzeugen. Die Hybridisierung von medizinischen und pädagogischen Praxis- und Wissensformen ist im Übrigen kein neues Phänomen, sondern bestimmt das Feld der frühen Kindheit seit dessen Institutionalisierung (Stroß 2003).

Daher halten wir eine heuristische Ausrichtung der Sozialarbeits- bzw. erziehungswissenschaftlichen Forschung für lohnend, die von einem formbestimmten Begriff „pädagogischer Felder" ausgeht, welcher ‚das Pädagogische' in der Zuschreibung von Defiziten und legitimen lernbezogenen Veränderungserwartungen an Personen bestimmt (Manhart/Rustemeyer 2004) und nicht notwendig konform geht mit dem Selbstverständnis von professionellen Handlungsfeldern (Bollig/Kelle 2008). Bei den komplexen Veränderungsprozessen im Feld von Frühprävention und -diagnose handelt es sich u. E. nicht einseitig um Prozesse der Pädagogisierung oder Medizinisierung, sondern um eine Intensivierung von beidem.

Im DFG-Forschungsprojekt „Kinderkörper in der Praxis. Eine Ethnographie der Prozessierung von Entwicklungsnormen in kinderärztlichen Vorsorgeuntersuchungen (U3 bis U9) und Schuleingangsuntersuchungen", auf dem dieser Beitrag basiert, verfolgen wir eine praxisanalytische Perspektive (Reckwitz 2003) auf diese Prozesse.

Wir fragen im Folgenden, welche Entwicklungsnormen und Risikodefinitionen in den Routinen der Feldakteure wie relevant gemacht werden und wie die frühe Identifikation von Risikokindern praktisch vollzogen wird. Wir fragen weiter, ob und wie sich eine Hybridisierung medizinischen und pädagogischen Wissens in den Praktiken der kindermedizinischen Entwicklungsdiagnostik zeigt.

1 Zu den Begriffen Früherkennung, Prävention und Behandlung

Die Kindervorsorgeuntersuchungen U1 bis U9 sind dem Anspruch nach zunächst Früherkennungsuntersuchungen (SGB V, §29) und somit dem Bereich der Sekundärprävention zuzurechnen, welche sich anders als Maßnahmen der Primär- (Gesundheitsförderung und Vermeidung von Erkrankungsrisiken) oder Tertiärprävention (Vermeidung von Wiedererkrankung) durch ihren Bezug auf die vorklinische Phase von Krankheiten definiert. Ziel von Früherkennungsmaßnahmen ist die frühzeitige Diagnose von Krankheiten, deren klinischer Verlauf durch Frühbehandlung erheblich verkürzt oder gar verhindert werden kann. Darüber hinaus verweisen die aktuellen politischen Debatten und Funktionsveränderungen jedoch auf Bemühungen, den Vorsorgeuntersuchungen auch primärpräventive Aufgaben zuzuschreiben.

Aus systemtheoretischer Perspektive, die wir hier als heuristische Perspektive nutzen wollen, wird allerdings angezweifelt, ob sich im Medizinsystem überhaupt präventive Praktiken etablieren lassen, oder ob hier nicht Systemgrenzen berührt werden (Hafen 2007). Hafen sieht in „Prävention" und „Behandlung" zunächst zwei Seiten einer Unterscheidung, die sich wechselseitig nicht ausschließen, sondern ein Kontinuum bilden: Jede Behandlung sei immer auch präventiv – in Hinblick auf eine Vermeidung von Folgeproblemen des aktuell behandelten Problems – und jede Prävention immer auch behandelnd – in dem Sinne, dass zur Vermeidung zukünftiger Probleme vorgelagerte Probleme identifiziert und eben in der Gegenwart behandelt werden (Hafen 2007, 58 ff). Jedoch unterscheiden sich Behandlung und Prävention in ihrem Zeitbezug: Während die „Behandlung" auf akute Probleme und damit auf Gegenwart (und Vergangenheit) ausgerichtet ist und den Zukunftsbezug erst daran anschließt, ist „Prävention" mit Blick auf zu verhindernde Probleme immer schon auf die Zukunft gerichtet und ‚blickt' gewissermaßen von dort aus ‚zurück' auf die Gegenwart. Auch Fuchs (2008) spricht entsprechend von Prävention als einer „paradoxen Zuvorkommenheit", weil sie getan wird, damit etwas nicht eintritt. Diese könne aber nicht als solche schon die Akzeptanz der „Sinnzumutung einer Gegenwartsbelastung" (Fuchs 2008, 371) durch Prävention sichern, sondern dafür sorge erst die Kommunikation des „Risiko-Ignoranz-Risikos":

> „Es ist das Risiko, in der Zukunft (...) verantwortlich gemacht werden zu können für das, was man trotz einer in der Vergangenheit möglichen Vermeidungsoption in eben dieser vergangenen Gegenwart nicht vermieden hat". (371)

Dadurch mache sich Prävention „unabweisbar".

Im Weiteren platziert Hafen (2007, 70 ff) „Früherkennung" im konzeptionellen Kontext zwischen Prävention und Behandlung und versteht sie als „Schulung der Beobachtung von Anzeichen für die zu verhindernden Probleme" (67) und deren Systematisierung mithilfe von Klassifikationssystemen; die Früherkennung ziele, wie alle Diagnostik, auf die Unterscheidung von „Fällen" und „Nichtfällen". Sie führe, wird ein Problem erkannt, „zwangsläufig zur Frühbehandlung" (71), also zur Aktivierung der Behandlungsseite der Unterscheidung Prävention/Behandlung.

> „Dass die Früherkennung Fälle der Frühbehandlung von allen anderen Fällen trennt, zeigt sich auch an der Adressabilität: Sobald ein Anzeichen für ein zu verhinderndes Problem entdeckt wird, werden die betreffenden Menschen als spezifische Personen adressabel für das Behandlungssystem; sie werden im eigentlichen Sinn des Wortes in das System inkludiert, während alle anderen exkludiert, d.h. für diese Systeme kommunikativ irrelevant sind." (72)

Hier zeigt sich, wie Prävention die Systemgrenze herausfordert: Anders als die Früherkennung erzwingt sie nicht die Prozessierung der Entscheidung Inklusion/Exklusion in das Behandlungssystem, sondern auf der praktischen Ebene einen Registerwechsel hin zu pädagogischen Praktiken der Erziehung und Beratung (Hafen 2007; Vogd 2005), der längerfristig einer Inklusion in das Behandlungssystem vorbeugen soll.

2 Strukturelle Ambivalenzen der Früherkennung und Prävention im kindermedizinischen Feld

Für die Kindervorsorgeuntersuchungen lassen sich vor diesem Hintergrund und nach unserer Kenntnis des Feldes aktuell drei Spannungsfelder benennen, die deren Durchführung beeinflussen und im Folgenden erläutert werden: Früherkennung und Prävention zwischen Statistik- und Einzelfallbezug; Vorsorgeuntersuchungen zwischen der „Früherkennung von Gesundheitsstörungen" und der Feststellung „altersgemäßer Entwicklung" sowie „vorsorgendem Gesundheitsschutz"; Prävention zwischen evidenzbasiertem Wissen und kindermedizinischer Handlungsroutine.

2.1 Früherkennung und Prävention zwischen Statistik- und Einzelfallbezug

Kindermedizinische Früherkennung und Prävention gewinnen ihre Rationalität aus einem Kalkül statistisch-probabilistischer Risikokonstruktionen (Bröckling 2008), welche über ein epidemiologisches, entwicklungspsychologisches und medizinisches Wissen um kindliche Entwicklungsprozesse und Störungsprävalenzen auf der Basis „massenhafter Verdatung" (Link 1999) aufgebaut und entsprechend eng mit Vorstellungen „normaler Entwicklung" verknüpft sind (Turmel 2008). Der wachsende Kinderkörper bildet dabei den materialen Bezugspunkt eines im Wechselspiel von biologisch-genetischem Programm, individuellen Ausprägungen und umweltbedingten Einflüssen sich vollziehenden Entwicklungsprogramms. Die altersgraduierten Entwicklungsmodelle sind über relativ rigide Zeitkorridore erwartbarer Entwicklungsfortschritte aufgebaut, wobei extreme Abweichungen vom Durchschnitt zwar nicht zwingend als Pathologien gewertet werden, jedoch dann Präventions- oder Behandlungsbedarf signalisieren, wenn die durchschnittsbasierte Deskription einen Korridor der Normalität (*normal range*) definiert und entsprechend diejenigen, deren Werte aus dem Korridor herausfallen, als Risikogruppen bestimmt werden (Bröckling 2008).

Für die Praxis der Prävention zeigt sich in diesem Risikobezug jedoch die „Paradoxie der Statistik" (Vogd 2005), die präventive Maßnahmen zwar auf der Grundlage von Hochrechnungen auf zukünftige (epidemiologische) Entwicklungen überhaupt erst denkbar werden lässt, jedoch keine zuverlässigen Aussagen in Hinblick auf den konkreten Fall erlaubt. Vielmehr steht das statistische Kalkül in Spannung zu der in Medizin und Sozialer Arbeit sonst üblichen Einzelfalllogik in der (klinischen) Betrachtung von Fällen (Paul 2006). Letztere erfährt eine Aufwertung darin, dass Normalitätsentwürfe gelingender Entwicklung zunehmend stärker die Eigensinnigkeit von individuellen Entwicklungsprozessen und hohe interindividuelle Variabilitäten sowie mögliche Inkonsistenzen im Aufbau der verschiedenen körperlichen und kognitiven Kompetenzen berücksichtigen. Im Zuge dessen setzen sich vor allem auch in der kinderärztlichen Praxis zunehmend Meilensteinkonzepte durch, die weniger auf punktuelle Erfüllungsnormen ausgerichtet sind, sondern Grenzwerte angeben, die eine Auslotung von individuellen Entwicklungsverläufen und Risikobereichen erlauben (Largo 2001).

Vorsorgeuntersuchungen zeichnen sich in ihrer Durchführung entsprechend durch ein komplexes „praktisches Management der Normalität" (Bollig/Ott 2008) aus, bei denen (naturwissenschaftliche) Normierungsmodelle zwar die medizinische Wahrnehmung des Kinderkörpers maßgeblich prägen und die praktische Realisierung und Einordnung von Befunden erst ermöglichen. Wenn es jedoch um die explizite Zuschreibung von Abweichungen geht, zeigen sich vielfach Strategien der Verflüssigung von Normalitätsgrenzen, indem die Unterscheidungen zwischen normaler und gestörter Entwicklung unter Verweis auf mögliche individuelle Variationen in der Schwebe gehalten werden. Um Gefährdungspotentiale dabei nicht aus dem Blick zu verlieren, wird meist eine intensivierte Beobachtung und Kontrollfrequenz als erforderlich erachtet, womit die „Arbeit an der Grenze" zwischen normaler und gestörter Entwicklung auf Dauer gestellt und ein diffuses Risikobewusstsein verstetigt wird (Bollig/Ott 2008).

2.2 Von der „Früherkennung von Gesundheitsstörungen" zur Feststellung „altersgemäßer Entwicklung" und „vorsorgendem Gesundheitsschutz"

Seit die Kindervorsorgeuntersuchungen 1977 im SGB V als kassenärztliche Leistung für 0- bis 5-Jährige verankert wurden, haben sie neben der ursprünglich vorgesehenen Fokussierung auf die Früherkennung entwicklungsgefährdender Krankheiten immer stärker eine allgemeine Beobachtung der körperlichen, kognitiven, sprachlichen, psychischen und sozialen Entwicklung durch Kindermediziner etabliert.

Dieser Prozess findet einen Niederschlag z. B. in einer Veränderung der

Dokumentationsinstrumente der Kindervorsorgeuntersuchungen. Während in den Untersuchungsheften („Gelbes Heft"), die bis Oktober 2005 gedruckt wurden, die standardisierte Formulierung des zusammenfassenden Befundes der Vorsorgeuntersuchungen für den Fall, dass keine Auffälligkeiten festgestellt wurden, lautete: „Jetzige Früherkennungsuntersuchung: kein Anhalt für eine entwicklungsgefährdende Gesundheitsstörung", heißt es seitdem: „Gesamteindruck: Kind altersgemäß entwickelt" (G-BA 2005). Sofern bei dieser Formulierung der vorher vorhandene, explizite Bezug auf Gesundheit fehlt, bleibt implizit auch der auf Krankheit aus; ob und inwiefern das Konstrukt der „altersgemäßen Entwicklung" noch an den binären Code „krank/gesund" des Gesundheitssystems (Luhmann 1990) anschließt, bleibt damit offener als in der ursprünglichen Formulierung. Zudem stellt sich die Frage nach dem für medizinische Handlungsfelder konstitutiven Verhältnis von Diagnose und Behandlung: Zwar betont das Konstrukt der „altersgemäßen Entwicklung" einerseits die Natürlichkeit und (biologische) Selbstläufigkeit kindlicher Entwicklung, die Früherkennung von Abweichungen von diesem Prozess zielt aber auf frühe Interventionen und damit andererseits auf die soziale Beeinflussung von Entwicklung und/oder ihren Voraussetzungen (Kelle 2007).

Das Spannungsverhältnis zwischen dem expliziten Krankheitsbezug früherkennender Maßnahmen und der Aufgabe, „altersgemäße Entwicklung" zu optimieren, lässt sich auf der institutionellen Ebene an dem seit 2005 laufenden Prozess einer „Komplettüberarbeitung" (G-BA 2007) der U1 bis U9 ablesen, welcher neben der „allgemeinen Organisation des Programms" auch die „Standardisierung der klinischen Untersuchung" und die „Nutzenbewertung für spezifische Screeningmaßnahmen" umfasst (G-BA 2007). Der Überarbeitungsprozess liegt in den Händen des Gemeinsamen Bundesausschusses der Ärzte, Zahnärzte, Psychotherapeuten, Krankenhäuser und Krankenkassen in Deutschland (G-BA), welcher im gesetzlichen Auftrag und in Form von Richtlinien den Leistungskatalog der Gesetzlichen Krankenversicherung festlegt. In Bezug auf die Kindervorsorgeuntersuchungen geschieht dies in den so genannten „Kinder-Richtlinien", die zum Juli 2008 um eine weitere Untersuchung – die U7a im Alter von 3 Jahren – erweitert wurden.

Zwar heißt es im Anhang zum Beschluss zur Einführung der U7a in der Darlegung der „tragenden Gründe" ganz in der Logik der krankheitsbezogenen Früherkennung: „Ziel der U7a ist u.a. die frühzeitige Entdeckung visueller Entwicklungsstörungen (insbesondere Amblyopie) bzw. deren Risikofaktoren" (G-BA 2008, 3). Gleichzeitig wird aber in den folgenden Passagen unter Bezug auf internationale Gepflogenheiten dargelegt, dass sich auch in den bundesdeutschen Kindervorsorgeuntersuchungen „Komponenten des vorsorgenden Gesundheitsschutzes (z.B. Impfstatus) mit Screeningmaßnahmen auf spezifische Zielerkrankungen" verbinden und diese somit „wichtige primärpräventive Aufgaben" (G-BA 2008, 3) übernehmen. Im Kontext dieser Aufgabenbestimmung wird die Einführung der U7a als Strategie zur engeren Taktung der Untersuchungsfrequenz verstanden, welche die fast 2-jährige Lücke zwischen U7 und U8 schließt und es ermöglicht, „frühzeitig kindliche Gefährdungen durch die unmittelbare Umwelt und durch veränderte Lebensstile erkennen und entsprechend intervenieren zu können" (G-BA 2008, 5). Denn „Risiken für die Entwicklung von Kindern gehen nicht nur von genau definierbaren Zielkrankheiten aus, sondern von einer Vielzahl von Belastungsfaktoren, deren Auswirkungen sich zunächst oft nur in mehrdeutigen Symptomen manifestieren" (G-BA 2008, 4). Mit diesem Risikokonzept wird nicht nur der Beobachtungsgegenstand entgrenzt; in Bezug auf die Lebensstile werden die Kinderärzte auch mit der paradoxen Aufforderung konfrontiert, präventionsbezogene Optimierungsansprüche an die kindliche Entwicklung auch im Hinblick auf ihre nicht-medizinischen Voraussetzungen zu bearbeiten.

2.3 Prävention zwischen evidenzbasiertem Wissen und kindermedizinischer Handlungsroutine

Interessant ist der explizite Bezug auf „vorsorgenden Gesundheitsschutz" auch insofern, als es für viele der zu erfassenden Entwicklungsauffälligkeiten oder -störungen derzeit keine allgemein anerkannten Diagnose- und erst recht nicht Behandlungsformen gibt. So werden auch im selben Dokument die „Erkennung einer echten Sprachentwicklungsstörung im Unterschied zu Normvarianten, die keiner weiteren Diagnostik oder Therapie bedürfen" als „schwierig" bezeichnet und die fehlenden Standards für die frühe Identifikation und Behandlung mit Verweis auf „allgemeine Erkenntnisse zur sprachlichen Entwicklung" und die „rechtzeitige" Einleitung ggf. erforderlicher Therapien relativiert (G-BA 2008, 4).

Wenn es um die Voraussetzungen für die Einführung neuer Einzeluntersuchungen im Rahmen der U1 bis U9 geht, ist es allerdings genau die Evidenzprüfung der Erfassungs- und Behandlungsmethoden, die erwartet wird. Der Gemeinsame Bundesausschuss hat z. B. 2007 beschlossen, „aufgrund derzeit fehlender erprobter und wirksamer Erfassungsmethoden zur Früherkennung und Vermeidung von Kindesmisshandlung im Rahmen der Kinderuntersuchungen keine diesbezüglichen Regelungen in die Richtlinie" aufzunehmen (BMfG 2007). Hier wird auch noch einmal explizit darauf verwiesen, dass „Maßnahmen der Primärprävention oder z. B. soziale Frühwarnsysteme nicht in den durch §§ 25 und 26 SGB V definierten Zuständigkeitsbereich des Gemeinsamen Bundesausschusses fallen" (G-BA 2007).

Aber auch im Hinblick auf ihre bisherigen Aufgaben stehen die Kindervorsorgeuntersuchungen in der fachlichen Kritik, ihre Früherkennungs- und Präventionsleistungen (noch) nicht ausreichend zu erfüllen (Kratzsch 2000), zu wenig standardisierte und evidenzbasierte Screenings einzusetzen (Altenhofen 2002; IQWiG 2008) und nur geringe Aussagen über den Nutzen und die Wirksamkeit der „global orientierenden Frühdiagnostik" treffen zu können (G-BA 2007). Gerade die für eine Verknüpfung von hoher Adressatenerreichbarkeit und naturwissenschaftlich grundierter pädiatrisch-diagnostischer Expertise stehenden kindermedizinischen Untersuchungen, von denen die „harten Fakten" im Ensemble vorsorgender Maßnahmen erwartet werden, scheinen also für sich genommen durch einen Mangel an klar umrissenen Kriterien, Kennzahlen und Risikodefinitionen geprägt zu sein (Bollig 2008). Die institutionelle Ausweitung dieser Maßnahmen erfolgt, obwohl ihre wissenschaftliche Zertifizierung in Form des Etiketts „evidenzbasiert" keineswegs unstrittig ist.

Die Diskussionen und Lobbyarbeit im Zusammenhang mit dem Überarbeitungsprozess des G-BA deuten jedoch darauf hin, dass viele Praktiker eine Akzentverschiebung des Untersuchungsprogramms in Richtung Primärprävention von vielfältig bedingten Entwicklungsauffälligkeiten befürworten. Dies verweist u. E. auch darauf, dass viele der Kindermediziner auf der Ebene von praktischen Routinen längst gelernt haben, mit diesem problematischen Anforderungsprofil der Vorsorgeuntersuchungen im Spannungsfeld von Prävention und Früherkennung umzugehen. Sofern die Kindervorsorgeuntersuchungen als Früherkennungsuntersuchungen deklariert sind, akzentuieren sie nach wie vor die Prozessierung der Unterscheidung von (behandlungsbedürftigen) Fällen und Nichtfällen und damit ihre diagnostische Funktion. Sofern sie sich aber daneben in ihrer variablen Praxis immer stärker auf die Prävention allgemeiner Entwicklungsstörungen richten, stellt sich die Frage, in welchen Formen Prävention im Rahmen der Kindervorsorgeuntersuchungen realisiert wird.

3 Besonderheiten der Prävention von Entwicklungsstörungen bei Kindern

Vor dem Hintergrund der allgemeinen konzeptuellen Betrachtungen und der spezifischen strukturellen Ambivalenzen werden die Besonderheiten der Kindervorsorgeuntersuchungen deutlich. Diese sind durch einen besonderen Sozial-, Behandlungs- und Zeitbezug geprägt.

Das Paradoxe der Zuvorkommenheit, die Prävention realisieren soll (Fuchs 2008), verschärft sich im Kontext der Kindervorsorgeuntersuchungen dadurch, dass die Entwicklung von Kindern, die mit den Untersuchungen beobachtet werden soll, ohnehin ein sehr dynamischer und (relativ) ergebnisoffener Prozess ist. Die Ungewissheit im Hinblick auf die Zukunft erscheint hier gegenüber vielen anderen Bereichen der Prävention noch gesteigert: Es gilt nicht etwa, einen bestimmten Status für die Zukunft dadurch zu erhalten, dass Risiken/potentielle Gefahren vermieden werden, sondern vielmehr die (körperlichen) Voraussetzungen für die Ausbildung von Kompetenzen zu sichern, die ohnehin erst in der Zukunft entstehen werden. Darin liegt gewissermaßen ein doppelter Bezug der Prävention von Entwicklungsstörungen auf die Zukunft.

Daneben stellen auch die Interaktionstriade – medizinisches Personal, Kinder und Eltern – und die darin inszenierte advokatorische Haltung der Eltern spezifische Merkmale der Prävention im Rahmen von Kindervorsorgeuntersuchungen dar. Im Feld der Kindervorsorgeuntersuchungen werden aufgrund der triadischen generationalen Interaktionsstruktur pädagogische Wissensformen in den Praktiken der Prävention/Früherkennung doppelt wirksam: zum einen in thematischer Hinsicht, als Wissen um die Bedeutung von elterlichen Erziehungs- und Pflegepraktiken für die kindliche Entwicklung, das bereits in der Diagnostik relevant wird, insofern Entwicklungsphänomene vor dem Hintergrund entwicklungsförderlicher oder -hinderlicher Lebensstileinflüsse interpretiert werden; und zum anderen auch in operativer Hinsicht, indem Kinderärzte beraten, Wissen vermitteln und erziehen. Hat nämlich das medizinische Personal in den Eltern und ihren Erziehungspraktiken ein zentrales Risiko für die Entwicklung der untersuchten Kinder erkannt, betreibt es Prävention weniger in Bezug auf die Etablierung präventiver (Selbstführungs-)Praktiken des Patienten als vielmehr im „Modus der Erziehung der Eltern" (Bollig/Kelle 2008).

4 Praktiken der (präventiven) Entwicklungsbeobachtung in Kindervorsorgeuntersuchungen

Die folgende Sequenz aus der ethnographischen Beobachtung einer U8 mit dem Kind Falk (4.2 Jahre) zeigt ein Beispiel auf, wie vor dem Hintergrund der von uns beschriebenen Ambivalenzen und Besonderheiten die Prävention von Entwicklungsstörungen in den Kindervorsorgeuntersuchungen Form gewinnt.

> Die Durchführung der Vorsorgeuntersuchung U8 bereitet dem Arzt Dr. Krüger Probleme, da sich Falk bei der körperlichen Untersuchung nicht von der Mutter lösen möchte, auch wenn sie ihn mit einem flehentlichen „Du hast es mir doch versprochen" immer wieder auffordert, zu kooperieren. Dr. Krüger hat dies bereits neckend mit „Na, da haben wir aber ein Klammeräffchen" kommentiert und den Jungen weitestgehend auf dem Arm der Mutter untersucht. Dann jedoch bricht er die Untersuchung ab und fragt die Mutter recht ungehalten, warum der Junge „so klammere". Sie sagt: „Ja, weil er Angst hat" und erinnert ihn daran, dass dies doch

sonst auch schon immer so schlimm gewesen sei, da Falk als kleines Kind einen schlimmen Infekt hatte, bei dem ihm immer Blut abgenommen werden musste; das sei jetzt ja schon viel besser. Dr. Krüger fragt jedoch noch einmal verständnislos nach, warum er aber dann so klammere, und meint dann, sie müsse ihrem Sohn da „schon auch Grenzen" setzen. War der Ton von Frau Simon bisher eher entschuldigend und leicht verlegen, so reagiert sie nun selbst etwas ungehalten und sagt, sie könne dem Jungen ja wohl kaum seine Angst nehmen, wenn sie ihn jetzt „auch noch anbrüllen" würde.

Frau Simon steht dabei vor dem Schreibtisch, Dr. Krüger hat sich dahinter gesetzt. Falk nimmt immer wieder mit seiner Mutter körperlichen Kontakt auf, verwickelt sie in Spielchen (z.B. Hände aufeinander klatschen) und versucht, an ihr hochzuklettern. „Der macht ja mit Ihnen, was er will", meint Dr. Krüger nun mit einer zeigenden Handbewegung auf ihre Situation mit Falk, doch Frau Simon erwidert, hier in der Situation würde sie diese Kritik nicht einsehen, da ihr Sohn schreckliche Angst habe. Dr. Krüger erwidert jedoch, dass das ja nicht ihre Schuld sei, dass das damals beim Arzt so gelaufen sei, da brauche sie sich nicht schuldig zu fühlen. Wenn sie dem Jungen jetzt keine Grenzen setze, würde dieser ihr bald „auf der Nase herumtanzen". „Da kriegen Sie dann später richtig große Probleme – richtig große Probleme", setzt er mit Nachdruck hinzu. Falk drängelt immer stärker an seiner Mutter herum, worauf sie in etwas schärferem Ton sagt: „Nein, jetzt nicht. Jetzt rede ich mit dem Arzt". Dr. Krüger lobt sie, genauso müsse sie Grenzen setzen; jetzt würde sie ja reden, da müsse Falk schon ein wenig warten. Er werde jetzt erst einmal die Dokumentation machen, erklärt der Arzt der Mutter (wobei er das Kreuz im U-Heft bei „kein Anhalt…" macht) und sich dann anschließend den Leberfleck auf Falks Rücken anschauen, von dem die Mutter eben besorgt berichtet hat.

Anlass der Thematisierung der mütterlichen Erziehungspraxis sind hier Schwierigkeiten, die sich aus den Anforderungen der Durchführungspraxis selbst ergeben. Dabei wird der Unwille von Falk, den Anweisungen von Mutter und Arzt nachzukommen, von der Mutter als psychisches Problem des Jungen gerahmt, welches sich aus seiner spezifischen Patientenkarriere ergibt. Der Arzt jedoch markiert ein Erziehungsproblem, das sich für ihn nicht in Konkurrenz zur Erklärung der Mutter aufbaut, sondern gerade aus der Erziehungsaufgabe erwächst, die das kindliche Problem stellt. Dabei greift er mit dem Topos des „Grenzensetzens" einen populären Erziehungsdiskurs auf (s. bspw. den Bestseller von Rogge 1995). Frau Simon jedoch konturiert ihre situierte Erziehungsaufgabe daran, Falk die Angst vor der Untersuchungssituation zu nehmen und somit ihrer Verantwortung für ihr Kind als auch der Durchführbarkeit der Untersuchung gerecht zu werden. Ein „Anbrüllen" – so ihre Übersetzung des von Dr. Krüger geforderten „Grenzensetzens" – sei in Bezug auf dieses Ziel das falsche Mittel.

Ihre vergangenheitsbezogene Verortung des Problems in Falks Patientenbiographie wird jedoch von Dr. Krüger in zweierlei Hinsicht unterlaufen. Einmal, indem er gegenwartsbezogen die Untersuchungssituation als Performanz von Erziehung inszeniert und mit zeigender Handbewegung die Interaktion zwischen Mutter und Kind zum aufgeführten Befund erhebt. Man könnte den Fingerzeig überspitzt als „bildgebendes Verfahren" bezeichnen, das die vom Arzt vermutete Erziehungsproblematik als Risikobefund *in situ* materialisiert. Zum anderen, indem er das Riskante ihres Verhaltens vor einer drohenden Zukunft konturiert, die bei Beibehaltung ihres Erziehungsverhaltens „richtig große Probleme" erwarten lasse. Dabei bleibt jedoch unklar, welche Art von Problemen angesprochen ist. Seine Überzeugungskraft erhält das zukunftsbezogene Argument wahrscheinlich genau aus dieser Auslassung im Konkreten. Dadurch werden die an die Mutter gerichteten Veränderungserwartungen davon suspendiert, sich explizit mit konkreten Risiken für Falk legitimieren zu müssen. Dies ist eine Praxis, die wir in den Vorsorgeuntersuchungen häufig beobachten können. Anders als beim „Fingerzeig" bedarf es hier keiner visualisierenden Befunddarstellung; diese wird vielmehr kommunikativ in einem „Surfen" auf populären Gefährdungsdiskursen (Bewegungsmangel, ungesunde Ernährung, Fernsehkonsum etc.) aktiviert, welche im Gespräch lediglich angetippt werden müssen, um ihre diskursive Macht im Interaktionsgeschehen zu entfalten. Die von Frau Simon gewählte Verzerrung („Anbrüllen") zeigt sich entsprechend auch als Versuch der Delegitimierung eines schwer abzuweisenden Diskurses.

Die triadische Interaktionsstruktur eröffnet entsprechend Möglichkeiten für kindermedizinische Beobachtungspraktiken, in denen Entwicklungsrisiken nicht nur vom Kinderkörper und kindlichem Verhalten, sondern auch von der Seite der Erziehungspraktiken als „Gefährdungen durch die unmittelbare Umwelt" (G-BA 2008) in die Früherkennungsuntersuchung eingebunden werden können. An dieser Rahmung des Untersuchungsgegenstandes kann dann auch operativ pädagogisch angeschlossen werden, indem von der *Thematisierung von Erziehungsaufgaben* auf den *Modus von Erziehung* umgestellt wird. Die Zurechtweisung des Jungen durch die Mutter am Ende des Ausschnittes wird dabei vom Arzt als Demonstration eines Lerneffektes markiert, indem er diese als das von ihm eingeforderte Verhalten des Grenzensetzens lobt. Mit Dinkelacker (2008) kann hier von der „Kommunikation von Lernen" gesprochen werden, deren Sequentialität von Diagnose, Korrektur und Evaluation sich rekursiv durch den Akt der Bewertung entfaltet. Dabei geht es in der Situation nicht primär um die Vermittlung und Aneignung von Wissen. Vielmehr zeigt sich die Defizitdiagnose auf die Durchsetzung und Anwendung von Erziehungsregeln bezogen, deren Korrektur sich als Form der moralischen Verantwortungskommunikation – aufbauend auf der medizinisch-prognostischen Expertise des Arztes – entfaltet.

5 Fazit

Das Beispiel verweist auf praktische Risikokonstruktionen jenseits eines naturwissenschaftlich-statistischen Risikokalküls, insofern die triadische Interaktionsstruktur Ressourcen bereitstellt, die den ebenso auf Lebensstile bezogenen medizinischen Präventionsmaßnahmen bei Erwachsenen eher verschlossen bleiben – denn sie ermöglichen es, erziehungsbedingte Risikofaktoren in der Untersuchung selbst zur Darstellung zu bringen und an dieser Performanz von Erziehungsverhältnissen eine spezifische Präventionsarbeit zu profilieren.

Die hier angesprochenen Praktiken der Entwicklungsbeobachtung und Prävention erleben wir in den ethnographischen Beobachtungen in insgesamt 13 Kinderarztpraxen allerdings selten so konfliktbeladen und in der interaktiven Dichte wie in dem hier vorgestellten Beispiel. Jedoch lässt sich auch für die Fälle aufzeigen, in denen sich die Ärzte gezielt zum ‚Agenten des Kindes' gegenüber den überhöhten Optimierungsansprüchen der Eltern machen oder einen partnerschaftlichen und empowerment-orientierten Beratungsstil pflegen, dass es zu einer Verteilung von Zuständigkeiten in der ‚vorsorgenden Optimierung' von Entwicklungsverläufen kommt. Diese baut sich – zumindest für die Zeit der Untersuchung selbst – über die Supervision von Erziehungspraktiken durch die Kinderärzte auf.

Die hier beschriebene Form der ‚Präventionserziehung' wird dabei den Ansprüchen an eine professionelle Erziehungs- oder Beratungspraxis nicht unbedingt gerecht, sie zeigt sich vielmehr als „rituelle Bewältigung von Problemlagen, bei denen de facto der Durchgriff auf die Praxis der Zielakteure nicht mehr gelingt" (Vogd 2005, 264). Denn die Kinderärzte können zwar beobachten und klassifizieren, in Bezug auf die Unwägbarkeiten lebensstilbezogener Entwicklungsrisiken jedoch letztlich weder medizinisch behandeln noch (sozial-)pädagogisch beraten und erziehen. Der funktionale Einsatz des oben angedeuteten Verschnittes von medizinischen und pädagogisierenden Praxisformen scheint daher vielmehr in der Verantwortungsverteilung selbst und der Stimulierung der Selbstbeobachtung der Eltern zu liegen – indem ihnen gezeigt wird, dass es in ihrem Möglichkeitsrahmen liegt, „richtige" Entscheidungen zu treffen und damit für die Zukunft eines (latenten) Entwicklungsproblems Verantwortung zu übernehmen. Die wechselseitig sich steigernde „Pädagogisierung" und „Medizinisierung" im Feld der Früherkennung von Entwicklungsrisiken, wie sie in der Vernetzung professioneller Beobachtungs- und Bearbeitungsleistungen, aber auch der Ausweitung der Früherkennungsuntersuchungen auf primärpräventive Aufgaben und die Beobachtung uneindeutiger Risiken zum Ausdruck kommt, erweist sich in dieser Perspektive als gegenseitige Aktivierung und Begrenzung gestiegener Leistungserwartungen an die frühzeitige Optimierung kindlicher Entwicklung.

In der hier vorgestellten präventiven Praxis der Kindervorsorgeuntersuchungen zeigt sich aber auch die Offenheit des Gegenstandsbereiches der Vorsorge, welcher erst im vorbeugenden Zugriff selbst Gestalt annimmt (Bröckling 2008). Die Analyse des Fallbeispiels legt entsprechend die Vermutung nahe, dass sich Prozesse der Pädagogisierung und Medizinisierung der frühen Kindheit auch durch Risikokonstruktionen dynamisieren, die überhaupt erst durch die praktischen Bewältigungsstrategien im Umgang mit den Paradoxien einer medizinischen (Primär-)Prävention kindlicher Entwicklungsrisiken mobilisiert werden. „Naturwissenschaftliches Denken" kommt in diesen Fällen weniger zum Einsatz, als dass es quasi im Hintergrund den Mythos der Herstellbarkeit von chancengleichen Entwicklungsverläufen bedient und den Willen zur (frühzeitigen) Intervention unabweisbar macht.

Literatur

Altenhofen, L. (2002): Gesundheitsförderung durch Vorsorge. Zur Bedeutung von U1 bis J1. Bundesgesundheitsblätter – Gesundheitsforschung – Gesundheitsschutz 45, 960–963

Bollig, S. (2008): Praktiken der Instrumentierung. Methodologische und methodische Überlegungen zur ethnografischen Analyse materialer Dokumentationspraktiken in kinderärztlichen Vorsorgeuntersuchungen. Zeitschrift für Soziologie der Erziehung und Sozialisation 3, 301–315

–, Kelle, H. (2008): Hybride Praktiken. Methodologische Überlegungen zu einer erziehungswissenschaftlichen Ethnographie kindermedizinischer Vorsorgeuntersuchungen. In: Hünersdorf, B., Maeder, C., Müller, B. (Hrsg.): Ethnographie und Erziehungswissenschaft. Weinheim, 121–130

–, Ott, M. (2008): Entwicklung auf dem Prüfstand. Zum praktischen Management von Normalität in Kindervorsorgeuntersuchungen. In: Kelle, H., Tervooren, A. (Hrsg.): Ganz normale Kinder. Heterogenität und Standardisierung kindlicher Entwicklung. Weinheim, 207–224

Bröckling, U. (2008): Vorbeugen ist besser… Zur Soziologie der Prävention. Behemoth. A Journal on Civilisation 1, 1, 38–48

Bundesministerium für Gesundheit (BMfG) (2007): Bekanntmachung eines Beschlusses des Gemeinsamen Bundesausschusses zu den Kinder-Richtlinien. Screening auf Kindesmisshandlung/Kindesvernachlässigung/Kindesmissbrauch. Bundesanzeiger Nr. 234 (8268)

Dinkelaker, J. (2008): Kommunikation von (Nicht-)Wissen. Eine Fallstudie zum Lernen Erwachsener in hybriden Settings. Wiesbaden

Franzkowiak, P. (2003): Gesundheitswissenschaften/Public Health. In: Bundeszentrale für gesundheitliche Aufklärung (Hrsg.): Leitbegriffe der Gesundheitsförderung. Glossar zu Konzepten, Strategien und Methoden in der Gesundheitsförderung. 4. Aufl. Schwabenheim a. d. Selz, 121–126

Fuchs, P. (2008): Prävention. Zur Mythologie und Realität einer paradoxen Zuvorkommenheit. In: Saake, I., Vogd, W. (Hrsg.): Mythen der Medizin. Wiesbaden, 363–378

Gemeinsamer Bundesausschuss (G-BA) (2008): Tragende Gründe zum Beschluss über eine Änderung der Kinder-Richtlinien. Einrichtung einer Kinderuntersuchung U7a. BAnz Nr. 96 (2326)

–, Themengruppe „Kinder-Richtlinien" (2007): Screening auf Kindesmisshandlung / Kindesvernachlässigung / Kindesmissbrauch. Teilabschlussbericht des Beratungsthemas „Inhaltliche Überarbeitung der Kinder-Richtlinien". In: www.g-ba.de / downloads / 40-268-423 / 2007-08-08-Abschluss-Kindsmisshandlung.pdf, 23.06.2008

– (2005): Kinder-Untersuchungsheft. o. O.

Hafen, M. (2007): Grundlagen der systemischen Prävention. Ein Theoriebuch für Lehre und Praxis. Heidelberg

Hessischer Landtag (2007): Hessisches Gesetz zur Verbesserung des Gesundheitsschutzes für Kinder. Drucksache 16 / 8348

Institut für Qualität und Wirtschaftlichkeit im Gesundheitswesen (IQWiG) (2008): Früherkennungsuntersuchungen auf umschriebene Entwicklungsstörungen des Sprechens und der Sprache. Berichtsplan. In: www.iqwig.de / download / S06-1_Berichtsplan_vorlaeufige_Version_Frueherkennung_umschriebener_Stoerungen_des_Sprechens_und_der_Sprache.pdf, 15.09.08

Kelle, H. (2007): „Altersgemäße Entwicklung" als Maßstab und Soll. Zur praktischen Anthropologie kindermedizinischer Vorsorgeuntersuchungen. 52. Beiheft der Zeitschrift für Pädagogik, 110–122

Kratzsch, W. (2000): Rechtzeitiges Erkennen von Fehlentwicklungen im frühen Kindesalter aus medizinischer / klinischer Sicht. In: Verein für Kommunalwissenschaften (Hrsg.): Aktuelle Beiträge zur Kinder- und Jugendhilfe 26, 12–24. (auch in: www.vfk.de / agfj / veranstaltungen / dokumentation.phtml?termine_id=329, 18.08.2008)

Largo, R. H. (2001) Babyjahre: Die frühkindliche Entwicklung aus biologischer Sicht. 17. aktual. Aufl. München

Link, J. (1999): Versuch über den Normalismus. Wie Normalität produziert wird. Opladen / Wiesbaden

Luhmann, N. (1990): Der medizinische Code. In: Luhmann, N.: Soziologische Aufklärung. Bd. 5: Konstruktivistische Perspektiven. Opladen, 183–195

Maier, A. (2005): Früherkennung von Verhaltens- und Entwicklungsauffälligkeiten. Erzieher-Beobachtungsbogen zur Vorlage bei der U8 bzw. U9. In: http:/ / service.kreis-re.de / dok / Formulare / 53 / Erzieherbeobachtungsbogen.pdf, 27.07.07

Manhart, S., Rustemeyer, D. (2004): Die Form der Pädagogik. Zeitschrift für Pädagogik 50, 2, 266–285

Paul, N. (2006) Medizintheorie. In: Schulz, S., Steigleder K., Fangerau, H., Paul, N. (Hrsg.): Geschichte, Theorie und Ethik der Medizin. Eine Einführung. Frankfurt / M., 59–73

Reckwitz, A. (2003): Grundelemente einer Theorie sozialer Praktiken. Eine sozialtheoretische Perspektive. Zeitschrift für Soziologie 32, 4, 282–301

Robert Koch-Institut (RKI) (Hrsg.) (2004): Schwerpunktbericht der Gesundheitsberichterstattung des Bundes. Kinder und Jugendliche. Berlin

Rogge, U. (1995): Eltern setzen Grenzen. Reinbek

Stadt Herne (2007) (Hrsg.): Herner Materialien zum Umgang mit verhaltensauffälligen Kindern. Modellprojekt Soziales Frühwarnsystem „SoFrüh". In: www.iaq.uni-due.de/aktuell/veroeff/2004/esch02.pdf, 27.07.2007

Stroß, A. M. (2003): Der „Arzt als Erzieher". Pädagogische Metaphern und Machbarkeitsvorstellungen vom Menschen um 1900. In: Bauer, W., Lippitz, W., Marotzki, W. (Hrsg.): Der Mensch des Menschen. Zur biotechnischen Formierung des Humanen. Jahrbuch für Bildungs- und Erziehungsphilosophie. Bd. 5. Hohengehren, 83–98

Turmel, A. (2008): Das normale Kind. Zwischen Kategorisierung, Statistik und Entwicklung. In: Kelle, H., Tervooren, A. (Hrsg.): Ganz normale Kinder. Heterogenität und Standardisierung kindlicher Entwicklung. Weinheim, 17–40

Vogd, W. (2005): Medizinsystem und Gesundheitswissenschaften. Rekonstruktion einer schwierigen Beziehung. Soziale Systeme 11, 2, 236–270

Verhaltensauffälligkeiten im Kindes- und Jugendalter. AD(H)S im Spannungsfeld von Erziehungswissenschaft und Naturwissenschaften

Von Christine Freytag und Ulf Sauerbrey

1 Was ist AD(H)S? – Ein Überblick

Es „besteht kein Zweifel, daß hyperkinetische Störungen letztlich neurobiologisch bedingt sind" (Steinhausen 1995, 21); das Aufmerksamkeitsdefizit- / Hyperaktivitätssyndrom (im Artikel als AD(H)S abgekürzt) ist „ein Defizit der Selbstwahrnehmung" (Eisert 1995, 166); „Die Hyperaktivität eines Kindes basiert immer auf einer frühen und oft persistierenden Beziehungsstörung mit den primären Bezugspersonen" (Dammasch 2008, 4); „Die Schnellfeuer-Kultur bringt ein Schnellfeuer-Bewusstsein hervor" (DeGrandpre 2002, 25); AD(H)S-Kinder sind „Sucherseelenkinder" (Köhler 2006, 1).

Um das AD(H)S ist in der gegenwärtigen Forschung eine brisante, mannigfaltige und bisweilen auch konfliktgeladene Debatte entfacht: Mediziner, Soziologen, Sozialpädagogen, Erziehungswissenschaftler und Psychologen disputieren um Ätiologie, Erscheinungsformen sowie mögliche therapeutische oder (sozial-)pädagogische Maßnahmen. Das offensichtlich einzig Gemeinsame aller an der Diskussion beteiligten Disziplinen ist eine kaum erfassbare „Publikationswut". Denkbare Ursachen sowie deren Behandlungsmethoden, erzieherische Richtlinien und Handlungsanweisungen für Lehrpersonal und Eltern, medikamentöse Versorgung oder spezielle Diäten und Ernährungsprogramme sind in Ratgeberliteratur, Artikeln, Berichterstattungen oder Studien vorzufinden. Nach Zählungen von Hüther und Bonney sind allein seit 2002 mehr als 60 Bücher über das Aufmerksamkeitsdefizit- / Hyperaktivitätssyndrom erschienen. Dies charakterisiert klar das Ausmaß der Ratlosigkeit und deren Entgegnungsstrategien (Hüther / Bonney 2007, 7). Hier wird vor allem auch die große Divergenz im Gebrauch der Begriffe, wie AD(H)S, ADS, ADHS, ADS-H, ADS+H, ... deutlich, die ebenso die Uneinigkeiten der Debatten widerspiegeln.

2 Das Spannungsfeld Erziehungswissenschaft und Naturwissenschaften

Ein Diskussionsstrang dieser fachübergreifenden Kontroversen um das AD(H)S soll in diesem Artikel herausgearbeitet und gesondert erörtert werden: Das Spannungsfeld Erziehungswissenschaft und Naturwissenschaften – insbesondere der Medizin. Die Hypothesen um die Ursache des Aufmerksamkeitsdefizit-/Hyperaktivitätssyndroms beinhalten in erster Linie biologische Aspekte.

In Erwägung gezogen werden eine genetische Disposition (Biedermann/Spencer 2000), mögliche Hirnschädigungen, aber auch Beeinträchtigungen in der Wahrnehmung und Informationsaufnahme (Hellrung 2002). Diese Annahmen können durch bildgebende Verfahren (EEG, MRT, SPECT oder PET) sichtbar gemacht werden. Dabei sind beim AD(H)S rechtsseitige Unterschiede im Frontalhirn (präfrontalen Cortex) und Verkleinerungen des Hirnbalkens (Corpus Callosum) aufgefallen (Castellanos et al. 2002; Baumgardner et al. 1996). Weiter wurden Störungen auf Dopaminrezeptor- und Transporterebene sichtlich gemacht (Banaschewski et al. 2004b; Becker et al. 2007a), durch die es zu einer verminderten Fähigkeit der Selbstregulation (Barkley 1997) und Verringerung der motorischen Reaktionskontrolle kommen kann (Banaschewski et al. 2004a; Losier et al. 1996). Darüber hinaus gibt es Hinweise auf eine genetische Veranlagung, welche anhand von Zwillings- und Familienstudien überprüft wurden (Faraone/Biedermann 1998). Hier herrscht nach Barkley (1998) eine bis zu 80 % erblich bedingte Determination unter eineiigen Zwillingen vor. Dennoch sind die Gen-Studien bis heute inkonsistent (Döpfner 2002). Gleichwohl wird indes transparenter, dass verschiedene Gene für das AD(H)S als Ursache in Frage kommen könnten (Biederman/Faraone 2005).

Den biologisch-medizinischen Thesen stehen pädagogisch-psychologische oder sozialpädagogische gegenüber:

Dazu zählen die psychoanalytische Forschung mit einer frühkindlichen Anpassungs- und Regulationsstörung (Heinemann/Hopf 2006; Hüther/Bonney 2007; Schore 2001; Papousek et al. 2004), familiäre Bindungsstörungen (Dammasch 2008), Auswirkungen der schnelllebigen Gesellschaft, Kultur und Medieneinflüsse (DeGrandpre 2002) oder heilpädagogische Ansätze (Köhler 2004).

Nach langem Lesen und Ordnen der Kontroversen aus den Bereichen der Erziehungswissenschaft und den Naturwissenschaften enthüllt sich jedoch eine homogene Grundstruktur des AD(H)S, welche allen Diskussionen zu entnehmen ist.

1. Die Kernsymptome Impulsivität, Hyperaktivität und Aufmerksamkeitsstörungen. Diese sind in den internationalen Kriterienkatalogen DSM-IV-R und ICD-10 festgehalten (Saß et al. 2003; Dilling et al. 2006).
2. AD(H)S ist als häufigste psychische Auffälligkeit im Kindes- und Jugendalter in den Industrienationen bekannt (Faraone et al. 2003; Biederman/Faraone 2005).
3. Die Umwelt empfindet die Verhaltensweisen als unangenehm und störend (Myschker 2002, 17).

Dadurch rücken aufgrund der zahlreichen Entstehungsmöglichkeiten eines AD(H)S aus medizinischer bzw. erziehungswissenschaftlicher Sichtweise unzählige Behandlungsmethoden und Therapien immer mehr in den Vordergrund und werden miteinander kombiniert, ohne um die Ursache(n) wirklich zu wissen. Lösungsorientierte Methoden, wie Medikamente mit dem stimulierenden Wirkstoff Methylphenidat (Ritalin, Concerta, ...), und Förderunterricht stehen dabei im Mittelpunkt. Auch Diäten und spezielle Ernährungsprogramme werden unterstützend eingesetzt. Ferner ist die Diagnose inzwischen zwar relativ einheitlich, sie wird aber mithilfe einer rein medizinischen Methode – der Iatrotechnik (Rothschuh 1978, 417 ff) – in ihre einzelnen Symptome zerlegt und gestellt. In den Punkten Ätiologie und Therapie, aber auch in der Diagnose wird das Spannungsfeld des Aufmerksamkeitsdefizit-/Hyperaktivitätssyndroms in der Erziehungswissenschaft und den Naturwissenschaften deutlich. Dies betrifft vor allem den medizinischen Sektor.

Die Autoren des Artikels werden die Debatte um zwei Themenschwerpunkte erweitern, die in der bisherigen Forschung um das AD(H)S ein Desiderat darstellen: Dies betrifft zum einen die Thematik der historischen Genese und Rezeption und zum anderen den Bereich der Umweltgifte (Neurotoxine) als mögliche Ursachen des AD(H)S. Erstgenanntes Thema ist in die Kindheits- und Entwicklungsforschung der Allgemeinen bzw. Historischen Pädagogik einzuordnen, letzteres in das Gebiet der Toxikologie (Medizin).

2.1 Geschichte des AD(H)S oder Geschichte eines Diskurses?

In historischen Abrissen zum AD(H)S wird häufig auf das Kinderbuch „*Der Struwwelpeter*" von Heinrich Hoffmann (1846) verwiesen, das die Geschichte vom Zappelphilipp am Esstisch zeigt (Rothenberger/Neumärker 2005). Es gilt heute als erster Fallbericht eines AD(H)S, was bereits hinterfragt werden darf. Normative Erziehungsziele und damit also die Intention des Autors zum Verfassen des Werkes, zeigen sich besonders auf der Rückseite des Buches:

„Wenn die Kinder artig sind,
kommt zu ihnen das Christkind.
Wenn sie ihre Suppe essen
und das Brot auch nicht vergessen,
wenn sie, ohne Lärm zu machen,
still sind bei den Siebensachen,
beim Spaziergehn auf den Gassen
von Mama sich führen lassen,
bringt es ihnen Guts genug
und ein schönes Bilderbuch." (Hoffmann 1846)

Hier wird ein wichtiges Phänomen deutlich, das bei Hoffmann wiederholt auftaucht. Er machte in seinem Erziehungsverständnis positive Erlebnisse für Kinder abhängig vom stillen, die Eltern nicht belastenden Verhalten. Er schrieb das Buch anfangs einzig für seine eigenen Kinder, wie er es in autobiografischen Texten festhielt (Hoffmann 1985). Hoffmann setzte bei einer symptomatischen Verhaltensbeeinflussung von Kindern auf moralischer Ebene an, die in der Gewaltandrohung in seiner „Geschichte vom Daumen-Lutscher" kulminiert – dem Daumen-Lutscher wird der Finger abgeschnitten. Damit fügt er sich in eine Praxis der Betrachtung und Behandlung von Kindern im 19. Jahrhundert ein, die Robertson (1980) an autobiografischen Werken historisch rekonstruierte: Kinder galten – zugespitzt formuliert – als lästig und böse, daher sollten sie von früh auf diszipliniert werden (Robertson 1980, 571, 576). Das Bild vom Kind war durch Projektionen der Erwachsenen geprägt. Ein empathisches Verständnis von Kindheit ist nur in seltenen Einzelfällen überliefert (De Mause 1980).

Diese kulturellen Hintergründe wurden in der gesamten Rezeption des AD(H)S bisher übergangen – sogar bei Nissen (2005), obwohl er seinem Werk den Titel *„Kulturgeschichte seelischer Störungen bei Kindern und Jugendlichen"* gab. Der „Struwwelpeter" zeigt normative Erziehungsziele des 19. Jahrhunderts auf. Für eine medizinisch-psychologische Analyse fehlen jedoch exakte Daten, die gerade heute durch die diagnostischen Kriterienkataloge so vehement gefordert werden (Saß et al. 2003; Dilling et al. 2006). Zudem wird in der wissenschaftlichen Rezeption eine nachträgliche ahistorische Konstruktion deutlich, wenn Trott und Kollegen (1996) in der Geschichte des „Zappel-Philipp" heutige Leitsymptome des AD(H)S erkennen, nämlich „die Unruhe, die Zappeligkeit und das ungesteuerte Verhalten" (Trott et al. 1996, 293). Letzteres Symptom ist in Hoffmanns Geschichte keineswegs zu erkennen, da die dargestellte Situation viel zu kurz für eine solche Interpretation ist. Auch bleibt bei den Autoren unerwähnt, dass Hoffmann beim Schreiben der Geschichte noch gar kein Nervenarzt war (Hoffmann 1985). Eingangs des Textes wird er jedoch als solcher beschrieben (Trott et al. 1996, 293), was dem uninformierten Leser eine professionelle Erfahrung des Autors suggeriert, die beim Verfassen des Kinderbuches nicht bestand.

Einem anderen Autor kommt in Bezug auf das frühe Vorkommen hyperkinetischen Verhaltens eine größere Bedeutung zu: Der Gehirnpathologe Wilhelm Griesinger beobachtete Mitte des 19. Jahrhunderts Kinder mit einer AD(H)S-ähnlichen Symptomatik. Er hielt bei „individuellen Prädispositionen" als Ursache für Geisteskrankheiten eine „nervöse Constitution" fest (Griesinger 1845, 112, 117). 16 Jahre später ergänzte er auf diesen Annahmen basierend Beobachtungen an Kindern, „welche keinen Augenblick Ruhe halten, viel und verworren schwatzen, gar keine Aufmerksamkeit zeigen, stets herumirren, lachen, schreien etc." (Griesinger 1861, 146f). Seidler (2004) kürzt das Zitat in seiner Rezeption um die Verben "lachen" und "schreien", obwohl gerade diese von Relevanz sein könnten. Es deutet sich bei Griesinger möglicherweise ebenso eine Pathologisierung kindlichen Verhaltens an, das Erwachsenen des 19. Jahrhunderts als störend erschien. Die Idee einer genetischen Determination des AD(H)S kann jedoch bis auf Griesinger zurückgeführt werden und hat bis heute einen großen Einfluss auf die Betrachtung des AD(H)S aus naturwissenschaftlicher Sicht.

Es wäre jedoch fahrlässig, Hoffmanns und Griesingers Beschreibungen aus der Mitte des 19. Jahrhunderts als historische Fakten zu sehen. Sie stellen erste Ideen und Anregungen am Anfang eines historischen Diskurses über das AD(H)S dar – mehr allerdings nicht.

2.2   Umweltgifte als ätiologischer Faktor

Durch naturwissenschaftliche Messmethoden, wie etwa die Gaschromatografie, ergaben sich seit den 1980er Jahren Hinweise auf stoffliche Risikofaktoren des AD(H)S – besonders durch Herbert L. Needleman. Vor dem Hintergrund einer zunehmenden Zahl von industriebedingten Chemikalien, denen unsere Nachkommen in ihren Kinderwelten dauerhaft – wenn auch meist im Niedrigdosisbereich – ausgesetzt sind, haben Teilgebiete der Medizin inzwischen eine Reihe von Daten erhoben. Diese sind bisher in der Ursachendiskussion des AD(H)S weitgehend unbeachtet geblieben bzw. übergangen worden. Ein Gesamtüberblick über Umweltgifte als Risikofaktoren des AD(H)S steht noch aus, obwohl diesbezüglich eine Reihe von Studien veröffentlicht ist.

Kinder sind nach neusten Übersichten des Umweltbundesamts von 2007 sowohl prä- als auch postnatal einer Vielzahl von *Umweltgiften* aus dem Alltag ausgesetzt (Becker et al. 2007b; Müssig-Zufika 2008). Neurotoxine sind in der Lage, neurobiologische Veränderungen des Gehirns zu verursachen. Bisher wurden bei dem AD(H)S pränatale Stressoren wie Tabakrauch, Alkohol oder Betäubungsmittel (Benzodiazepine) sowie in geringerem Maße Blei diskutiert (Bundesärztekammer 2005). Besonders das Rauchen durch schwangere Mütter zeigte einen ursächlichen Effekt auf das spätere Auftreten eines AD(H)S bei ihren Kindern (Laucht/Schmidt 2004; Huss 2008). Es steht möglicherweise in Wechselwirkung mit einer genetischen Disposition (Kahn et al. 2003).

Blei, das nach dem Verbot als Zusatz im Benzin noch immer aus alten Wasserleitungen austritt, unterdrückt die Dopaminfreisetzung (Devoto et al. 2001) und verursacht möglicherweise bereits in geringen Mengen die Kernsymptome des AD(H)S (Nigg et al. 2008). Der Bleigehalt in den Haaren von Jungen steht in Zusammenhang mit einer verminderten Aufmerksamkeitsfokussierung (Minder et al. 1994). Die Höhe von Blei im Blut kann mit dem Auftreten des AD(H)S korrelieren (Braun et al. 2006). Weitere Studien, darunter auch Längsschnittuntersuchungen, zeigen ähnliche Effekte auch in Bezug auf komorbide Störungen (Bellinger et al. 1994; Dietrich 1991; Needleman et al. 1979; Needleman et al. 1990).

Kongenere der *Polychlorierten Biphenyle (PCBs)*, die besonders aus Fugenmassen und Fertigbauteilen der 1970er Jahre ausgasen, stören den Dopaminstoffwechsel im präfrontalen Cortex (Lilienthal 1997). Eine pränatale PCB-Exposition verursacht eine Reduzierung der autonomen Reflexe direkt nach der Geburt (Stewart et al. 2000). Die Höhe der PCB-Exposition steht in Zusammenhang mit einem verkleinerten Splenium im Corpus Callosum sowie mit Aufmerksamkeitsstörungen (Stewart et al. 2003). Die Inhibitionskontrolle wird durch PCBs gestört (Stewart et al. 2005; Stewart et al. 2006). Schüler weisen eine geringere Konzentrationsfähigkeit abhängig von der PCB-Exposition auf (Jacobson/Jacobson 2003).

Die Vielzahl von *Pestiziden*, denen Kinder über Nahrung und Innenräume ausgesetzt sind (Müssig-Zufika 2008), lässt bisher keine genaue Aussage über generelle Effekte auf menschliches Verhalten zu. Bestimmte Wirkstoffe, wie etwa das *Hexachlorbenzol*, zeigen jedoch langfristig einzelne Symptome des AD(H)S (Ribas-Fitó 2007). *Quecksilber* im Blut von Kindern, dessen Hauptaufnahmequelle für Menschen die Zahnamalgame darstellen (WHO 2003), korreliert mit dem Auftreten des AD(H)S nach DSM-IV-Kriterien (Cheuk/Wong 2006). Eine ätiologische Rolle des Quecksilbers bei psychischen Störungen wurde bereits vermutet (Wortberg 2006). *Mangan* kommt im Kinderalltag vorwiegend in den USA und Kanada vor (Schettler 2001). Untersuchungen verwiesen auf Einzelfälle, bei denen ein Zusammenhang zwischen dem Mangangehalt in Haaren von Kindern durch Trinkwasser und dem Auftreten des AD(H)S bestand (Bouchard 2007). Ebenso liegen inzwischen neue Erkenntnisse zu den kontrovers diskutierten *Nahrungsmittelzusatzstoffen* (Marcus 1995) vor, die einer Neubewertung bedürfen. Insbesondere Farb- und Konservierungsstoffe zeigen mögliche Effekte auf hyperkinetische Störungen (McCann et al. 2007).

3 Mögliche Entstehungswege des Spannungsfeldes

Was in den öffentlichen Debatten und in den beiden oben dargelegten Themenbereichen deutlich wird, sind Reaktionen auf das AD(H)S aus den erziehungswissenschaftlichen und vor allem medizinischen Fachgebieten.

Innerhalb der Wissenschaft werden dadurch „Doppeleffekte" hervorgerufen, die schwer nachprüfbar und zu untersuchen sind (Horster 2008, 270). Niklas Luhmann bezeichnet diese Form des Umgangs mit einer Begebenheit als *Kontingenz*: „Kontingent ist etwas, was weder notwendig ist noch unmöglich ist; was also so, wie es ist (war, sein, wird), sein kann, aber auch anders möglich ist." (Luhmann 1984, 152). Der Begriff beinhaltet somit etwas vor uns Liegendes, abstrakt gesprochen eine Gestalt oder Formierung, und ebenso eine Andersartigkeit. Das heißt, dass eine bestimmte Konstruktion genau so, aber auch anders sein könnte (Luhmann 1984, 152).

So entsteht eine Entgrenzung des Aufmerksamkeitsdefizit-/Hyperaktivitätssyndroms, und es findet eine breite Diskussion auf allen wissenschaftlichen Ebenen statt. Die Thematik wird auf ein oder mehrere Fachgebiete ausgedehnt und dort diskutiert. AD(H)S wird somit zum „Entgrenzungsphänomen" und vom bspw. medizinischen Sektor auf den erziehungswissenschaftlichen, pädagogischen oder psychologischen Sektor übertragen. Dazu trägt die Forschung mit unterschiedlichen Überprüfungsmethoden bei:

Die Medizin ist ein Wissenschaftszweig der Naturwissenschaften und arbeitet heute weitgehend mit quantitativen Methoden. Dazu gehören das Experiment, die Beobachtung oder der Fragebogen. Sie beschäftigt sich vor allem mit der Genese und den Erscheinungsformen des AD(H)S.

Die Erziehungswissenschaft ist häufig noch geisteswissenschaftlich orientiert und nutzt qualitative Methoden, primär die objektive Hermeneutik mit einer Sinn verstehenden, interpretierenden Ausrichtung (Flick 1995, 11 ff). Diese diskutiert vorrangig Folgen und Behandlungsmöglichkeiten und hinterfragt dadurch erneut die Ätiologie. Aufgrund dieser beiden Herangehensweisen wird das Spannungsfeld wie eine „Endlosschleife" aufrechterhalten und darüber hinaus auf weitere Subdisziplinen übertragen. Zudem werden neue, isolierte Debatten ausgelöst.

3.1 Verwendungsforschung

Um das Aufkommen des Spannungsfeldes näher zu erläutern, muss zusätzlich die *Verwendungsforschung* hinzugefügt werden, die ihre Anfänge um 1930 in den USA hatte (Beck/Bonß 1984, 389). 1981 kristallisierte sich die Verwendungsforschung durch ein DFG-Schwerpunktprogramm mit dem Titel „Verwendungszusammenhänge sozialwissenschaftlicher Ereignisse" als eigenständige Forschungsrichtung heraus und hielt so Einzug in die Sozialwissenschaften (Beck/Bonß 1984, 381). Der Begriff impliziert, wie in den Medien, wie in der Politik oder wie in der Wissenschaft selbst mit wissenschaftlichem Wissen umgegangen, also wie es „verwendet" wird (Lüders 1993, 415). So verschieden die Veröffentlichungen und deren Inhalte auch sein mögen, als preisgegebenes Wissen können sie jedoch auch immer einen (negativen) „Aufklärungseffekt" besitzen, welcher Verworrenheit beim Leser auslöst (Beck/Bonß 1984, 382).

Was vor allem durch den historischen Abriss des AD(H)S deutlich erkennbar wird, ist, dass in den öffentlichen Debatten um das AD(H)S wichtige Differenzierungen oder Definitionen willkürlich miteinander verwoben werden.

3.2 Rolle der Medien

Auf spannende Weise lässt sich die Verwendungsforschung am Beispiel der Mediendebatten um das AD(H)S erläutern: Die Schnittstelle aller Streitgespräche um Ursachen, Diagnose und Therapie bilden die *Medien*.

Diese werden zum einen unter dem Begriff der *Massenmedien* als mögliche Entstehungsursache des AD(H)S diskutiert, da eine wechselseitige Kommunikation zwischen Sender und Empfänger entfällt und bspw. der Fernseher oder Computer so allein zum kommunikativen Operator des Menschen wird (Luhmann 2004, 10f). Dies kann zum *Medienmissbrauch* oder sogar zur *Mediensucht* führen. Die Symptome dieser Folgen des Medienkonsums ähneln sehr stark denen des AD(H)S. Sie können mit Impulsivität, einem Aufmerksamkeitsdefizit, aggressiven Verhaltensweisen oder motorischen Defiziten einhergehen (Egmond-Fröhlich et al. 2008).

Zum anderen werden *Medien* zur Therapie des AD(H)S genutzt. Insbesondere die selektive, geteilte und fokussierte Aufmerksamkeit wird durch kindgerecht abgestimmte, neuropsychologische Trainingsprogramme langfristig positiv beeinflusst (Jacobs/Petermann 2007). Ebenso werden Biofeedback-Therapien erfolgreich eingesetzt (Lévesquqe et al. 2006). Musik oder Monitorszenen ermöglichen eine zunehmende Sensibilisierung für Selbstregulationsmechanismen. Kombinierbar ist dies auch mit Computerspielen.

Der Umgang mit den bereits genannten bildgebenden Verfahren zur Diagnose einer AD(H)S scheint McLuhans These „*The medium is the message.*" zu folgen (McLuhan 1994). Die Struktur des Mediums nimmt Einfluss auf den Inhalt, welchen es übermittelt. Somit bestimmt und „arrangiert" die Form des Mediums den Inhalt. Ergo sind die Medien in diesem Sinne nicht unbeteiligt, sondern prägen die Gesellschaft und damit auch die Konstruktion des AD(H)S (McLuhan 1994). Die „Verwendung" des

Materials setzen Beck/Bonß mit dem „Modell des Sandrieselns im Stundenglas" gleich, an dem sich das Funktionsprinzip der Verwendungsforschung anschaulich erklären lässt:

> „... die obere Hälfte [ist] voll von Wissen [...], und [...] die Sandkörner [können] [...] durch den dünnen Hals [...] in diese hineinrieseln. Solange der Sand durchläuft, gibt es keine Probleme. Erst Verstopfungen und Blockaden [...] werfen Fragen auf, die man als ‚Verständigungsprobleme', ‚Transferhindernisse' [...] zum Gegenstand einer gesonderten ‚Verwendungsforschung' machen kann." (Beck/Bonß 1984, 383)

Im Fall des Aufmerksamkeitsdefizit-/Hyperaktivitätssyndroms wird Fachliteratur in verschiedene Gebiete zerstückelt. Ferner werden Definitionen ungenau übernommen und schließlich neue Thesen oder Denkrichtungen isoliert formuliert. Faktisch bedeutet dies, dass sich die Erziehungswissenschaft bspw. einer medizinischen Studie als einer „strategische[n] Form [...]" bedient (Lüders 1993, 420). Somit werden Selektionsmechanismen geschaffen, die miteinander in Verbindung gesetzt und anschließend von den Subdisziplinen in diesem neuen Kontext aufgegriffen und weitergedacht werden. So soll aus diesen verschiedenen Puzzleteilen ein einheitliches Bild entstehen. Doch dies kann nicht passieren, da sich Metaebenen bilden, welche sich immer erneut mit- und untereinander bedingen, ergänzen oder beschränken. Hinzu kommt der sehr hohe Spezialisierungsaspekt der Medizin, wodurch diese Ebenen als „höchst selektiv" betrachtet werden können (Beck/Bonß 1984, 398). Dadurch wird eine konflikt- und spannungsgeladene Debatte hervorgerufen, deren Fäden sich nicht oder äußerst schwer entwirren lassen:

> „Zugleich verändert sich im Prozeß der Verwendung das adaptierte Wissen selbst. Seine ‚Übersetzung' in die jeweiligen [...] Handlungskontexte, [...] Theorien und Konzepte [...] implizieren eine Dekontextualisierung des genutzten Wissens im Sinne des Herauslösens bzw. -brechens aus den jeweils konstitutiven theoretischen und methodologischen Rahmen." (Lüders 1993, 425)

Erkenntnisse werden in eine andere Beziehung zueinander gesetzt, neu formuliert und herausgefiltert, indem sie ihren eigentlichen wissenschaftlichen Charakter verlieren und in ein anderes wissenschaftliches Verhältnis zu einer anderen möglichen These gesetzt werden können (Lüders 1993, 425). Das Hinzuziehen einer medizinhistorischen und neurotoxikologischen Betrachtungsweise bietet nun eine erneute Erweiterung der Debatten auf allen Ebenen. Höchst wahrscheinlich trägt es eher zu einem weiteren „Verquickungseffekt" bei, anstatt das Spannungsfeld zu lösen. Doch da sich die Ursachenklärung des AD(H)S in einem Lösungsprozess befindet, kann sich diesem nicht entzogen werden. Es ist aber ausgeschlossen, dass ein einheitliches Ganzes entsteht, wenn bereits im Vorfeld ungenaue oder schlichtweg fehlerhafte Forschung in der Historie betrieben und so mögliche Entstehungsursachen ausgeklammert wurden. Vor allem solche, die für die Ätiologie des AD(H)S Beachtung verdient hätten – wie z.B. toxikologische Untersuchungsergebnisse. Präziser formuliert liegt der Ursprung der Problematik und Spannung zwischen Erziehungswissenschaft und Naturwissenschaften (Medizin) vermutlich in der *Ursachenklärung* und nicht in der Diagnose oder Therapie. Denn ohne eine sichere Ätiologie ist es kaum möglich, eine angemessene Feststellung und Behandlung(en) des Syndroms durchzuführen.

Überspitzt formuliert wird also „etwas" behandelt und diagnostiziert, ohne zu wissen, was es eigentlich genau ist, welche Ursache(n) und Bezeichnungen es besitzt, und ob es als Krankheit, als Syndrom, als Störung oder als neurobiologische Besonderheit (Hartmann 2004) einzustufen ist.

4   Schlussbemerkung

Als Fazit ist zu ziehen, dass die weitgehend von vererbten Dispositionen ausgehende AD(H)S-Forschung trotz aller medizinischen Nachweise auch auf einer wissenschaftshistorischen Tradition basiert. Das Aufmerksamkeitsdefizit-/Hyperaktivitätssyndrom kann ebenso gut als *Folge verschiedener Risikofaktoren* in der menschlichen Entwicklung betrachtet werden. Die Symptomatik als rein genetisch oder neurobiologisch bedingt und damit als schicksalhaft zu interpretieren, verstellt möglicherweise den Blick für komplexe Synergieeffekte (Gruber et al. 2006; Heid/Fink 2004) in der Ätiologie. Denn:

> „Seelische Entwicklung ist nicht ein bloßes Hervortreten-Lassen angeborener Eigenschaften, aber auch nicht ein bloßes Empfangen äußerer Einwirkungen, sondern das Ergebnis einer Konvergenz innerer Angelegenheiten mit äußeren Entwicklungsbedingungen." (Stern 1914/1967, 26)

Hinzu kommt, dass es vermutlich ebenso vermeidbare Risikofaktoren gibt (Prävention). Es sollten darüber hinaus Studien zur Neurotoxikologie und historische Quellen in die Diskussionen um das AD(H)S einbezogen werden, obwohl sie das Spannungsfeld nicht lösen können. Eher erweitern sie es, indem neue Thesen synthetisiert und konstruiert werden. Ob als Folge einzelne wissenschaftliche Standpunkte selektiv betrachtet und schließlich mit anderen Disziplinen zusammengeführt werden müssen, zeichnet sich als Frage ab und muss eine Überprüfung erfahren.

Literatur

Banaschewski, T., Brandeis, D., Heinrich, H., Albrecht, B., Brunner, E., Rothenberger, A. (2004a): Questioning Inhibitory Control as the Specific Deficit of ADHD. Evidence From Brain Electrical Activity. Journal of Neural Transmission 111, 7, 841–864

–, Roessner, V., Uebel, H., Rothenberger, A. (2004b): Neurobiologie der Aufmerksamkeitsdefizit-Hyperaktivitätsstörung (ADHS). Kindheit und Entwicklung 13, 3, 137–147

Barkley, R. A. (1998): Attention-Deficit Hyperactivity Disorder. Scientific American 279, 44–49

– (1997): Behavioral Inhibition, Sustained Attention, and Executive Functions. Constructing a Unifying Theory of ADHD. Psychological Bulletin 121, 1, 65–94

Baumgardner, T. L., Singer, H. S., Denckla, M. B., Rubin, M. A., Abrams, M. T., Colli, M. J., Reiss, A. L. (1996): Corpus Callosum Morphology in Children With Tourette's Syndrome and Attention Deficit Hyperactivity Disorder. Neurology 4, 477–482

Beck, U., Bonß, W.(1984): Soziologie und Modernisierung. Zur Ortsbestimmung der Verwendungsforschung. Soziale Welt 35, 4, 381–406

Becker, K., El-Faddagh, M., Schmidt, M. H., Laucht, M. (2007a): Dopaminerge Polymorphismen und frühkindliche Regulationsprobleme. Zeitschrift für Kinder- und Jugendpsychiatrie und Psychotherapie 35, 2, 145–151

–, Müssig-Zufika, M., Conrad, A., Lüdecke, A., Schulz, C., Seiwert, M., Kolossa-Gehring, M. (2007b): Kinder-Umwelt-Survey 2003/06. Human-Biomonitoring. Stoffgehalte in Blut und Urin der Kinder in Deutschland. Dessau

Bellinger, D., Hu, H., Titlebaum, L., Needleman, H. L. (1994): Attentional Correlates of Dentin and Bone Lead Levels in Adolescents. Archives of Environmental Health 49, 98–105

Biedermann, J., Faraone, S. V. (2005): Attention-Deficit Hyperactivity Disorder. Lancet 366, 237–248

–, Spencer, T. J. (2000): Genetics of Childhood Disorders. XIX. ADHD, Part 3: Is ADHD a Noradrenergic Disorder? Journal of the American Academy of Child and Adolescent Psychiatry 39, 1330–1333

Bouchard, M., Laforest, F., Vandelac, L., Bellinger, D., Mergler, D. (2007): Hair Manganese and Hyperactive Behaviors. Pilot Study of School-Age Children Exposed through Tap Water. Environmental Health Perspectives 115, 1, 122–127

Braun, J. M., Kahn, R. S., Froehlich, T., Auinger, P., Lanphear, B. P. (2006): Exposures to Environmental Toxicants and Attention Deficit Hyperactivity Disorder in U.S. Children. Environmental Health Perspectives 114, 12, 1904–1909

Bundesärztekammer (2005): Stellungnahme zur „Aufmerksamkeitsdefizit-/ Hyperaktivitätsstörung (ADHS)". Deutsches Ärzteblatt 102, 51-52, A3609–3916

Castellanos, F. X., Lee, P. P., Sharp, W., Jeffries, N. O., Greenstein, D. K., Clasen, L. S., Blumenthal, J. D., James, R. S., Ebens, C. L., Walter, J. M., Zijdenbos, A., Evans, A. C., Giedd, J. N., Rapoport, J. L. (2002): Developmental Trajectories of Brain Volume Abnormalities in Children and Adolescents with Attention-Deficit/Hyperactivity Disorder. The Journal of the American Medical Association 288, 1740–1748

Cheuk, D. K. L., Wong, V. (2006): Attention-Deficit Hyperactivity Disorder and Blood Mercury Level. A Case-Control Study in Chinese Children. Neuropediatrics 37, 234–240

Dammasch, F. (2008): „Immer vorwärts und nie zurück". ADHS: Krankheit oder Beziehungsstörung? Psychoanalyse Aktuell. Online-Zeitung der Deutschen Psychoanalytischen Vereinigung (DPV) 4. In: www.psychoanalyse-aktuell.de/kinder/adhs.html, 3.8.2009

DeGrandpre, R. (2002): Die Ritalin-Gesellschaft. ADS. Eine Generation wird krankgeschrieben. 2. Aufl. Weinheim

DeMause, L. (1980): Evolution der Kindheit. In: DeMause, L. (Hrsg.): Hört ihr die Kinder weinen. Eine psychogenetische Geschichte der Kindheit. Frankfurt/M., 18–112

Devoto, P., Flore, G., Ibba, A., Fratta, W., Pani L. (2001): Lead Intoxication during Intrauterine Life and Lactation but not during Adulthood Reduces Nucleus Accumbens Dopamine Release as Studied by Brain Microdialysis. Toxicology Letters 121, 199–206

Dietrich, K. N., Succop, P. A., Berger, O., Hammond, P. B., Bornschein, R. L. (1991): Lead Exposure and the Cognitive Development of Urban Preschool Children. The Cincinnati Lead Study Cohort at Age 4 Years. Neurotoxicology and Teratology 13, 203–211

Dilling, H., Mombour, W., Schmidt, M. H., Schulte-Markwort, E. (Hrsg.) (2006): Internationale Klassifikation psychischer Störungen. ICD-10 Kapitel V (F) Diagnostische Kriterien für Forschung und Praxis. Bern

Döpfner, M. (2002): Hyperkinetische Störungen. In: Petermann, F. (Hrsg.): Lehrbuch der klinischen Kinderpsychologie. Göttingen, 151–186

Egmond-Fröhlich, A. v., Mößle, T., Ahrens-Eipper, S., Schmidt-Ott, G., Hüllinghorst, R., Warschburger, P. (2008): Medienmissbrauch bei Kindern und Jugendlichen. Umwelt-Medizin-Gesellschaft 21, 2, 104–111

Eisert, H. G. (1995): Kognitiv-verhaltenstherapeutische Behandlung hyperaktiver Kinder. In: Steinhausen, H.-C. (Hrsg.): Hyperkinetische Störungen im Kindes- und Jugendalter. Stuttgart/Berlin/Köln

Faraone, S. V., Sergeant, J., Gillberg, C., Biederman, J. (2003): The Worldwide Prevalence of ADHD. Is It an American Condition? World Pschiatry 2, 2, 104–113

– , Biedermann, J. (1998): Neurobiology of Attention-Deficit Hyperactivity Disorder. Biological Psychiatry 44, 951–958

Flick, U. (Hrsg.) (1995): Handbuch qualitative Sozialforschung. Grundlagen, Konzepte, Methoden und Anwendungen. 2. Aufl. Weinheim

Griesinger, W. (1861): Die Pathologie und Therapie der psychischen Krankheiten. Stuttgart

– (1845): Die Pathologie und Therapie der psychischen Krankheiten. Stuttgart
Gruber, A., Prenzel, M., Schiefele, H. (2006): Spielräume für Veränderung durch Erziehung. In: Krapp, A., Weidenmann, B. (Hrsg.): Pädagogische Psychologie. Weinheim, 99–136
Hartmann, T. (2004): ADHS als Chance begreifen. (Nennen wir es das Edison-Gen). Lübeck
Heid, H., Fink, G. (2004): Begabung. In: Benner, D., Oelkers, J.(Hrsg.): Historisches Wörterbuch der Pädagogik. Weinheim / Basel, 146–151
Heinemann, E., Hopf, H. (2006): AD(H)S. Symptome – Psychodynamik – Fallbeispiele – psychoanalytische Theorie und Therapie. Stuttgart
Hellrung, H. (2002): Entwicklung inhibitorischer Funktionen und deren cerebraler Repräsentation vom Kindes- zum Jugendalter bei der Aufmerksamkeitsdefizit- / Hyperaktivitätsstörung (ADHS). Dissertation der Universität Jena
Hoffmann, H. (1985): Lebenserinnerungen. Frankfurt / M.
– (1846): Der Struwwelpeter. Frankfurt / M.
Horster, D. (2008): Niklas Luhmann. Die Moral der Gesellschaft. Frankfurt / M.
Hüther, G., Bonney, H. (2007): Neues vom Zappelphilipp. 8. Aufl. Düsseldorf
Huss, M. (2008): ADHS bei Kindern. Risikofaktoren, Schutzfaktoren, Versorgung, Lebensqualität. Eine kurze Übersicht. Bundesgesundheitsblatt – Gesundheitsforschung – Gesundheitsschutz 51, 602–605
Jacobs, C., Petermann, F. (2007): Aufmerksamkeitsstörungen bei Kindern. Langzeitaffekte des neuropsychologischen Gruppenprogrammes ATTENTIONER. Kindheit und Entwicklung 16, 1, 40–49
Jacobson, J. L., Jacobson, S. W. (2003): Prenatal Exposure to Polychlorinated Biphenyls and Attention at School Age. Journal of Pediatrics 143, 780–788
Kahn, R. S., Khoury, J., Nichols, W. C., Lanphear, B. P. (2003): Role of Dopamine Transporter Genotype and Maternal Prenatal Smoking in Childhood Hyperactive-Impulsive, Inattentive, and Oppositional Behaviors. Journal of Pediatrics 143, 1, 104–110
Köhler, H. (2006): ADS-Mythos. War Michel aus Lönneberga aufmerksamkeitsgestört? MARCSTEIN – Überregional, Nr. 12
– (2004): War Michel aus Lönneberga aufmerksamkeitsgestört? Der ADS-Mythos und die neue Kindergeneration. 3. Aufl. Stuttgart
Laucht, M., Schmidt, M. H. (2004): Mütterliches Rauchen in der Schwangerschaft. Risikofaktor für eine ADHS des Kindes. Zeitschrift für Kinder- und Jungendpsychiatrie und Psychotherapie 32, 3, 177–185
Lévesquqe, J., Beauregard, M., Mensour, B. (2006): Effect of the Neurofeedback Training on the Neual Substrate of Selective Attention in Children with Attention-Deficit / Hyperactivity Disorder. A Functional Magnetic Resonance Imaging Study. Neuroscience Letters 394, 216–221
Lilienthal, H., Roth-Härer, A., Hany, J., Huppa, C., Kremer, H., Petsas, M., Winneke, G. (1997): Wirkung der kombinierten Belastung mit ausgewählten PCB-Kongeneren auf spezifische Verhaltensweisen, Neurotransmitter im Gehirn und Schilddrüsenhormone bei der Ratte. Düsseldorf

Losier, B. J., McGrath, P. J., Klein, R. M. (1996): Error Patterns on the Continuous Performance Test in Non-Medicated and Medicated Samples of Children with and without ADHD. A Meta-Analytic Review. Journal of Child Psychology 37, 8, 971–987

Lüders, C. (1993): Spurensuche. Ein Literaturbericht zur Verwendungsforschung. In: Oelkers, J., Tenorth, H.-E. (Hrsg.): Pädagogisches Wissen. Weinheim/Basel, 415–437

Luhmann, N. (2004): Die Realität der Massenmedien. 3. Aufl. Wiesbaden

– (1984): Soziale Systeme. Grundriß einer allgemeinen Theorie. Frankfurt/M.

Marcus, A. (1995): Einflüsse von Ernährung auf das Verhalten im Kindesalter. Hypothesen und Fakten. In: Steinhausen, H. C. (Hrsg.): Hyperkinetische Störungen im Kindes- und Jugendalter. Stuttgart, Berlin, Köln, 112–127

McCann, D., Barret, A., Cooper, A., Crumpler, D., Grimshaw, K., Kitchin, E., Lok, K., Porteus, L., Prince, E., Sonuga-Barke, E., Warner, J. O., Stevenson, J. (2007): Food Additives and Hyperactive Behaviour in 3-Year-Old and 8/9-Year-Old Children in the Community. A Randomised, Double-Blinded, Placebo-Controlled Trial. Lancet 370, 1524–1525

McLuhan, M. (1994): Die magischen Kanäle. Understanding Media. Dresden

Minder, B., Das-Smaal, E. A., Brand, E. F., Orlebeke, J. F. (1994): Exposure to Lead and Specific Attentional Problems in Schoolchildren. Journal of Learning Disabilities 27, 6, 393–399

Müssig-Zufika, M., Becker, K., Conrad, A., Schulz, C., Seiffert, M., Lusansky, C., Prick-Fuß, H., Kolossa-Gehring, M. (2003): Kinder-Umwelt-Survey 06 Hausstaub. Stoffgehalte im Hausstaub aus Haushalten mit Kindern in Deutschland. Dessau

Myschker, N. (2002): Verhaltensstörungen bei Kindern und Jugendlichen. Erscheinungsformen – Ursachen – Hilfreiche Maßnahmen. 4. Aufl. Stuttgart

Needleman, H. L., Schell, A., Bellinger, D. C., Leviton, A., Allred, E. N. (1990): The Long Term Effects of Exposure to Low Doses of Lead in Childhood. An 11-Year Follow-Up Report. New England Journal of Medicine 322, 2, 83–88

–, Gunnoe, C., Leviton, A., Reed, R., Peresie, H., Maher, C., Barrett, P. (1979): Deficits in Psychologic and classroom Performance of Children with Elevated Dentine Lead Levels. New England Journal of Medicine 300, 689–695

Nigg, J. T., Knottnerus, G. M., Martel, M. M., Nikolas, M., Cavanagh, K., Karmaus, W., Rappley, M. D. (2008): Low Blood Levels Associated with Clinically Diagnosed Attention-Deficit/Hyperactivity Disorder and Mediated by Weak Cognitive Control. Biological Psychiatry 63, 3, 325–331

Nissen, G. (2005): Kulturgeschichte seelischer Störungen bei Kindern und Jugendlichen. Stuttgart

Papousek, M., Schieche, M., Wurmser, H. (2004): Regulationsstörungen der frühen Kindheit. Frühe Risiken und Hilfen im Entwicklungskontext der Eltern-Kind-Beziehungen. Bern/Göttingen

Ribas-Fitó, N., Torrent, M., Carrizo, D., Júlvez, J., Grimalt, J. O., Sunyer, J. (2007): Exposure to Hexachlorobenzene during Pregnancy and Children's Social Behavior at 4 Years of Age. Environmental Health Perspectives 115, 3, 447–450

Robertson, P. (1980): Das Heim als Nest. Mittelschichten-Kindheit in Europa im neunzehnten Jahrhundert. In: DeMause, L. (Hrsg.): Hört ihr die Kinder weinen. Eine psychogenetische Geschichte der Kindheit. Frankfurt/M., 565–600

Rothenberger, A., Neumärker, K. J. (2005): Wissenschaftsgeschichte der ADHS. Kramer-Pollnow im Spiegel der Zeit. Darmstadt

Rotschuh, K. E. (1978): Konzepte der Medizin in Vergangenheit und Gegenwart. Stuttgart, 417–447

Saß, H., Wittchen, H. U., Zaudig, M., Houben, I. (2003): Diagnostisches und Statistisches Manual Psychischer Störungen. Textrevision. DSM-IV-TR. Göttingen

Schettler, T. (2001): Toxic Threads to Neurologic Development of Children. Environmental Health Perspectives 109 (Suppl. 6), 813–816

Schore, A. N. (2001): Effects of a Secure Attachment Relationship on Right Brain Development, Affect Regulation, and Infant Mental Health. Infant Mental Health Journal 22, 7–66

Seidler, E. (2004): „Zappelphilipp" und ADHS: Von der Unart zur Krankheit. Deutsches Ärzteblatt 101, 5, A–239–243

Steinhausen, H.-C. (1995): Hyperkinetische Störungen. Eine klinische Einführung. In: Steinhausen, H.-C. (Hrsg.): Hyperkinetische Störungen im Kindes- und Jugendalter. Stuttgart/Berlin/Köln

Stern, W. (1914/1967): Psychologie der frühen Kindheit. 14. Aufl. Leipzig

Stewart, P., Sargent, D. M., Reihman, J., Gump, B. B., Lonky, E., Darvill, T., Hicks, H., Pagano, J. (2006): Response Inhibition During Differential Reinforcement of Low Rates (DRL) Schedules May Be Sensitive to Low-Level Polychlorinated Biphenyl, Methylmercury, and Lead Exposure in Children. Environmental Health Perspectives 114, 12, 1923–1929

–, Reihman, J., Gump, B., Lonky, E., Darvill, T., Pagano, J. (2005): Response Inhibition at 8 and 9 1/2 Years of Age in Children Prenatally Exposed to PCBs. Neurotoxicology and Teratology 6, 771–780

–, Fitzgerald, S., Reihman, J., Gump, B., Lonky, E., Darvill, T. et al. (2003): Prenatal PCB Exposure, the Corpus Callosum, and Response Inhibition. Environmental Health Perspectives 111, 1670–1677

–, Reihmann, J., Lonky, E., Darvill, T., Pagano, J. (2000): Prenatal PCB Exposure and Neonatal Behavioral Assessment Scale (NBAS) Performance. Neurotoxicology and Teratology 22, 1, 21–29

Trott, G. E., Badura, F., Wirth, S. (1996): Das hyperkinetische Syndrom in der jugendpsychiatrischen Forschung. Schriftenreihe der Deutschen Gesellschaft für Nervenheilkunde 1, 293–300

WHO (World Health Organisation) (2003): Elemental Mercury and Inorganic Mercury Compounds. Human Health aspects. Genf

Wortberg, W. (2006): Intrauterine Fruchtschädigung durch Schwermetallbelastung der Mutter. Umwelt – Medizin – Gesellschaft 19, 4, 274–280

Zur Relevanz naturwissenschaftlicher Erkenntnisse für die Versorgungs- und Kooperationsperspektiven zwischen Jugendhilfe und Jugendpsychiatrie

Von Silvia Denner und Björn Enno Hermans

In der (psycho)sozialen Arbeit werden aktuell naturwissenschaftliche Erkenntnisse hinsichtlich ihres Einflusses auf die Handlungsfelder diskutiert. Gleichzeitig entdecken die Naturwissenschaften die Bedeutung sozialer Einflüsse für die Biologie. Erstmalig wird nun mit naturwissenschaftlich-medizinischen Methoden nachgewiesen, dass biologische und psychosoziale Vorgänge bis auf die Ebene von molekularen Zellstrukturen eng miteinander verknüpft sind. Zwei Disziplinen erleben somit eine vorsichtige Annäherung ihrer Denkweisen. Da diese Zusammenhänge für das Verständnis von psychischen Beeinträchtigungen bei Kindern und Jugendlichen bedeutsam sind, werden im ersten Teil relevante Forschungsergebnisse kurz dargestellt. Anschließend erfolgt eine Diskussion über die Kooperation von Jugendhilfe und Jugendpsychiatrie vor dem Hintergrund dieser aktuellen naturwissenschaftlichen Befunde.

1 Naturwissenschaftliche Erkenntnisse für das Verständnis von psychisch beeinträchtigten Kindern und Jugendlichen

Die Schnittmenge derjenigen Kinder und Jugendlichen, die von beiden Hilfesystemen Leistungen erhalten, weist meist sehr komplexe Belastungen auf. Bei ihnen sind neurobiologische und -psychologische Gesundheitsbeeinträchtigungen wie auch schwierige Lebensumstände feststellbar. Diese Wechselwirkungen sollen anhand von drei Beispielen kurz skizziert werden (Denner 2008, 28 f.).

1.1 Wahrnehmungsprozesse

Die Fähigkeit, Gefühle in Gesichtern von anderen Menschen zu erkennen, ist angeboren. Doch zeigt es sich, dass biografische Erfahrungen einen starken Einfluss auf die differenzierte Wahrnehmung und die individuelle Deutung von Gefühlsausdrücken nehmen. Traumatische Erfahrungen scheinen die Grenzen für die Wahrnehmung von bedrohlichen Signalen aus der Umwelt zu verschieben. Studien von Seth Pollak an der Universität von Wisconsin-Madison ergaben, dass misshandelte Kinder im Vergleich mit Kindern, die keine Gewalt erfahren haben, eine veränderte Wahrnehmung von emotionalen und sozialen Signalen zeigen. In einem Versuch wurde zwei Gruppen von Kindern (mit und ohne Misshandlungen in ihrer Vergangenheit) im Alter von acht und zehn Jahren eine zusammenhängende Reihe von am Computer erzeugten Gesichtern dargeboten. Diese Gesichter zeigten Gefühle von Angst, Fröhlichkeit, Traurigkeit und Zorn in unterschiedlicher Ausprägung und Mischung. Die Kinder sollten das bestimmende Gefühl in diesen Gesichtern benennen. Eines der Resultate dieser Studie war, dass die Gefühle Freude, Traurigkeit und Furcht von beiden Gruppen gleichermaßen gut erkannt wurden. Das Gefühl Zorn hingegen schrieben die Kinder mit Gewalterfahrungen den Gesichtern deutlich mehr zu. Sie reagierten auf dieses wahrgenommene Gefühl sehr rasch und sensibel, auch wenn der Zorn nur als untergeordneter emotionaler Gesichtsausdruck dargestellt wurde (Pollak / Kistler 2002). Da Ärger und Zorn im Gesichtsausdruck von frühen Bezugspersonen auf eine kommende Misshandlung hinwies, war es sicher für diese Kinder notwendig und von Vorteil, diese Zeichen sehr schnell zu erkennen. Ihre Wahrnehmung strukturierte sich besonders hinsichtlich des Herausfilterns von negativen Affekten im Körperausdruck von anderen Menschen. Der Nachteil besteht darin, dass diese Kinder sich auch von nicht-gewalttätigen Menschen sehr leicht bedroht fühlen und misstrauisch reagieren. Sie deuten Blicke, Haltungen oder auch bestimmte Tonlagen in der Stimme als Angriff und handeln entsprechend. Sie zeigen teilweise Vermeidungs- und Rückzugsverhalten oder auch scheinbar unmotivierte, impulsive Aggressivität.

1.2 Empathie

Als hirnphysiologische Grundlage der Empathie sowie der intuitiven Kommunikation werden von Neurowissenschaftlern die sogenannten Spiegelneurone beschrieben. Diese spezialisierten Nervenzellen wurden erst Anfang der neunziger Jahre des letzten Jahrhunderts entdeckt (Rizzolatti et al. 1996). Es wurde festgestellt, dass diese Neurone nicht nur in Aktion sind, wenn der eigene Körper eine Bewegung ausführt, sondern dass sie auch agieren, wenn dieselbe Bewegung bei einem anderen Menschen gesehen wird. Auch beobachtete emotionale Reaktionen – zum Beispiel Ekel, Angst, Schmerz, Müdigkeit und unbewusst auch Gesichtsausdruck oder Körperhaltung – gehen mit einer Aktivierung der Spiegelneurone einher. Damit könnten Spiegelneurone eine Voraussetzung dafür sein, das Verhalten des anderen zu deuten und zu verstehen sowie Gefühle beispielsweise von Freude, Ärger und Schmerz nachzuempfinden (Bauer 2006).

Eine angeborene Fehlfunktion der Spiegelneurone wird mit autistischen Störungen in Zusammenhang gebracht. Es ist sehr charakteristisch für

Menschen mit autistischen Störungen, dass sie große Schwierigkeiten haben, die Intentionen ihrer Mitmenschen aus deren Mimik und Gestik zu erkennen. Mit bildgebenden Verfahren wurde festgestellt, dass die Spiegelneuronen von Autisten nur bei eigenen Aktionen reagieren, nicht aber, wenn ein Mitmensch etwas tut. Je geringer die Aktivierung der Spiegelneurone war, desto stärker war die soziale Beeinträchtigung der Betroffenen (Dapretto et al. 2005).

Neben dieser angeborenen Fehlfunktion der Spiegelneurone werden soziale Faktoren für deren Störung diskutiert. Nach Meinung einiger Forscher sind die Spiegelneurone zwar genetisch vorgegeben, bedürfen aber für ihre ungestörte Entfaltung und Funktion der Stimulation von positiven frühen Beziehungserfahrungen. So imitieren Kinder intuitiv als Resonanz auf einen emotionalen Austausch mit den Eltern deren Mimik und Gestik wie ein Spiegel und lernen dadurch Bewegungen und Emotionen. Diese wechselseitige emotionale Einstellung von Eltern und Kindern hat ihre biologische Basis in den Spiegelneuronen. Wenn Menschen aber in ihrer Prägungsphase belasteten Beziehungen und Traumatisierungen ausgesetzt sind, kann dies zu einer neurobiologischen sowie psychischen Beschädigung der Entwicklung von Empathie, sozialer Verbundenheit und intuitiver Kommunikation führen (Bauer 2005). Es wäre zu diskutieren, inwieweit dieses Modell zum Verstehen von auffälligen Kindern beiträgt, die scheinbar psychisch unbeteiligt und ohne emotionale Betroffenheit andere schädigen oder die wenig Freude zeigen bzw. sich absondern, wenn andere Kinder Spaß haben, oder die andere nicht trösten, wenn diese traurig sind. Es könnte sein, dass sie die Affekte der anderen einfach nicht verstehen, weil wie beschrieben die Voraussetzungen dafür fehlen.

1.3 Bindungsverhalten

Zwischenmenschliche Beziehungserfahrungen finden ihren Niederschlag auch in der individuellen Produktion von körpereigenen Hormonen mit langfristigen Folgen für psychisches Befinden. Einige interessante Studien dazu gibt es für das Hormon Oxytozin. Oxytozin war bisher bekannt für seine Wirkungen für die Geburtseinleitung und Stillbereitschaft. In den letzten Jahren wurde dieses Hormon, das in der Hypophyse im Gehirn produziert wird, hinsichtlich seiner Wirkungen auf die soziale Bindungsfähigkeit von Menschen untersucht. Dabei wurde festgestellt, dass Oxytozin sowohl Ursache als auch Wirkung von Bindungserfahrungen ist. So wird es verstärkt produziert, wenn es zu einer Vertrauen stiftenden Begegnung kommt. Aber es hat auch umgekehrt den Effekt, dass es Bindungen, die zu seiner Ausschüttung geführt haben, rückwirkend stabilisiert, indem es die Bereitschaft erhöht, Vertrauen zu schenken (Bauer 2006).

2005 wurde von einer Forschergruppe um Seth Pollak (Waisman Center for Human Development in Madison, USA) ein Experiment durchgeführt, das untersuchte, ob eine emotionale und körperliche Vernachlässigung von Kindern in der ersten Lebensjahren Auswirkungen auf die Bindungshormone Oxytozin und Vasopressin hat. Untersucht wurden 18 4-jährige Kinder, die kurz nach ihrer Geburt mindestens ein Jahr in russischen und rumänischen Waisenhäusern lebten, bevor sie in den USA von Familien adoptiert wurden. Als Vergleichsgruppe diente eine Gruppe von Kindern, die bei ihren leiblichen Eltern aufgewachsen waren. Die Kinder und ihre leiblichen bzw. Adoptivmütter wurden aufgefordert, miteinander frei zu spielen. Während des Spielens tauschten die Mütter zärtliche Worte, Gesten und Berührungen mit ihren Kindern aus. Vor und nach den Spielszenen wurde bei den Kindern der Hormonspiegel bestimmt. Dabei zeigte sich, dass zwar bei allen Kindern die Bindungshormone nach dieser emotionalen und körperlichen Zuwendung im Blut anstiegen, aber dass dieser Anstieg bei den adoptierten Kindern deutlich geringer ausfiel als bei der Vergleichsgruppe (Fries et al. 2005). Für die Forscher sind dies neurobiologische Spuren einer frühen Vernachlässigung mit Folgen für die weitere Beziehungsfähigkeit und emotionale Intimität.

Es ist sicherlich zu einfach, alle Beziehungsprobleme dieser Kinder auf diesen einen Tatbestand zu reduzieren. Doch die Ergebnisse machen deutlich, dass schwere Vernachlässigung und frühkindliche Trennungen auch biologische Parameter verändern, die Einfluss auf die Beziehungsfähigkeit haben. Die Ergebnisse sind deshalb als eine Erweiterung des Verständnisses zu betrachten, warum diese Kinder trotz liebevoller Umsorgung über lange Zeit Schwierigkeiten haben, Vertrauen zu entwickeln und sichere Bindungen aufzubauen.

2 Konsequenzen für gemeinsame Versorgungs- und Kooperationsperspektiven

Wie beschrieben entstehen emotionale Störungen und Verhaltensauffälligkeiten aus der Wechselwirkung von neurobiologischen und psychosozialen Faktoren. Vor diesem Hintergrund ist eine enge Kooperation zwischen Jugendhilfe und Jugendpsychiatrie nötig. Dabei müssen beide Hilfesysteme zum Nutzen der beeinträchtigten Kinder und deren Familien eine bessere Verzahnung der Hilfsangebote entwickeln und organisationsübergreifende Strukturen mit gemeinsamer und neuartiger Nutzung von finanziellen, materiellen und personellen Ressourcen planen (Kalter 2004). Es bestehen aber gegenwärtig noch vielfache Kooperationsprobleme zwischen Jugendhilfe und Jugendpsychiatrie.

Darius / Hellwig (2004) untersuchten in einem Forschungsprojekt die bestehende Kooperationspraxis zwischen Kinder- und Jugendpsychiatrie und Jugendhilfe. Sie stellten fest, dass im beruflichen Alltag zwei Systeme aufeinander treffen, die aufgrund erheblicher Unterschiede in ihrem jeweiligen Handlungsauftrag sowie in ihren Konzepten und Strukturen oft mit Kooperationsproblemen zu kämpfen haben. Häufig fehlt es an der „gleichen Augenhöhe". So erleben sich die pädagogischen Fachkräfte der Jugendhilfe in der Zusammenarbeit mit Medizinern als oft nicht gleichwertig, selbst wenn sie von diesen in einer gleichrangigen Position gesehen werden. Ein weiteres wichtiges Ergebnis der Studie ist, dass sich Kooperation für die Beteiligten lohnen muss. Es muss einen Gewinn geben, der sich auf völlig unterschiedlichen Ebenen zeigen kann. Im Vordergrund steht sicher oft der „idealistische bzw. ideelle Gewinn", dass eine Verbesserung für den Klienten eintritt. Darüber hinaus darf und muss es auch „egoistischere Gewinne" auf Organisationsebene geben, wie z.B. zeitliche oder finanzielle Einsparungen. Grundsätzlich fordern Darius und Hellwig, dass Kooperation sich auf gemeinsame Sichtweisen und Ziele stützen muss. Eine große Chance kann in den neuen Erkenntnissen der Naturwissenschaften liegen, wenn ihre Implikationen ernst genommen und in die Praxis umgesetzt werden. Die folgenden Ausführungen sollen dies in Ansätzen verdeutlichen.

2.1 Prävention und frühe Hilfen

Aufgrund der neuen Erkenntnisse der Naturwissenschaften rückt für die Soziale Arbeit unter anderem die Bedeutung von Prävention und frühen Hilfen ins Zentrum. Zwar gehen die Wissenschaftler von einer lebenslangen Veränderung der biologischen Strukturen durch psychosoziale Wechselwirkungen aus (erfahrungsabhängige Plastizität des Gehirns). Aber in den ersten Lebensjahren finden Aufbau und Umbau von Nervenzell-Verschaltungen intensiver statt. Weiterhin haben diese Prozesse andere Konsequenzen als in Phasen des Lebens, in denen die basale Organisation des Gehirns bereits abgeschlossen ist. So werden bereits in der frühen Kindheit im Gehirn die Nervenzell-Netzwerke angelegt, die später darüber entscheiden, wie eine Person ihre Umwelt einschätzt, wie sie Beziehungen gestaltet und wie sie die Lebensaufgaben meistert (Bauer 2008).

Von weiterer Relevanz für Prävention und frühe Hilfen ist die Erkenntnis, dass Entwicklung in phasischen Reifungsschüben verläuft. In diesen Phasen, den so genannten „biologischen Fenstern", ist das Kind für bestimmte positive wie negative Reize empfänglicher. Bleiben die adäquaten positiven Außenreize aus, können diese Entwicklungschancen nicht genutzt werden. Um zu einer Entwicklungskorrektur beizutragen, bleibt dann oft nur die Möglichkeit, diese Reize später im Rahmen von Förderungs- und Therapieangeboten anzubieten (Naumann-Lenzen 2008). Je länger negative psychosoziale Erfahrungen auf das Kind einwirken, desto stärker verfestigen sich ungünstige Nervenzell-Verschaltungen. Durch Prävention und frühe Hilfen kann einer solchen Entwicklung entgegengewirkt werden.

In der Praxis gestaltet sich die Umsetzung von Prävention und frühen Hilfen derzeit noch schwierig. Neben der Kooperation von Jugendhilfe und Kinder- und Jugendpsychiatrie sind oft auch Vernetzungen mit anderen Leistungserbringern notwendig: Gynäkologie, Pädiatrie, Frühförderung, Beratungsstellen für Eltern mit Schreibabys und andere mehr. Ein Beispiel aus dem Bereich Sucht kann zeigen, wie über Jahre hinweg die Hilfe erfolgt: Kinder von suchtkranken Eltern sind vielfältig belastet. Durch die Alkoholeinwirkung während der embryonalen Entwicklung können verschiedene biologische Schädigungen entstehen. Infolgedessen haben diese Kinder ein erhöhtes Risiko, zu früh, zu klein und mit einem niedrigen Gewicht geboren zu werden. Als Säuglinge können sie Regulationsstörungen und Entwicklungsverzögerungen aufweisen. In diesem Zusammenhang bekommen sie Hilfen von Pädiatrie, Heilpädagogik und Frühförderung. Geschulte Hebammen und Kinderkrankenschwestern sind im Rahmen der aufsuchenden Elternberatung z. B. des Gesundheitsdienstes tätig. Im Schulalter können Probleme des Sozialverhaltens, der Emotionen, der Konzentration, der Impulssteuerung und / oder Bindungsstörungen im Vordergrund stehen. Im Jugendalter besteht das erhöhte Risiko, dass sie eine Suchterkrankung entwickeln. Im Rahmen der Behandlung der Verhaltensauffälligkeiten sowie der Suchterkrankung ist die Kinder- und Jugendpsychiatrie in die Versorgung involviert. Die Jugendhilfe ist aufgrund der sozialen Problematik in vielen Fällen von Anfang an beteiligt und leistet Hilfen zur Erziehung. Die Institutionen der Suchthilfe sind eingebunden und betreuen die Eltern. Obwohl so viele Helfer und Hilfesysteme beteiligt sind, können sie die gemeinsame Aufgabe, die riskanten Entwicklungen dieser Kinder frühzeitig wahrzunehmen und entsprechende Hilfen einzuleiten, nicht immer befriedigend lösen. Die Vernetzung, Organisation und Koordination von Hilfemaßnahmen ist schwierig, da unterschiedliche gesetzliche Regelungen (Sozialgesetzbuch V, VIII, IX) und Kostenträger (Krankenkasse, öffentliche Jugendhilfe, Sozialhilfe) berücksichtigt werden müssen.

Erfolgversprechende Ansätze hat die Bundesregierung mit dem Sozialgesetzbuch IX geschaffen. Es regelt die interdisziplinäre Früherkennung und Frühförderung noch nicht eingeschulter behinderter oder von Behinderung bedrohter Kinder. Medizinische, therapeutische, psychologische und pädagogische Maßnahmen für entwicklungsgefährdete Vorschulkinder können interdisziplinär und in Kooperation als so genannte Komplexleistung erfolgen. Die Kosten teilen sich die Rehabilitationsträger in Absprache. Darüber hinaus ist der Aufbau flächendeckender kooperierender Früherfassungssysteme geplant. Das sind positive Ansätze. Darüber hinaus sind weitere Verbesserungen sinnvoll und wünschenswert.

2.2 Kontinuität der Hilfen, langfristige Hilfen

Beziehungsabbrüche und Bezugspersonenwechsel charakterisieren allzu oft die Lebenswirklichkeit junger Menschen, die im Rahmen der Jugendhilfe und Kinder- und Jugendpsychiatrie betreut werden. Untersuchungen belegen, dass in hochbelasteten Familien bis zu 100 verschiedene Helfer im Laufe einiger Jahre tätig geworden sind. Häufige Wechsel der Hilfen mit Beziehungsabbrüchen bedeuten für psychisch belastete Kinder und Jugendlichen einen hohen Stress. Diese Situationen können zu retraumatisierenden Erfahrungen führen, die sich auch auf biologischer Ebene manifestieren. Insbesondere diese Erkenntnisse stellen neue Anforderungen an die psychosoziale Versorgungslandschaft. Zu diesen Anforderungen gehört, dass die Hilfsangebote „passgenau" sein müssen, damit sie nicht häufig gewechselt werden müssen. Schon frühzeitig sollte neben einer sozialpädagogischen Diagnostik eine medizinische sowie psychologische Klärung der Probleme des Kindes erfolgen. Damit alle Aspekte auch im Hilfeplan berücksichtigt werden, sollten alle beteiligten Disziplinen einbezogen werden. Eine wichtige Voraussetzung für Kontinuität der Hilfen sind stabile professionelle Beziehungen. Die Forschungsergebnisse werten auch die professionelle Beziehungsgestaltung in der Sozialen Arbeit deutlich auf.

> „Professionelle Beziehungsgestaltung hat biologische Auswirkungen – damit auch eine neue Dimension der Verantwortung (…) Überall da, wo sich Quantität und Qualität zwischenmenschlicher Beziehungen vermindern, erhöht sich das Krankheitsrisiko" (Bauer 2008, 11).

Zwischenmenschliche Beziehungen können entsprechend heilende wie auch schädigende Wirkungen auf Psyche und Gehirn haben. So haben bildgebende Verfahren nachgewiesen, dass sich neurobiologische Veränderungen durch z. B. traumatische Erfahrungen im Verlauf einer psychotherapeutischen Behandlung auch wieder normalisieren können. Diese Ergebnisse sind u. E. auch übertragbar auf die langfristige Wirksamkeit von guten Beziehungsprozessen in der Sozialen Arbeit (Denner 2008). Um dies zu erreichen, müssen die Professionellen auch schwierige Erziehungsprozesse aus- und durchhalten. Es ist erforderlich, dass das Kind sich auch in Krisensituationen „in der Beziehung gehalten" fühlt. An die Fachkräfte stellt dies hohe Anforderungen. Damit es in Krisensituationen nicht zu einem übereilten Abbruch der Hilfen kommt und etwa eine Einweisung in die Psychiatrie erfolgt, benötigen sie selbst Unterstützung im Rahmen von Supervision und gemeinsamer fachlicher Beratung. Jugendpsychiatrie und Jugendhilfe können Retraumatisierungen entgegenwirken, indem sie verbindliche Absprachen treffen, wie die Beteiligten auf mögliche Krisen von Kindern und Jugendlichen reagieren und indem sie die Übergänge fließend und einvernehmlich gestalten. Ein Wunschszenario:

> Bei einem psychisch auffälligen Kind erstellen die Fachdisziplinen Jugendhilfe und Kinder- und Jugendpsychiatrie früh einen gemeinsamen Hilfeplan, der alle psychosozialen Unterstützungen aufeinander abstimmt. Doppeldiagnostik wird ebenso vermieden wie Maßnahmen, die pädagogisch auf der einen Seite, therapeutisch auf der anderen Seite in völlig unterschiedliche Richtungen steuern. Die eingesetzten Helfer (z.B. Sozialpädagogische Familienhilfe, Heimerzieher oder Erziehungsbeistand, Arzt oder Psychologe) bleiben auf dem weiteren Weg dieses Kindes gemeinsam zuständig. Sie bieten professionelle kontinuierliche Beziehungsgestaltung an, stimmen sich regelmäßig mit der betroffenen Familie bzw. dem betroffenen Kind/Jugendlichen ab und legen weitere Ziele fest.

Von außen betrachtet, scheint ein solches Vorgehen konsequent und nicht zu kompliziert. Die Akteure werden häufig von anderen Erfahrungen berichten. Denn im Unterschied zu einigen anderen europäischen Ländern sind in Deutschland die Systeme Jugendhilfe im Sozialgesetzbuch VIII (KJHG) und Kinder- und Jugendpsychiatrie und -psychotherapie im Sozialgesetzbuch V deutlich voneinander getrennt. Getrennte Finanzierungssysteme, eigene Fachsprachen, Krankheits- und Gesundheitskonzepte stellen wesentliche Hindernisse dar (Schone 2008). Die faktische Notwendigkeit zu einer intensiveren Kooperation ergibt sich nur fallbezogen. Sie ist nicht strukturell angelegt und gewährleistet. Ob sie zustande kommt, hängt von vielen persönlichen und lokalen Variablen ab. Interessant ist hier ein Blick in das europäische Ausland, etwa nach Norwegen, Schweden oder Großbritannien. In den skandinavischen Versorgungsmodellen ist es meist unabdingbar, dass der „Überweiser" (z.B. die Jugendhilfe) an einen kinder- und jugendpsychiatrischen Fachdienst am gemeinsamen Erstgespräch teilnimmt und so in den diagnostisch-therapeutischen Prozess involviert wird (Kjellberg 2005). In Großbritannien bieten die „Child and Adolescent Mental Health Services" (CAMHS) ein gelungenes Beispiel der optimalen Vernetzung psychosozialer Dienste.

> „Die Planungs- und Strategietreffen erinnerten an die Entstehung Psychosozialer Arbeitsgemeinschaften in Deutschland, allerdings mit dem Unterschied, dass in England gute Strategien mit hohen Fördermitteln belohnt wurden" (Küttner 2005, 160).

2.3 Paragraph 35 a des SGB VIII

In Deutschland reagierte der Gesetzgeber auf die schwierige Kooperation zwischen Jugendhilfe und Jugendpsychiatrie mit dem §35a. Dieser regelt die Zusammenarbeit hinsichtlich der Zielgruppe seelisch behinderter oder von Behinderung bedrohter Kinder und Jugendlicher. Aber der §35a des SGB VIII wird unterschiedlich genutzt und interpretiert. Dabei gilt diese Zuschreibung der Behinderung als mögliches Stigma, das es unter einer entwicklungsförderlichen Ressourcenperspektive zu vermeiden gilt. Andererseits ermöglicht sie ein kooperatives Vorgehen und rehabilitative Hilfen auch über das 18. Lebensjahr hinaus. So uneinheitlich wie das Vorgehen bei der Beantragung von Hilfen gemäß §35a SGB VIII, erscheint dann auch das weitere Vorgehen. Grundsätzlich ist die Grundintention des Gesetzgebers, über diese gesetzliche Grundlage eine engere Kooperation zwischen den beteiligten Fachdisziplinen und Institutionen zu erreichen, durchaus positiv zu bewerten. Sie greift jedoch zu kurz. Betroffene, die noch nicht den Kriterien der Bedrohung von seelischer Behinderung entsprechen, könnten auch sehr gut von einer besser vernetzten, kontinuierlichen Hilfe profitieren. Wie das Beispiel der bereits diskutierten frühen und rechtzeitigen Hilfen zeigt, wäre dies wünschenswert.

2.4 Kooperation am Beispiel Dortmund

In der Kooperationspraxis zwischen der öffentlichen und freien Jugendhilfe sowie der Klinik für Kinder- und Jugendpsychiatrie in Dortmund zeigten sich die bereits beschriebenen Probleme im Alltag sehr deutlich. Daher wurden seit 2005 verstärkte Anstrengungen der Kooperation unternommen, die u. a. in der Formulierung einer verbindlichen Kooperationsvereinbarung zwischen dem Jugendamt und der Klinik für Kinder- und Jugendpsychiatrie mündeten. Von beiden Institutionen wurden verantwortliche Koordinatoren benannt, deren Aufgabe neben der Weiterentwicklung der Kooperation auch die fallbezogene Beratung ist, wenn sich Kooperationsprobleme bzw. gänzlich unterschiedliche Sichtweisen ergeben. Ausgehend und rückschließend von den wesentlichen Punkten des Kooperationsvertrages in Verbindung mit den Ergebnissen der o. g. Studie lässt sich das Spannungsfeld noch einmal beleuchten: Bereits in den ersten Punkten der Kooperationsvereinbarung ist geregelt, dass z.B. ein zeitnaher Informationsaustausch stattfindet, und dass die Kinder- und Jugendpsychiatrie bei der Beratung von Familien keine spezifische Hilfeart „vorfestlegt" (Averbeck/Hermans 2008). Hier zeigt sich, was Darius und Hellwig im Ergebnis ihrer Studie ebenfalls als ganz wesentlich erachten: gegenseitiges Vertrauen als Basis. Entwicklungsziel kann hier nur sein, dahin zu gelangen, „den Mut zu haben, dem anderen eine gute Absicht zu unterstellen" (Omer et al. 2007). Dies kann sich mitunter als langer Prozess erweisen, auch abhängig davon, welche Erfahrungen, Zuschreibungen und ggf. Misserfolge bereits tradiert wurden. Ein weiterer Punkt ist gleichzeitig berührt: „Kooperation gelingt nur zwischen ‚Gleichen'" (Darius/Hellwig 2004, 511).

2.5 Finanzierung

Zu fordern bleibt daher eine grundsätzliche gesetzliche Änderung, eine Verzahnung oder Zusammenlegung der beschriebenen psychosozialen Leistungen und eine gemeinsame Finanzierungsgrundlage. Nur so können die gerade unter Berücksichtigung neurobiologischer Erkenntnisse wichtigen kontinuierlichen Prozesse quasi „aus einer Hand" gewährleistet werden. Politisch hinderlich scheint die Angst vor einer Kostenexplosion in diesen Bereichen. Eine solche ist aber bei einer gesamten sozioökonomischen Betrachtungsweise nicht zu vermuten. „Wenn Symptome aufgrund vieler Abbrüche von Hilfen langfristig eher verstärkt werden, führt dies zu einer Spirale der Kostensteigerung" (Schmid 2007, 147). Mutige Modellprojekte könnten ein Anfang sein, wenn sie über die Finanzierung einiger weniger zugespitzter Krisenfälle im Jahr hinausgehen. Vorstellbar wäre auch heute, dass Träger der gesetzlichen Krankenversicherung im Bereich einer Kommune mit dem Träger der öffentlichen Jugendhilfe gemeinsame Budgetkonzepte bei Etablierung eines effektiven Fallmanagements vereinbarten und diese im Rahmen einer wissenschaftlichen Untersuchung sowohl inhaltlich als auch hinsichtlich der wirtschaftlichen Effektivität evaluierten.

2.6 Folgerungen für Ausbildung sowie Fort- und Weiterbildung

Unabhängig von einer Veränderung der gesetzlichen Rahmenbedingungen müssen bereits die angehenden Fachkräfte auf eine gelingende interdisziplinäre Verständigung und Kooperation vorbereitet werden. Das sind Aufgaben, die von den Hochschulen sowie von Fort- und Weiterbildungsträgern verstärkt wahrgenommen werden müssen.

2.6.1 Interdisziplinäres Fachwissen

Wenn Verhaltensauffälligkeiten und psychische Störungen verstanden werden vor dem Hintergrund von komplexen Wechselwirkungen neurobiologischer und psychosozialer Prozesse, dann muss das Wissen darüber bereits in die grundständige Ausbildung implementiert werden. Für die Ausbildung in der Sozialen Arbeit wie für die Humanmedizin bedeutet dies die Integration von Inhalten über die engen Grenzen der jeweiligen professionellen Fachlichkeit hinaus. In die Ausbildung der Sozialen Fachkräfte gehören Lehrinhalte über neurobiologische Wirkfaktoren und kinder- und jugendpsychiatrisches Störungswissen in Ergänzung zu biografie- und prozessorientierten Betrachtungs- und Herangehensweisen. In der Auswie auch Fortbildung der Humanmedizin gibt es nur wenige Lehrveranstaltungen zu Einflüssen von Lebenslagen und Lebensweisen auf die Entwicklung von psychischen Problemen bei Kindern und Jugendlichen. Ein disziplinenübergreifendes Wissen ist für beide Professionen sehr hilfreich. Denn Hilfen, ohne dabei die psychosozialen Faktoren einzubeziehen, sind ebenso wenig sinnvoll wie Hilfen, ohne biologische Faktoren zu berücksichtigen. Deshalb müssen in den jeweiligen Ausbildungen die Grundlagen eines interdisziplinären Verständnisses von psychisch beeinträchtigten jungen Menschen vermittelt werden.

2.6.2 Kooperations- und Vernetzungszusammenhänge

Grundlagen von gelingender Kooperation müssen gelehrt, gelernt und erfahren werden. Deshalb sollte Wissen über Kooperation und Vernetzung verstärkt in die Ausbildung der Sozialen Fachkräfte wie auch in die Qualifizierung zum Facharzt für Kinder- und Jugendpsychiatrie integriert werden. Die Fachkräfte sollten gesetzliche Grundlagen, Hilfe- und Therapiekonzepte sowie Organisationsstrukturen der Einrichtungen kennenlernen, die künftig ihre Kooperationspartner sind. Das fördert das Denken in komplexen interdisziplinären Zusammenhängen und erleichtert es später im beruflichen Alltag, sich mit professionsfremden Handlungsweisen auseinanderzusetzen (Kalter 2004).

Neben der Theorie sind praktische Erfahrungen in Form von Hospitationen sehr wertvoll. Sie helfen mögliche Berührungsängste abzubauen, geben einen konkreten Einblick in die Arbeitsformen und ermöglichen den Kontakt zu zukünftigen Ansprechpartnern. Die Notwendigkeit von praktischen Erfahrungen im professionsfremden Hilfesystem bezieht sich nicht nur auf die Ausbildung. Ein zeitlich begrenzter Austausch von Fachkräften ist für eine funktionierende Kooperation sicherlich sehr konstruktiv. Durch das Kennenlernen unterschiedlicher Ansätze und individueller Arbeitsschwerpunkte vor Ort kann ein gemeinsames Fallverstehen entstehen, das den Hilfeprozess voranbringt. Fachkräfte beider Hilfesysteme können einen Einblick gewinnen, was Jugendhilfe bzw. Jugendpsychiatrie zu leisten vermögen, wo Stärken, aber auch Grenzen liegen und in welchen Fällen eine Kooperation sinnvoll ist. Leider ist bisher ein solcher Austausch eher ein Einzelfall und kein fester Bestandteil innerhalb von Kooperationsvereinbarungen zwischen Jugendhilfe und Jugendpsychiatrie einer Region. Gemeinsame Fort- und Weiterbildungen und Arbeitsgruppen von Jugendhilfe und Jugendpsychiatrie wären darüber hinaus notwendige Bestandteile eines kooperativen interdisziplinären Austausches und verstärken das gegenseitige Verständnis.

Literatur

Averbeck, B., Hermans, B. E. (2008): Vom Wagnis der Kooperation zwischen Jugendhilfe und Kinder- und Jugendpsychiatrie. Zeitschrift für systemische Therapie und Beratung 3, 187–193

Bauer, J. (2008): Das Gedächtnis des Körpers. Wie Beziehungen und Lebensstile unsere Gene steuern. 12. Aufl. München

– (2006): Prinzip Menschlichkeit. Warum wir von Natur aus kooperieren. Hamburg

Dapretto, M., Davies, M. S., Pfeifer, J. H., Scott, A. (2005): Understanding Emotions in Others. Mirror Neuron Dysfunction in Children With Autism Spectrum Disorders. Retrieved 08.12. In: www.nature.com/neuro, 23.05.2008

Darius, S., Hellwig, I. (2004): Zur Kooperation zwischen Jugendhilfe und Kinder- und Jugendpsychiatrie. Befunde und Empfehlungen aus einem Forschungs- und Entwicklungsprojekt in Rheinland-Pfalz. In: Fegert, J. M., Schrapper, C. (Hrsg.): Handbuch Jugendhilfe – Jugendpsychiatrie. Interdisziplinäre Kooperation. Weinheim/München

Denner, S. (2008) (Hrsg.): Soziale Arbeit mit psychisch kranken Kindern und Jugendlichen. Stuttgart

Fries, A., Ziegler, T., Kurian, J., Jacoris, S., Pollak, S. (2005): Early Experience in Humans is Associated With Changes in Neuropeptides Critical for Regulating Social Behavior. PNAS (Proceedings of the National Academy of Sciences of the United States of America) November 22, 102, 47, 17237–17240

Kalter, B. (2004): Unterschiede verstehen und auf das Gemeinsame bauen. In: Fegert, J., Schrapper, Chr.: Handbuch Jugendhilfe – Jugendpsychiatrie. Weinheim/München

Kjellberg, E. (2005): Reflektierende Prozesse. Ein übergreifender Ansatz in der kinder- und jugendpsychiatrischen Ambulanz. Zeitschrift für Systemische Therapie und Beratung 3, 149–155

Küttner, E. (2005): Das Wolverhampton City Modell einer gemeindenahen systemisch orientierten kinder- und jugendpsychiatrischen Versorgung. Zeitschrift für Systemische Therapie und Beratung 3, 156–165

Naumann-Lenzen (2008): Wege und Irrwege in der kinderanalytischen Behandlung früher Störungen. Analytische Kinder- und Jugendlichenpsychotherapie. Heft 137, 1

Omer, H., Alon, N., Schlippe, A. v. (2007): Feindbilder – Psychologie der Dämonisierung. Göttingen

Pollak, S., Kistler, D. J. (2002): Early Experience Is Associated With the Development of Categorical Representations for Facial Expressions of Emotion. Proceedings of the National Academy of Sciences 99, 9072

Pollak, S., Sinha, P. (2002): Effects of Early Experience on Children's Recognition of Facial Dispays of Emotion. Development Psychology 5, 784–791

Rizzolatti, G., Fadiga, L., Galese, V., Fogassi, L. (1996): Premotor Cortex and the Recognition of Motor Actions. Cognitive Brain Research 3, 131–141

Schmid, M. (2007): Psychische Gesundheit von Heimkindern. Eine Studie zur Prävalenz psychischer Störungen in der stationären Jugendhilfe. Weinheim / München

Gesundheitsprävention und Gesundheitsförderung im Kindes- und Jugendalter. Soziale Arbeit als Erfüllungsgehilfin der Gesundheitswissenschaften?

Von Stephan Sting

Die Gesundheit von Kindern und Jugendlichen ist in den letzten Jahren in das Zentrum öffentlicher Berichterstattung gerückt. Die wiederkehrenden Berichte zum Übergewicht, zu Stress und Bewegungsmangel bei Kindern oder zu den Gefahren des Konsums von Tabak, Alkohol und illegalen Drogen unter Jugendlichen zeugen von einer zunehmenden Sorge um die Gesundheit der Heranwachsenden. Gesundheitliche Problemstellungen werden immer häufiger als Indikator für generelle Schwierigkeiten und Gefährdungen des Aufwachsens in der heutigen Gesellschaft genutzt – vom Umgang mit Medien und veränderten Ernährungsgewohnheiten über den wachsenden Leistungsdruck bis zur expandierenden Armutsproblematik.

Durch die enge Beziehung von gesundheitlichen und sozialen Fragen ist die Soziale Arbeit unmittelbar mit Gesundheitsthemen konfrontiert. Erstaunlicherweise verhält sie sich jedoch – trotz ihres historisch begründeten Anspruchs auf die Zuständigkeit für das Aufwachsen von Kindern und Jugendlichen – im Diskurs um die Gesundheit von Heranwachsenden relativ ruhig. Ein Grund dafür dürfte in dem „Vergessen" des Gesundheitsbezugs der Sozialen Arbeit liegen (Schröer / Sting 2006, 19). Dieses Vergessen – so meine Hypothese – führt dazu, dass gesundheitliche Themen unter der Führung anderer Disziplinen bearbeitet werden, während Soziale Arbeit als Profession im Rahmen des gegenwärtigen Bedeutungszuwachses von „Gesundheit" zur Bearbeitung vordefinierter gesundheitsbezogener Aufgaben herangezogen wird und auf diese Weise zur Erfüllungsgehilfin der Gesundheitswissenschaften zu werden droht.

1 Zur Unsichtbarkeit der Sozialen Arbeit in den Gesundheitswissenschaften

Historisch hat die Soziale Arbeit seit Beginn des 20. Jahrhunderts vielfältige Aufgaben im Bereich der Gesundheit übernommen. Durch soziale Beratung, Betreuung und Begleitung übernahm sie die „soziale Komponente" der Medizin, und sie war von Anfang an in die Entstehung des Krankenhauswesens integriert. Zugleich befasste sie sich mit besonders gesundheitsgefährdeten Gruppen wie Schwangeren, Säuglingen und Kleinkindern, Armen, psychisch und chronisch Kranken (Homfeldt / Sting 2006, 10). Die gegenwärtigen Veränderungen des Krankheitsgeschehens führen zu einer „neuen Morbidität" (Ravens-Siebener et al. 2007, 871), die weniger durch akute Infektionskrankheiten als durch chronisch-degenerative Erkrankungen wie Herz-Kreislauf-Krankheiten, Krebs, Atemwegserkrankungen und Allergien, durch eine Zunahme psychischer Erkrankungen und durch eine neue Bedeutung gesundheitsgefährdender Lebensstile und Verhaltensweisen charakterisiert ist. In diesem Kontext erlebt die gesundheitsbezogene Soziale Arbeit einen enormen Ausbau. Während sich auf der Ebene der Profession ein immer breiteres gesundheitsbezogenes Handlungsspektrum eröffnet, bleibt der disziplinäre Diskurs gegenüber gesundheitlichen Fragestellungen hingegen nach wie vor merkwürdig distanziert.

Drei Gründe lassen sich für diese Zurückhaltung anführen: Erstens haben die historischen Entwicklungen in der Zeit des Nationalsozialismus Bemühungen um die „öffentliche Gesundheit", die unter den Vorzeichen der „Eugenik" und „Rassenhygiene" zu massiven Interventionen in die Privatsphäre und das Wohlbefinden der einzelnen Individuen führten, im deutschsprachigen Raum nachhaltig diskreditiert (Homfeldt / Sting 2006, 54 f). Zweitens haben Versuche der disziplinären Selbstbeschreibung und Identitätskonstruktion in der Sozialen Arbeit in den letzten beiden Jahrzehnten thematische Ausgrenzungen und Blindheiten mit sich gebracht (Schröer / Sting 2006, 18 f). Da die Zuständigkeit für Gesundheit immer schon von anderen Disziplinen für sich beansprucht wurde, eignete sich dieses Feld nicht zur disziplinären Identitätsbildung. Gesundheitliche Fragestellungen genießen deshalb keine Priorität, sie gehören nicht zum Mainstream der Sozialen Arbeit. Als Folge davon wurden drittens Entwicklungen im Feld der Gesundheit, die für die Soziale Arbeit relevant sein könnten, bisher wenig zur Kenntnis genommen.

Die Bestrebungen der Weltgesundheitsorganisation (WHO) zur Durchsetzung eines erweiterten Gesundheitsverständnisses, das neben dem körperlichen auch das psychische und soziale Wohlbefinden umfasst, stoßen im wissenschaftlichen Diskurs der Sozialen Arbeit erst zögerlich auf Resonanz. Gesetzliche Veränderungen, die z. B. den gesetzlichen Krankenversicherungen die Aufgabe der „Verringerung sozial bedingter Ungleichheit von Gesundheitschancen" auferlegen, werden bisher kaum als Entwicklungschance für die Soziale Arbeit aufgegriffen (Altgeld et al. 2003).

Die Zurückhaltung der Sozialen Arbeit im Feld der Gesundheit führt dazu, dass das Thema der Kinder- und Jugendgesundheit der Dominanz der Gesundheitswissenschaften überlassen wird. Unter dem Label der „Gesundheitswissenschaften" versammelt sich mittlerweile ein breites, interdisziplinäres Konglomerat von Fachdisziplinen, die sich über die auf das Individuum gerichteten biomedizinischen Perspektive hinaus aus unterschiedlichen Blickwinkeln mit gesellschaftlichen Aufgaben rund um die Gesundheit beschäftigen – die Soziale Arbeit bleibt jedoch außen vor. Trotz ihrer inzwischen jahrzehntelangen Mitwirkung im Gesundheitswesen findet sie in der gesundheitswissenschaftlichen Literatur kaum Erwähnung (Homfeldt/Sting 2006, 12 f). In diesem Sinn beschreiben z. B. Jungbauer-Gans und Hackauf die „Gesundheitsprävention und Gesundheitsförderung für Kinder und Jugendliche" als Bestandteil des „multidisziplinären Forschungsfeld(s) ‚Gesundheit', das der Medizin, Psychologie, Ernährungswissenschaft, Sportwissenschaft, Politikwissenschaft, Ökonomie und Soziologie angehört" (Jungbauer-Gans/Hackauf 2008, 9). Die Soziale Arbeit wird in dieser Aufzählung nicht erwähnt.

Die potentiellen Bezüge zwischen Sozialer Arbeit und Gesundheitswissenschaften sind vielfältig. So weisen sozialepidemiologische Erkenntnisse seit den 1990er-Jahren immer eindringlicher auf die Bedeutung sozialer Lebenslagen und sozialer Ungleichheit für die Gesundheit hin (z. B. Mielck 2000). Die Hinwendung zu einem ressourcenorientierten Verständnis der Sozialen Arbeit deckt sich mit der neuen salutogenetischen Orientierung in den Gesundheitswissenschaften (Ortmann/Schaub 2003, 82). Schließlich sind die Berührungspunkte zwischen dem von der WHO formulierten Konzept einer positiven und umfassenden „Gesundheitsförderung" und den Grundprinzipien der Sozialen Arbeit bereits herausgearbeitet worden.

Franzkowiak und Wenzel bezeichnen die Soziale Arbeit als verdeckte und ahnungslose „Leihmutter" für eine Gesundheitsförderung, die sowohl am Individuum als auch an sozialen Gruppen, Gemeinden, Institutionen und der Gesellschaft ansetzen soll und eine sozialpolitische Strategie der Aktivierung, der Erschließung von sozialen Ressourcen und Partizipationschancen und der Entfaltung von individuellen Kompetenzen und Handlungsmöglichkeiten darstellt (Franzkowiak/Wenzel 2001, 720). Vor diesem Hintergrund verschwindet die Soziale Arbeit nicht im gesundheitswissenschaftlichen Diskurs, aber sie wird mangels eigener Mitwirkung unsichtbar. Versatzstücke sozialpädagogischer Handlungsansätze und Arbeitsweisen fließen in die Beschäftigung mit gesundheitsbezogenen Aufgaben ein, ohne die Vorherrschaft anderer Disziplinen in Frage zu stellen.

In der Auseinandersetzung mit der Gesundheit von Kindern und Jugendlichen hat dies zur Folge, dass Leitthemen, Prioritäten und Vorgehensweisen von anderen Disziplinen vorgegeben werden und die Soziale Arbeit sich bestenfalls anschließen kann. Dieser Prozess lässt sich anhand der Diskussion um „Gesundheitsziele" verdeutlichen. Im Rahmen des vom europäischen Regionalbüro der WHO errichteten Konzepts „Gesundheit 21" werden die nationalen Regierungen Europas dazu angeregt, nationale Gesundheitsziele zu formulieren und diese als Steuerungs- und Koordinierungsinstrumente für die Gesundheitspolitik und die Verbesserung der Gesundheitssituation der Bevölkerung zu nutzen. In Deutschland wurde zu diesem Zweck von der „Gesellschaft für Versicherungswissenschaft und -gestaltung" (GVG) in Köln eine Diskussions-Plattform eingerichtet, die neben dem Bundesministerium für Gesundheit von den Verbänden der

Kranken- und Rentenversicherungen, den Ärztevertretungen, den Bundesverbänden der Pharmazeutischen Industrie und der Medizintechnologie finanziert wird. Seit 2003 werden auf dieser Grundlage Zielkataloge und Maßnahmenvorschläge formuliert, die einen Konsens über Prioritäten im Gesundheitssektor herstellen sollen (www.gesundheitsziele.de). Ziel ist eine sektorenübergreifende Zusammenarbeit in Gesundheitsfragen unter Führung des Gesundheitssektors.

Ein Problem für den Gesundheitssektor besteht bis heute darin, dass er vor allem schwierige Zielgruppen nur wenig für gesundheitliche Belange sensibilisieren kann. Um also „Gesundheit an den Mann und die Frau zu bringen", könnte die Mitwirkung der Sozialen Arbeit wieder gefragt sein (Homfeldt/Ots 1997, 72). In diesem Sinne wird der Beschluss der Jugendministerkonferenz vom 12./13.05.2005, Mitverantwortung für das Thema „Kinder und Gesundheit – Gesundheitsförderung als gesamtgesellschaftliche Aufgabe" zu übernehmen, von Vertretern des Gesundheitssektors begrüßt (BMG 2008, 33). Gesundheitsprävention und Gesundheitsförderung im Kindes- und Jugendalter sind damit von Zugängen und Perspektiven der Gesundheitswissenschaften geprägt. Die Soziale Arbeit kann darin ihren Platz suchen und innerhalb des vordefinierten Rahmens ihre Mitwirkung anbieten.

2 Zur Bedeutung von Körper und Gesundheit für Kinder und Jugendliche

Ein wesentlicher Ausgangspunkt für die Beschäftigung mit gesundheitlichen Fragestellungen ist der Körper. Trotz der zentralen Rolle, die der Körper in den Entwicklungs- und Bildungsprozessen von Kindern und Jugendlichen einnimmt, spielt er in der Sozialen Arbeit bis heute eine untergeordnete Rolle (Sting 2007, 102). Vor diesem Hintergrund sollen zunächst körperliche Aspekte der Kinder- und Jugendgesundheit näher betrachtet werden.

Im Säuglingsalter bilden die körperliche Pflege und Versorgung die Voraussetzung jeglicher Arbeit mit Kindern; erst die Befriedigung elementarer körperlicher Bedürfnisse öffnet den Horizont für weiterführende Bildungs- und Selbstbildungsaktivitäten (Schäfer 2003). Bei Kleinkindern sind der Körper und die motorischen Körpererfahrungen Maßstab und Bezugspunkt für das Selbstkonzept und die Welterkundung, was dazu führt, dass ein Mangel an Bewegungsmöglichkeiten die Entwicklung zahlreicher kognitiver, emotionaler, sozialer und sprachlicher Fähigkeiten behindert (Sting et al. 2006, 4ff).

Eine besondere Bedeutung kommt dem Körper im Jugendalter zu. Die massiven körperlichen Veränderungen im Verlauf der Pubertät scheinen die psychosoziale Entwicklung und Integration von Jugendlichen wesentlich zu beeinflussen (Hübner-Funk 2003, 6). Die Verarbeitung der pubertären Wachstums- und Entwicklungsprozesse stellt eine wichtige Weichenstellung für die gesundheitliche Situation der Heranwachsenden dar, die Fend in der Formel „einen neuen Körper bewohnen lernen" zusammenfasst (Fend 2003, 222 ff). Der Körper erhält eine neue Aufmerksamkeit. Er wird durch Kleidung, Sport, Ernährung bzw. Diäten, Stilisierung und Schmuck (z. B. Tattoos, Piercings) zum Produkt einer aktiven Gestaltungsarbeit und dient auf diese Weise als Medium der Identitätsbildung. Der hohe Stellenwert, den körperbezogene Selbststilisierungen und expressive Selbstinszenierungen in Jugendkulturen haben, zeugt davon, dass der Körper gegenwärtig eine große Bedeutung als Medium der Selbstvergewisserung und Identitätsbildung hat (Rittner 1999; Höhn/Vogelgesang 1999). Die traditionellen, sozial eingebetteten Formen der Körpergestaltung weichen dabei pluralen Formen des individuellen Selbstausdrucks. Misoch zeigt dies am Beispiel der Körperschmückung:

> „In (post-)modernen Gegenwartsgesellschaften findet man vornehmlich Formen der individualisierten (freiwilligen) Körperschmückung, d.h. die vom Individuum aus eigenem Antrieb und eigenem Gestaltungsinteresse initiiert werden. (...) Eine gegenwärtig relevante Form der Körperschmückung ist das Tattoo. Erfüllten Tätowierungen vormals die Funktion, gruppenbezogene Identitäten zum Ausdruck zu bringen (Seeleute, Gefängnisinsassen etc.), so sind sie heute hochgradig individualisiert und Teil der postmodernen Schmückungskultur" (Misoch 2007, 143).

Der Körper wird für die Identitätsarbeit freigesetzt und durch seine Verbindung mit dem Gefühl, der Steigerung von Empfindungen und dem Spüren von körperlichen Grenzen und physischem Schmerz zum „Wahrheitskriterium für die eigene Identität" (Kardorff/Ohlbrecht 2007, 165). Vor diesem Hintergrund finden gesundheitlich riskante Verhaltensweisen als jugendliche Selbstpraktiken zunehmende Verbreitung. Gesundheitliche Risikoverhaltensweisen wie Rauschtrinken oder Drogenkonsum gelten schon länger als jugendtypische Erscheinung. Kasten beschreibt am Beispiel des „body modification", wie mittels Bodybuilding, Tattoos, Piercing, Diäten oder Fitness immer wieder „letzte Grenzen" des Körpers überschritten werden, was den Körper zu einer formbaren Gestaltungsmasse und „Leinwand" der Selbstinszenierung macht (Kasten 2006, 14 f, 340 f). Und Misoch verweist anhand von Selbstoffenbarungen von selbstverletzendem Verhalten im Internet darauf, dass Selbstverletzung zum einen eine identitätsrelevante Grenzverletzung darstellt und dass zum anderen die Inszenierung des eigenen, schmerzhaften und blutenden Körpers im Netz den Körper zum Medium der eigenen Expressionen erhebt; er wird gewissermaßen „super-evident" (Misoch 2007, 150 f).

Die neuen Körperpraktiken markieren für Rittner Veränderungen in der „somatischen Kultur" (Rittner 1999, 96 f). Der Körper wird nur scheinbar zur puren Manifestation des Selbst, denn es geht auch um die Herstellung des „richtigen Körpers", der einerseits Individualität und Lebensstil demonstriert und der andererseits gesellschaftliche Idealbilder von Glück, Schönheit, Erfolg, Jugendlichkeit, Attraktivität und Gesundheit verkörpert. Wie der Körper erscheint auch Gesundheit zunehmend als Resultat einer dynamischen, aktiven „Herstellung" durch die Subjekte (Laaser / Hurrelmann 1998, 402). Labisch hat schon vor einiger Zeit die Herstellbarkeit von Körper und Gesundheit als eine neue Etappe im historischen Prozess der Körperdisziplinierung und -formierung bezeichnet (Labisch 1992, 321 f). Die Zwänge der gegenwärtigen Arbeitswelt stellen hohe Anforderungen an Mobilität, Kommunikationsfähigkeit und allzeitige Arbeitsbereitschaft. Der „flexible Mensch" wird für den Erhalt und die Reproduktion seiner körperlichen Leistungsfähigkeit selbst verantwortlich erklärt. Er benötigt dazu einen „flexiblen Körper", dessen Ausdruck die Körpertransformationen des body modification sind und der Gesundheit und Fitness zur unabdingbaren Voraussetzung hat.

Fend hat am Beispiel des pubertären Entwicklungsschubs beschrieben, wie biologische Anforderungen des Körpers und gesellschaftliche Körperideale aufeinander prallen. Der gesellschaftliche Kontext gibt bis ins kleinste Detail vor, „was als ‚schön' und was als ‚weniger schön' zu gelten hat" (Fend 2003, 222). Dabei steht insbesondere bei Mädchen das „kulturelle Attraktivitätsideal der Schlankheit (…) quer zur natürlichen biologischen Entwicklung, nach der es in der Pubertät zu einer Anreicherung von Fettzellen kommt. Mädchen nehmen in der Pubertät durchschnittlich 11 kg an Körperfetten zu. Sie müssen sich also extrem ‚gegen ihren Körper' verhalten, wenn sie den Idealstandards an Schlankheit entsprechen wollen" (Fend 2003, 235).

Im Spannungsverhältnis von biologischer Entwicklung, gesellschaftlich kursierenden Körperbildern und Selbstverfügung über den Körper verliert der Umgang mit dem Körper an Selbstverständlichkeit. Während z. B. nach dem jüngsten Kinder- und Jugendgesundheitssurvey 76,8 % aller 14–17-jährigen Mädchen in Deutschland aus medizinischer Sicht normalgewichtig sind (Kurth / Schaffrath Rosario 2007, 738), hält sich der überwiegende Teil der Mädchen für „zu dick". Die Sorge um das Körpergewicht, die mit Anstrengungen zum Abnehmen (Diäten) verbunden ist, wird inzwischen als pubertätstypische „Gewichtsneurose" oder „Obsession" bezeichnet (Fend 2003, 235). Sie ist allerdings nichts weiter als Ausdruck der Zwänge der gesellschaftlichen Körperformierung. Die neue Reflexivität und Gestaltbarkeit des Körpers bringt Schattenseiten hervor, die ebenso Kennzeichen der neuen Körperkultur sind. Die gestiegene Körperaufmerksamkeit rückt die allseitige Bedrohung und Verletzlichkeit des Körpers ins Blickfeld. Der Köper scheint Widerstände und Grenzen gegen die beliebige Selbstverfügung über den Körper hervorzubringen, die sich in einer Vielzahl von Symptomen und neu entdeckten Gesundheitsproblemen äußern.

3 Gesundheitliche Lage und Gesundheitsprobleme bei Kindern und Jugendlichen

Im Rahmen des vom Robert-Koch-Institut in Berlin durchgeführten Kinder- und Jugendgesundheitssurveys (KiGGS-Studie) wurden erstmalig deutschlandweit Daten zur Kinder- und Jugendgesundheit erhoben. Aus 167 Orten in ganz Deutschland nahmen insgesamt 17.641 Mädchen und Jungen im Alter von 0–17 Jahren sowie deren Eltern an der Studie teil. Die Datenerhebung erfolgte mittels Fragebögen, computer-assistierten ärztlichen Interviews und medizinischen Untersuchungen. Der Kernsurvey wurde durch vertiefende Untersuchungen an Unterstichproben zu den Themen psychische Gesundheit (BELLA-Studie), motorisch-körperliche Entwicklung (MoMo), gesundheitsbezogene Umweltbelastungen (KUS) und Ernährung (EsKiMo) erweitert (Lampert et al. 2008, 17f). Damit liegt eine repräsentative Datengrundlage zu vielfältigen Themen der Kinder- und Jugendgesundheit vor, die einen relativ umfassenden Überblick über die gesundheitliche Lage und die Gesundheitsprobleme von Kindern und Jugendlichen in Deutschland gibt.

Während Kindheit und vor allem Jugend bisher als relativ gesunde Lebensphasen galten, zeichnen die ersten Ergebnisse der KiGGS-Studie ein Bild zahlreicher Belastungen und Auffälligkeiten. So waren z. B. 88,5 % aller befragten Kinder und Jugendlichen in den letzten 12 Monaten von einer Erkältungskrankheit betroffen und 46,8 % von einem Magen-Darm-Infekt. Von den 14–17-Jährigen leiden 18,4 % unter Heuschnupfen, 12,9 % unter Neurodermitis, 7 % unter Asthma und 11,2 % unter obstruktiver Bronchitis (Kamtsiuris et al. 2007). 15,9 % aller 1–17-Jährigen haben in den letzten 12 Monaten mindestens eine Verletzung erlitten, davon 0,8 % durch Gewalt (Kahl et al. 2007, 720). Darüber hinaus gibt es Anzeichen für einen Anstieg des Anteils übergewichtiger und adipöser Kinder und Jugendlicher in Deutschland, der im Kontext einer weltweiten „Übergewichtsepidemie" verortet wird. Nach der KiGGS-Studie sind 15 % aller 3–17-Jährigen übergewichtig, 6,3 % adipös. Die Autoren weisen darauf hin, dass sich der Anteil Übergewichtiger seit den 1980er und 1990er Jahren um 50 % erhöht hat (Kurth et al. 2007, 736f). Schließlich bringt die BELLA-Studie zum Vorschein, dass bei 21,9 % der 7–17-Jährigen Hinweise auf eine psychische Auffälligkeit vorliegen. 12,2 % sind möglicherweise und 9,7 % wahrscheinlich psychisch auffällig (Ravens-Siebener et al. 2007, 874).

Im Hinblick auf die Bedeutung der Sozialen Arbeit für die Kinder- und Jugendgesundheit sind zwei Aspekte von besonderem Belang: Der Zusammenhang von sozialer Ungleichheit und Gesundheit und das gesundheitliche Risikoverhalten im Jugendalter. Während aus einigen Ländern schon seit Anfang der 1980er Jahre klare Hinweise zur sozial bedingten *gesundheitlichen Ungleichheit* vorliegen, gibt es für Kinder und Jugendliche in Deutschland dazu erst seit den 1990er-Jahren zunehmende Erkenntnisse (Mackenbach 2006; Sting 2008a, 423). Nach Lampert/Richter (2006) ist z. B. die Säuglingssterblichkeit von einem sozialen Gefälle geprägt. Schuleingangsuntersuchungen in Brandenburg belegen im Jahr 2005, dass 55 % der Kinder aus Familien mit niedrigem Sozialstatus mindestens eine relevante Entwicklungsstörung aufweisen. Bei Kindern aus Familien mit mittlerem und höherem Status sind dies 43,5 % bzw. 39,0 %. Verbrühungen und Verletzungen im Straßenverkehr sind in der niedrigen Statusgruppe doppelt so häufig wie in der hohen, und auch bei Daten zur psychischen Gesundheit und bei gesundheitsrelevanten Verhaltensweisen wie Bewegung, Ernährung und Rauchen lässt sich ein signifikanter sozialer Gradient erkennen (Lampert/Richter 2006, 203 ff).

Die KiGGS-Studie bestätigt in einigen Aspekten den Zusammenhang von sozialer Ungleichheit und Gesundheit. So scheinen Heranwachsende mit niedrigem sozioökonomischen Status deutlich häufiger von psychischen Auffälligkeiten betroffen zu sein als Heranwachsende mit hohem sozioökonomischen Status. Während es bei 31,3 % der ersten Gruppe Hinweise auf Auffälligkeiten gibt, sind es bei der zweiten Gruppe nur 16,5 % (Ravens-Siebener et al. 2007, 875). Auch der allgemeine subjektive Gesundheitszustand variiert in Abhängigkeit vom Sozialstatus. 9,3 % der Eltern mit niedrigem Sozialstatus schätzen den Gesundheitszustand ihrer Kinder nur als mittelmäßig bis sehr schlecht ein; in der mittleren Statusgruppe sind dies 6,4 % und in der hohen 4,4 % der Eltern (Lange et al. 2007, 583). In ähnlicher Weise ist Adipositas in allen untersuchten Altersgruppen nach Sozialstatus verteilt: 14 % der 14–17-Jährigen aus der niedrigen Statusgruppe gelten als adipös. In der mittleren Statusgruppe sind es 7,5 % und in der hohen nur noch 5,2 % (Kurth et al. 2007, 746).

Die Daten zur gesundheitlichen Ungleichheit belegen die Indikatorfunktion von Gesundheit für soziale Probleme und Belastungen. Dies gilt nicht nur für besonders benachteiligte und armutsgefährdete Bevölkerungsgruppen.

„Vielmehr durchzieht die Ungleichverteilung von Gesundheit und Krankheit die gesamte Sozialstruktur einer Gesellschaft. So existiert ein deutlicher sozialer Gradient in der Sterblichkeit, d.h. mit einer stufenweisen Abnahme des Einkommens erhöht sich das Risiko frühzeitiger Sterblichkeit kontinuierlich" (Richter/Hurrelmann 2006, 14).

Zwischen sozialer und gesundheitlicher Ungleichheit besteht also eine kontinuierliche, lineare Verknüpfung.

Der Zusammenhang von sozialer und gesundheitlicher Ungleichheit macht deutlich, dass die Bearbeitung gesundheitlicher Fragestellungen eine komplexe gesellschaftliche Aufgabe darstellt, bei der auch Zugänge der Sozialen Arbeit relevant sind. Sozialepidemiologische Makroanalysen belegen z. B. einen Zusammenhang zwischen der Einkommensverteilung und dem Gesundheitsstatus. Dies führt dazu, dass nicht unbedingt die reichsten, sondern die sozial ausgewogensten Länder die beste Gesundheit aufweisen. Als Kennzeichen sozial ausgewogener Gesellschaften identifiziert Wilkinson eine stärkeren sozialen Zusammenhalt, ein ausgeprägteres Gemeinschaftsleben und ein höheres Maß an „Sozialkapital", was das Wohlbefinden und Kohärenzgefühl der Bevölkerung positiv beeinflusst (Wilkinson 2001, 129ff, 269ff). Diese Erkenntnis legt einerseits sozialpolitische Maßnahmen zur Verringerung der ungleichen Einkommensverteilung nahe. Andererseits erscheinen Maßnahmen zur Stärkung des sozialen Zusammenhalts in sozial benachteiligten Wohnregionen und Nachbarschaften sinnvoll, da vor allem die mangelnde soziale Kohäsion in derartigen Milieus zur „erhöhten Vulnerabilität sozial benachteiligter Bevölkerungsgruppen" beizutragen scheint (Siegrist et al. 2006).

Eine Reihe von gesundheitlichen Belastungen sind vom jeweiligen Lebensstil abhängig, der eine gesundheitsbezogene Komponente enthält (Hradil 2006, 49). So hängt Übergewicht bei Kindern und Jugendlichen unmittelbar mit dem Ernährungs- und Bewegungsverhalten zusammen. Lebensstile sind wiederum von strukturellen Voraussetzungen und sozialen Positionierungen abhängig. Die „kulturellen Gesundheitsressourcen" wie Gesundheitswissen, gesundheitsrelevante Werthaltungen und Einstellungen und gesundheitsbezogenes Verhalten enthalten einen Bezug zum sozialen Status (Abel et al. 2006). In sozial benachteiligten Milieus können sich Probleme des Erwerbs von sozialer Anerkennung und Prestige zum „Statusstress" verdichten, der als Ergebnis nicht eingelöster Statuserwartungen Gesundheitsrisiken und gesundheitsgefährdende Verhaltensweisen nach sich zieht. Von Kardorff und Ohlbrecht betrachten Essstörungen bei Jugendlichen vor diesem Hintergrund als ein „soziosomatisches Phänomen". Adipositas (krankhaftes Übergewicht) wird als ein „Reaktanzphänomen auf wahrgenommene Überforderung, etwa als ein Aus-dem-Feld-Gehen und/oder als Reaktion auf Misserfolge im Bildungssystem und in der beruflichen Eingliederung sowie als Reaktion auf veränderte Familienwelten" beschrieben. Die Diskrepanz zwischen den gesellschaftlich kursierenden Körperbildern und Lebensstilvorgaben und der eigenen Erfahrung des Scheiterns führt zu nicht nur psychologisch, sondern soziologisch rekonstruierbaren Reaktionen des Widerstands oder der Verweigerung. Essstörungen sind deshalb kein bloßer Ausdruck individuellen Fehlverhaltens, sondern eine gesellschaftlich produzierte „körperliche Unordnung" (Kardorff / Ohlbrecht 2007, 159 ff). Soziale Arbeit, die auf eine generelle Verbesserung der Lebensbewältigung, auf die Erweiterung von Teilhabechancen und auf die Bereitstellung von Gelegenheiten zum Erwerb von sozialer Anerkennung zielt, kann in diesem Kontext durchaus Ansätze zur Verbesserung der gesundheitlichen Situation liefern.

Der zweite Aspekt, das *gesundheitliche Risikoverhalten*, betrifft verschiedene Gesundheitsprobleme, die sich im Jugendalter verdichten. Raithel zählt dazu folgende Verhaltensweisen: „hochkalorische Ernährung, restriktives bzw. exzessives Ernährungsverhalten, Bewegungsmangel, Risikosport, ungeschützte Sonnenexposition, Substanzkonsum / -missbrauch, ungeschütztes Sexualverhalten, riskantes Verkehrsverhalten, explizit risiko-konnotative Aktivitäten, lautes Musikhören" (Raithel 2004, 37).

Für die Relevanz gesundheitlichen Risikoverhaltens gibt es inzwischen zahlreiche Belege. Peikert et al. verweisen z. B. darauf, dass ein überwiegender Teil der Jugendlichen und jungen Erwachsenen Musik in einer Lautstärke hört, die im hörschädigenden Bereich liegt. Ca. 10 % aller Jugendlichen zwischen 12 und 18 Jahren sind dadurch gefährdet, „innerhalb der nächsten 10 Jahre einen lärmbedingten Hörverlust von 10 dB oder mehr bei 3 KHz zu erleiden" (Peikert et al. 2008, 76 ff).

Die KiGGS-Studie bestätigt, dass in der Altergruppe der 15–17-jährigen Jungen die meisten Verletzungen infolge von Unfällen oder Gewalt zu verzeichnen sind (Kahl et al. 2007, 720). Im Straßenverkehr gelten die jungen Erwachsenen im Alter von 18–25 Jahren als Hauptrisikogruppe. Obwohl ihr Anteil an der Gesamtbevölkerung in Deutschland nur 8,2 % beträgt, stellen sie 20 % der Verunglückten und Getöteten im Straßenverkehr. Mehr als zwei Drittel der Getöteten starben durch eigenes Verschulden (Statistisches Bundesamt 2005, 24 ff).

Ebenso lässt sich eine zumindest partielle Zunahme des Substanzkonsums im Jugend- und jungen Erwachsenenalter nachweisen. Heranwachsende im jungen Erwachsenenalter stellen mit 44 % regelmäßigen oder Gelegenheitskonsumenten die Altergruppe mit der höchsten Raucherquote dar (BZgA 2004a, 9–18). Während in der Gesamtgesellschaft der Alkoholkonsum in den letzten Jahrzehnten kontinuierlich zurückgegangen ist, lässt sich unter Jugendlichen seit 2001 eine gegenläufige Tendenz beobachten, die vor allem durch die Verlagerung der Trinkmuster hin zum Rauschtrinken bzw. „binge drinking" geprägt ist (Sting 2008b, 5 f). Schließlich sind die 1990er Jahre von einer zunehmenden Bereitschaft Heranwachsender zu Drogenexperimenten gekennzeichnet, die vor allem aus der Etablierung von Cannabis als Alltagsdroge resultiert. Bei den 20–24-Jährigen beträgt die Lebenszeitprävalenz für den Konsum von Cannabis 44 %; als Indiz für den aktuellen Konsum ermittelt die KiGGS-Studie eine 12-Monats-Prävalenz von 24,7 % unter den 17-jährigen Jungen und von 14,6 % unter den 17-jährigen Mädchen (BZgA 2004b, 7 ff; Lamprecht / Thamm 2007, 605 f).

Jugendliches Risikoverhalten gilt in den Gesundheitswissenschaften als ambivalent. Während es unter gesundheitlichen Gesichtspunkten als problematisch betrachtet wird, erfüllt es unter der Perspektive jugendlicher Entwicklung produktive Funktionen. Es enthält einen engen Bezug zur Identitätsbildung, indem es Selbsterprobungen und Grenzerfahrungen ermöglicht und Wege zur Selbstdarstellung, zum Erwerb von sozialer Anerkennung und zur Markierung von Zugehörigkeiten eröffnet. Da die gesundheitlichen Folgeprobleme in vielen Fällen erst auf lange Sicht bemerkbar werden, überwiegt in der Gegenwart das produktive Moment. Das „Risiko" wird damit nicht bewusst eingegangen, sondern es stellt sich als indirekte, meist nur mehr oder weniger wahrscheinliche Folge eines aktuell positiv bewerteten Verhaltens dar (Raithel 2004, 39).

Am Beispiel des Substanzkonsums lässt sich verdeutlichen, dass Risikopraktiken für Heranwachsende gegenwärtig an Bedeutung gewinnen. Mit dem Substanzkonsum streben Jugendliche nicht nach „Sucht" (was in der Gesundheitsprävention schnell assoziiert wird), sondern nach „Rausch". Der „Rausch" stiftet aus dem Alltag herausgehobene Erfahrungen, die gruppenbildende und gemeinschaftsstiftende Funktionen haben. Rauscherfahrungen finden dementsprechend unter Heranwachsenden überwiegend in Gruppenkontexten statt, die mit besonderen Erwartungshaltungen wie Entspannung, Feiern, Spaß und Geselligkeit verknüpft sind.

Aufgrund seiner Eigenschaft, temporäre Bewusstseinsveränderungen hervorzurufen, ist der Rausch für die Gestaltung von sozialen Übergängen und Statuspassagen prädestiniert. Während in unserer Gesellschaft allgemein verbindliche und gesellschaftlich vorgegebene Übergangsrituale weitgehend an Bedeutung verloren haben, müssen Heranwachsende ihre Entwicklungsaufgaben im Rahmen einer selbsttätigen „Initiations- und Übergangsarbeit" bewältigen (Schäfers 1998, 97 ff). Die Übergangsarbeit erfolgt angesichts einer Vielfalt von Lebensoptionen zunehmend im „Selbstexperiment". Der Rausch stellt dafür ein Vehikel dar. Er verhilft zu alltagstranszendierenden „Grenzüberschreitungen" von begrenzter Dauer (Köpping 1997, 553), die meist in gemeinschaftliche Regeln und Handlungspraktiken eingebettet sind (Sting 2004, 107 ff). Rauschrituale können als ein Element der Selbstinitiationsbemühungen Jugendlicher in eine plurale, dynamische Gesellschaft betrachtet werden. Jugendliche sollen wie Erwachsene und trotzdem etwas Eigenständiges, Individuelles werden. Im Alkohol- oder Cannabisrausch z. B. können Jugendliche Erwachsensein und Anderssein gleichzeitig erfahren und ausleben. Zugleich tragen Rauschrituale zur jugendlichen Gemeinschaftsbildung und zur Selbstinitiation in Gleichaltrigengruppen bei. Sie stiften Zusammengehörigkeit und schaffen soziale Distinktionen (Bartsch 2007, 219). Sie bringen kollektive Ereignisse hervor, die eine identifikatorische Basis für gemeinsame Erfahrungen und Erzählungen bilden.

Die Auseinandersetzung mit jugendlichem Risikoverhalten stellt ein hochrelevantes Themenfeld für die Soziale Arbeit dar, das jedoch aufgrund der Ignoranz gegenüber gesundheitlichen Themen bisher noch wenig Beachtung findet. In der Jugendhilfe finden sich einzelne Ansätze zur pädagogischen Risikobegleitung (Franzkowiak/Sabo 1999), zur Erziehung zur Drogenmündigkeit (Quensel 2004) oder zu einer „Drogenerziehung" (Wieland 2001). Ansonsten wird das Feld weitgehend gesundheitswissenschaftlichen Prävention- und Interventionsbemühungen überlassen.

Aus der Sicht der Gesundheitswissenschaften wird einerseits schon seit längerer Zeit der „episodische Charakter" des Risikoverhaltens betont (Kastner/Silbereisen 1988). Risikoverhalten gilt als Bestandteil einer eher unproblematischen, „normativen Adoleszenzentwicklung"; es deutet nur in wenigen Fällen auf „maladaptive Entwicklungsverläufe" hin, wie es z. B. bei problematischen Formen des Substanzkonsums oder des selbstverletzenden Verhaltens der Fall sein kann (Petermann/Roth 2006, 116; Misoch 2007, 147 ff). In dieser Perspektive liegt die Bearbeitung gesundheitsbezogener Probleme weniger in spezifischen Präventionsprogrammen als in der breit angelegten Förderung einer „positiven Jugendentwicklung" und „aktiven Partizipation in der Gesellschaft" (Weichold/Silbereisen 2007).

Andererseits wird die Gefahr der Habitualisierung und der Verstetigung von gesundheitsgefährdendem Verhalten betont. Das Kindes- und Jugendalter wird als Lebensphase betrachtet, in der „Weichenstellungen" für das gesamte weitere Leben vorgenommen werden (Raithel 2004, 9 f). Früh auftretende Gesundheitsprobleme

> „können in ein langfristiges Krankheitsgeschehen münden, bis hin zur Manifestation chronisch-degenerativer Erkrankungen und Beschwerden im höheren Lebensalter (...). Wie mit gesundheitlichen Problemen umgegangen wird, ob Symptome erkannt, Hilfe gesucht und Krankheitsfolgen bewältigt werden, hängt entscheidend von Persönlichkeitsmerkmalen und Handlungskompetenzen ab, die ebenfalls bereits in jungen Jahren ausgebildet werden" (Lampert et al. 2008, 15).

Diese zweite Perspektive hebt die enorme Bedeutung von Gesundheitsprävention und Gesundheitsförderung im Kindes- und Jugendalter hervor.

4 Der Gesundheitsdiskurs als neue Normativität

Die beschriebenen Aspekte gesundheitlicher Ungleichheit bringen zum Vorschein, dass zahlreiche Gesundheitsprobleme im Kontext gesellschaftlicher Entwicklungen zu verorten sind. Armut und Benachteiligung, Statusstress und soziale Ausgrenzung finden im Feld der Gesundheit ihre oft unmittelbaren physischen und psychischen Artikulationsformen. Ebenso weist gesundheitliches Risikoverhalten einen oft unmittelbaren Bezug zu Entwicklungsaufgaben und -problemen im Kindes- und Jugendalter auf, wobei die Zuspitzung der Orientierungs- und Anerkennungsproblematik bei gleichzeitigem Druck zur biographischen Selbstorientierung und Selbstgestaltung die Ungewissheit und Labilität von Entwicklungs- und Selbstbildungsprozessen verschärft hat.

Derartige Zusammenhänge lassen sich in den neueren Gesundheitsstudien gut erkennen. Sie legen daher ein breites Vorgehen nahe, bei dem die Soziale Arbeit in ihren eigenen Feldern durch pädagogische, sozialintegrative und strukturbildende Zugänge gesundheitsfördernde Akzente setzen kann. In diesem Sinne bemerkte der Gesundheitswissenschaftler Rosenbrock schon vor einigen Jahren, dass „die gesundheitlich vor allem in Problemgruppen wirksamsten Maßnahmen immer noch von Sozialarbeit und Sozialpädagogik geleistet werden, oft, wenn nicht meist ohne expliziten Gesundheitsbezug" (Rosenbrock 1998, 207).

Während die Soziale Arbeit also durch eine gesundheitsbezogene Sensibilität ihre bisherigen Ansätze weiterentwickeln und auf eigenständige Weise zur Gesundheitsförderung von Kindern und Jugendlichen beitragen könnte, zeichnen die Gesundheitsstudien und -berichte entsprechend ihrer eigenen Logik ein Szenario von „Epidemien" (z. B. Übergewichtsepidemie) und gesundheitlichen Symptomatiken (im Kindes- und Jugendalter handelt es sich zumeist um Auffälligkeiten, Normabweichungen und wahrscheinliche Entwicklungen), bei dem die Gefahr besteht, dass ein medizinisch orientiertes Interventionsmodell der normengeleiteten und individualisierenden Problembearbeitung Vorrang gewinnt.

Die bisher größte Untersuchung zur Kinder- und Jugendgesundheit in Deutschland, die KiGGS-Studie, wird vor diesem Hintergrund als Auftakt zur Etablierung eines „gesundheitspolitischen Regelkreises" verstanden:

> „Durch die Studie wird eine umfassende Daten- und Informationsbasis für die epidemiologische Forschung und Gesundheitsberichterstattung von Kindern und Jugendlichen geschaffen, die eine notwendige Voraussetzung für die Entwicklung von Gesundheitszielen und die Ableitung von Ansatzpunkten für Prävention, Gesundheitsförderung und Intervention sind" (Lampert et al. 2008, 34).

Damit der Kreis sich schließt, müssen die durchgeführten Maßnahmen durch eine neue Gesundheitsuntersuchung evaluiert werden, was zur Revision der Gesundheitsziele und davon abzuleitenden Maßnahmen führt. Zu dem Zweck wird „eine Dauerbeobachtung der gesundheitlichen Situation in Deutschland" gefordert, die in Bezug auf Kinder und Jugendliche durch die Einrichtung eines regelmäßigen „Gesundheitsmonitorings" in Anlehnung an die KiGGS-Studie gewährleistet werden soll (Lampert et al. 2008, 35). Der „gesundheitspolitische Regelkreis" zielt auf ein normatives

Steuerungsprinzip, das medizinisch und gesundheitswissenschaftlich definierte Kategorien physischer, psychischer und verhaltensbezogener Normalität als Maßstab für die Messung von Auffälligkeiten, Abweichungen und Ungewöhnlichkeiten nimmt, die zur Definition von Handlungszielen und Aktivitäten führen, für deren Umsetzung möglichst viele gesellschaftliche Instanzen – unter anderem auch die Soziale Arbeit – in die Pflicht genommen werden.

Die in den Gesundheitsmonitorings aufscheinenden Gesundheitsprobleme im Kindes- und Jugendalter sind zum Teil hochrelevant, so dass eine gesellschaftlichsweite Auseinandersetzung damit durchaus angebracht ist. Zugleich berücksichtigen die Versuche der Bestimmung von Gesundheitszielen im Prinzip die Verschränkung von Gesundheitsproblemen mit gesellschaftlichen Entwicklungen und sozialen Aspekten. Eine Schwierigkeit besteht jedoch darin, dass sich mit zunehmender Konkretheit der Perspektive die strukturellen, kontextbezogenen Perspektiven zugunsten individualisierender, person- und verhaltensbezogener Zugänge verflüchtigen.

Das Rahmenkonzept „Gesundheit 21" für die europäische Region der WHO ist explizit den Wertorientierungen Chancengleichheit, Solidarität und Teilhabe verpflichtet (WHO 2005, 13 f). Neben der Patientenversorgung, der Prävention und der Förderung gesunder Lebensweisen geht es um das Aufgreifen von sozialen Gesundheitsdeterminanten, d. h. Armutsbekämpfung und Gesundheitsförderung werden eng miteinander verknüpft. Dementsprechend enthalten die 21 Gesundheitsziele auch Themen wie „gesundheitliche Chancengleichheit", „eine gesunde und sichere natürliche Umwelt" und „Settings zur Förderung von Gesundheit".

Eine Analyse der Umsetzung des Rahmenkonzepts in nationalen Gesundheitszielen ergab, dass sich vor allem die drei Ziele „Verbesserung der psychischen Gesundheit", „gesünder leben" und „Verringerung der durch Alkohol, Drogen und Tabak verursachten Schäden" in den nationalen Prioritätenlisten wieder finden (WHO 2005, 26). Unter den in Deutschland formulierten Gesundheitszielen ist für Kinder und Jugendliche neben den allen betreffenden Zielen „Depressive Erkrankungen: verhindern, früh erkennen, nachhaltig behandeln" und „Tabakkonsum reduzieren" vor allem das Gesundheitsziel „gesund aufwachsen" relevant. Dabei geht es um die Themen „Bewegung, Ernährung und Stress". Durch Maßnahmen in Familien, Kindergärten und Schulen soll eine auf diese Themen bezogene Gesundheitsförderung realisiert werden.

Die Liste der Teilziele und Maßnahmen offenbart eine deutliche Verengung der ursprünglichen sozialpolitischen Akzentuierung der Gesundheitsförderung. Im Zentrum steht z. B. beim Thema „Ernährung" die Förderung eines „gesunden Ernährungsverhaltens". Auf die „Verhältnisse" oder Strukturen bezogene Maßnahmen erschöpfen sich in Aktivitäten zur „Unterstützung gesunden Ernährungsverhaltens durch verhältnisbezogene Maßnahmen", zur Reduktion der „Zahl der Verführer" und zur Bereitstellung von „Angeboten für fehlernährte Kinder" (BMG 2008, 27 ff). Soziosomatische Bezüge zwischen Ernährungsverhalten und Ungleichheit oder Verweise auf den Entwicklungsbezug von Risikoverhalten finden keine ausdrückliche Erwähnung. Strukturelle Bezüge sind zwar in spezifischen Maßnahmen zur „Gesundheitsförderung bei sozial Benachteiligten" zu erkennen, wobei es mittels Vernetzung von Hilfsangeboten und stadtteil- bzw. gemeinwesenbezogenen Strategien nicht um andere Zielstellungen geht, sondern darum, „geeignete Zugangswege für schwer erreichbare Kinder, Mütter und Väter" zu erschließen (BMG 2008, 27 ff).

Wenn Soziale Arbeit ihre Mitwirkung an der Gesundheitsförderung von Kindern und Jugendlichen nicht darauf beschränken will, Türöffner zu „schwer erreichbaren Zielgruppen" zu sein und ansonsten einer normativen Präventions- und Interventionslogik zu folgen, dann muss sie ihre eigenen Potentiale zur Gesundheitsförderung reflektieren und sich eigenständige Zugänge zur Bearbeitung gesundheitlicher Fragen erschließen. Auch wenn sich soziale Probleme in Gesundheitsproblemen manifestieren und damit die auf soziale Probleme bezogene Unterstützung selbst schon zur Gesundheitsförderung beiträgt, so gewinnen gesundheitliche Probleme doch eine Eigendynamik, die spezifischer Aufmerksamkeit bedarf. Dies kann am Beispiel des Zusammenhangs von sozialer Benachteiligung und Adipositas erläutert werden: Zwar können Statusstress und Ausgrenzungserfahrungen Essstörungen bis hin zu Adipositas als soziosomatische Reaktionen hervorrufen, doch steht insbesondere im Kindes- und Jugendalter der dicke Körper einer Rückgewinnung von sozialer Anerkennung und Status im Weg. Der Körper blockiert als eigener Faktor Teilhabe und Inklusion. Daher ist die Beschäftigung mit Körper und Gesundheit ein integrales Aufgabenfeld der Sozialpädagogik des Kindes- und Jugendalters.

Als körper- und gesundheitsbezogene Bildung kann Gesundheitsförderung zu einem Element der Sozialen Arbeit mit Kindern und Jugendlichen werden. Schon in der frühen Kindheit kann der Fokus auf die „somatische Bildung" in struktureller Hinsicht das Wohlbefinden der Kinder als Leitkriterium in den Settings Familie und Kindertageseinrichtungen etablieren und in Hinsicht auf die Bildungsarbeit die Beförderung der somatischen Kultur mit den Aspekten Körper, Bewegung und Gesundheit zum Ziel nehmen (Sting et al. 2006). Der „einheimisch"-sozialpädagogische, aber nach wie vor weitgehend konturlose Begriff des „Kindeswohls" ließe sich in diesem Zusammenhang durch Bezugnahme auf die Definition von Gesundheit als „biopsychosozialem Wohlbefinden" konkretisieren.

Die stärkere Beachtung des Themas „Ernährung" kann zum Beispiel zu einer Intensivierung der Gesundheitsförderung in der Arbeit mit Kindern und Jugendlichen beitragen. Hierbei ginge es weniger um die Durchsetzung einer gesundheitswissenschaftlich legitimierten „Ernährungspyramide", die eine normativ vorgegebene Zusammensetzung an Nahrungsmitteln beschreibt, als um die Konstituierung und Reflexion von Essen als Element der sozialen Alltagspraxis. Die Konstituierung des Essens als geselliges, genussorientiertes Ritual liefert gerade in der Arbeit mit sozial benachteiligten Heranwachsenden Ansatzpunkte für eine konstruktive Auseinandersetzung mit Ernährungsfragen (Deneke 2002).

Im Jugendalter geht es um das Ernstnehmen von Rausch- und Risikoerfahrungen in ihrer Bedeutung als Übergangsrituale und Grenzwahrnehmungen. Nur eine unvoreingenommene, nicht-repressive Auseinandersetzung mit jugendlichen Rausch- und Risikopraktiken bietet Zugänge für eine pädagogische Risikobegleitung und Kultivierung der Praxisformen sowie für die Wahrnehmung spezifischer Problemkonstellationen. Dabei kann sich die Perspektive nicht nur auf die gesundheitlichen Risiken bestimmter Praxisformen richten, sondern entsprechend der übergreifenden entwicklungs- und bildungsbezogenen Relevanz müssten gesundheitliche Aspekte im Kontext sozialer Positionierungen und jugendlicher Gesellungsformen verortet werden. Gesundheitsförderung wäre dann mehr als die Vermeidung von Risikoverhalten. Vielmehr geht es um die Herstellung von Wohlbefinden und „Kohärenzgefühl" (Antonovsky 1997) – einer Stimmigkeit mit sich selbst und der umgebenden Welt, in die gesundheitsrelevante Praktiken, soziale Inklusion und Positionierung und biographische Entwicklungsverläufe einfließen (Homfeldt/Sting 2006, 117 ff).

Diese kurzen abschließenden Bemerkungen sollen verdeutlichen, dass Soziale Arbeit in ihrem Feld mit ihren eigenen Mitteln zur Gesundheitsprävention und Gesundheitsförderung bei Kindern und Jugendlichen beitragen kann. Die Bezugnahme auf epidemiologisch untermauerte Gesundheitsziele ist zur Präzisierung dieser Aufgabe sinnvoll. Doch sollte sie diese entsprechend ihrer Eigenlogik in eine sozial reflexive körper- und gesundheitsbezogene Bildungsarbeit transformieren, die die zentralen Anliegen der Sozialen Arbeit – die Orientierung an und Stärkung ihrer Adressaten als soziale Akteure (Homfeldt et al. 2008), die Förderung von Entwicklungs- und Bildungsprozessen und die milieubildende, sozial gestaltende Perspektive (Böhnisch et al. 2005, 281 ff) – nicht aus den Augen verliert.

Literatur

Abel, T., Abraham, A., Sommerhalder, K. (2006): Kulturelles Kapital, kollektive Lebensstile und die soziale Reproduktion gesundheitlicher Ungleichheit. In: Richter, M., Hurrelmann, K. (Hrsg.): Gesundheitliche Ungleichheit. Wiesbaden, 185–198

Altgeld, T., Richter, A., Schmidt, T.-A. (2003): Können Gesundheitsförderung und Prävention Grenzen zwischen Gesundheits- und Sozialbereich überwinden? Prävention 26, 2, 40–43.
Antonovsky, A., 1997: Salutogenese. Zur Entmystifizierung der Gesundheit. Tübingen
Bartsch, G. (2007): Drogenkonsum und soziale Ungleichheit. In: Dollinger, B., Schmidt-Semisch, H. (Hrsg.): Sozialwissenschaftliche Suchtforschung. Wiesbaden, 213–234.
Böhnisch, L., Schröer, W., Thiersch, H. (2005): Sozialpädagogisches Denken. Wege zu einer Neubestimmung. Weinheim/München
Bundesministerium für Gesundheit (BMG) (2008): gesundheitsziele.de. Maßnahmen des Bundesministeriums für Gesundheit zur Umsetzung der nationalen Gesundheitsziele. In: www.gesundheitziele.de, 26.09.2008
Bundeszentrale für gesundheitliche Aufklärung (BZgA) (2004a): Die Drogenaffinität Jugendlicher in der Bundesrepublik Deutschland 2004. Teilband Rauchen. Köln
– (2004b): Die Drogenaffinität Jugendlicher in der Bundesrepublik Deutschland 2004. Teilband illegale Drogen. Köln
Deneke, C., 2002: Selbst is(s)t der Mann! Gesunde Ernährung für Jugendliche. Bericht aus einem Bundesmodell. In: www.zukunft.niedersachsen.de/ernaehrung-nb/Deneke.Christiane.pdf, 01.03.2007
Fend, H. (2003): Entwicklungspsychologie des Jugendalters. Opladen
Franzkowiak, P., Wenzel, E. (2001): Gesundheitserziehung und Gesundheitsförderung. In: Otto, H. U., Thiersch, H. (Hrsg.): Handbuch Sozialarbeit/Sozialpädagogik. Neuwied/Kriftel, 716–722
–, Sabo, P. (1999): Von der Drogenprävention zur Entwicklungsförderung und Risikobegleitung. Prävention 3, 90–94
Höhn, M., Vogelgesang, W., 1999: Körper, Medien, Distinktion. Zum Körperkult und zur Körperkultivierung in Jugendszenen. In: Homfeldt, H. G. (Hrsg.): „Sozialer Brennpunkt" Körper. Baltmannsweiler, 136–154
Homfeldt, H. G., Schröer, W., Schweppe, C. (2008): Vom Adressaten zum Akteur. Eine Einführung. In: Homfeldt, H. G., Schröer, W., Schweppe, C. (Hrsg.): Vom Adressaten zum Akteur. Soziale Arbeit und Agency. Opladen
–, Sting, S., 2006: Soziale Arbeit und Gesundheit. Eine Einführung. München
Homfeldt, H. G., Hünersdorf, B. (Hrsg.): Soziale Arbeit und Gesundheit. Neuwied/Kriftel/Berlin, 69–90
Hradil, S. (2006): Was prägt das Krankheitsrisiko: Schicht, Lage, Lebensstil? In: Richter, M., Hurrelmann, K. (Hrsg.): Gesundheitliche Ungleichheit. Wiesbaden, 33–52
Hübner-Funk, S., (2003): Körperbezogene Selbstsozialisation. Varianten sozio-kultureller Überformung jugendlicher „Bodies". In: Diskurs 13, 3, 5–9
Jungbauer-Gans, M., Hackauf, H. (2008): Die Bedeutung von Gesundheitsprävention und Gesundheitsförderung für Kinder und Jugendliche. In: Hackauf, H., Jungbauer-Gans, M. (Hrsg.): Gesundheitsprävention bei Kindern und Jugendlichen. Wiesbaden, 9–14

Kahl, H., Dortschy, R., Ellsäßer, G. (2007): Verletzungen bei Kindern und Jugendlichen (1–17 Jahre) und Umsetzung von persönlichen Schutzmaßnahmen. In: Bundesgesundheitsblatt – Gesundheitsforschung – Gesundheitsschutz 5–6, 718–727

Kamtsiuris, P., Atzpodien, K., Ellen, K., Schlack, R., Schlaud, M. (2007): Prävalenz von somatischen Erkrankungen bei Kindern und Jugendlichen in Deutschland. In: Bundesgesundheitsblatt – Gesundheitsforschung – Gesundheitsschutz 5–6, 686–700

Kardorff, E. v., Ohlbrecht, H. (2007): Essstörungen im Jugendalter. Eine Reaktionsform auf gesellschaftlichen Wandel. Diskurs Kindheits- und Jugendforschung 2, 2, 155–168

Kasten, E. (2006): Body-Modification. Psychologische und medizinische Aspekte von Piercing, Tattoo, Selbstverletzung und anderen Körperveränderungen. München

Kastner, P., Silbereisen, R. K. (1988): Die Funktion von Drogen in der Entwicklung Jugendlicher. In: Bartsch, N., Knigge-Illner, H. (Hrsg.): Sucht und Erziehung. Band 2: Sucht und Jugendarbeit. Weinheim/Basel, 23–32

Köpping, K.-P. (1997): Ekstase. In: Wulf, C. (Hrsg.): Vom Menschen. Handbuch Historische Anthropologie. Weinheim/Basel, 548–568

Kurth, B.-M., Schaffrath Rosario, A. (2007): Die Verteilung von Übergewicht und Adipositas bei Kindern und Jugendlichen in Deutschland. Bundesgesundheitsblatt – Gesundheitsforschung – Gesundheitsschutz 5–6, 736–743

Laaser, U., Hurrelmann, K. (1998): Gesundheitsförderung und Krankheitsprävention. In: Hurrelmann, K., Laaser, U. (Hrsg.): Handbuch Gesundheitswissenschaften. Weinheim/München, 395–424

Labisch, A. (1992): Homo Hygienicus. Gesundheit und Medizin in der Neuzeit. Frankfurt/M./New York

Lampert, T., Mensink, G. B. M., Hölling, H., Kurth, B.-M. (2008): Der Kinder- und Jugendgesundheitssurvey des Robert-Koch-Instituts als Grundlage für Prävention und Gesundheitsförderung. In: Hackauf, H., Jungbauer-Gans, M. (Hrsg.): Gesundheitsprävention bei Kindern und Jugendlichen. Wiesbaden, 15–39

–, Thamm, M. (2007): Tabak-, Alkohol- und Drogenkonsum von Jugendlichen in Deutschland. Ergebnisse des Kinder- und Jugendgesundheitssurveys (KiGGS). Bundesgesundheitsblatt – Gesundheitsforschung – Gesundheitsschutz 5/6, 600–608

–, Richter, M. (2006): Gesundheitliche Ungleichheit bei Kindern und Jugendlichen. In: Richter, M., Hurrelmann, K. (Hrsg.): Gesundheitliche Ungleichheit. Wiesbaden, 199–220

Lange, M., Kamtsiuris, P., Lange, C., Schaffrath Rosario, A., Stolzenberg, H., Lampert, T. (2007): Messung soziodemographischer Merkmale im Kinder- und Jugendgesundheitssurvey (KiGGS) und ihre Bedeutung am Beispiel der Einschätzung des allgemeinen Gesundheitszustandes. Bundesgesundheitsblatt – Gesundheitsforschung – Gesundheitsschutz 5/6, 578–589

Mackenbach, J. P. (2006): Health Inequalities: Europe in Profile. Rotterdam (ERASMUS MC University Medical Center Rotterdam)

Mielck, A. (2000): Soziale Ungleichheit und Gesundheit. Bern / Göttingen / Toronto / Seattle
Misoch, S. (2007): Körperinszenierungen Jugendlicher im Netz. Ästhetische und schockierende Präsentationen. Diskurs Kindheits- und Jugendforschung 2, 2, 139–154
Ortmann, K., Schaub, H.-A. (2003): Zu den Beziehungen zwischen Sozialarbeit und Gesundheitswissenschaften. Zeitschrift für Gesundheitswissenschaften 1, 80–92
Peikert, B., Schaepe, C., Waltert, B., Weissgrab, C., Wüste, K., Zimmermann, M. (2008): Hörschäden durch Freizeitlärm (Soziakusis). Erfassung von Musikhörgewohnheiten Jugendlicher und junger Erwachsener. In: Hackauf, H., Jungbauer-Gans, M. (Hrsg.): Gesundheitsprävention bei Kindern und Jugendlichen. Wiesbaden, 73–90
Petermann, H., Roth, M. (2006): Suchtprävention im Jugendalter. Interventionstheoretische Grundlagen und entwicklungspsychologische Perspektiven. Weinheim / München
Quensel, S. (2004): Das Elend der Suchtprävention. Wiesbaden
Raithel, J. (2004): Jugendliches Risikoverhalten. Eine Einführung. Wiesbaden
Ravens-Siebener, U., Wille, N., Bettge, S., Erhart, M. (2007): Psychische Gesundheit von Kindern und Jugendlichen in Deutschland. In: Bundesgesundheitsblatt – Gesundheitforschung – Gesundheitsschutz 5–6, 871–878
Richter, M., Hurrelmann, K. (2006): Gesundheitliche Ungleichheit: Ausgangsfragen und Herausforderungen. In: Richter, M., Hurrelmann, K. (Hrsg.): Gesundheitliche Ungleichheit. Wiesbaden, 11–31
Rittner, V. (1999): Körper und Identität. Zum Wandel des individuellen Selbstbeschreibungsvokabulars in der Erlebnisgesellschaft. In: Homfeldt, H. G. (Hrsg.): „Sozialer Brennpunkt" Körper. Baltmannsweiler, 104–116
Robert-Koch-Institut (Hrsg.) (2008): Lebensphasenspezifische Gesundheit von Kindern und Jugendlichen in Deutschland. Berlin
Rosenbrock, R. (1998): Wa(h)re Gesundheit. In: Roeßiger, S., Merk, H. (Hrsg.): Hauptsache gesund! Gesundheitsaufklärung zwischen Disziplinierung und Emanzipation (Ausstellungskatalog). Marburg, 202–216
Schäfer, G. E. (2003): Bildung beginnt mit der Geburt. Weinheim / Basel / Berlin
Schäfers, B. (1998): Soziologie des Jugendalters. Opladen
Schröer, W., Sting, S. (2006): Vergessene Themen der Disziplin. Neue Perspektiven für die Sozialpädagogik? In: Schweppe, C., Sting, S. (Hrsg.): Sozialpädagogik im Übergang. Neue Herausforderungen für Disziplin, Profession und Ausbildung. Weinheim / München, 17–30
Siegrist, J., Dragano, N., Knesebeck, O. v. d. (2006): Soziales Kapital, soziale Ungleichheit und Gesundheit. In: Richter, M., Hurrelmann, K. (Hrsg.): Gesundheitliche Ungleichheit. Wiesbaden, 157–170
Statistisches Bundesamt (2005): Unfallgeschehen im Straßenverkehr 2005. Wiesbaden. In: www.destatis.de / jetspeed / portal / cms / Sites / destatis / Internet / DE / Presse / pk / 2006 / Unfallgeschehen / PressebroschuereUnfallgeschehen05,property=file.pdf, 26.09.2008

Sting, S. (2008a): Gesundheitliche Ungleichheit. Zum Zusammenhang von Armutsgefährdung, sozialer Benachteiligung und Gesundheit. In: Knapp, G., Pichler, H. (Hrsg.): Armut, Gesellschaft und Soziale Arbeit. Klagenfurt/Ljubljana/Wien, 419–439
– (2008b): Suchtprävention im Kindes- und Jugendalter. Expertise zum 13. Kinder- und Jugendbericht
– (2007): Der Körper als Bildungsthema. In: Homfeldt, H. G. (Hrsg.): Soziale Arbeit im Aufschwung zu neuen Möglichkeiten oder Rückkehr zu alten Aufgaben? Baltmannsweiler, 102–112
– (2004): Rauschrituale. Zum pädagogischen Umgang mit einem wenig beachteten Kulturphänomen. In: Wulf, C., Zirfas, J. (Hrsg.): Innovation und Ritual. Jugend, Geschlecht und Schule. Zeitschrift für Erziehungswissenschaft, Beiheft 2, 104–114
–, Kleber, S., Klingner, B., Pfeifer, K. (2006): Sächsischer Bildungsplan. Ein Leitfaden für pädagogische Fachkräfte in Kindertageseinrichtungen (hrsg. v. Sächsischen Staatsministerium für Soziales). Weimar/Berlin
Weichold, K., Silbereisen, R. K. (2007): Positive Jugendentwicklung und Prävention. In: Röhrle, B. (Hrsg.): Prävention und Gesundheitsförderung. Bd. III für Kinder und Jugendliche. Tübingen, 103–125
Weltgesundheitsorganisation (WHO) (Hrsg.) (2005): Das Rahmenkonzept „Gesundheit für alle" für die Europäische Region der WHO: Aktualisierung 2005. Kopenhagen. In: www.euro.who.int/Document/E87861G.pdf?language=German, 26.09.2008
Wieland, N. 2001: Kooperation von Drogenhilfe und Jugendhilfe aus der Sicht der Jugendhilfe. In: IGFH (Hrsg.): Dialog und Kooperation von Jugendhilfe und Drogenhilfe. Frankfurt/M., 47–59
Wilkinson, R. G. (2001): Kranke Gesellschaften. Soziales Ungleichgewicht und Gesundheit. Wien/New York

Von der Kindheit zur Jugend. Pubertätskonstruktionen in pädagogischen Fachdiskursen und ihre Effekte für pädagogisches Handeln

Von Antje Langer

Pädagogische Einrichtungen sind Orte der Inszenierung von Erwachsenwerden, Jugendlichkeit bildet einen Rahmen insbesondere auch schulischer Disziplinierung. So wird *Pubertät* zu einem Thema, das im pädagogischen Alltag vielfältig verhandelt wird.

Der Begriff der Pubertät steht etwa seit dem 16. Jahrhundert für die Lebensphase eines Menschen, die zu einem ausgewachsenen Körper und seiner sexuellen „Reifung" führt, was letztlich heißt, Kinder gebären bzw. zeugen zu können. Pubertas bedeutet im Lateinischen „Mannbarkeit", die Pubertät das „Alter, in dem man sich schämt" (Aschoff 1996, 11). Im Alltagsverständnis hat es oft den Anschein, als gehe es bei der Pubertät um einen abweichend pathologischen Zustand, den es zu bewältigen gilt (Specht 1996). Eng gefasst bezieht sich der Begriff auf biologisch beschreibbare körperliche Reifungsprozesse. Doch gehen mit diesen Körperkonzepten soziale Setzungen für einen Erwachsenenstatus sowie Handlungserwartungen einher, die ein Normalitätswissen schaffen, aus dem normative Vorstellungen angemessenen Verhaltens resultieren. Am Körper der Heranwachsenden werden Veränderungen festgemacht, die über das Körperliche weit hinausreichen und normativ aufgeladen werden. Diese Verknüpfungen werden im Weiteren problematisiert.

Welche biologischen Konzepte über Pubertät gehen in das Wissen über Heranwachsende als „Pubertierende" ein? Ebenso in das Wissen, das ihnen über diese Phase vermittelt werden soll? Denn Pubertät als „Entwicklungstatsache" wird nicht nur zu einem Problem in institutionellen pädagogischen Settings, sondern im Rahmen von Sexualerziehung auch zu einem pädagogischen Thema, das im Unterricht und in spezifischen Projekten vermittelt werden soll. Den Fragen soll im Folgenden in drei Schritten nachgegangen werden: Zunächst analysiere ich die als „naturwissenschaftlich" zu verstehenden Konstruktionen von Pubertät. Im Anschluss zeige ich anhand von Beispielen aus einer ethnographischen Forschung in einer 7. Hauptschulklasse, wie *Pubertät* dort relevant wird. Eine besondere Zuspitzung erfährt das Thema noch einmal im Rahmen von Sexualerziehung, die als Drittes problematisiert werden soll.

Um das medizinisch-biologisch sowie entwicklungspsychologisch geprägte Wissen über Pubertät innerhalb pädagogischer Fachdiskurse herauszuarbeiten, analysiere ich Artikel aus Fachzeitschriften, die sich an PädagogInnen (insbesondere, aber nicht ausschließlich in der Schule) richten. Die Texte sind Teil eines umfangreichen Zeitschriftenkorpus, den ich diskursanalytisch untersucht habe (Langer 2008, 78 ff). Die nachfolgenden Analysen gründen auf 47 Artikeln der Zeitschriften „Pädagogik", „Päd Forum" und „Schulmagazin 5 bis 10", die in den Jahrgängen 1996–2005 publiziert wurden. Das Medium Zeitschrift stellt ein Forum für aktuell diskutierte Wissensbestände für eine bestimmte Gruppe von AdressatInnen dar. Die ausgewählten Fachzeitschriften sind auf berufliche bzw. praktisch-pädagogische Verwendbarkeit ausgerichtet, was sich in ihren Textgenres widerspiegelt: Neben wissenschaftlichen Texten unterschiedlicher Disziplinen finden sich vor allem didaktische Vorschläge sowie Erfahrungsberichte von LehrerInnen und SozialpädagogInnen, die eine Art „best practice" illustrieren.

1 „Früh- oder spätentwickelt"? Zur Herstellung alterstypischer geschlechtlicher und sexueller Normalität

Der Erziehungswissenschaftler Herbert Gudjons führt in seinem Einführungsartikel in die mit „Pubertät" betitelte Ausgabe der „Pädagogik" als solche Prozesse auf:

> „Körpergröße, Gewicht, Haut, Geruch und Körperproportionen ändern sich, die sekundären Geschlechtsmerkmale wie Brustentwicklung, Schambehaarung, Stimmveränderung, Bartwachstum, Körperbehaarung prägen sich aus, die primären Geschlechtsmerkmale wie Entwicklung von Penis und Hoden bzw. Gebärmutter, Eierstöcken und Vagina führen zur sexuellen Reifung im Sinne der Menarche bzw. Spermarche." (Gudjons 2001, 8)

Eine Differenzierung fällt dabei besonders auf: die in primäre und sekundäre Geschlechtsmerkmale, die beide eindeutige Geschlechtszugehörigkeiten festschreiben. Während die primären (oft auch „inneren") Merkmale Körperteile bzw. körperliche Organe bezeichnen, die sich auf die Möglichkeit der Fortpflanzung und damit auf Heterosexualität beziehen, gehen die sekundären Merkmale (oft auch als äußere kategorisiert) darüber hinaus. Letztere sind für Außenstehende wahrnehmbarer. Mit ihnen als erkennbare Zeichen wird ein Bezug zum verborgenen, privaten Innenleben hergestellt. Das ist von sozialer Bedeutung, denn insbesondere die Menarche als erste Menstruation und die Ejakularche als erster Samenerguss werden als „primäre" Merkmale zu den entscheidenden Zeitpunkten für das Stattfinden von Pubertät und als herausragendes, initiierendes Ereignis markiert. So setzt beispielsweise Gudjons die „somatische Pubertätsentwicklung der

Mädchen" mit dem „Auftreten der Menarche" (Gudjons 2001, 8) gleich. Mit dem jeweiligen körperlichen Vorgang wird unmittelbar eine gesellschaftliche Dimension verbunden: eine Statusveränderung hin zu erwachsen *werdenden* Frauen oder Männern. In den analysierten Texten finden sich zwei Bewegungen, die Körper und Gesellschaft in ein Spannungsverhältnis bringen: Zum einen gibt es die körperlichen Veränderungen selbst und zum anderen sind diese symbolisch aufgeladen sowie mit Verhaltenserwartungen verknüpft. Die Unterscheidung in Jungen und Mädchen zieht sich durch alle Texte, die Pubertät thematisieren. Es wird als Junge oder als Mädchen pubertiert, auf Basis einer heterosexuellen Ordnung, die in den Texten selbstverständlich vorausgesetzt und reproduziert wird. Auf den möglichen Druck, den Heterosexualität als grundsätzliche Normalitätsfolie auf die Heranwachsenden ausüben kann, verweisen lediglich Milhoffer et al. (Milhoffer et. al. 1998, 33; 2001, 16).

Werden solche körperlichen Veränderungen benannt, werden immer auch mehr oder weniger präzise Altersdaten geliefert, wann sich diese Ereignisse abspielen (sollten). Biologisch beschreibbare Prozesse werden mit statistischen Daten in Zusammenhang gebracht. Ich greife hier eine Übersicht heraus, die im Rahmen einer grundlegenden Einführung in das Thema Pubertät im „Schulmagazin 5 bis 10" (6/2005) publiziert wurde. Die in der Zeitschrift nachfolgende Lehreinheit zur „Reifezeit", zu halten im Fach Biologie oder im fächerübergreifenden Unterricht ab Klasse 6, baut auf diesen Artikel auf. Der Beitrag wurde von Rolf Oerter verfasst, einem häufig zitierten Vertreter entwicklungspsychologischer Theorien. Im Text werden zentrale Problematisierungen und diskursive Strategien sichtbar, wie sie sich auch im weiteren Zeitschriftenkorpus finden lassen. Folgende Zusammenstellung samt Unterschrift markiert spezifische Zeitpunkte und Altersabschnitte (Oerter 2005, 6):

„Mädchen
Wachstumsschub: 9,5–14,5 Jahre; mit Höhepunkt bei 12 Jahren
Menarche: 10,5–15,5 Jahre
Brustentwicklungsstadium: 8–13 Jahre; 12–18 Jahre
Pubesstadium: 11–14 Jahre

Jungen
Wachstumsschub: 10,5–16 Jahre, 13,5–17,5 Jahre; mit Höhepunkt bei 14 Jahren
Penis: 10,5–14,5 Jahre; 12,5–16,5 Jahre
Hoden: 9,5–13,5 Jahre; 13,5–17 Jahre
Genitalstadium: 11–14,5 Jahre
Pubesstadium: 12–14,5 Jahre

[...] Entwicklung der Geschlechtsreife. Die Altersangaben entsprechen nicht mehr ganz den aktuellen Werten, da es erneut eine Vorverlagerung gegeben hat und sich die Jungen den Mädchen in den Altersangaben annähern"

Hiermit seien die „wichtigsten Daten der körperlichen Entwicklung von Jungen und Mädchen in der Abfolge ihres Auftretens zusammengestellt" (Oerter 2005, 5). Die Interpretation der Daten gestaltet sich jedoch nicht leicht, da die Begriffe im Text nicht definiert oder erläutert werden und sich die Bedeutung der Angaben der angegebenen Altersspannen nicht von allein erschließt. Selbst wenn den Lesenden die exakte Bedeutung einzelner Begriffe verschlossen bleiben, so lässt sich doch eines schlussfolgern: Die Pubertät scheint ein bestens erforschtes, präzise vermessenes und kodiertes Phänomen zu sein. Die häufige Verwendung von Halbjahresangaben, z.B. 13,5 Jahre, suggeriert, dass die mit dem Phänomen Pubertät beschäftigten Disziplinen recht genaue Angaben über die körperliche Entwicklung machen können. Die aufgeführten Stadien, so ist jedenfalls anzunehmen, bilden einen Prozess ab, den jedes Individuum durchläuft. Insofern liegt nahe, dass sie sich über einen größeren Zeitraum erstrecken. Offen bleibt, warum zum Teil zwei Zeitspannen angeben werden und wie diese im Verhältnis zueinander stehen. Auch erfahren die Lesenden nicht, für wie viele Mädchen und Jungen diese Angaben gelten. So setzen die Altersangaben starre, scheinbar allgemein gültige Normalitätsgrenzen. Wessen Hoden sich bereits mit 9,0 Jahren entwickeln, fällt aus dem Raster und wäre diesbezüglich „nicht normal".

An dieser Stelle scheint es mir sinnvoll, noch einmal genauer auf das Funktionieren solcher statistischen Datenaufstellungen und ihre Effekte einzugehen. Jürgen Link (2006) hat sich mit der Frage nach dem „Normalen", nach der Herstellung von Normalität und den Verhältnissen zum Normativen eingehend auseinandergesetzt. Seine Normalismustheorie fasst das „Normale" als ein modernes Dispositiv auf, das alle gesellschaftlichen Ebenen durchzieht. Als Begriff sei das Normale erst im 18./19. Jahrhundert mit der Durchsetzung der seriellen Massenproduktion entstanden (Link 2006, 20) und somit deutlich zu unterscheiden von Normativität. Der historisch ältere „Normativismus", den Link in der christlichen Ethik und im demokratischen Humanismus verortet, konstituiert Werte, Normen und Paradigmen präskriptiv. Der Normalismus dagegen speist sich aus dem wissenschaftlichen Denken in Normalverteilungen, das Normale wird mittels Statistiken, Durchschnittsanalysen und -abschätzungen usw. erst im Nachhinein aus einer Gesamtschau des betreffenden Feldes konstituiert.

Die genannten Altersstufen und -spannen und bilden solche Durchschnitte und Normalverteilungen ab. Im Verteilungsmodell gibt es Kernzonen, so z.B. das „Genitalstadium 11–14,5 Jahre", wobei die Altersangaben die Toleranzgrenzen dieser Zone markieren. Da die Grenze entscheidet, ob etwas als (noch) normal oder anomal gelten soll, ist die Frage nach der Setzung der Grenzen eine zentrale. Gudjons wiederum steckt mehrere solcher Normalitätsgrenzen ab: Der enge Kernbereich liege bei der Menarche bei 10–16 Jahren, ein weiterer Bereich erstrecke sich bis zu einem Alter von 20 Jahren. Bezüglich der Streubreite und der individuellen Variationen im Durchlaufen der Pubertät kommt er zu dem Ergebnis, dass es „bis alle Mädchen (zumindest 97 %) voll entwickelt sind, (…) zehn Jahre" dauern könne (Gudjons 2001, 8). 3 % der Mädchen fallen damit explizit aus dem Bereich des Normalen heraus. Diese Altersspannen relativieren die Ergebnisse in der vorgestellten Daten. Oder doch nicht?

In der Unterschrift wird nun erklärt, dass die Daten, so wie sie abgebildet sind, gar nicht mehr „ganz" stimmen. Es habe eine „Vorverlagerung" gegeben. Der Junge, dessen Hoden sich also mit 9 Jahren bereits entwickeln, ist vielleicht diesbezüglich doch ganz normal? Doch warum wird die Zusammenstellung, die exakte empirische Messungen und Objektivität suggeriert, also Genauigkeit assoziiert und den Eindruck des Faktischen vermittelt, dann so abgedruckt? Ist sie hinfällig oder entfaltet sie aufgrund ihrer normalistischen Darstellung nicht doch vielleicht Wirkungen? Die Normalitätsgrenzen werden gerade nicht flexibilisiert, sondern sie bleiben mit dem Verweis auf Veränderungen bestehen. Vom in der Überschrift erwähnten Phänomen wird in allen Artikeln, die Daten über die Pubertät bereitstellen, berichtet. Es wird von „Vorverlagerung" (Oerter 2005, 5; Seitz 2005, 9), früherem Einsetzen hormoneller Veränderungen (Gudjons 2001, 7) oder gar von „verfrühter Geschlechtsreife" (Milhoffer 2001, 1) gesprochen – ein Merkmal, das für *Pubertät heute* steht. Es könnte als Merkmal nicht aufrechterhalten werden, wenn es durch Normalisierung eingeebnet würde.

An dieser Stelle wird eine Differenz wichtig, mit der explizit bzw. implizit ebenfalls in all diesen Texten operiert wird: die Differenz von „Frühentwicklern" und „Spätentwicklern" (Oerter 2005, 8; Gudjons 2001, 10). Weil sie zu früh oder zu spät „sind", befinden sie sich außerhalb der Normalverteilung. Die (zu) frühe oder (zu) späte Entwicklung – das Wörtchen „zu" verweist auf den normativen Gehalt dieser Vorstellungen – gilt als Problem: „Es gibt eine starke Diskrepanz zwischen dem körperlichen Reifungszustand und dem psychischen Entwicklungsstand" (Oerter 2005, 8). Wie zu Beginn des Abschnitts erläutert, werden körperliche Entwicklung und sozialer Status als Erwachsene/r bzw. Erwachsen-Werdende/r gleichgesetzt. Aus dieser Setzung folge, dass nach vollzogener Geschlechtsreife Heranwachsende wie Erwachsene behandelt würden, „Spätreife" allerdings immer noch wie Kinder.

Die Daten lassen aber noch eine weitere Interpretationsmöglichkeit zu: Die Angabe zweier Altersspannen unter einem Begriff könnte auf diese beiden genannten Entwicklungstypen verweisen. Dann läge der eigentliche Kernbereich normaler Entwicklung dazwischen und würde gar nicht explizit markiert. Mit dieser diskursiven Praktik bekämen „Früh- und Spätentwickler" – in einem gewissen Rahmen – wieder Normalität zugeschrieben.

Die jeweilige Figur des als erwachsen angesehenen Frühentwicklers und des als kindlich betrachteten Spätentwicklers wird nun mittels weiterer Differenzsetzungen spezifiziert: Erstere fänden aufgrund ihres Körperstatus besser Anschluss an Ältere und Deviante, so dass sie einem größerem Risiko für Drogenkonsum und Devianz unterworfen seien. Die Spätentwickler seien unausgeglichener, unzufriedener und zeichneten sich durch ein negativeres Selbstkonzept aus. Allerdings hätten sie genügend Zeit, Wissen und Copingstrategien aufzubauen.

Diese Setzungen können je nach Bezugsquellen, Forschungsergebnissen, Vorannahmen auch anders, ja sogar widersprüchlich ausfallen. Gudjons ist mit seinen Zuschreibungen diesen beiden Figuren gegenüber vorsichtiger, z. B. differenziert er die Reaktionen auf Mädchen und Jungen. Für Jungen könne eine frühe Entwicklung in Kontexten, in denen Körpergröße und -kraft als Insignien für Männlichkeit stehen, durchaus vorteilhaft sein. Allerdings schließt das Oerters Argumentation nicht aus, sondern bestärkt sie möglicherweise sogar. Die grundlegende Problematisierung zu früher körperlicher und sexueller Entwicklung bleibt in den jeweiligen Argumentationen erhalten.

Das größere Problem haben (oder sind?) demnach diejenigen, deren Pubertät bereits früher einsetzt. Damit ist nun zu verstehen, warum eine allgemeine „Vorverlagerung" zum Problem wird, warum sie als „verfrüht" nicht einfach normalisiert werden kann. Die Normalität der Abweichung dient dazu, bestimmte Verhaltensweisen und seelische Zustände festzuschreiben. Oerter formuliert das so: „Da die Geschlechtsreife so früh einsetzt, steht sie im Widerspruch zum gesellschaftlichen Status, den Jugendliche haben. Körperlich sind sie erwachsen, als Person jedoch nicht." (Oerter 2005, 8) Eine Anpassung der Daten an die immer wieder stattfindende Beobachtung hätte andere Wertungen zur Folge, die eine Problematisierung in dieser Weise nicht ohne Weiteres stützen. Insofern bleibt das Staunen, dass körperliche Veränderungen sich nicht an die Norm halten, und es wird auch nicht gefragt, woran dies liegen könnte.

2 „Das schwierige Alter" – Zum Zusammenspiel körperlicher, psychischer und gesellschaftlicher Prozesse

Menarche und Ejakularche werden in den Ausführungen über Pubertät zum markanten Faktum in der körperlichen Entwicklung. Daraus resultiert in der Rede über Pubertät ein Problem, das sich aus fehlender Eindeutigkeit biologischer Vorgänge ergibt: Während die Menarche als eindeutiger Zeitpunkt benannt werden kann und unbeeinflusst durch unmittelbares Zutun als natürliche Entwicklung erscheint, ist dies für die erste Ejakulation weniger möglich. Oerter zitiert eine Untersuchung, die gezeigt habe, dass 36 % der befragten Jungen diese selbst herbeiführten (2005, 6). Die Eindeutigkeit des augenscheinlich unbeeinflussbaren natürlichen Moments, der als Initiation angesehen wird, verwischt. Eine Initiation kann nur von Außen erfolgen – entweder als „natürliches Schicksal" oder mit Hilfe von dazu ermächtigten Initiierenden. Der Sozialpädagoge Detlef Ax hält deshalb Initationsrituale für Jungen für nötig: „Das ist für Jungen im Gegensatz zu Mädchen auch deshalb künstlich (per Ritual) notwendig, weil ihnen die einschneidende körperliche Erfahrung der Menstruation fehlt, die deutlich den Übergang vom Kindlichen zum Erwachsenen anzeigt." (Ax 2002, 281) Der Übergang kann in dieser Logik aber eben nicht selbst gestaltet sein.

Dass diese Eindeutigkeit des Ereignisses so bedeutsam erscheint, geht auch damit einher, dass dem Körper eine sehr machtvolle Rolle zugesprochen wird, die wohl aber abgeschwächt erscheint, wenn auf ihn Einfluss genommen werden kann. Heranwachsende erlebten es bisweilen so, „dass der Körper mehr Macht über sie hat als sie über ihn" (Gudjons 2001, 8). Dem eigenen Körper *ausgesetzt* zu sein, werde Teil des Erlebens. Die Entwicklung wird meist mit dem Bild einer „Metamorphose" beschrieben: ein „neuer Körper", der „bewohnt" und verarbeitet werden müsse; der Pubertierende einem „Hummer" gleichend, „der seinen Panzer abwirft und sich bis zum Wachsen eines neuen Panzers zurückzieht, ganz tief in eine Felsenhöhle, wo er seine Schutzlosigkeit verstecken kann" (9); die Kindheit, die „stirbt", und das Erwachsensein, welches „geboren" wird (Kircher 2001, 22). Dass dieses körperliche Wachstum, die in relativ kurzer Zeit vorgehenden spürbaren und sichtbaren Veränderungen von den betreffenden Individuen ambivalent – in Variationen: intensiv, spannungsgeladen, dramatisch oder als Dilemma bzw. Krise – erlebt werden, darüber herrscht in allen Texten Einvernehmen. Es variiert, welche unmittelbaren Wechselwirkungen angenommen werden, und wie ihr Ausmaß zu beurteilen ist.

Analytisch lässt sich hier zwischen einem zu vermittelnden *Wissen über Pubertät* und einem *Wissen im Umgang mit Pubertierenden* differenzieren – eine Differenz, die sich auch in zwei Gruppen von ExpertInnen sowie, damit verbunden, Textsorten zeigt: Geht es um die Grundlagen eines geeigneten Sexualkundeunterrichts kommen in den untersuchten Zeitschriften vielfach spezialisierte ExpertInnen aus Biologie, Sexualpädagogik und Psychologie zu Wort. Das Pubertätswissen gestaltet sich hier – wie zuvor dargestellt – als relativ abstraktes, statisches Konstrukt. PädagogInnen dagegen problematisieren insbesondere „die schwierigen Jahre" – so der Titel eines Aufsatzes (Seitz 2005) – und damit Pubertät als Herausforderung für pädagogisches Handeln. Körperliche Veränderungen und biologische Bezüge spielen dabei nur marginal eine Rolle. Sie werden mehr oder weniger implizit vorausgesetzt und müssen mit dem Begriff der Pubertät wohl gar nicht mehr genannt werden, um letztlich von im weitesten Sinne „seelischen" Veränderungen sowie Verhaltensänderungen Jugendlicher zu sprechen, die als besonders schwierige, ja als „die" schwierigen Jahre (für wen?), PädagogInnen besonders herausfordern. Pubertät als körperliche Entwicklung und Adoleszenz als Begriff für eine psychosoziale Phase werden meist gar nicht unterschieden. Das Pubertätswissen in Kombination mit anderen (mehr oder weniger Alltags-)Diskursen über Jugend, Risiken, Störungen, Geschlecht usw. erhält eine viel größere Bandbreite und Dynamik, die dann auch pädagogisches Handeln und Praxiswissen ermöglichen. Ähnlich stellt sich dies in der wohl größten Sparte der Literatur zum Thema Pubertät dar, in der Ratgeberliteratur für Eltern (und zum Teil auch für die Heranwachsenden selbst).

Oerter grenzt sich von dieser im Alltag und auch in einem Großteil der Texte meines Materials häufig vertretenen Auffassung ab, dass die körperlichen Veränderungen, vor allem die Umstellung im Hormonhaushalt, mit seelischen Spannungen und Problemen einhergingen (Oerter 2005, 5f). Wechselwirkungen seien möglich, aber nicht zwangsläufig. Zwischen Körper, Seele und gesellschaftlicher Umwelt bestehe vielmehr ein indirekter Zusammenhang:

> Er „verläuft über Bewertungsprozesse der Jugendlichen, die sich erstens mit ihren körperlichen Veränderungen konfrontiert sehen und zweitens die Reaktionen der sozialen Umwelt auf ihr körperliches Erscheinungsbild erleben" (Oerter 2005, 7).

In einem Teil der Texte wird mit einem weiteren Alltagsverständnis, dass die Pubertät der Beginn jeglicher sexueller Entwicklung und sexuellen Begehrens sei, aufgeräumt – eine Argumentation, die die Markanz des beginnenden Prozesses als Frau oder Mann ein wenig entschärft. Der Mensch sei mit seiner Existenz ein sexuelles Wesen (Milhoffer 2001, 13). Neuere Forschungen zeigten zudem, dass hormonelle Veränderungen bereits mit 6–8 Jahren stattfänden und mit der pubertären Entwicklung nicht parallelisiert werden dürften (Milhoffer 2001, 13; Gudjons 2001, 8). Petra Milhoffer begreift dies gar als „Paradigmenwechsel in der Pubertätsforschung" (Milhoffer 2001, 14), was eine Neubewertung notwendig mache. Sie argumentiert mit neurobiologischen Forschungen: Nervenbahnen für die Kontrolle von Emotionen müssten erst eine Schutzhülle anlegen, wodurch das „Chaos der Gefühle" zu erklären sei. Diese neueren neurobiologischen Befunde lassen sich ansonsten vor allem in populärwissenschaftlichen Printmedien oder in Illustrierten ausmachen (vgl. z.B. GEO-Wissen 2008). Eingang in die pädagogisch-psychologischen Pubertätsdebatten haben sie bisher kaum gefunden.

3 Pubertät im pädagogischen Alltag – Beobachtungen und Erklärungen im Rahmen pädagogischen Handelns

Wie nun Pubertät im Rahmen des Unterrichts eingeführt wird und SchülerInnen am sich entwickelnden Körper Veränderungen benennen, die über das individuelle Körperliche selbst hinausreichen und mit gesellschaftlicher Bedeutung versehen werden, soll anhand folgender Szene gezeigt werden. Sie wurde innerhalb einer ethnographischen Feldforschung zu Jugend, Körper und Schule (Langer 2008; Langer et al. 2009) in einer 7. Hauptschulklasse beobachtet:

> Die Lehrerin beginnt den Unterricht, indem sie das Wort „typisch" an die Tafel schreibt. Sie lässt das Thema der folgenden Stunden erraten. Sofort ruft einer „ausländisch" in die Klasse. Peter widerspricht: „Mädchen, Alter". Die Jungen um ihn herum lachen. Lehrerin Matthes erklärt, dass es ihr um die Phase ginge, in der die SchülerInnen sich gerade befänden. Raik weiß das sofort: „Pubertät". Es wird nachgefragt, was das denn hieße: „Erwachsenwerden, wachsen" (Raik), „Stimmbruch" (Leon), „Erwachsenwerden, Pickel, Behaarung [allgemeines Gelächter], Gene" (Peter). Er meine eigentlich „Hormone", wird er von der Lehrerin aufgeklärt – „die spielen verrückt" (Oliver) – „Bei dir doch immer" (Ahmed). „Man verliebt sich" (Peter). „Menstruation" – Raik fragt nach: „Periode?", „Die Mädchen sind zickig und streiten oft mit den Eltern". Die Lehrerin fragt nach, ob das nur die Mädchen seien und fordert die SchülerInnen auf, sich zu beteiligen: „Los, Ihr wisst es, Ihr seid die Experten". Darauf antwortet Maris: „Jungs sind schlimmer".

Mit beiden Antworten („typisch ausländisch" / „typisch Mädchen") werden zunächst zentrale gesellschaftliche Kategorien benannt. Peters Einwurf bestätigt sich, insofern es zwar nicht nur um Mädchen gehen soll, aber doch zumindest um Geschlecht; um die SchülerInnen als Jungen oder Mädchen und um die Phase, in der sie sich derzeit befinden – es scheint sofort klar: die Pubertät. In den vorwiegend von Schülern gegebenen Antworten auf die Frage, was diese Phase auszeichne, stehen die körperlichen Veränderungen im Vordergrund ebenso wie deren Kopplung an erwachsen werden. Es werden jeweils die Antworten des Vorredners von den Mitschülern kommentiert. Indem zum Teil persönliche, provokative, neckende oder beleidigende Bezüge hergestellt werden, wird das Thema von den Jugendlichen zum eigenen gemacht. Sie selbst stellen *Betroffenheit* her, die die Lehrerin noch einmal verstärkt, indem sie die SchülerInnen als *„Experten"* anspricht. Es wird deutlich, hier soll es nicht nur um abstraktes Wissen gehen, sondern um sie selbst. In den folgenden Unterrichtsstunden stehen dann die Gemeinsamkeiten und Differenzen von Jungen und Mädchen in der Pubertät und darüber hinaus im Mittelpunkt.

Die Lehrerin im vorangegangenen Beispiel moderiert einen Lernprozess, der darauf angelegt ist, die SchülerInnen zur Auseinandersetzung mit sich, ihrem Wissen über Pubertät und ihren eigenen bzw. gängigen Stereotypen zu bringen. Es zeigt sich eine enge Verwobenheit, in der die Heranwachsenden nicht lediglich in ihrer Rolle als SchülerInnen agieren, sondern die Schulklasse zumindest teilweise den Rahmen der Peergroup bildet, indem interaktiv das Abbildbare und Sagbare sowie mögliche Körperpraktiken verhandelt werden (auch Tervooren 2006).

Im Interview haben wir Lehrerinnen der Schulklasse nach dem körperlichen Umgang mit den SchülerInnen befragt. In diesem Zusammenhang stehen die folgenden Interviewausschnitte, in der die Pädagoginnen *Pubertät* zu einem relevanten Erklärungsmuster für ihre Wahrnehmungen von der Schulklasse und ihr pädagogisches Handeln erheben (Langer 2008, 219 ff):

> Ich denk' mir jetzt auch, gerade in der 7. Klasse ist das auch so ein Umbruch. So Fünfte/Sechste, da war noch, ja, da war auch ganz viel Körperlichkeit bei **denen** noch, ja. Dass sie wirklich kamen und dass sie sich nicht bei dir auf den Schoß gesetzt haben, war noch gut. Also grad in der Fünf. Und so jetzt ist natürlich echt, also gerade so bei den Jungs, die distanzieren sich jetzt sehr. Ja, die werden jetzt cool, und da ist man mit Lehrerinnen vorsichtig. Aber du merkst es schon noch, also da sind so ein paar, die drücken ihre Zuneigung aus, aber müssen das auf eine etwas schroffe Art jetzt machen. Also früher war das noch so ein bisschen anders [lacht].

Die Lehrerin nimmt wahr, dass sich insbesondere die Jungen ihr gegenüber körperlich distanzierten und es zu einer weniger „intimen" pädagogischen Beziehung komme als früher. Sie interpretiert dies nicht als Abweisung ihrer Person oder ihrer Rolle als Lehrerin, sondern als einen gängigen Umbruch, mit dem sich die Art und Weise, Zuneigung auszudrücken, möglicherweise aufgrund einer „natürlichen" Entwicklung verändere. Die Jungen würden „schroffer", weil man das in dieser Klassenstufe bzw. in diesem Alter so mache und weil Coolsein eine Inszenierung von Schroffheit impliziere. An dieser Stelle zeigt sich, wie die Erfahrungen einer Lehrerin von der 7. Klasse mit gängigen Diskursen über Pubertät verknüpft bzw. verdichtet werden. Während sie zunächst mit dem Wort „die" konkret von den Jungen in ihrer Klasse spricht, wechselt sie dann zu einem unpersönlichen „da ist *man* mit Lehrerinnen vorsichtig". Das Verhalten der Jungen wird innerhalb von Pubertäts- und Männlichkeitsdiskursen verstanden und somit zur Normalität erklärt. Coolness wird als Element eines männlichen Habitus (Bourdieu 1997) markiert, welcher mit einem bestimmten Alter und mit der Pubertät einhergehe.

Dass es sich um eine übliche Entwicklung handele, verdeutlicht der Vergleich von Schulklassen, den eine andere Lehrerin anbringt:

> Bei dieser Klasse ist es jetzt sehr erstaunlich, dass die Pubertät, die ist bei denen sehr schleichend eingetreten und schon relativ früh, also das 6. Schuljahr hab' ich als wesentlich anstrengender empfunden als das 7. Schuljahr, hingegen meine andere Erfahrung aus vorangegangenen Klassen war eher, dass das 7. Schuljahr wirklich anstrengend ist und sich da die Pubertät ihre Bahn bricht.

Auch diese Lehrerin greift auf Erfahrungen zurück, die sie bereits mit anderen Klassen gemacht hat. Allerdings steht für sie nicht die Veränderung der Beziehung zu den SchülerInnen hinsichtlich einer von altersgemäßer Intimität geprägten Körperlichkeit im Vordergrund, sondern die Anstrengung, die sie im Umgang mit den SchülerInnen in dieser Klassenstufe aufbringen müsse. Die Pubertät, die „sich ihre Bahn bricht", scheint nicht aufzuhalten zu sein und entfaltet eine Kraft und Energie, der alle unterworfen sind. In ihrer Formulierung sind die davon Betroffenen diesem Prozess völlig ausgesetzt, und es scheint nahe liegend, dass sowohl SchülerInnen als auch LehrerInnen ein Problem damit haben, völlig überwältigt zu werden. An dieser als unausweichlich dargestellten Entwicklung ändern auch die in der konkreten Schulklasse zu einem früheren Zeitpunkt als üblich ausgemachten, „schleichenderen" – also fast unbemerkt eintretenden – Veränderungen nichts.

In allen drei Sequenzen werden über Typisierungen einer bestimmten Alters- bzw. Entwicklungsphase mehr oder weniger homogen stattfindende Prozesse bzw. eine Klassenhomogenität konstruiert. Dabei wird der den SchülerInnen zur Verfügung stehende zeitliche Korridor dieses – sie selbst betreffenden – Entwicklungsverlaufs innerhalb der Schule noch einmal stark verkürzt. In biologischen Pubertätskonstruktionen, z.B. bei Oerter oder Gudjons, verlaufen die körperlichen und daran gekoppelten psychischen Veränderungen zwar ebenfalls unausweichlich und linear, doch in einem recht langen Zeitraum. Im nach Altersklassen sortierten Schulklassensystem werden zumindest verallgemeinernd und losgelöst vom Einzelfall Umbrüche und Beobachtungen für die gesamte Klasse ausgemacht, die eben zu jenem Zeitpunkt der Thematisierung stattfinden – und zwar für alle. Was ist aber, wenn der ein oder die andere gar nicht so recht *in der Pubertät ist*?

4 Sexualerziehung – Abstraktes Pubertätswissen und Betroffenheits-Expertise

Die Beispiele aus der ethnographischen Forschung geben Einblicke, wie Pubertät im schulischen Kontext – gewissermaßen als „Dauerbrenner" in bestimmten Klassenstufen – verhandelt wird (vgl. Breidenstein / Kelle 1998). Pubertät dient – bei LehrerInnen und SchülerInnen – als Chiffre bzw. Deutungsmuster für (als mehr oder weniger „sonderbar" etikettierte) Verhaltensweisen von SchülerInnen, die zugleich ein bestimmtes Verständnis von Schule und Sexualerziehung implizieren. Das institutionelle Problem, mit Heranwachsenden umgehen zu müssen, wird darüber hinaus durch die im selben Zeitraum stattfindende Sexualkunde noch einmal mit einem Vermittlungsproblem gekoppelt. Der Sexualkundeunterricht ermöglicht, mittels Thematisierung von Pubertätswissen, in die Situation, es mit „Pubertierenden" zu tun zu haben, einzugreifen. Hier werden nun jene biologischen Körperkonzepte herangezogen, die ich zuvor herausgearbeitet habe und die sonst eher lose als unbenannte, aber durchaus relevante Bezugspunkte in die pädagogischen Fachdiskurse eingehen. Da Sexualerziehung vielfach Teil des Biologieunterrichts ist, werden vor allem biologische Körpervorstellungen vermittelt, die als von gesellschaftlichen Zusammenhängen bzw. sozialen Faktoren unabhängig erscheinen. Es wird immer wieder konstatiert, dass es in diesem Bereich an Wissen mangele und falsche Vorstellungen bestünden (Moegling / Starke 1998, 13; Etschenberg 1998, 21 f).

Diese einseitige Vermittlung von Pubertätswissen wird in den untersuchten Zeitschriften aber unter einem bestimmten Aspekt kritisiert: Neben dem „biologischen Körper", so die Forderung, solle das Körpererleben, der eigene Körper der Jugendlichen Gegenstand des sexualkundlichen Programms sein (Milhoffer et al. 1998, 33 f). Erfahrungen mit dem eigenem Körper spielten eine wesentliche Rolle im Umgang mit Geschlechtlichkeit und Persönlichkeit, sich wohlzufühlen im eigenen Körper sei Bedingung für konstruktives Sozialverhalten (32). Hier wird zum abstrakten biologischen Wissen individueller Selbstbezug herzustellen gesucht. Obwohl dabei permanent Zusammenhänge zwischen Körper und Gesellschaft konstruiert werden, werden diese dennoch kaum thematisiert.

Der Einbezug von Körper und Selbst, der unmittelbaren Betroffenheit der SchülerInnen, schafft aber auch neue Probleme, da *Pubertät* sexualisiert werden könnte: Während im Unterricht vermitteltes Wissen sonst als abstraktes mit den SchülerInnen und LehrerInnen wenig zu tun hat, Emotionalität, Lebensgeschichten und soziale Situationen in Bezug auf Wissensvermittlung regelmäßig ausgeschlossen werden (Rumpf 1981), scheint dies beim Thema Sexualität nicht möglich oder aufgrund pädagogischer Ziele, die, mit der Idee aufzuklären, über die übliche Vermittlung des (zumindest oberflächlich) „Faktischen" hinausgehen, nicht angemessen. Sexualkunde zu unterrichten gilt als prekär (Milhoffer et al. 1998, 32f) und erhält den Status von etwas Besonderem: „In der Sexualerziehung spricht nicht ein Wissender oder eine Wissende zu einem Haufen Unwissender, sondern ein sexuelles Wesen zu (besser: mit) anderen." (Milhoffer 2001, 17) Emotionalität und Betroffenheitsexpertise sind zwei Dimensionen, die sich auch in der eingangs geschilderten Unterrichtssequenz zeigen und die Besonderheit dieses Unterrichts ausmachen.

Die Kopplung von Sexualität an Heterosexualität, Geschlechtsidentität, Begehren und Reproduktion sowie die damit verbundene Normalität und Normativität machen den Aufklärungsunterricht so brisant. Letztlich sind auch die Lehrenden dieser Tabuisierung ausgesetzt bzw. tragen sie mit. Es erfordert eine Öffnung hin zum Privaten, die sich dann nicht einfach rückgängig machen lässt, wenn im Anschluss an Sexualkunde Mathematik unterrichtet wird. Schmidt und Schetsche fragen deshalb auch, inwiefern z.B. die Bildung geschlechtshomogener Gruppen nicht eher ein Bedürfnis der Lehrenden als das der SchülerInnen sei (Schmidt/Schetsche 1998, 494). So ist schließlich das Hinzuziehen von ExpertInnen – insbesondere von Pro Familia oder aus der Jugend(sozial)arbeit – zu erklären, die in der Regel auch die AutorInnen der analysierten Beiträge sind. Es fällt auf, dass in den Zeitschriften, in denen das sonst üblich ist, bei diesem Thema lediglich ein Lehrer mit seinem Erfahrungsbericht zu Wort kommt. Die Aufgabe der Vermittlung wird hier zumeist an schulexterne PädagogInnen weitergegeben.

5 Resümee

Sowohl die von uns in der Feldforschung interviewten Lehrerinnen als auch die AutorInnen der Zeitschriftartikel, die sich mit dem Verhältnis von Pubertät und Schule bzw. Sexualerziehung beschäftigen, begreifen die 7. Klasse im Allgemeinen als „schwierig". Mit dem Körper der Heranwachsenden werden Veränderungen verknüpft, die – häufig als seelische Probleme begriffen – über das „rein" Körperliche weit hinausreichen und normativ aufgeladen werden. So werden nicht nur Normalitätsentwürfe einer altersgemäßen Entwicklung statistisch dargestellt, sondern diese werden mit spezifischen defizitären Verhaltensweisen von „Früh- oder SpätentwicklerInnen" in Zusammenhang gebracht. Die „verfrühte" körperliche bzw. „sexuelle" Entwicklung stimme nicht mit den gesellschaftlichen Reaktionen darauf überein. In dieser Perspektive wird der Körper als ein Problem beschrieben, welches weitere Probleme nach sich ziehe. Dabei wird Heterosexualität mehr oder weniger stillschweigend als Identitätsgrundlage vorausgesetzt und gefordert; andere Formen der Sexualität werden kaum thematisiert.

Der Körper der SchülerInnen wird in zweifacher Weise relevant: erstens für die die Zeitschriften lesenden PädagogInnen, die wahrscheinlich „ihre 7. Klasse" vor sich haben, wenn sie etwas über Anatomie und biologische Veränderungen lesen, die in der Regel mit seelischen Veränderungen gekoppelt werden. Sie können damit das Verhalten ihrer SchülerInnen benennen und kategorisieren. Zweitens für die SchülerInnen, die bereits ihre eigenen diffusen Vorstellungen einbringen und im Sexualkundeunterricht über die körperliche Entwicklung im Allgemeinen und über ihren Normalverlauf informiert, aber zugleich immer über ihren eigenen Körper aufgeklärt werden. Gehören sie selbst zu den Früh- oder Spätentwicklern? Das führt zu der Frage, inwiefern die hier dekonstruierte „Verdatung" von Pubertät nicht „Denormalisierungsängste" (Link 2006, 40) schürt; also Ängste, nicht normal zu sein, etwas, womit sich Jugendliche laut den AutorInnen gerade aufgrund der Pubertät auseinanderzusetzen haben.

Literatur

Aschoff, W. (1996): Einführung. In: Aschoff, W. (Hrsg.): Pubertät. Erregungen um ein Lebensalter. Göttingen, 7–21

Ax, D. (2002): Brauchen westliche Industriestaaten männliche Initiation? PÄD Forum 4, 280–282

Bourdieu, P. (1997): Die männliche Herrschaft. In: Dölling, I., Krais, B. (Hrsg.): Ein alltägliches Spiel. Geschlechterkonstruktion in der sozialen Praxis. Frankfurt / M., 53–217

Breidenstein, G., Kelle, H. (1998): Geschlechteralltag in der Schulklasse. Ethnographische Studien zur Gleichaltrigenkultur. Weinheim / München

Etschenberg, K. (1998): Aufklärung über den „kleinen Unterschied". Pädagogik 4, 20–23

Gudjons, H. (2001): „Ich will halt anders sein wie die anderen!". Neue Befunde zur Pubertät. Pädagogik 7/8, 6–11

Kircher, I. (2001): Cool – und doch verletzbar. Pädagogik 7/8, 22–26

Langer, A. (2008): Disziplinieren und entspannen. Körper in der Schule – eine diskursanalytische Ethnographie. Bielefeld

–, Richter, S., Friebertshäuser, B. (Hrsg.) (2009): (An)Passungen. Körperlichkeit und Beziehungen in der Schule. Ethnographische Studien. Hohengehren, Baltmannsweiler (i. E.)

Link, J. (2006): Versuch über den Normalismus. Wie Normalität produziert wird. Göttingen

Milhoffer, P. (2001): Das pubertäre Chaos der Gefühle. Entwicklungspsychologische Merkmale und sexualpädagogische Herausforderungen. Pädagogik 7/8, 13–17

–, Krettmann, U., Gluszczynski, A.(1998): Sexualität. Ein Thema, das „unter die Haut geht". Meinungen von Mädchen und Jungen zum „Schulprogramm Sexualkunde". Pädagogik 4, 32–34

Moegling, K., Starke, H.(1998): Sexualkunde. Fächerkoordiniert unterrichtet. Pädagogik 4, 10–14

Oerter, R. (2005): Pubertät. Veränderungen und mögliche Folgen. Schulmagazin 5 bis 10, 6, 5–8

Rumpf, H. (1981): Die übergangene Sinnlichkeit. Drei Kapitel über die Schule. München

Schmidt, R.-B., Schetsche, M. (1998): Schule und Sexualität. Eine gewagte Liaison? PÄD Forum 5, 491–497

Seitz, S. (2005): Die schwierigen Jahre. Die Pubertät als Herausforderung für das Lehrerhandeln. Schulmagazin 5 bis 10 6, 9–12

Specht, F. (1996): Biologische, soziale und psychische Reifezeit. In: Aschoff, W.(Hrsg.): Pubertät. Erregungen um ein Lebensalter. Göttingen, 22–35

Tervooren, A. (2006): Im Spielraum von Geschlecht und Begehren. Ethnographie der ausgehenden Kindheit. Weinheim/München

Evolutionsbiologische und entwicklungspsychologische Erkenntnisse und ihre Relevanz für die Geschlechterpädagogik

Von Doris Bischof-Köhler

1 Entwicklungspsychologische Evidenz

1.1 Antiautoritäre Kinderläden

Zu den Anliegen der 68er-Bewegung zählte eine repressionsfreie Erziehung. Da diese den Eltern in den traditionellen Kindergärten nicht gewährleistet erschien, wurde eine eigene Kinderbetreuung in den sogenannten „Kinderläden" realisiert, die unter anderem die Nichteinübung traditioneller Geschlechtsrollen sowie die Förderung nicht-aggressiver Konfliktbewältigung zum Ziel hatte. In einem Vergleich von insgesamt über 400 Kinder im Alter von drei bis fünf Jahren aus traditionell geführten Kindergärten und faktisch allen bestehenden Kinderläden wurde untersucht, wieweit diese Ziele erreicht waren (Nickel/Schmidt-Denter 1984). Das Ergebnis entsprach allerdings kaum den Erwartungen der Untersuchenden, die selbst mit der antiautoritären Erziehung sympathisierten. In den traditionellen Kindergärten waren, wie vermutet, die Jungen etwas aggressiver als die Mädchen. Viel gravierender war dieser Unterschied indessen beim Vergleich mit den Kinderläden. Hier waren die Jungen nicht nur aggressiver als die Jungen unter traditioneller Betreuung, sondern zeigten als 3- und 4-Jährige erheblich mehr Konfliktaggression als die Mädchen. Diese hatten erst als 5-Jährige „aufgeholt" und offensichtlich gelernt, sich zur Wehr zu setzen. Während sich die Geschlechter in den traditionellen Kindergärten kaum in der Bereitwilligkeit unterschieden, bei Konflikten nachzugeben, traten die Mädchen in den Kinderläden signifikant häufiger den Rückzug an und wurden von den Jungen massiv dominiert. Der Befund stimmt nachdenklich. Warum waren in den Kinderläden entgegen der ausdrücklichen Erziehungsdoktrin gerade jene Unterschiede so ausgeprägt, die man eigentlich in den traditionellen Kindergärten erwartet hätte?

1.2 Frühe Geschlechtsunterschiede

Bestimmte geschlechtstypische Verhaltensunterschiede sind bereits von Geburt an nachweisbar (Details s. Bischof-Köhler 2006). *Jungen* sind vom ersten Lebenstag an aktiver, impulsiver, schlechter zu beruhigen, emotional rascher aufgedreht und schnell auch einmal überdreht. Sie sind generell schwieriger und rufen allein schon dadurch mehr Beachtung hervor. Bereits im ersten Lebensjahr interessieren sie sich für Autos und alles, was irgendwie funktioniert. Im Unterschied zu Mädchen trauen sie sich schon mit sechs Monaten, einem anderen Kind etwas wegzunehmen und sich unbekannten Objekten explorativ zu nähern. Schon als Einjährige zeigen sie eine Vorliebe für riskantes Verhalten und raufen vom dritten Lebensjahr an gern mit anderen Jungen.

Mädchen sind von Geburt an emotional ausgeglichener und leichter zu beruhigen. Sie zeigen häufiger und länger Blickkontakt und öfter den Ausdruck des Interesses. Schon als Neugeborene lassen sie sich vom Weinen anderer Babys leichter anstecken, worin sich die in späterem Alter vielfach belegte ausgeprägtere weibliche Tendenz andeutet, empathisch zu reagieren. Auch die Präferenz für geschlechtstypische Spielsachen zeigt sich bereits bei Einjährigen. Mädchen spielen am liebsten mit Stofftieren, Puppen und überhaupt mit Objekten, die eine pflegerische Aktivität ermöglichen. Generell bekunden sie also sehr früh die stärkere Personorientiertheit, die stereotypengemäß erwachsene Frauen kennzeichnet.

Vom zweiten Jahr an beginnt eine spontane *Segregation* der Geschlechter, die bis zur Pubertät anhält (Maccoby 2000). Jungen und Mädchen zieht es automatisch zu ihresgleichen; gemischtgeschlechtliche Aktivitäten müssen von Erziehern initiiert und aufrecht erhalten werden. Offensichtlich ist der *Spielstil* der Geschlechtsgenossen *attraktiver* als der des Gegengeschlechts. Bedenkenswert ist, dass diese Vorliebe bereits auftritt, bevor die Kinder das eigene Geschlecht und das anderer zuverlässig benennen können.

1.3 Rangstrukturen

Frühzeitig zeigen sich auch Verhaltensunterschiede bei der Bewältigung von Konflikten (Omark et al. 1980; Savin-Williams 1987). Dazu zählt nicht nur die stärkere männliche Durchsetzungsorientiertheit, sondern auch eine jeweils typische Weise des Vorgehens. Schon im Kindergarten beginnen *Jungen*, um Vorrechte zu kämpfen. Dabei entstehen innerhalb kurzer Zeit stabile Rangordnungen, die sich bei konstant bleibender Gruppenzusammensetzung über Jahre erhalten. Das Zusammenleben gestaltet sich fortan relativ konfliktfrei – dem Ranghöchsten werden ohne Widerrede Vorrechte eingeräumt. Auch in der Einschätzung der einzelnen Rangpositionen stimmen Jungen weitgehend überein – mit Ausnahme des eigenen Rangs, den sie in der Regel überschätzen. Rangansprüche werden typischerweise in erster Linie durch brachiale Mittel und Drohgebärden ausgedrückt, ferner versuchen Jungen, durch Imponierverhalten zu dominieren, Stärke zu bekunden und sich Respekt zu verschaffen.

Bei *Mädchen* bilden sich auch bei längerem Zusammensein keine stabilen Rangstrukturen, Konflikte können immer wieder aus nichtigen Anlässen ausbrechen. Rangansprüche bekunden sich in einem eher *indirekten* Vorgehen, man sucht bei anderen Anerkennung, die man entweder erhält oder die einem verweigert wird. Aggression äußert sich kaum brachial, sondern vor allem als *Beziehungsaggression*, indem man droht, den Kontakt abzubrechen, eine bestimmte Person ausgrenzt, zu anderen schlecht über sie redet (Archer/Coyne 2005). Typisch für ranghohe Mädchen ist ferner, dass sie sich um das seelische Wohlbefinden anderer kümmern. Das kann schnell einmal die Form annehmen, ungefragt Ratschläge zu erteilen. Die Psychologie spricht hier von „prosozialer Dominanz"; einer Mischung aus verantwortlicher Besorgtheit und Bevormundung.

1.4 Die Rolle der Sozialisation

Als Ursachen für die aufgezählten Unterschiede werden nach der heute immer noch vorherrschenden Überzeugung allein soziokulturelle Einflüsse angesehen. In radikaleren Ansätzen gilt die Geschlechtlichkeit – auch in ihrer somatischen Erscheinung – ausschließlich als gesellschaftlich konstruiert und dementsprechend auch als dekonstruierbar. Eine empirische Überprüfung dieser Annahme wird vielfach gar nicht für notwendig erachtet. Man stellt fest, dass Mädchen und Buben von Geburt an verschieden behandelt werden, und hält die Geschlechtsunterschiede damit für ausreichend erklärt. Die Erklärung der Motive des elterlichen Verhaltens bleibt einseitig darauf fixiert, es richte sich eben nach den Geschlechtsstereotypen.

Als Beweis hierfür werden immer noch gern die so genannten Baby-X-Studien aus den 70er-Jahren angeführt. Bei diesen wurde ein neutral gekleidetes Baby einer Gruppe von Probanden als Junge vorgestellt, einer anderen als Mädchen. Man erwartete, dass sich die Probanden in ihrem Spielangebot und in der Eigenschaftszuweisung nach dem vermeintlichen Geschlecht richten würden. Wie eine Metaanalyse der einschlägigen Studien ergab, traf dies für das Spielangebot tatsächlich zu. Das verwundert insofern nicht, als die Erwachsenen die Vorlieben des für sie fremden Kind ja nicht kannten, womit nahelag, sich an dem angegebenen Geschlecht zu orientieren. Bei genauerem Kennenlernen hätte jeder sensible Erwachsene seinen Stil sicher korrigiert, wäre das Kind nicht darauf eingegangen. So erfolgte die Zuweisung von Eigenschaften auch keineswegs eindeutig stereotypenkonform. Ein vermeintliches Mädchen wurde beispielsweise durchaus als stärker und weniger sensibel eingeschätzt, wenn es sich tatsächlich um einen Jungen handelte (Stern/Karraker 1989).

Zweifelsohne spielt die Kenntnis der Geschlechtsstereotypen beim Verhalten der Eltern eine Rolle, das ist aber nur die halbe Wahrheit. Bedenkt man das frühe Auftreten geschlechtstypischer Verhaltensweisen, dann liegt es nahe, dass Eltern Jungen und Mädchen auch deshalb ungleich behandeln, weil diese von Geburt an ein unterschiedliches Verhaltensangebot machen und auf gleiche Maßnahmen verschieden reagieren. Um den gleichen Effekt herbeizuführen, also das Kind beispielsweise zu beruhigen, muss man bei einem Jungen anders vorgehen als bei einem Mädchen. Hinzukommt, dass Untersuchungen zur Wirkung geschlechtsdifferenzierender Sozialisation kaum überzeugende Zusammenhänge ergeben haben. Eltern verstärken ihre Kinder in den ersten Jahren keineswegs so konsequent geschlechtsrollenkonform wie zu fordern wäre, wollte man die Unterschiede ausschließlich darauf zurückführen. Dies gilt insbesondere auch gerade für den Bereich „Durchsetzung und Aggression". Betreuungspersonen neigen sogar dazu, bei Jungen eher geschlechtsneutrales oder mädchenhaftes Verhalten zu belohnen (Lytton/Romney 1991). Auch Imitationslernen und die Einsicht in die eigene Geschlechtlichkeit als mögliche Ursachen für geschlechtstypisches Verhalten sind erst in einem Alter möglich, in dem dieses bereits manifest ist (Bischof-Köhler 2006).

Soziokulturelle Ansätze reichen allein als Erklärung nicht aus, um die Unterschiede gänzlich aufzuklären. Damit stellt sich die Frage, ob nicht auch anlagebedingte Faktoren ins Spiel kommen, die gleichsam eine Vorgabe für die Geschlechtsrollensozialisation abgeben und von dieser aufgegriffen, mehr oder weniger verstärkt sowie kulturell überformt werden.

2 Evolutionsbiologische Fakten und ihre Auswirkungen

2.1 Parentale Investition

Um geschlechtstypische Veranlagung zu erklären, müssen wir eine *evolutionstheoretische* Betrachtung anstellen (Bischof/Bischof-Köhler 2000). Diese geht von der Prämisse aus, dass der Mensch bei der Entstehung seiner Verhaltensausstattung in vergleichbarer Weise selektiven Kräften ausgesetzt war wie andere Lebewesen auch. Nur solche Verhaltensdispositionen, die ihren Trägern Fortpflanzungsvorteile gewährten, hatten eine Chance, sich genetisch zu fixieren und von Generation zu Generation weitergegeben zu werden. Und hier nun trennten sich die Wege der Geschlechter.

Geschlechtstypische Verhaltensdispositionen ergeben sich aus einer Asymmetrie in der „parentalen Investition". Darunter versteht man den Aufwand eines Elternteils an Energie, Zeit und Risiko pro Einzelnachkomme auf Kosten möglicher weiterer Nachkommen (Trivers 1978). In dieser Hinsicht differenzierten sich die Geschlechter etwa vor einer halben Milliarde Jahren, als die Lebewesen begannen, zum Landleben überzugehen, womit eine *innere Befruchtung* erforderlich wurde. Als Folge musste einer der beiden Geschlechter das keimende Leben aufnehmen und während einer gewissen Zeit austragen, und diese Funktion fiel auf die Weibchen, weil sie die größeren und unbeweglicheren Eizellen produzieren. Damit erhöhte sich der *mütterliche Aufwand*: Das weibliche Geschlecht kann weitaus weniger Kinder haben als das männliche, denn es muss sich, vom Moment der Konzeption an, länger und intensiver um jeden einzelnen Nachkommen „kümmern". Dies gilt insbesondere für Säugetiere und damit auch für den Menschen. Um den vergleichsweise wenigen Nachkommen eine möglichst gute Startbasis im Daseinskampf zu verschaffen, zahlt es sich aus, dem einzelnen Kind über die Schwangerschaft hinaus weitere Pflege zukommen zu lassen, es zu füttern, zu wärmen, zu schützen. Für das männliche Geschlecht existiert diese Beschränkung nicht. Hier genügt im einfachsten Fall die erfolgreiche Partnersuche und Begattung, womit sich freie Kapazitäten für eine sehr viel größere Zahl von Nachkommen ergeben (Bischof 1979; Daly / Wilson 1983).

Die unterschiedlichen Fortpflanzungsstrategien der Geschlechter haben Konsequenzen für ihre sonstige Verhaltensorganisation, wovon auch noch beim Menschen insbesondere die Fürsorglichkeit und das Konkurrenzverhalten betroffen sind, auf die wir uns im Folgenden konzentrieren wollen.

2.2 Fürsorglichkeit

Aufgrund der hohen parentalen Investition rangiert eine fürsorgliche Disposition für Frauen selektiv an erster Stelle. In allen uns bekannten Kulturen sind Frauen primär für die Kinderbetreuung zuständig. Dabei muss man sich vor Augen halten, dass das Gedeihen des Säuglings über Jahrmillionen unserer Entstehungsgeschichte hinweg allein von der Qualität der mütterlichen Betreuung abhing, da andere Personen hierfür kaum in Betracht kamen. Es ist also schwer vorstellbar, dass fürsorgliche Dispositionen sämtlichen Frauen irgendwann während der Evolution abhanden gekommen sein sollen und entsprechendes Verhalten jetzt *nur* noch anerzogen ist. Dagegen spricht auch die nachweisbare hormonelle Unterfütterung der Pflegemotivation (Blaffer Hrdy 2000).

Wie Untersuchungen belegen, haben fürsorgliche oder zumindest personenorientierte Tätigkeiten für eine Mehrzahl von Frauen einen tieferen Befriedigungswert als für Männern. Daran hat auch die Berufstätigkeit moderner Frauen kaum etwas geändert, denn entgegen anders lautenden Behauptungen sehen sehr viele Frauen in ihrer Lebensplanung durchaus eine Phase der Kinderbetreuung vor und schenken dem sozialen Wirkungsgrad bei der Berufswahl besondere Beachtung (Rhoads 2004). Hierzu passt, dass sie sich stärker von der emotionalen Verfassung anderer betreffen lassen, und eher dazu neigen, *Empathie* und *Mitgefühl* zu empfinden (Eisenberg et al. 2006).

Nun gilt der Hinweis auf weibliche Fürsorglichkeit heute als politisch nicht korrekt – man befürchtet eine Fixierung auf alte Rollenvorstellungen. Dabei wird übersehen, dass Frauen kulturübergreifend neben der Kinderbetreuung immer schon weitere wichtige Beiträge zum Fortkommen der Familie leisteten, etwa indem sie Nahrung beschafften oder Kleidung und Geräte herstellten. Sie dürften also von der Veranlagung her darauf eingestellt sind, sich zusätzlich zur Kinderbetreuung in einer kreativen Beschäftigung selbst zu bestätigen. Die Arbeitsbereiche von Männern und Frauen waren bis in die Neuzeit hinein allerdings immer getrennt. Erst seit die typisch weiblichen Betätigungsfelder durch Technisierung und Industrialisierung zunehmend entwertet wurden, streben Frauen zu Recht in die traditionell männlichen Berufe. Damit geraten sie unvermeidlich in Konkurrenz mit Männern, und dass sie dabei häufig den Kürzeren ziehen, hängt mit Besonderheiten der männlichen Durchsetzungsstrategie zusammen.

2.3 Wettbewerbsorientiertheit

Die höhere männliche Wettbewerbsorientiertheit ergibt sich unmittelbar aus der niedrigeren väterlichen Investition. Potentiell könnten Tiermännchen und eben auch Männer Hunderte von Kindern zeugen, die Frage ist nur, ob sie eine paarungsbereite Partnerin finden, die nicht gerade durch Schwangerschaft oder die Betreuung des Nachwuchses okkupiert ist. Damit entsteht für das männliche Geschlecht die Notwendigkeit, um Partnerinnen zu konkurrieren. Dieser seit Jahrmillionen wirkende Rivalitätsdruck begünstigte jegliche Dispositionen, die einen Vorteil über Konkurrenten boten.

Als erstes sind hier *körperliche Kraft* und *Ausdauer* zu nennen. Wichtiger noch ist die *Motivation*, sich überhaupt dem Konkurrenzkampf zu stellen. Auf die Dauer macht derjenige das Rennen, der *Risiko* und *Abenteuer* nicht nur erträgt, sondern auch Spaß daran findet, was sich unter anderem bereits bei Jungen in der Vorliebe für Raufspiele manifestiert. Männliche Kompetitivität ist allerdings nicht einfach mit erhöhter Aggressivität gleichzusetzen, denn Destruktion des Rivalen ist gar nicht primär das Ziel; es genügt, wenn der Konkurrent aufgibt und sich unterwirft. Um schädliche Begleiterscheinungen des Kampfes zu begrenzen, wird die Aggressivität – wie die Ethologen es nennen – *ritualisiert*. Bei Auseinandersetzung versuchen die Kontrahenten erst einmal, den Rivalen durch Drohen und Imponieren einzuschüchtern, bevor sie sich ernsthaft auf einen Beschädigungskampf einlassen. Das zeigt sich bei Tiermännchen auch in der äußeren Erscheinung: Schon rein morphologisch sind sie auf Schau hin angelegt, etwa durch prächtige Mähnen und Geweihe.

Nicht jede Auseinandersetzung ist erfolgreich. Wer dazu neigt, sich durch Niederlagen entmutigen zu lassen, hat kaum eine Chance, zur Paarung zu gelangen und diese Eigenschaft seinen Söhnen zu vererben. Dagegen wird derjenige bevorzugt sein genetisches Material weitergeben, der über eine gewisse Dickfelligkeit verfügt und unverdrossen immer wieder versucht, zum Zug zu kommen. *Toleranz gegenüber Misserfolg* ist somit eines der wichtigsten Merkmale des männlichen Konkurrenzverhaltens. Ständiges Rivalisieren könnte den Gruppenzusammenhalt gefährden. Dies wird durch die Ausbildung von *Rangordnungen* verhindert. Sie setzen allerdings die Bereitschaft des Einzelnen voraus, sich dem Stärkeren *unterzuordnen*. Unterordnungsbereitschaft ist daher die andere Seite der Medaille des Kampfes um die Macht.

Wegen des hohen Angebots von Bewerbern besteht für das *weibliche Geschlecht* keine Notwendigkeit, um männliche Partner zu konkurrieren; kämpferische Aktivitäten wären für den Nachwuchs sogar ausgesprochen schädigend. Somit entfallen alle Dispositionen, die den Rivalenkampf befördern, was nicht bedeutet, dass das weibliche aggressive Potential niedriger ist; es äußert sich nur anders, und zeigt sich eher reaktiv – bei Tierweibchen etwa in der Verteidigung von Jungen und Futterplätzen. Wie wir sehen werden, gibt es beim Menschen eine zweite Strategie, Rivalität auszutragen, und diese wird auch von Frauen zum Einsatz gebracht.

2.4 Dominanzhierarchie und Geltungshierarchie

Zwischen den Verhaltensmustern rivalisierender Tiermännchen und dem eingangs geschilderten Konkurrenzverhalten bei Jungen finden sich auffällige Parallelen. Die männliche Gruppenstruktur lässt sich als *Dominanzhierarchie* kennzeichnen, sie schließt an das phylogenetisch alte Muster des Konkurrenzkampfes an (Bischof-Köhler 1992). Das Ziel ist die Festlegung der *Machtverhältnisse*, der Vorrang wird – notfalls brachial, bevorzugt aber durch Droh- und Imponierverhalten – *erkämpft*, wobei die Strategien des Wettbewerbs beim Menschen natürlich vielgestaltiger geworden sind. Wer einsieht, dass er keine Chance hat, ordnet sich unter. Der Vorteil dieser Struktur liegt in der Möglichkeit, relativ schnell einen Konsens zu erreichen, sowie in der Bereitschaft, mit ehemaligen Rivalen zu kooperieren. Der Nachteil ist, dass auf persönliche Befindlichkeit keine Rücksicht genommen wird.

Nun können wir Menschen einen hohen Status aber auch durch *Ansehen* gewinnen. In diesem Fall werden Anerkennung und Lob angestrebt. Diese tragen zur Steigerung des Selbstwertes bei – es entsteht eine *Geltungshier-*

archie. Diese Sozialstruktur ist die Basis für die Demokratie. Ihr Vorteil besteht darin, dass die persönliche Meinung zur Geltung kommt und der Einzelne sich keine Vorrechte herausnehmen kann, weil ausufernde Ansprüche durch Entzug der Anerkennung kontrolliert werden können. Das macht diese Struktur allerdings konfliktanfälliger, denn Anerkennung kann man sich nicht erkämpfen, man muss sie gewährt bekommen.

Männer beherrschen *beide* Spielarten des Statusverhaltens. In Frauengruppen ist die motivationale Basis für eine Dominanzhierarchie allenfalls schwach ausgebildet; weibliche Organisationen haben deshalb eher den Charakter reiner Geltungshierarchien und sind damit konfliktanfälliger, wie bereits die Mädchengruppen im Kindergarten zeigen. Auch erwachsene Frauen haben Mühe mit hierarchischen Strukturen und sind weniger geneigt, sich anderen Frauen unterzuordnen. Mitarbeiterinnen ziehen vielfach einen männlichen Chef vor, weil sie eine Chefin für „parteiisch und ungerecht" halten. Die Chefinnen ihrerseits beklagen sich, dass Mitarbeiterinnen „nicht offen" sowie „schwerer zu motivieren" seien und „zuviel persönliche Anteilnahme" erwarteten (Wunderer/Dick 1997). Man sollte deshalb als Frau nicht unbedingt darauf zählen, von Frauen eher gefördert zu werden als von Männern, und das Klischee, Männer seien kompetitiv, Frauen dagegen kooperativ, unterschätzt die Fähigkeit von Männern, zurückzustehen und sich unterzuordnen.

Frauen tragen Rivalität – etwa um einen begehrenswerten Partner – in den seltensten Fällen brachial aus, sie setzen vielmehr vorzugsweise Beziehungsaggression ein, indem sie versuchen, die Rivalin abzuwerten und vor dem Partner schlecht zu machen (Buss 2004).

2.5 Hormonelle Einflüsse

Die Annahme einer anlagebedingten Basis des männlichen Konkurrenzmusters lässt sich durch Befunde aus der Hormonforschung untermauern (Cohen-Bendahan et al. 2005). Diese sprechen dafür, dass diesbezügliche Dispositionen während der Schwangerschaft durch die Wirkung von *Androgenen* entstehen, die der männliche Embryo von der 8. Schwangerschaftswoche an in den Hoden produziert. Die Wirkung der Hormone lässt sich aus Fallgeschichten ableiten, bei denen weibliche Föten unvorhergesehen einer Androgenisierung ausgesetzt waren. Die davon betroffenen Mädchen zeigen typischerweise Wildfangverhalten, benehmen sich also wie Jungen. Sie raufen gern, lieben athletische Sportarten, bevorzugen Jungenspielsachen, sind mehr am Beruf als an der Familie interessiert, zeigen bei der Konfliktlösung das eher männliche brachiale Muster und haben wie Jungen ein besseres visuell-räumliches Vorstellungsvermögen. Neuere Untersuchungen belegen die gleichen Wirkzusammenhänge bei Kindern aus normal verlaufenden Schwangerschaften.

Testosteron spielt auch beim erwachsenen Mann eine zentrale Rolle beim Wettbewerbsverhalten. Die Konzentration des Hormons steigt schon vor dem Wettkampf, vor allem wenn der Gegner als ernstzunehmend eingeschätzt wird, es erhöht die Kampfeslust, macht risikobereit und schärft die Wahrnehmung. Nach hart erkämpften Erfolgen, z. B. beim Tennisspiel steigt das Testosteron weiter, bei einer Niederlage hingegen sinkt es. Derselbe Effekt tritt auch bei bestandener Doktorprüfung oder beim Gewinn im Schachspiel auf. Voraussetzung für den Anstieg ist in jedem Fall, dass der Erfolg dem eigenen Können zugeschrieben werden kann. Bei Frauen gibt es vergleichbare Zusammenhänge nicht. Sofern ihr Androgenspiegel allerdings konstitutionell höher liegt als beim Durchschnitt ihrer Geschlechtsgenossinnen, korreliert dies mit Führungsanspruch und Durchsetzungsorientiertheit (Cashdan 2003).

2.6   Konkurrenz zwischen den Geschlechtern

Dass Frauen in Konkurrenzsituationen mit Männern schnell einmal ins Hintertreffen geraten, lässt sich unmittelbar aus den Vorteilen ableiten, die das phylogenetische Erbe den Männern einräumt. Als erstes wären hier der rigorosere *Durchsetzungsstil* und die stärkere *Wettbewerbsorientiertheit* zu nennen. Männer haben Spaß an Konkurrenzsituationen und schätzen Statusunterschiede in der Gruppe – Frauen wünschen Gleichheit und gehen kompetitiven Konstellationen eher aus dem Weg.

Eine weitere für Mädchen und Frauen nachteilige männliche Eigenschaft ist die höhere *Selbsteinschätzung* bis hin zur Selbstüberschätzung. In einer amerikanischen Untersuchung ließ man Studierende über mehrere Jahre hinweg ihre Noten bei der Semesterabschlussprüfung voraussagen. Die Männer haben sich regelmäßig über-, die Frauen regelmäßig unterschätzt, ohne dass beide aufgrund der Erfahrung ihre Prognosen geändert hätten. Von besonderer Bedeutung ist die Tendenz, selbst bei Misserfolg keine Chance auszulassen. In einem Experiment von Cronin (1980) mussten 10-Jährige bei einem Spiel um den Besitz eines Balles konkurrieren, um andere damit abzuwerfen. Obwohl die meisten oft kaum eine Chance hatten, den Ball zu erhalten, stürzten sich bis zu acht Jungen gleichzeitig auf ihn. Die Mädchen verhielten sich realistischer und versuchten gar nicht erst, den Ball zu fangen, wenn der Erfolg unwahrscheinlich war. Ließ man nun Jungen und Mädchen gegeneinander spielen, dann gerieten letztere hoffnungslos ins Hintertreffen.

Schließlich kann sich auch die männliche Disposition zum Imponierverhalten zum Nachteil von Mädchen und Frauen auswirken. Schon kleine Jungen gelten als *Spezialisten in der Selbstdarstellung*, wenn es darum geht, die anderen mit allen Mitteln zu beeindrucken und gegebenenfalls einzuschüchtern, selbst wenn man dabei nur blufft. Wenn also immer ins Feld geführt wird, Männer würden Frauen „fertigmachen", so liegt dies nicht ausschließlich am härteren männlichen Wettkampfstil; allein schon die Konfrontation mit der höheren Selbsteinschätzung, der unverdrossenen Misserfolgstoleranz und der unverfrorenen Selbstdarstellung schafft ein mindestens genauso großes Problem, weil Frauen sich dadurch entmutigen lassen.

Trotz der viel beschworenen „Powerfrauen", neigen junge Frauen nach wie vor dazu, bei Vorstellungsgesprächen ihre Fähigkeiten herunterzuspielen, während junge Männer diese ungeniert ins rechte Licht rücken (Wawra 2004). Hinzukommt – wiederum als Folge des phylogenetischen Erbes –, dass die männliche Strategie mit *Erfolg* und *Misserfolg* umzugehen, ausgesprochen selbstgefühlschonend ist: Erfolg wird dem eigenen Können, Misserfolg dagegen zu geringer Anstrengung oder äußeren Umständen zugeschrieben. Beim weiblichen Geschlecht ist es genau umgekehrt: Mädchen halten weniger vom eigenen Talent und neigen dazu die Schuld für Versagen bei sich selbst zu suchen (Ruble / Martin 1998).

3 Natur und Kultur

Angesichts dieser Bilanz spricht einiges dafür, dass bei den geschlechtstypischen Verhaltenstendenzen Dispositionen im Spiel sind, die an ein phylogenetisches Erbe anschließen. Damit stellt sich die Frage, was sich bei dieser Ausgangslage durch Erziehung ändern lässt. Vielfach hofft man, der Diskriminierung den Boden zu entziehen, indem man die Geschlechtsstereotype zum Verschwinden bringt, wobei derzeit in erster Linie an eine „Dekonstruktion von Männlichkeit" gedacht wird (kritisch hierzu Tischner 2008). Wenn Stereotype aber nicht willkürlich konstruiert sind, sondern anlagebedingte Dispositionen thematisieren, dann lassen sie sich nicht einfach per Dekret aus der Welt schaffen. Eine erfolgreiche Änderung der Geschlechtsrollen hängt vielmehr davon ab, von welchen Prämissen man ausgeht, und in diesem Kontext sind einige Fehlannahmen auszuräumen.

Die Wirkung der Veranlagung wird häufig dahingehend missverstanden, sie lasse Veränderungen nicht zu, weshalb es verpönt ist, sie auch nur zu erwägen. Prinzipiell legen angeborene Dispositionen unser Verhalten nicht fest. Sie sind in unserer Entstehungsgeschichte lange vor dem rationalen Denken als Mechanismen der Verhaltenssteuerung evoluiert. Sie wurden durch die Vernunft aber nicht abgelöst, sondern überformt und äußern sich auch heute noch als *Neigungen*, *Emotionen*, *Interessen* und *Fähigkeiten*, in denen sich die Geschlechter schwerpunktmäßig unterscheiden. Anders als bei Tieren determinieren diese Dispositionen unser Verhalten aber nicht, sondern wirken sich je nach Sozialisationseinflüssen unterschiedlich aus. Lernen können wir alles, auch wenn es der Veranlagung nicht entspricht.

Wenn diese gleichwohl ins Spiel kommt, dann insofern, als manche Verhaltensweisen leichter erlernbar sind, während andere mehr Mühe bereiten.

Eine weitere Fehlannahme äußert sich in dem vielfach vorgebrachten Argument, Eigenschaften könnten nur anlagebedingt sein, wenn sie bei allen Individuen und in allen Kulturen gleich stark in Erscheinung träten. Richtig ist dagegen, dass es sich um *statistische Verteilungen* handelt, die sich mehr oder weniger stark überlappen; ein Teil von Frauen hat männliche und ein Teil von Männern weibliche Züge. Das wiederum meint man dahingehend auslegen zu können, die Unterschiede doch gleich ganz zu vernachlässigen. Aus zwei Gründen wäre dies kontraproduktiv: Erstens tritt eine Eigenschaft, wie etwa Wettbewerbsorientiertheit in ihrer stärksten Ausprägung gehäuft nur bei einem Geschlecht auf, dann hat dieses auf jeden Fall dort einen Vorteil, wo es auf diese Eigenschaft ankommt. Zweitens können sich geringfügige Unterschiede bei Konfrontation der Geschlechter verstärken. Besonders tritt dieser polarisierende Effekt in Situationen mit Wettbewerbscharakter hervor. Jungen und Männer haben hier nicht nur einen Vorteil, weil sie mit härteren Bandagen kämpfen, sondern auch, weil viele Mädchen und Frauen sich durch die männliche Selbstdarstellung und das ungehemmtere Vorgehen einschüchtern und in ihrem Selbstbild beeinträchtigen lassen. Dies trifft vor allem auch für Leistungsbereiche zu, in denen sich das männliche Geschlecht leichter tut, wie etwa in der Informatik, womit sich die Frage nach dem Nutzen bzw. Schaden der Koedukation stellt. So wählen Mädchen und Jungen unter koedukativen Bedingungen seltener die als geschlechtsuntypisch geltenden Wahlfächer; auch sind sie bei Beschreibung des eigenen und des anderen Geschlechts stärker an den Stereotypen orientiert (Boldt 2008). Unter Koedukation vollzieht sich also genau das Gegenteil einer Angleichung. Das Ungleichgewicht zwischen der männlichen und der weiblichen Selbsteinschätzung findet letztlich in einer kulturübergreifend mehr oder weniger ausgeprägten *Überbewertung von Männlichkeit* seine Entsprechung, worin eine wesentliche Wurzel der Diskriminierung zu sehen ist (Bischof-Köhler 2006).

Prinzipiell ist es für die Effizienz erzieherischer Maßnahmen von entscheidender Bedeutung, ob man von Gleichheit oder Verschiedenartigkeit der Anlage ausgeht. Die vielfach propagierte Gleichbehandlung wäre nur dann angebracht, wenn sich Jungen und Mädchen in der Veranlagung *nicht* unterscheiden. Sind sie in Wirklichkeit aber von Natur aus verschieden, so ist Gleichbehandlung kontraproduktiv: geschlechtstypische Dispositionen schlagen umso kräftiger durch, wie das Beispiel der Kinderläden zeigt. Will man also etwa bewirken, dass Frauen sich im Wettbewerb besser behaupten und Männer sich stärker in der Kinderbetreuung engagieren, dann wird sich dies wohl schwerlich ohne *geschlechtsspezifisches Training* verwirklichen lassen. Dabei darf nicht vergessen werden, dass die dispositionelle Stärke einer Eigenschaft nicht nur zwischen, sondern auch innerhalb der

Geschlechter variiert. Der Erwerb eines gegengeschlechtlichen Verhaltens wird also denjenigen leichter fallen, denen dieses schon von Veranlagung eher liegt, während es bei Individuen, bei denen die entsprechende Disposition nur schwach oder gar nicht angelegt ist, eines höheren Aufwands bedarf. Damit stellt sich die grundsätzliche Frage, ob sich eigentlich alle Jungen und Mädchen bestimmte Verhaltensweisen aneignen sollen, ohne dass man ihren individuell mehr oder weniger ausgeprägten Neigungen Rechnung trägt, oder ob nicht vielmehr in erster Linie eine *Gleichbewertung* der Geschlechter anzustreben wäre, und dies bei gleichzeitiger Achtung und Förderung ihrer *Verschiedenheit*.

Literatur

Archer, J., Coyne, S. M. (2005): Indirect, Relational, and Social Aggression. Journal of Personality and Social Psychology 9, 212–230
Bischof, N. (1979): Der biologische Sinn der Zweigeschlechtlichkeit. In: Sullerot, E. (Hrsg.): Die Wirklichkeit der Frau. München
–, Bischof-Köhler, D. (2000): Die Differenz der Geschlechter aus evolutionsbiologischer und entwicklungspsychologischer Perspektive. Nova Acta Leopoldina 315, 79–96
Bischof-Köhler, D. (2008): Geschlechtstypisches Verhalten von Jungen aus evolutionstheoretischer und entwicklungspsychologischer Perspektive. In: Matzner, M., Tischner, W. (Hrsg.): Handbuch Jungen-Pädagogik. Weinheim, 18–33
– (2006): Von Natur aus anders. Die Psychologie der Geschlechtsunterschiede. 3. Aufl. Stuttgart
– (1992): Geschlechtstypische Besonderheiten im Konkurrenzverhalten. In: Krell, G., Osterloh, M. (Hrsg.): Personalpolitik aus der Sicht von Frauen. München, 251–281
Blaffer Hrdy, S. (2000) Mutter Natur. Die weibliche Seite der Evolution. Berlin
Boldt, U. (2008): Jungen und Koedukation. In: Matzner, M., Tischner, W. (Hrsg.): Handbuch Jungen-Pädagogik. Weinheim, 136–149
Buss, D. M. (2004): Evolutionäre Psychologie. München
Cashdan, E. (2003): Hormones and Competitive Aggression in Women. Aggressive Behavior 29, 107–115
Cohen-Bendahan, C. C., van de Beek, C., Berenbaum, S. A. (2005): Prenatal Sex Hormone Effects on Child and Adult Sex-Typed Behavior. Methods and Findings. Neuroscience & Biobehavioral Reviews 29, 353–384
Cronin, C. L. (1980): Dominance Relations and Females. In: Omark, D. R., Strayer, F. F., Freedman, D. G. (Hrsg.): Dominance Relations. An Ethological View of Human Conflict and Social Interaction. New York, 299–318
Daly, M., Wilson, M. (1983): Sex, Evolution and Behaviour. Belmont
Eisenberg, N., Fabes, R. A., Spinrad, T. L. (2006): Prosocial Development. In:

Damon, W., Eisenberg, N. (Hrsg.): Handbook of Child Psychology Vol. 3. New York, 701–862

Lytton, H., Romney, D. M. (1991): Parents' Differential Socialization of Boys and Girls. A Metaanalysis. Psychological Bulletin 109, 267–296

Maccoby, E. E. (2000): Psychologie der Geschlechter. Sexuelle Identität in den verschiedenen Lebensphasen. Stuttgart

Nickel, H., Schmidt-Denter, U. (1980): Sozialverhalten von Vorschulkindern. München

Omark, D. R., Strayer, F. F., Freedman D. G. (1980): Dominance Relations. An Ethological View of Human Conflict and Social Interaction. New York

Rhoads, S. E. (2004): Taking Sex Differences Seriously. San Francisco

Ruble, D. N., Martin, C. L. (1998): Gender Development. In: Damon, W., Eisenberg, N. (Hrsg.): Handbook of Child Psychology. Vol. 3, 933–1016

Savin-Williams, R. C. (1987): Dominance Hierarchies in Groups of Early Adolescents. Child Development 50, 923–935.

Stern, M., Karraker, K. H. (1989): Sex Stereotyping of Infants. A Review of Gender Labeling Studies. Sex Roles, 20, 501–522

Tischner, W. (2008): Bildungsbenachteiligung von Jungen im Zeichen von Gender-Mainstreaming. In: Matzner, M., Tischner, W. (Hrsg.): Handbuch Jungen-Pädagogik. Weinheim, 343–361

Trivers, R. L. (1978): Parental Investment and Sexual Selection. In: Clutton Brock, T. H., Harvey, P. H. (Hrsg.): Readings in Sociobiology. Freeman, 52–97

Wawra, D. (2004): Männer und Frauen im Job Interview. Eine evolutionspsychologische Studie zu ihrem Sprachgebrauch im Englischen. Münster

Wunderer, R., Dick, P. (1997): Frauen im Management. Besonderheiten und personalpolitische Folgerungen. Eine empirische Studie. In: Wunderer, R., Dick, P. (Hrsg.): Frauen im Management. Neuwied, 5–20

Einüben, Üben, Ausüben. Körperbildung in Kursen der Erwachsenenbildung

Von Matthias Herrle, Jörg Dinkelaker und Jochen Kade

1 Körperbildung in Kursen

Körper werden in der Erwachsenenbildung zum Gegenstand von Bildungsanstrengungen, wenn Lernende gezielt an neue Bewegungsmuster herangeführt werden. Die unterschiedlichen Angebote der Erwachsenenbildung, in denen ein solches körperliches Umlernen begleitet und angeleitet wird, haben ihren programmatischen Fluchtpunkt im Ideal gesteigerter Gesundheit. Die Etablierung einer solchen gesundheitsorientierten Körperbildung beginnt in den 1980er-Jahren im Zusammenhang einer medizinskeptischen Gesundheitsbewegung:

> „Für die Herausbildung des Angebotsschwerpunkts Gesundheitsbildung […] ist die kritische Distanz zum medizinischen und naturwissenschaftlichen Wissenschaftsverständnis charakteristisch" (Hoh/Barz 1999, 297).

Diese Gesundheitsbildung realisiert sich nur am Rande als gesundheitliche Aufklärung, sondern vollzieht sich in aller Regel in Praktiken des Einübens, des Übens und des Ausübens von als körperstärkend eingeschätzten Ernährungs-, Wahrnehmungs- und Bewegungskulturen. Dadurch wird sie zur körperorientierten Gesundheitsbildung. Heute stellt dieser junge Bereich neben Sprachkursen das zweite Standbein der nicht beruflich orientierten Erwachsenenbildung dar.

Die Bildung des Körpers in der Erwachsenenbildung ist am Individuum orientiert, aber nicht ausschließlich, denn sie findet in der Sozialform Kurs statt. In Kursen werden aber Gruppen von Individuen „unterrichtet". Um Körperbildung in Kursen zu verstehen, ist daher zu fragen, wie in ihnen individuelle Körper gebildet werden, wie sie dabei miteinander interagieren und inwiefern sie in diesem Prozess auch einen synchronisierten „Gruppenkörper" hervorbringen.

Im Rahmen des Projekts „Bild und Wort: Erziehungswissenschaftliche Videografie – Kurs- und Interaktionsforschung" (Kade/Nolda 2006) wurden unter anderem Kurse der Körperbildung daraufhin untersucht, welche Formen des interaktiven Umgangs mit Lernen in ihnen beobachtet werden können. Damit wurden empirische Einblicke in realisierte Angebote der Körperbildung eröffnet, die Aussagen darüber erlauben, wie jenseits programmatischer Ankündigungen Körperbildung praktisch vollzogen wird.

Nach einem Überblick über Programmatik und Angebote der Körperbildung in Kursen der Erwachsenenbildung (Abschnitt 2) beschreiben wir am Beispiel zweier Kurse des Bewegungslernens die Interaktionsmuster des Umgangs mit Körpern, die diesen Bereich des Lernens Erwachsener prägen. Die beobachtbare Trias von Einüben, Üben und Ausüben findet ihren Fluchtpunkt in der Aufgabe einer kollektiven „Anähnlichung" (Wulf 2001, 257) von Körpern an kulturelle Wahrnehmungs-, Bewegungs- und Ausdrucksmuster (Abschnitt 3). Darin zeigt sich eine prinzipielle Differenz zwischen pädagogisch und naturwissenschaftlich orientierten Formen der operativen Einwirkung auf den Körper Erwachsener (Abschnitt 4).

2 Angebote der Körperbildung in der allgemeinen Erwachsenenbildung

In der Erwachsenenbildung / Weiterbildung hat sich als Bildungsideal des Körpers eine sehr umfassend verstandene Vorstellung von Gesundheit etabliert. Unter Rückgriff auf den Gesundheitsbegriff der WHO von 1948 – „Gesundheit ist der Zustand des vollständigen körperlichen, geistigen und sozialen Wohlbefindens und nicht nur des Freiseins von Krankheiten und Gebrechen" – wird als Ziel von Gesundheitsbildung formuliert, „dass Menschen mehr Möglichkeiten haben, positiven Einfluss auf ihre eigene Gesundheit und die Anderer sowie auf ihre Lebensbedingungen auszuüben" (Bundesvereinigung für Gesundheit 1997, 12). Dabei spielt die Fokussierung auf salutogene Faktoren – im Unterschied zu pathogenen Faktoren – eine entscheidende Rolle (Antonovsky 1997). Dies ist mit dem Versuch verbunden, gesundheitsförderliche Lebensformen zu erlernen und zu praktizieren.

Die vor dem Hintergrund dieser Programmatik stattfindenden Angebote der Körperbildung in Kursen der Erwachsenenbildung sind mittlerweile neben Angeboten des Sprachenlernens ein nicht zuletzt auch ökonomisch tragender Bestandteil der nicht beruflich orientierten Erwachsenenbildung (Voigt 2004). Größter Anbieter von Kursen der Gesundheits- und damit der Körperbildung sind die Volkshochschulen. Dort etabliert sich dieser Bereich mit 29,5 % der angebotenen Veranstaltungen fast gleichauf mit Sprachen (30,5 % der Kurse) und deutlich vor „Kultur-Gestalten" (16,4 % der Kurse) (Reichert / Huntemann 2007). Den Hauptanteil der Kurse der Gesundheitsbildung machen wiederum Angebote zum Bewegungslernen aus. Diese werden in der Statistik unterschieden in die Themenbereiche „Gymnastik / Bewegung / Körpererfahrung" (47,3 % der Kurse) und „Autogenes Training / Yoga / Entspannung" (25,2 % der Kurse). Weitaus weniger Bedeutung hat der Themenbereich „Ernährung" (12,5 % der Kurse).

Die an gesundheitlicher Aufklärung orientierten Angebote zu „Erkrankungen / Heilmethoden" machen lediglich 3,9 % der Kurse aus.

3 Praktiken der Körperbildung: Einüben, Üben und Ausüben

Welcher Umgang mit Körpern und Lernen sich in diesen Kursen gesundheitsorientierter Körperbildung realisiert, wird im Folgenden anhand zweier Kurse des Bewegungslernens gezeigt: einem entspannungsorientierten Kurs „Yoga für Anfänger / -innen" und einem bewegungsorientierten Kurs „Orientalischer Tanz – Aufbaukurs". Die videografische Analyse von Kursen der Körperbildung zeigt: Die Bildung von Körpern geschieht als Annäherung an und Praktizieren von Bewegungskulturen (Andersen 2001). In Kursen, also angeleitet und gemeinsam, übt eine Gruppe von Lernenden diese kulturellen Praktiken ein, übt sich in ihnen und übt sie aus. Körperbildung ist damit Initiation in eine dem alltäglichen, d.h. gewohnten und routinisierten Umgang mit Körpern als überlegen eingeschätzte kulturelle Praxis.

Die drei Interaktionspraktiken Einüben, Üben und Ausüben ergänzen sich in diesem Prozess gegenseitig: Beim *Einüben* wird den Lernenden von den Lehrenden gezeigt, wie sie eine bestimmte Körperbewegung oder -haltung auszuführen haben. Dies geschieht durch verbales Erklären und durch körperliches Vormachen. Beim *Üben* steht das wiederholte Vollziehen und Korrigieren von Bewegungen im Vordergrund, die von den Lernenden noch nicht beherrscht werden, aber beherrscht werden sollen. Die untersuchten Kurse bleiben allerdings nicht beim gemeinsamen Üben stehen, vielmehr werden die im Kurs eingeübten und geübten Bewegungen auch *ausgeübt*. Die kulturelle Praxis, in die die Lernenden eingeführt werden sollen, wird dann gemeinsam vollzogen, als ob die Lernenden bereits kompetente Träger der Kultur wären.

Der Dreischritt von Einüben, Üben und Ausüben (zu einer anderen Fassung dieser Trias Prange / Strobel-Eisele 2006) lässt sich in unterschiedlichen Ausprägungen in allen untersuchten Kursen der Körperbildung aufweisen. Was beim Einüben, Üben und Ausüben jeweils getan wird und welche Funktionen diese unterschiedlichen Praktiken für Körperbildung im Kurszusammenhang haben, soll im Folgenden exemplarisch an zwei Volkshochschulkursen zum Bewegungslernen aus dem Bereich der Gesundheitsbildung: „Orientalischer Tanz – Aufbaukurs" und „Yoga für Anfänger / -innen", gezeigt werden. Yoga und orientalischer Tanz stehen hier für eine Vielzahl unterschiedlicher Bewegungskulturen, in die in Kursen der Körperbildung eingeführt wird. Nicht die Spezifika dieser beiden Referenzkulturen, sondern die allgemeinen Muster des Umgangs mit ihnen, stehen im Zentrum der weiteren Ausführungen. Die beiden Fälle fungieren als Beispiele, um Einheitlichkeiten und Varianten dieser Grundformen zu verdeutlichen.

Der Kurs „*Orientalischer Tanz – Aufbaukurs*" hat laut Ausschreibung zum Ziel, neben der Vertiefung von Grundschritten sowie dem Erlernen und tänzerischen Umsetzen von rhythmisierten Schrittkombinationen und Bewegungsabläufen, „den Teilnehmerinnen beim gemeinsamen Bewegen den besonderen Reiz dieses jahrhundertealten Tanzes zu vermitteln." Das Kursangebot richtet sich ausschließlich an Frauen. Dieser Adressatenkreis wird allerdings nicht weiter spezifiziert. Vielmehr wird die Offenheit des Angebots für ganz unterschiedliche Teilnehmerinnen betont – „Frauen jeden Alters und jeder Figur" – und damit medial vermittelten Schönheitserwartungen widersprochen. Ein Fluchtpunkt des Kursgeschehens soll die Vergemeinschaftung der unterschiedlichen Teilnehmerinnen im synchron aufgeführten Tanz darstellen. So soll kollektiv eine fremde Kultur zur Aufführung gebracht werden.

Der Kurs „*Yoga für Anfänger/-innen*" hat laut Ausschreibung zum Ziel, durch „einfache Körperübungen (Asanas)", bei denen Verspannungen gelöst sowie Kraft, Ausdauer und Flexibilität entwickelt werden, Entspannung herzustellen, die als Voraussetzung „für Ruhe und Ausgeglichenheit im Alltag" beschrieben wird. Wer von dieser Kursankündigung angesprochen werden soll, wird in der Ausschreibung nicht explizit genannt. Erwartbar ist allerdings die Anwesenheit von Personen mit gesundheitlichen Problemen, da auf die Möglichkeit der Erstattung der Kursgebühren durch die Krankenkasse hingewiesen wird. Während beim Tanzkurs durch die gemeinsam vollzogenen Körperbewegungen ein „sozialer Körper" erzeugt werden soll, wird beim Yoga-Kurs keine Kollektivierung, sondern Individualisierung angestrebt. Um einerseits die Entwicklung ökonomischer Imperative wie Kraft, Ausdauer und Flexibilität zu ermöglichen und dabei zugleich psychosomatisches Wohlbefinden – Entspanntheit, Ruhe und Ausgeglichenheit – zu erzeugen, sollen Körperhaltungen erlernt werden, die es ermöglichen, individuell unterschiedliche körperliche und geistige Hemmnisse abzulegen und in ‚kollektiver Vereinzelung', inspiriert durch eine fremde Kultur, eine über den Kurszusammenhang hinaus gehende Ausgeglichenheit zu empfinden.

Sowohl der Tanzkurs als auch der Yogakurs sind im Programmheft der jeweiligen VHS der Rubrik „Gesundheit" zugeteilt. Darüber hinaus werden in den Kursankündigungen aber ganz unterschiedliche Schwerpunkte gelegt und Spannungsverhältnisse etabliert. Gemeinsam ist beiden Kursen der Rückgriff auf fremde Kulturen der Körperlichkeit – Kulturen, die im Alltag so (noch) nicht gelebt werden und deswegen erlernt und eingeübt werden müssen. Weil ihre Praktizierung als gesünder angesehen wird als die Praktizierung alltäglicher Kulturen, ist eine Beteiligung an ihnen nicht nur als Körperbildung, sondern auch als Gesundheitsbildung zu verstehen. Die Teilhabe an diesen kulturellen Praktiken erfolgt angeleitet durch eine Kursleiterin, beim orientalischen Tanz im Medium rhythmisierter Körperbewegungen, beim Yoga im Medium meditativer Körperhaltungen. Dabei werden unterschiedliche Ziele angegeben. Während beim orientalischen Tanz die Vergemeinschaftung im Tanz und das Kennenlernen einer Kultur in den Vordergrund gestellt werden, wird beim Yoga-Kurs betont, dass mit Hilfe individueller körperlicher und mentaler Übungen eine bestimmte geistige Grundstimmung erzeugt wird. Daraus ergibt sich ein grundlegendes Spannungsverhältnis des Tanzkurses zwischen den beiden Polen „individueller Körper" vs. „kollektiver Körper": Wie viel körperliche Individualität ist bei der Aufführung eines kollektiven Körpers möglich? Demgegenüber ist der Yoga-Kurs nicht durch ein inter-individuelles Spannungsverhältnis gekennzeichnet. Zentral ist dort vielmehr die Bearbeitung des intra-individuellen Spannungsverhältnisses zwischen Körper und Geist: Wie können bestimmte geistige Haltungen in körperlichen Aufführungen realisiert werden?

Obwohl sich die in den Ausschreibungen ausgewiesenen Ziele und Spannungsverhältnisse unterscheiden, ähneln sich die Interaktionspraktiken, die im Vollzug der Kurse zum Einsatz gebracht werden, um einen Übergang vom ungebildeten zum gebildeten Körper (zum hier zugrundegelegten Lernbegriff Dinkelaker 2007) zu ermöglichen: Zunächst werden neue Bewegungsmuster bzw. Körperhaltungen eingeübt, dann werden sie geübt. Schließlich wird die mit dem Bewegungsmuster neu erlernte Kultur im Kurszusammenhang ausgeübt und es wird auf weitere Möglichkeiten des Ausübens außerhalb der Kurse verwiesen. Mit diesem Dreischritt folgt Körperbildung in Kursen einem allgemeinen Muster pädagogischer Sequenzen. Am Anfang steht das Kennenlernen, die Annäherung von Lernenden und Lerngegenstand. Es folgt eine Phase intensiver Bearbeitung, die Auseinandersetzung der Lernenden mit dem Lerngegenstand. Am Ende steht der Überwindung der Lernsituation, der angeleitete Übergang in die selbsttätige Anwendung des Gelernten (Kade/Seitter 2007).

3.1 Einüben

Mit der Interaktionspraktik des Einübens wird das Problem bearbeitet, dass bestimmte Körperhaltungen oder -bewegungen den Teilnehmenden eines Kurses unbekannt sind oder vergessen wurden. Das *Kennen*lernen von Techniken der Körperhaltung/-bewegung zielt auf die Bearbeitung dieses Problems. Dabei tritt die Kursleiterin als Wissensvermittlerin auf, die die Aufmerksamkeit der Teilnehmenden auf bestimmte Körperregio-

Einüben, Üben, Ausüben. Körperbildung in Kursen der Erwachsenenbildung   139

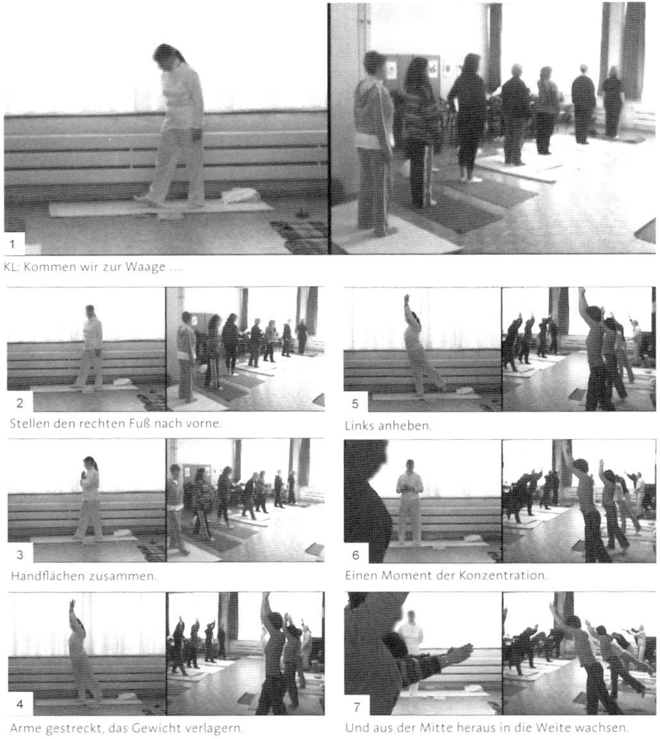

Abb. 2: Einüben als verbales Anweisen mit ansatzweisem Vormachen

Abb. 1: Einüben als Vormachen mit verbaler Kommentierung

nen lenkt und die zu erlernende Bewegung oder Haltung aufführt und / oder verbal beschreibt. Charakteristisch für diese Praktik ist die große Distanz der lernenden Personen zum Lerngegenstand. Die zu erlernende, kulturellkontextuierte Körperbewegung oder -haltung ist den Teilnehmenden noch fremd und wird von ihnen keineswegs authentisch verkörpert.

3.1.1 Einüben: „Orientalischer Tanz – Aufbaukurs"

Beim Tanzkurs realisiert sich die Praktik des Einübens als Vormachen neuer oder vergessener Tanzfiguren mit verbaler Kommentierung und Taktung der Kursleiterin. Die Teilnehmerinnen schauen überwiegend zu, vereinzelt machen manche Teilnehmerinnen die Bewegung mit (Abb. 1).

Die Aufführung der neuen Tanzfiguren und Schritte orientiert sich an der Differenz bekannt / unbekannt. Die Markierung der Unbekanntheit einer bestimmten Körperbewegung im Interaktionszusammenhang fungiert als konstitutive Bedingung zur Initiation des Musters „Einüben". Diese Unbekanntheit wird im einen Fall auf den defizitären Anwesenheitsstatus bestimmter Personen in der Vergangenheit oder auf defizitäre Gedächtnisleistungen von in der Vergangenheit anwesenden Personen zurückgeführt. Markiert wird dies im Interaktionszusammenhang durch das Nachfragen von Teilnehmerinnen oder durch Defizitzuschreibungen der Kursleiterin. Im anderen Fall wurde die Figur in der Vergangenheit noch nicht vermittelt und wird von der Kursleiterin als allen Teilnehmenden unbekannt unterstellt.

Um den Teilnehmerinnen die neue Figur bekannt zu machen, führt die Kursleiterin sie verlangsamt und wiederholt körperlich auf und kommentiert ihre Aufführung verbal, indem sie die Aufmerksamkeit einerseits auf zu beachtende Aspekte bei der Umsetzung der Figur lenkt und andererseits den Takt zählt, in dem die Schrittkombination zu vollziehen ist. Der Bezug der Körperbewegung zum Zeitpunkt ihrer Aufführung fungiert in diesem Zusammenhang als ein zu erlernendes Synchronisationsprinzip, das die Vereinigung von orientalischer Musik mit den unterschiedlichen Körperpräsentationen der Teilnehmerinnen antizipiert.

Die Teilnehmerinnen beziehen sich auf die Vermittlungsaktivitäten der Kursleiterin, indem sie zuhören und zuschauen und z. T. die Figur im Ansatz nach- oder mitvollziehen. Zur Aneignung des Lerngegenstands richten sie ihren Blick auf die Kursleiterin, auf das Spiegelbild der Kursleiterin und / oder auf andere Teilnehmerinnen, die die Körperbewegung mitvollziehen.

3.1.2 Einüben: „Yoga für Anfänger / -innen"

Beim Yoga-Kurs realisiert sich die Praktik des Einübens als ausführliche Verbalisierung von Anweisungen und ansatzweises Vormachen der Kursleiterin. Die Teilnehmenden vollziehen die Körperhaltung zumeist gleich mit (Abb. 2).

Auch hier orientiert sich die Aufführung neuer Körperhaltungen an der Differenz bekannt/unbekannt gemäß dem oben geschilderten Muster – mit dem Unterschied, dass hier keine unaufgeforderten explizit-verbalen Nachfragen von Teilnehmenden auftreten. Die Unbekanntheit von Körperhaltungen wird von der Kursleiterin entweder erfragt oder schlicht vorausgesetzt.

Um den Teilnehmenden die neue Körperhaltung bekannt zu machen, erklärt die Kursleiterin ausführlich, in welche Position welche Körperpartien gebracht werden müssen und schildert Empfindungen bzw. geistige Haltungen, die sich dabei einstellen (sollen). Körperlich präsentiert sie die Körperhaltung oft nur ansatzweise. Der Bezug der Körperhaltung zu einer bestimmten Empfindung bzw. geistigen Haltungen fungiert in diesem Zusammenhang als ein zu erlernendes Synchronisationsprinzip, das die Vereinigung einer meditativen inneren Haltung mit den unterschiedlichen Körperpräsentationen der Teilnehmenden antizipiert.

3.1.3 Gegenüberstellung der unterschiedlichen Varianten von Einüben

Gemeinsam ist beiden Varianten des Einübens die interaktive Markierung von Unbekanntheit bestimmter Körperbewegungen bzw. -haltungen einhergehend mit der kursleiterinduzierten Aufführung von Praktiken zur Steigerung der Wahrscheinlichkeit der Bekanntheit selbiger. Markiert wird die Unbekanntheit durch Nachfragen von Kursleiterin und Teilnehmerinnen im Falle des Tanzkurses und durch Nachfragen der Kursleiterin im Falle des Yogakurses. In beiden Kursen findet ebenso die Unterstellung von Unbekanntheit durch die Kursleiterin statt – besonders im Yogakurs.

Die Praxis, die das Muster des Einübens kennzeichnet, ist in beiden Fällen die Verknüpfung der Darstellung von etwas Neuem durch die Kursleiterin mit der Rezeption und dem (ansatzweisen) Mitvollzug der als defizitär charakterisierten Teilnehmenden. Während sich die Darstellungspraktik im Tanzkurs auf das körperliche Zeigen konzentriert, liegt der Schwerpunkt im Yogakurs auf der sprachlichen Beschreibung. Im ersten Fall wird das Gezeigte verbal kommentiert, im zweiten Fall wird das Beschriebene ansatzweise körperlich dargestellt. Die unterschiedlichen Vermittlungspraktiken der Kursleiterinnen gehen einher mit unterschiedlichen Aneignungspraktiken der Teilnehmenden. Während im Tanzkurs die Teilnehmerinnen überwiegend zuschauen und nur zum Teil die Körperbewegungen gleich mitvollziehen, erweist sich der synchrone Mitvollzug aller Teilnehmenden als charakteristisch für den Yogakurs, wo alleiniges Zuschauen nur in Ausnahmefällen registriert werden kann.

Bereits beim Einüben von Körperbewegungen und -haltungen werden die unterschiedlichen Zielorientierungen der beiden Kurse sichtbar. Während beim Tanzkurs die Aufführung von Körperbewegungen in Zusammenhang mit einem für alle verbindlichen Rhythmus gebracht wird, wird beim Yogakurs die Beschreibung von Körperhaltungen in Zusammenhang mit bestimmten Empfindungsqualitäten und inneren Einstellungen gebracht.

3.2 Üben

Mit der Interaktionspraktik des Übens wird das Problem bearbeitet, dass bestimmte Körperhaltungen oder -bewegungen den Teilnehmenden zwar bekannt im Sinne von kognitiv präsent sind, diese aber noch nicht routinemäßig aufgeführt werden können. Im Zentrum steht das Erlernen des *Könnens*, der Beherrschung von Techniken der Körperhaltung /-bewegung. Zu diesem Zweck wiederholt die Kursleiterin bestimmte Bewegungen gemeinsam mit der Gruppe und / oder betreut die Aufführung der Teilnehmenden, indem sie diese kontrolliert und bei Bedarf korrigiert oder lobt. Charakteristisch für diese Praktik ist das Undeutlichwerden der Differenz von Lerngegenstand und lernender Person. In der Übergangsphase des Übens versuchen sich die Teilnehmenden so zu verhalten, als wären die zu erlernenden Techniken bereits durch sie inkorporiert. Die Bewegungsmuster werden gemeinsam aufgeführt. Korrekturen und Wiederholungen machen jedoch deutlich, dass noch immer eine Differenz zwischen Lerngegenstand und Person besteht.

3.2.1 Üben: „Orientalischer Tanz – Aufbaukurs"

Beim Tanzkurs realisiert sich die Praktik des Übens als wiederholende, gemeinsame Darstellung von Körperbewegungen im Takt mit begleitenden Korrekturen der Kursleiterin (Abb. 3).

Die wiederholende Aufführung von bereits bekannten, aber noch nicht gekonnten Körperbewegungen orientiert sich an der Differenz gekonnt / nicht-gekonnt. Die Unterstellung des Kennens bei gleichzeitiger Markierung von Nicht-Können fungiert als konstitutive Bedingung zur Initiation und Reproduktion des Musters „Üben". Dieses Nicht-Können wird einem unzureichenden Übersetzungsvermögen von kognitiv präsenten hin zu körperlich aufgeführten Bewegungen zugerechnet. Erkennbar wird es im Interaktionszusammenhang durch ein Teilnehmendenverhalten, das sichtbar von der kursleiterorientierten Gruppennorm abweicht. Dieses abweichende Verhalten wird von der Kursleiterin stillschweigend – über den Spiegel – rezipiert oder explizit markiert.

Einüben, Üben, Ausüben. Körperbildung in Kursen der Erwachsenenbildung 143

Abb. 4: Üben als andauernde individuelle Darstellung von Körperhaltungen

Abb. 3: Üben als wiederholte kollektive Darstellung von Körperbewegungen

Um das Können von neuen wie auch alten Figuren zu ermöglichen, führt die Kursleiterin die Figur im Takt der Musik vor, begleitet durch verbale Einwürfe, die an bestimmte Bewegungsarten oder -wechsel zu bestimmten Zeitpunkten im Gesamtablauf erinnern sollen. Die Teilnehmenden vollziehen die Körperbewegungen synchron mit und gleichen dabei ihre Aufführung mit der direkt und durch den Spiegel beobachtbaren Vorgabe der Kursleiterin und der übrigen Teilnehmerinnen ab. Diese Möglichkeit der Selbstkorrektur wird durch korrigierendes Eingreifen der Kursleiterin, die die Teilnehmenden durch den Spiegel beobachten kann, ergänzt. Sie spricht die Gruppe allgemein oder einzelne Teilnehmende gezielt an, markiert das falsche Agieren, stellt das korrekte Agieren körperlich dar und kommentiert es verbal. Durch das Zusammenspiel von wiederholender Darstellung und Korrektur formiert sich sukzessive ein sich kollektiv zum Takt der Musik bewegender „Gruppenkörper".

3.2.2 Üben: „Yoga für Anfänger/-innen"

Beim Yogakurs realisiert sich die Praktik des Übens als eine durch die Kursleiterin betreute und bewertete individuelle Darstellung von Körperhaltungen der Teilnehmenden (Abb. 4).

Auch hier orientiert sich die wiederholende Darstellung von Körperhaltungen an der Differenz gekonnt/nicht-gekonnt; allerdings mit dem bedeutsamen Unterschied, dass das Nicht-Können, das den Ausgangspunkt des Übens bildet, nicht einzig an der sichtbar eingenommenen Körperhaltung der Teilnehmenden festgemacht werden kann. Denn über die sichtbare Körperhaltung hinaus zielt das Üben auch auf die Einnahme einer geistigen Haltung ab, die als innerliches Geschehen – wenn überhaupt – nur mittelbar visuell wahrgenommen werden kann. Aufgrund der Videoanalyse muss offen bleiben, ob sich die Kursleiterin bei der Unterscheidung geistiger Haltungen an sichtbaren Differenzen im Teilnehmendenverhalten orientiert, die für Laien nicht erkennbar sind, oder ob sie geistige Zustände aufgrund von theoretischen Modellvorstellungen oder eigenen Erfahrungen schlicht unterstellt.

Um das Können von Körperhaltungen, die mit geistigen Einstellungen verbunden sind, zu ermöglichen, gibt die Kursleiterin einen Anfangs- und Endpunkt für die Einnahme der Haltung vor. Während die Teilnehmenden jeder für sich die Haltung in Abhängigkeit von jeweiligen körperlichen Fähigkeiten aufführen, korrigiert die Kursleiterin die Haltungen der Teilnehmenden, indem sie einerseits allgemeine Hinweise zur korrekten Ausführung gibt, die dann von manchen Teilnehmenden aufgrund des Abgleichs mit ihren eigenen Körperempfindungen korrigiert werden. Andererseits „patrouilliert" die Kursleiterin von Teilnehmerin zu Teilnehmerin und korrigiert sowohl verbal als auch taktil. Im Fortschreiten der Übungen stellt sich zunehmend eine meditative Atmosphäre ein, die durch die leise und beruhigende Stimme der langsam sprechenden Kursleiterin verstärkt wird.

3.2.3 Gegenüberstellung der unterschiedlichen Varianten des Übens

Gemeinsam ist beiden Varianten des Übens die Bedingung des Nicht-Könnens bestimmter Körperbewegungen bzw. körperlicher (und geistiger) Haltungen der Teilnehmenden. Während im Tanzkurs das Nicht-Können aufgrund einer für alle Beteiligten erkennbaren Abweichung von Einzelkörpern im Zusammenklang aller Körper beobachtbar wird, wird Nicht-Können im Yogakurs darüber hinaus von der Kursleiterin unterstellt. Diese Unterstellungen erfahren ihre Gültigkeit dadurch, dass von den Teilnehmenden keine konkurrierenden Situationsdeutungen geäußert werden.

Die Praxis, die das Muster des Übens kennzeichnet, ist im Fall des Tanzkurses das wiederholte gemeinsame Aufführen von Körperbewegungen zur Musik, einhergehend mit Selbstkorrekturen der Teilnehmenden und Fremdkorrekturen durch die Kursleiterin. Das Korrigieren der Kursleiterin erfolgt durch allgemeine verbale Hinweise zur korrekten Aufführung bestimmter Körperbewegungen, begleitet durch körperliches Zeigen – wobei hier entweder auf Selbstadressierung gesetzt wird oder bestimmte Teilnehmerinnen angesprochen werden. Die Teilnehmenden vollziehen die Übungen synchron mit und orientieren sich dabei an der Sequenzierung und Gestaltung der Körperbewegungen durch die Kursleiterin und durch die Gruppe der übrigen Teilnehmenden in Relation zu ihrer eigenen Darstellungspraxis, die einerseits „hautnah" erlebt wird und andererseits über den gegenüber befindlichen Spiegel kontrolliert werden kann.

Im Fall des Yogakurses wird das Üben durch eine wiederholte bzw. andauernde Aufführung bestimmter Körperhaltungen gekennzeichnet. Die Differenz zwischen Kursleiterin und Teilnehmenden tritt hier deutlich zu Tage, da lediglich die Teilnehmenden die Körperhaltungen vollziehen. Die Kursleiterin erzeugt unterdessen durch bestimmte prosodische Merkmale ihrer verbalen Äußerungen eine meditative Stimmung, die im Gegensatz zu den schnellen und lauten Rhythmen im Tanzkurs nicht ein Aufgehen der individuellen Teilnehmenden in einem tanzenden Kollektiv ermöglicht, sondern stattdessen der individuellen Besinnung der Teilnehmenden auf ihr je eigenes Empfinden zuträglich ist. Das Korrigieren der Kursleiterin erfolgt in diesem Kurs einerseits – ähnlich wie im Tanzkurs – durch allgemeine verbale Hinweise zur korrekten Aufführung bestimmter Körperhaltungen und dem Vertrauen auf Selbstadressierung. Allerdings wird hier die Körperhaltung nur in Ausnahmefällen vorgemacht. Die andere, dominierende Form des Korrigierens und Bewertens erfolgt durch die Musterung jedes einzelnen Teilnehmers sowie durch individuelle verbale und/oder taktile Berichtigungen oder Belobigungen. Während es beim Yogakurs um die Korrektur der in sich geschlossenen Gestalt des individuellen Teilnehmendenkörpers geht, der sich entsprechend seiner je individuellen körperlichen Fähigkeiten verhält, geht es beim Tanzkurs um die Korrektur des einzelnen Körpers vor dem Hintergrund des Zusammenhangs aller Körper.

Entsprechend der unterschiedlichen Praxen des Übungsvollzugs bestehen für die Teilnehmenden ganz unterschiedliche Wahrnehmungsbedingungen, die zu unterschiedlichen Resultaten führen können: Im Falle des Tanzkurses sind die Teilnehmenden auf die visuelle und auditive Wahrnehmung ihrer Umgebung angewiesen, wollen sie die Übung korrekt durchführen. So orientieren sie sich nicht nur am hörbaren Takt der Musik und den Hinweisen der Kursleiterin, sondern ebenso an dem eigenen Spiegelbild in Relation zum Abbild der Kursleiterin und der übrigen Teilnehmenden. Demgegenüber sind die Teilnehmenden im Yogakurs auf Reizabschottung angewiesen, wollen sie die Übung korrekt durchführen. Sie orientieren sich zumeist lediglich an auditiven Signalen in Form der besinnlichen Stimme der Kursleiterin und setzen die Hinweise in Relation zu ihrem Körperempfinden oder lassen ihren Körper von der Kursleiterin in die richtige Position bringen, damit sie sich ganz auf die Einnahme einer körperlich-geistigen Haltung konzentrieren können. Während die Gruppe der Teilnehmenden hier eher als Störpotenzial auftritt, ist sie beim Tanzkurs konstitutive Bedingung zur Gestaltung des Kurses.

3.3 Ausüben

Mit der Interaktionspraktik des Ausübens wird das Problem bearbeitet, dass bestimmte Körperhaltungen oder -bewegungen zwar von den Teilnehmenden sowohl gekannt als auch gekonnt werden, diese aber noch nicht in einer realitätsähnlichen Situation angewendet wurden. Beim Ausüben werden die erlernten Körperbewegungen in ihrem Gesamtzusammenhang gemeinsam aufgeführt. Dabei ähneln sich die Teilnehmenden mimetisch dem Agieren der Kursleiterin an bzw. bilden den komplementären Part im Vollzug. Die Kursleiterin greift hier nicht mehr korrigierend ein. Charakteristisch für diese Phase ist die Identität von vormaligem Lerngegenstand und Person. Das Gelernte wird von den Teilnehmenden so dargestellt, als verfügten sie selbstverständlich über das zuvor äußerliche Wissen bzw. Können.

3.3.1 Ausüben: „Orientalischer Tanz – Aufbaukurs"

Beim Tanzkurs realisiert sich die Praktik des Ausübens als vergemeinschaftendes Bewegen der Anwesenden im Tanz qua synchronem Aufführen von

Einüben, Üben, Ausüben. Körperbildung in Kursen der Erwachsenenbildung 147

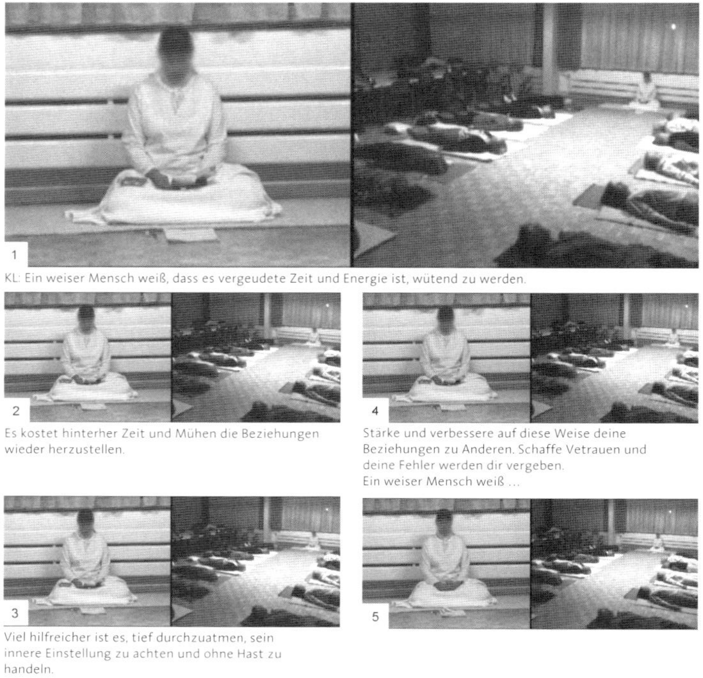

Abb. 6: Ausüben als kollektive Besinnung in meditativer Atmosphäre

Abb. 5: Ausüben als kollektives Tanzen zur Musik

Körperbewegungen zur Musik. Einige nehme aber auch eine zur Aufführung komplementäre Zuschauerrolle ein (Abb. 5).

Diese Darstellung von als bekannt und überwiegend gekonnt unterstellten Körperbewegungen orientiert sich an der Differenz gelungen/nicht-gelungen. Die Unterstellung, dass die Teilnehmenden sowohl die Choreografie kennen als auch über die Fertigkeiten verfügen, diese auch tatsächlich aufzuführen, ermöglicht es, eine realitätsähnliche Situation zu simulieren, bei der die Gruppe daraufhin beobachtet werden kann, ob die Choreografie gelingt oder nicht. Kursleiterin und Teilnehmende führen gemeinsam die gesamte Choreografie zur Musik auf. Im Unterschied zur Praxis des Übens werden sichtbar abweichende Körperbewegungen einzelner Teilnehmerinnen nicht zum Anlass von Korrekturen und Wiederholungen. Die mittanzende Kursleiterin ist als strukturierend lediglich durch vereinzelte Hinweise zum Einsatz bestimmter Figuren und zu Darstellungsmodi (z. B.: „Lächeln!") erkennbar. Die Teilnehmenden schlüpfen hier entweder in die Rolle von orientalischen Tänzerinnen, die synchron einen Tanz aufführen, oder in die komplementäre Rolle eines Zuschauers. Allerdings ist es nicht ausgeschlossen, dass Teilnehmerinnen während des Ausübens stillschweigend die Praxis des Übens realisieren. So ermöglicht die vor dem Spiegel tanzende Gruppe samt Kursleiterin einen Abgleich und Korrektur der je eigenen körperlichen Erscheinungsform.

3.3.2 Ausüben: „Yoga für Anfänger/-innen"

Beim Yogakurs realisiert sich die Praxis des Ausübens als Besinnung in meditativer Atmosphäre qua Konzentration auf die von der Kursleiterin suggerierten geistigen Haltungen (Abb. 6).

Die Darstellung von als bekannt und überwiegend gekonnt unterstellten körperlich-geistigen Haltungen orientiert sich ebenfalls an der oben genannten Differenz von gelungen/nicht-gelungen. Die Unterstellung, dass die Teilnehmenden erstens die einzunehmenden Haltungen kennen und zweitens dazu in der Lage sind, sie auch einzunehmen, ermöglicht es, eine realitätsähnliche Situation zu simulieren, bei der die Yoga-Übungen daraufhin beobachtet werden, ob sie gelingen oder nicht. Die Kursleiterin fungiert hier als spirituelle Führerin oder Yoga-Meisterin, die eine stimmungsvolle Atmosphäre schafft und Weisheiten weitergibt. Die Rollenunterschiede zwischen Kursleiterin und Teilnehmenden werden nicht verschleiert, sondern zu Gunsten einer anderen Differenz abgelöst – nämlich die zwischen geistiger Führerin bzw. Meisterin und Geführten bzw. Schülern. Nur punktuell ähnelt sich die Kursleiterin in ihrem Agieren dem Erscheinungsbild der Teilnehmenden an und führt so eine Praxis des gemeinsamen Meditierens auf. Im Unterschied zur Praxis des Übens werden dort keine Korrekturhinweise formuliert. Stattdessen werden Handlungsmaximen, die sich im Alltag zu bewähren haben, wiederholend verkündet. Die Teilnehmenden nehmen die komplementäre Rolle als Geführte ein, indem sie durch ihre Körperhaltung Folgsamkeit und Aufnahmebereitschaft signalisieren.

3.3.3 Gegenüberstellung der unterschiedlichen Varianten von Ausüben

Gemeinsam ist beiden Varianten des Ausübens die Simulation einer Anwendungssituation, bei der weder bisher unbekannte Körperbewegungen oder -haltungen eingeübt noch in mehrfacher Wiederholung und Korrektur geübt, sondern bestimmte Bewegungen und Haltungen gemeinsam dargestellt werden. Charakteristisch für die Form des Ausübens ist eine Transformation des Settings. Der kulturelle Kontext, vor dessen Hintergrund das Einüben und Üben stattgefunden haben, tritt nun in den Vordergrund. Kursleiterin und Kursteilnehmende werden zu Darstellern einer kulturellen Praxis. Im einen Fall ist die kulturelle Praxis die des Orientalischen Tanzes, im anderen Falle die des Yoga. Die Lehr-Lernbezogenheit des Geschehens tritt dabei in den Hintergrund.

Während beim orientalischen Tanz die Differenzen zwischen Kursleiterin und Teilnehmerinnen zugunsten der Vergemeinschaftung im synchron aufgeführten Tanz vor (imaginiertem) Publikum verschwimmen, wird die Kursleiter-Teilnehmer-Differenz beim Yogakurs zu einer Meister-Schüler-Differenz umgewandelt. Während beim orientalischen Tanz der emotionsgeladene Ausdruck im Vordergrund steht, geht es beim Yoga um die Darstellung einer geistigen Haltung. Dabei handelt es sich insofern um eine Anwendungssituation, als zuvor angeeignetes Wissen und antrainierte Fertigkeiten zum Einsatz gebracht werden, um eine veränderte Haltung gegenüber der Welt einzunehmen. Während beim geistbetonten Yogakurs die Körper ausgeblendet werden, tritt beim körperbezogenen Tanzkurs der Geist zu Gunsten des körperbetonten Ausdrucks in den Hintergrund.

Es handelt sich beim Ausüben insofern lediglich um eine Simulation, als im Yoga-Kurs der Akt meditativer Besinnung nicht im Tempel, sondern im Kursraum stattfindet und die Alltagssituationen, in denen eine derartige Haltung eingenommen werden soll, lediglich imaginiert werden. Auch der Tanzkurs findet nicht auf der Bühne statt. Der Spiegel des Kursraums hilft hier bei der Imagination eines Publikums.

Die Praxis des Ausübens bietet in beiden Kursen auch Gelegenheit für die Teilnehmenden, ihre Rolle als Lernende beizubehalten und die Aufführung zum nicht-markierten Selbstlernen zu nutzen. So bietet der Spiegel den Teilnehmenden die Möglichkeit, ihre eigenen Körperbewegungen fortwährend mit denen der übrigen Gruppenmitglieder zu vergleichen und zu korrigieren. Teilnehmende, die nicht mittanzen, sondern sich an den

Rand setzen, haben die Möglichkeit, ihre eigenen Erfahrungen im Tanz zur Gruppenaufführung in Beziehung zu setzen. Beim Yogakurs wird insofern eine Möglichkeit zur Selbstkorrektur gegeben, als hier nicht lediglich die Ruhe und Ausgeglichenheit ausdrückende Atmosphäre in Bezug zu den individuellen Empfindungen der Teilnehmenden gesetzt werden kann. Darüber hinaus wird auch das Ausüben des Yoga selbst noch als (lebenslanges) Lerngeschehen behandelt.

4 Differenzen zwischen einer naturwissenschaftlich und einer pädagogisch orientierten Einwirkung auf den Körper Erwachsener

Der videografische Blick in die Kursrealität zeigt, dass naturwissenschaftliche Konzepte des Körpers in Körperbildungskursen eine untergeordnete Rolle spielen. Körper werden nicht als Natur, sondern als Medium der Performanz von Kultur behandelt. Hier zeigt sich eine prinzipielle Differenz zwischen naturwissenschaftlichen und pädagogischen Weisen des Zugriffs auf Körper. In der Erwachsenenbildung erscheinen Körper nicht in erster Linie in ihren mechanischen, biologischen oder chemischen Vollzügen, und es wird nicht unmittelbar in mechanische, biologische oder chemische Körperprozesse eingegriffen. Der pädagogische Zugriff auf den Körper geschieht vielmehr dadurch, dass die Bewohner der Körper dazu bewegt werden, sie in spezifischer Weise zu gebrauchen. Da aber auch die Subjekte selbst ihre Körper nicht beliebig steuern können – „Der Köper ist nie völlig gefügig, weder dem Bewußtsein noch der Gesellschaft" (Hahn 2000, 366; zur Kritik der Vorstellung, Handelnde seien zur Kontrolle ihrer Körper fähig, siehe auch Joas 1996, insbesondere 245 ff) – realisiert sich Körperbildung in Vorgängen der Imitation und der Gewöhnung. Die Bedeutung von Imitation für die Erklärung jeglicher gesellschaftlicher Veränderungen hat bereits Gabriel de Tarde (2003) akzentuiert (zur Nachahmung in historischer Perspektive unter Bezug auf Marcel Mauss siehe Herzog August Bibliothek 2008). Sie setzt eine wiederkehrende Performanz etablierter kultureller Praktiken der Körpernutzung durch kompetente Akteure voraus. Gewöhnung von Körpern an Bewegungsabläufe geschieht in der Wiederholung und damit im Üben. Dies setzt das iterative Vollziehen kultureller Praktiken durch Lernende voraus.

Während die Formen der Heranführung an gesundheitsförderliche Bewegungskulturen – Einüben, Üben und Ausüben – keiner naturwissenschaftlichen Logik folgen, kann naturwissenschaftliches Denken bei der Bewertung der Gesundheitsförderlichkeit von Bewegungskulturen eine bedeutsame Rolle spielen. In den vorgestellten Fällen sind die kulturellen Praktiken, an die die Körper herangeführt werden, aus fremden Kulturtraditionen übernommen. Indem diese angeleiteten, gemeinsamen körperlichen Aufführungen mit dem Ziel einer Gesundheitsförderung arrangiert werden, erfahren die übernommenen Referenzkulturen allerdings eine Umdeutung. Ihre Ausübung ist nicht länger nur Wert an sich, sondern zugleich auch Mittel anderer, kulturfremder Zwecke. In diesem Zusammenhang wird teilweise auch naturwissenschaftliches Wissen herangezogen, um die gesundheitliche Wirkung des Praktizierens einer bereits entwickelten Bewegungskultur zu belegen (am Beispiel des Yoga Fuchs 1999). Andere in der Gesundheitsbildung praktizierten Körperkulturen wurden erst eigens mit dem Ziel einer Gesundheitsförderung künstlich erzeugt. Hier kann naturwissenschaftliches Denken die Entwicklung und Weiterentwicklung neuer Bewegungskulturen informieren (am Beispiel des Aerobic Slomka 2004). Welche Muster körpergebundener Praxis dann aber in der entstehenden Bewegungskultur tatsächlich realisiert werden, kann allerdings durch das naturwissenschaftliche Denken allein nicht präformiert werden. Vielmehr setzt dies Momente kultureller Kreativität voraus.

Der in modernen Gesellschaften zu beobachtende Zwang zur Optimierung des Körpers (Sandel 2008) macht dabei keineswegs vor dem pädagogischen Zugang zur Körperbildung halt. Sowohl beim hier vorgestellten Tanzkurs als auch beim Yogakurs ist dieser (weiche) Zwang beobachtbar wie zugleich auch die Brechung dieses Zwangs durch den individuellen Eigensinn, wie er insbesondere in der Körpersprache zum Ausdruck kommt (Hahn 2000; bezogen auf Unterricht Gröschner 2007).

Literatur

Andersen, K. N. (2001): Lebenslange Bewegungskultur. Betrachtungen zum Kulturbegriff und zu Möglichkeiten seiner Übertragung auf Bewegungsaktivitäten. Bielefeld

Antonovsky, A (1997): Salutogenese. Zur Entmystifizierung der Gesundheit. Tübingen

Bundesvereinigung für Gesundheit e. V. (1997): Gesundheit und allgemeine Weiterbildung. Beitrag zu einer neuen Perspektive der Gesundheitsförderung. Bonn

Dinkelaker, J. (2007): Kommunikation von Lernen. Theoretischer Zugang und empirische Beobachtungen. Zeitschrift für Erziehungswissenschaft 10, 2, 199–213

Fuchs, C. (1999): Der Yoga in Geschichte und Gegenwart. EB – Erwachsenenbildung 4, 178–181

Gröschner, A. (2007): Körpersprache im Unterricht. Perspektiven einer kommunikationsorientierten Bildungsforschung mithilfe von Unterrichtsvideos. Bildungsforschung 4, 2. (auch in: www.bildungsforschung.org/Archiv/2007-02/koerpersprache, 27.10.2008)

Hahn, A. (2000): Konstruktionen des Selbst, der Welt und der Geschichte. Aufsätze zur Kultursoziologie. Frankfurt/M.

Herzog August Bibliothek (Hrsg.) (2008): Bewegtes Leben. Körpertechniken der Frühen Neuzeit. Wolfenbüttel

Hoh, R., Barz, H. (1999): Weiterbildung und Gesundheit. In: Tippelt, R. (Hrsg.): Handbuch Erwachsenenbildung/Weiterbildung. 2. Aufl. Opladen, 293–317

Joas, H. (1996): Die Kreativität des Handelns. Frankfurt/M.

Kade, J., Seitter, W. (2007): Umgang mit Wissen. Recherchen zur Empirie des Pädagogischen. Band 2: Pädagogisches Wissen. Opladen

–, Nolda, S. (2006): Kursforschung. Ein neues Paradigma der Erforschung des Lernens im Erwachsenenalter. Bericht über ein Projekt. In: Wiesner, G., Zeuner, C., Forneck, H. J. (Hrsg.): Empirische Forschung und Theoriebildung in der Erwachsenenbildung. Hohengehren, 103–113

Prange, K., Strobel-Eisele, G. (2006): Die Formen des pädagogischen Handelns. Eine Einführung. Stuttgart

Reichert, E., Huntemann, H. (2007): Volkshochschul-Statistik 2006. 45. Folge, Arbeitsjahr 2006. In: www.die-bonn.de/doks/reichart0702.pdf, 27.10.08

Sandel, M. J. (2008): Plädoyer gegen die Perfektion. Ethik im Zeitalter der genetischen Technik. Mit einem Vorwort von Jürgen Habermas. Berlin

Slomka, G. (2004): Das neue Aerobic-Training. 4. Aufl. Aachen

Tarde, G. de (2003): Die Gesetze der Nachahmung. Frankfurt/M.

Voigt, U. (2004): Spielbein – Standbein. Bewegungsbildung an Volkshochschulen. DIE-Zeitschrift IV, 24–32

Wulf, C. (2001): Mimesis und Performatives Handeln. Gunter Gebauer und Christoph Wulfs Konzeption mimetischen Handelns in der sozialen Welt. In: Wulf, C., Göhlich, M., Zirfas, J. (Hrsg.): Grundlagen des Performativen. Eine Einführung in die Zusammenhänge von Sprache, Macht und Handeln. Weinheim, 253–272

Körperbezogene Wahrnehmung. Zur Übersetzung neurowissenschaftlicher Erkenntnisse in die (sozial)pädagogische Praxis

Von Susanne Maurer und Lars Täuber

Welche naturwissenschaftlichen Erkenntnisse können für die Soziale Arbeit hilfreich sein? Die notwendige Problematisierung eines hegemonialen naturwissenschaftlichen Denkens sollte diese Frage nicht einfach „entsorgen".

Den gemeinsamen Hintergrund der folgenden Überlegungen bildet unsere Ausbildung in einem körperpsychotherapeutischen Verfahren, der Biosynthese (Boadella 1991). (Biosynthese® ist eine geschützte Marke. Diese somatisch und tiefenpsychologisch fundierte Psychotherapie wurde von David Boadella und Silvia Specht Boadella entwickelt und wird am Internationalen Institut für Biosynthese (Schweiz) sowie an autorisierten Tochterinstituten gelehrt. www.biosynthesis.org). Seit einigen Jahren arbeiten wir als interdisziplinäres Team daran, theoretische und konzeptionelle Aspekte aus der Biosynthese für die (sozial)pädagogische Praxis fruchtbar zu machen. Im Rahmen unserer Seminare wurden die oft unkritischen und verkürzten Rezeptionen neurowissenschaftlicher Befunde in pädagogischen Fachöffentlichkeiten immer wieder zum Thema: Für manche Studierenden schien die Neurobiologie das „sicherere Wissen" beizusteuern, pädagogische Betrachtungsweisen wurden demgegenüber als zu abstrakt oder auch zu „weich", zu unbestimmt empfunden. Differenzierte Darstellungen und differenzierende Reflektionen führten dazu, dass auch für die Studierenden die Begrenztheit und das Ungewisse im *jeweiligen* Denken zum Thema werden konnten. Die Möglichkeit einer gleichberechtigten Kommunikation zwischen Neurowissenschaften und pädagogischen Perspektiven deutete sich so immerhin an.

Der Umstand, dass die Biosynthese als körperpsychotherapeutisches Verfahren sich auf spezifische Körpertheorien stützt und vor allem auch das Phänomen der „somatischen Resonanz" (leiblich vermittelte Resonanz auf ein Ereignis, eine Situation oder Person) aufgreift, scheint beides gleichermaßen zuzulassen: eine eher pädagogisch-philosophisch geprägte „ganzheitlichere" Herangehensweise an Menschen in ihren Lebenssituationen, die eben auch die leibliche Dimension reflektiert, und eine Herangehensweise, die von den Erkenntnissen der Neurobiologie her auf Entwicklungsprozesse und Resonanz-Phänomene im sozialen Kontext aufmerksam macht.

Was können unsere verschiedenen Zugänge – eine naturwissenschaftlich geprägte Psychologie und eine geistes- und sozialwissenschaftlich bzw. kritisch-theoretisch oder gar machtanalytisch orientierte Sozialpädagogik – also voneinander lernen? Die gegenseitige Bereicherung stellt sich uns im Moment wie folgt dar: Neurowissenschaftliche Forschungsergebnisse können ein bestimmtes Wissen über Körperprozesse beisteuern, pädagogisches Denken setzt dieses Wissen in Bezug zu realen, alltäglichen sozialen Praktiken. In pädagogischer Perspektive kann menschliches Leben in gesellschaftlichen Kräftefeldern und sozialen Bedingtheiten ganz anders wahrgenommen und thematisiert werden. Unser hier akzentuiertes Interesse an „körperbezogener Wahrnehmung" speist sich aus verschiedenen Quellen:

- einer feministischen Kritik an der Spaltung und Hierarchisierung von „Körper" und „Geist", die auch (sozial)pädagogisches Denken durchziehen;
- einer kritischen Analyse von disziplinierenden und „normalisierenden" Praktiken und Politiken, die am Körper ansetzen bzw. die Körper und (auch leiblich vermittelten) Lebensweisen regulieren/„regieren";
- dem Wissen um die Prozesse der „Verkörperung" und Habitualisierung des Sozialen, dem Wissen um „Körper-Gedächtnis" (z.B. im Kontext individueller oder kollektiver Traumatisierung).

Mit unserem Beitrag plädieren wir dafür, implizites „verkörpertes" Wissen, das Ansetzen am Körper, das Einsetzen oder Umgehen des (auch eigenen) Körpers in der (Sozial-)Pädagogik einer kritisch-konstruktiven Reflexion zugänglich zu machen und (verantwortungs-)bewusst zu gestalten. Hier zeigt sich nicht zuletzt ein Forschungsdesiderat, denn die leibliche Dimension in der konkreten (sozial)pädagogischen Interaktion ist bislang so gut wie nicht erforscht.

1 Körper und Leib in der Reflexion

Das so genannte „Leib-Seele-Problem" (Goller 1992) verweist auf die ontologische Relation zwischen zwei meist als Dichotomie konstruierten Sphären des Seins, die als geistig, seelisch oder subjektiv *einerseits* und als materiell, körperlich oder objektiv *anderseits* bezeichnet werden. Einige philosophische Stimmen weisen eine derartige Dualität zurück und sprechen keiner dieser beiden Sphären eine „wirklichere Wirklichkeit" zu; vielmehr versuchen sie zu belegen, dass das „Leib-Seele-Problem" im philosophischen Diskurs auf kritikwürdigen Denkvoraussetzungen beruht. So haben etwa feministische Autorinnen die Leib-Seele-Dichotomisierung im Zusammenhang mit weiteren epistemologischen Dualismen kritisch analysiert und verdeutlichen, inwiefern die Relation Mann/Frau analog zu den Relationen Geist/Körper, Kultur/Natur, Vernunft/Gefühl hierarchisch konstruiert wird und damit auch die Herrschaft des jeweils Erstgenannten über das jeweils Zweitgenannte zu legitimieren scheint (Kulke 1988, Beer

1989, Harding 1990, Bath et al. 2005). Historisch wurde eine solche Beherrschung der „weiblichen emotionalen Natur" durch das „männliche rationale Ich" im wissenschaftlichen Diskurs häufig als notwendige Bedingung für den Fortschritt der Menschheit betrachtet – eine Position, die spezifischen sozioökonomischen Verhältnissen und Herrschaftsstrukturen in patriarchalen Gesellschaften entspringt.

Aktuelle leib- und körpertheoretische Beiträge thematisieren die Differenz oder auch Relation zwischen Leib und Körper auf unterschiedliche Weise. So wird z. B. konstatiert, dass die leibliche Dimension des „Seins" die Vorstellung, einen Körper zu „haben" bedingt und ermöglicht – der Körper erscheint in dieser Sicht als erstes Objekt der Verdinglichung und Ausgangspunkt der Subjektivität zugleich. Unsere leibliche Existenz ermöglicht uns aktive Weltzuwendung und -aneignung, aber auch „Widerfahrnis" (Verletzung, Schmerz, Krankheit, Sterben, Tod). Der Körper wird also zum Vermittler, fungiert als Tor zur Welt, ist Werkzeug und Erleidender zugleich.

Mittels des Körpers überschreiten wir Grenzen, erfahren wir uns aber auch als begrenzt. Quer zu den Disziplinen und quer zu den unterschiedlichsten gesellschaftlichen Bezügen ist der Körper als brisantes Konfliktfeld erkennbar: Er stellt kein außergesellschaftliches und ahistorisches Faktum dar, ist vielmehr kultureller Repräsentationsraum, ist Zeichenträger. Nicht zuletzt feministische Beiträge thematisieren den „diskursiven Körper" als erfahrbare Realität (Grosz 1994). In einer Perspektive der Vernunftkritik wird an der Möglichkeit antihierarchischer Relationen zwischen Geist und Körper gearbeitet; Leiblichkeit erscheint hier als Regulativ, der Körper als Erinnerung an die menschliche Verletzlichkeit. Gleichzeitig wird der Körper zum Medium der Bewegung, der Transformation, und damit auch zur (potentiell) kritischen Kraft (Maurer 2005). In einer dekonstruktiven oder auch machtanalytischen Perspektive werden Körperpraktiken untersucht und neu entwickelt, die das – etwa im Tanz – ermöglichen; so kann z. B. über eine spezifische Bewegungsarbeit offenbar daran gewirkt werden, die „eingekörperte" individuelle oder auch kollektive Geschichte für einen Prozess der Re-Habitualisierung zu öffnen.

In der pädagogischen Anthropologie spielt die physiologische Verfasstheit des Menschen eine zentrale Rolle: Sie lässt Erziehung und Bildung notwendig und sinnvoll erscheinen, um Entwicklung, „Reifung" und Ausbildung von – auch körperlichen – Fähigkeiten und Ressourcen zu ermöglichen und zu unterstützen. Bindungsforschung und jüngste neurowissenschaftliche Befunde legen nahe, dass Entwicklung und Beziehung durch komplexe, somatisch vermittelte Resonanzen ermöglicht und organisiert werden. Dieses „Wissen" lässt sich unseres Erachtens sehr gut (sozial)pädagogisch nutzen und reflektieren – solange es in seiner offenen, dynamischen Qualität erhalten und in seiner Begrenztheit erkennbar bleibt.

2 Biopsychologische Grundlagen „somatischer Resonanz"

„Somatische Resonanz" beschreibt die wahrnehmbaren Reaktionen des eigenen Körpers auf (soziale) Situationen. Im Detail scheinen für das Zustandekommen dieses Phänomens zwei psychophysiologische Prozesse relevant zu sein: erstens die *Wahrnehmung des eigenen Körpers*, die über die cerebrale Repräsentation physiologischer Zustände vermittelt wird (Körperfeedback); und zweitens die Beeinflussung physiologischer Zustände oder ihrer Repräsentationen durch die *Interaktion mit einem Gegenüber oder einer Situation*. Im Folgenden werden zu beiden Prozessen einschlägige neurowissenschaftliche Modelle und Befunde pointiert dargestellt. Dabei liegen zum Körperfeedback langjährige Forschungserfahrungen vor, während die direkte Thematisierung der interaktiven Modulation körperlicher Prozesse bzw. ihrer cerebralen Repräsentation erst in jüngerer Zeit erfolgte.

2.1 Körperfeedback: Die Bedeutung cerebraler Repräsentationen physiologischer Zustände

2.1.1 Körperrepräsentationen

Der eigene Körper ist ein besonderes Wahrnehmungsobjekt (Knoblich et al. 2006), da er als wahrnehmendes Subjekt und wahrgenommenes Objekt zugleich erscheint. Er ist „Objekt der Selbstwahrnehmung". Damit ist keine rein semantische Perspektive angesprochen, sondern vielmehr eine spezifische neurophysiologische Gegebenheit: die Existenz verschiedener intraorganismischer, sensorischer Systeme, deren Funktion es ist, Nachrichten über den Zustand des Körpers an das Gehirn zu übermitteln. In spezifischen Hirnarealen werden aus diesen Botschaften Repräsentationen über den aktuellen körperlichen Status generiert, sogenannte *Körperrepräsentationen* (Carlson 2004).

Beispielsweise werden Informationen über die Aktivität der *Skelettmuskulatur* vom somatischen Nervensystem an somatosensorische Areale im Parietalkortex (Abb. 7) übermittelt (Carlson 2004). In einem weit verzweigten Netz kortikaler und subkortikaler Gebiete werden die dort generierten Körperrepräsentationen mit anderen sensorischen Inputs, v. a. der visuellen Wahrnehmung des eigenen Körpers, zu *multimodalen* (mehrere Sinnesmodalitäten betreffenden) *Körperschemata* integriert (Knoblich et al. 2006). Sie dienen verschiedenen Zwecken, z. B. dem bewussten Erleben von Berührung, der eigenen Körperhaltung oder von Schmerz, aber auch anderen, z. T. nicht-bewussten psychologischen Funktionen.

Rückmeldungen über den Zustand der *inneren Organe* erreichen verschiedene Hirnareale über das vegetative (autonome) Nervensystem (ANS) (Jänig 2003). Seine Zielregionen haben nicht selten die Funktion, diejenigen körperlichen Prozesse zu überwachen, über deren Zustand sie informiert werden. Dabei werden niedere Kontrollzentren des ANS im Hirnstamm von höheren Regionen in limbischem System und Neokortex (v. a. präfrontaler Kortex, PFC, Abb. 7) reguliert, die ihrerseits Input über den Zustand des Körpers erhalten (Jänig 2003). Die höheren Regionen integrieren die viszerosensorischen Nachrichten mit weiteren Informationen, z. B. über die äußere Umwelt, oder mit höheren Kognitionen. Sie sind daher zur Generierung komplexer Reaktionen wie Emotionen fähig, die eine differenzierte Adaptation des Organismus an die Anforderungen unseres Lebens gewährleisten (Jänig 2003).

2.1.2 Gefühle und Kognitionen

Die essentielle Rolle des Körperfeedbacks für verschiedene komplexe psychophysiologische Funktionen wird im Folgenden mithilfe der Arbeiten Antonio Damasios beispielhaft konkretisiert.

Durch emotionale Reize aktiviert lösen entsprechende Hirnregionen (z. B. Amygdala) körperliche Prozesse aus, welche der Bewältigung der Situation dienen (Stemmler 2004). Veränderungen in den visceralen Aktivitäten werden u. a. an solche Kortexregionen rückgemeldet, die eine „viscerotrope Organisation" aufweisen (Insula, ventromedialer PFC, Abb. 8), in denen also jedes innere Organ von spezifischen Nervenzellen repräsentiert wird. Voneinander differenzierbare physiologische Zustände führen in diesen Kortexregionen demnach zu unterschiedlichen Aktivitätsmustern, die von Damasio (2003) als *Körperkarten* bezeichnet werden. Damasio (2003) vermutet in diesen kortikalen „Körperkartierungen" die neuronale Grundlage für das bewusste Erleben von Gefühlen: Gefühle wären dann das Erleben des Körpers, der sich in einem emotionalen Zustand befindet.

Damasio (1997) beschreibt darüber hinaus essentielle Einflüsse des Körperfeedbacks auf kognitive Prozesse. Die ventromedialen Bereiche des PFC (vmPFC, Abb. 8) sind eine Zielregion viscerosensorischen Feedbacks, sie empfangen als „Konvergenzzone" aber außerdem multimodale Repräsentationen komplexer äußerer Szenarien. So können im vmPFV Assoziationen zwischen komplexen, z. B. sozialen Stimuli und intraorganismischen Zuständen erlernt werden, die von dieser Situation ausgelöst werden. Über Projektionen des vmPFC zu Regulationszentren des ANS können diese assoziierten körperlichen Antworten durch ähnliche Situationen reaktiviert werden. Die Rückmeldung dieser Körperreaktionen an verschiedene Hirnareale „markiert" dann die Bedeutung dieser Situation für den Organismus und beeinflusst aktuelle Informationsverarbeitungsprozesse wie Entscheidungsfindung, logisches Denken und offenes Verhalten auf unbewusste oder bewusste Weise. Solche „somatischen Marker" sind, in körpertherapeutischen Begriffen gesprochen, die „somatische Resonanz" zu einem Ereignis.

Angesichts dieser Befunde wird deutlich, dass die bewusstere Wahrnehmung von Körperrückmeldungen, das Spüren des eigenen körperlichen Zustandes, eine wertvolle Informationsquelle darstellen kann, zumal die interpersonelle „somatische Resonanz" auf diesen Prozessen beruht.

2.2 Einstimmung: Die Beeinflussung von Körperreaktionen und -erleben durch Interaktionspartner

Wurden bisher körperliche Reaktionen auf bestimmte Ereignisse wie emotionale Reize thematisiert, kann es in sozialen Situationen zusätzlich zu einer *psychophysiologischen Einstimmung zwischen Interaktionspartnern* kommen, durch welche sich beide Individuen in ähnlichen körperlichen Zuständen wieder finden können. Diese Beobachtung aus Alltag und Körperpsychotherapie kann mit der aktuellen Erforschung cerebraler Netzwerke in Beziehung gesetzt werden.

2.2.1 Das Spiegelneuronensystem

Im prämotorischen Kortex (PMC, Abb. 7), der die Planung und Organisation koordinierter Handlungen leistet, wurden Neurone mit einer besonderen Eigenschaft entdeckt: Diese „Spiegelneurone" waren nicht nur aktiv, wenn bestimmte Handlungen (intentionale Handbewegungen oder emotionale Gesichtsausdrücke) *ausgeführt* wurden, sondern auch dann, wenn die Ausführung dieser Handlungen nur *beobachtet* wurde (Iacoboni/Dapretto 2006). Die Beobachtung einer absichtsvollen Handlung aktivierte also automatisch das entsprechende *Handlungsprogramm*. Die Spiegelneuronen im PMC stehen in Verbindung mit *somatosensorischen* Spiegelneuronen im inferioren (unteren) Parietalkortex (IPC, Abb. 7). Letztere simulieren die körperlichen Folgen eines im PMC repräsentierten Handlungsprogramms (d.h. einer geplanten Handlung) – sowie von beobachteten Handlungen (Wilson 2006). Schließlich geht das Erleben und Beobachten von Ekel- und Schmerzzuständen mit der Aktivität in denselben (viscerosensorischen) Hirnregionen (Insula, Cingulum) einher (Rizzolatti/Sinigaglia 2008).

Kurz gefasst scheint ein kortikales *Spiegelneuronensystem* (Iacoboni/Dapretto 2006) beobachtete Handlungen „neuronal zu imitieren" (Bauer 2005), deren körperliche Konsequenzen zu „antizipieren" und Emotionen anderer „nachzuempfinden". Dieses System kann so das Beobachtungslernen unterstützen. Genauer betrachtet sind die genannten Regionen Orte motorischer (PMC), somato (IPC)- und viscerosensorischer (Insula) *Körperrepräsentationen* (Wilson 2006), da sie die Organisation körperlicher Handlungen bzw. die Registrierung körperlicher Zustände vermitteln – die Beobachtung von Handlungen und Gefühlen führt also zu einer Aktivierung von Körperschemata. Auf diese Weise werden Informationen zugänglich, die in visuellen Signalen über beobachtete Handlungen und Zustände selbst *nicht* enthalten sind, nämlich wie unser *eigener* Körper diese Handlung ausführen würde, welche körperlich erlebbaren Konsequenzen diese haben könnte und wie eine Emotion körperlich empfunden wird. Innerhalb eines sensorischen Konstruktionsprozesses können die visuellen Repräsentationen mit diesen zusätzlichen Informationen angereichert werden, sodass sich eine multimodale, „verkörperte Vorstellung" (Schiffar 2006) des Beobachteten ausbildet. Dem Beobachter kann so eine „Innenperspektive" (Bauer 2005) eröffnet werden – als Grundlage für die Interpretation der Handlung/des Zustandes, von Empathie und einer „Theory of Mind". Individuen verwenden demnach ihre eigenen Körperrepräsentationen unbewusst und spontan, um andere Menschen besser „nachempfinden", verstehen, imitieren und auch „vorhersagen" zu können (Wilson 2006). In diesem Sinn wird die soziale Umwelt „verkörpert wahrgenommen", der eigene Körper auf die Welt projiziert (Schiffar 2006).

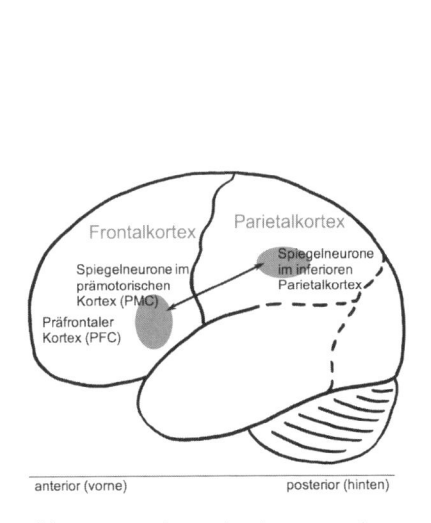

Abb. 7: Lateralansicht des menschlichen Gehirns mit beschriebenen Regionen und solchen, in denen Spiegelneurone (siehe 4.1) entdeckt wurden (nach Bauer 2005)

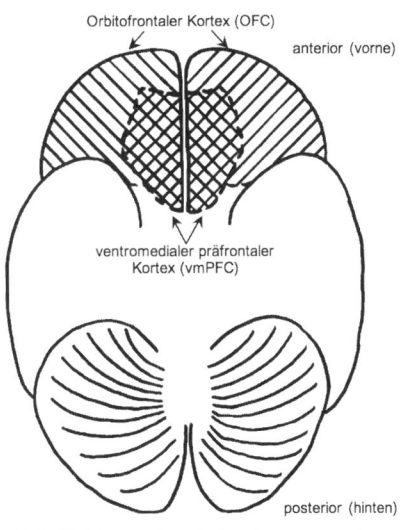

Abb. 8: Ventralansicht des menschlichen Gehirns mit ventromedialem präfrontalem und orbitofrontalem Kortex

2.2.2 Das orbitofrontale System

Neben dem eben beschriebenen Prozess geht Allan Schore (1996) von einem komplexeren und tieferen Geschehen als neurologische Grundlage interpersoneller Resonanzphänomene aus. Seine Überlegungen wurzeln in der Erforschung der neurobiologischen Grundlagen des Attachment-Prozesses. Durch die Trennung von der Bezugsperson oder von anderen Stressoren aktiviert, befähigt Bowlbys „Attachment Behavioral-System" (ABS) den jungen Organismus zu instinktiven Existez sicherndem Bindungsverhalten (Blickkontakt suchen, Weinen oder Anklammern). Dieses Sozialverhalten besitze im positiven Fall die Potenz, *reziproke*, sorgende Reaktionen seitens emotional ansprechbarer Mitglieder der eigenen Spezies (v. a. direkter Fürsorgepersonen) hervorzurufen (Zuwendung, auf den Arm Nehmen und beruhigendes Sprechen). Auf diese Weise entsteht zwischen Kind und Bezugsperson ein dynamischer, synchronisierter Austausch v. a. nonverbaler Reaktionen, eine synchrone Bezogenheit oder interpersonelle Resonanz (Schore 2000), welche Sicherheit signalisiert und das Attachment-Verhalten abebben lässt. So kommt es zu einer Regulation der Emotionen des Kindes durch dessen Interaktion mit der Bezugsperson.

Schore (1996, 2000) vermutet im sogenannten orbitofrontalen Kortex (OFC, Abb. 8) die neurologische Basis des ABS. Vor allem der rechtsseitige OFC konnte wiederholt mit der Regulation emotionaler und körperlicher Prozesse und Zustände in Verbindung gebracht werden. Für diese Aufgabe besitzt er starke Projektionen zum limbischen System und Hirnstamm. Folglich ist er auch an der Produktion von nonverbalem psychophysiologischen Ausdrucksverhalten beteiligt, wie der Generierung von Gesichtsausdrücken oder Körperhaltungen. Der OFC ist aber auch ein Konvergenzzentrum für eine Vielzahl sensorischer Informationen. Er empfängt Informationen über den Zustand des Körpers, ist also ein Gebiet von Körperrepräsentationen, welche seine regulierende Tätigkeit mitbestimmen. Er kann damit als „Kopfstelle" einer *Feedbackschleife zur intraorganismischen Regulation* psychophysiologischer Zustände angesehen werden (Schore 1996). Außerdem bewertet und integriert der OFC nonverbal-kommunikative Reize von Interaktionspartnern. Psychophysiologische Kontrollprozesse werden vom OFC also in Abhängigkeit von sozio-emotionalen Informationen, von einem interaktiven Rahmen, ausgeführt (Schore 2000).

Über die Aktivität dieses orbitofrontalen Systems ist eine *gegenseitige Beeinflussung* der körperlich-seelischen Zustände zweier Interaktionspartner möglich. Nonverbal-kommunikative Informationen werden dabei zu einem auslösenden Reiz für die Tätigkeit des OFC des Gegenübers, der *gleichsinnige* körperliche Reaktionen auslösen kann, sodass sich eine dyadische psychophysiologische Einstimmung (*Attunement*) (Schore 2000) entwickelt. Diese Synchronisationen vollziehen sich aber nicht deterministisch. Die hochkomplexen Verarbeitungsprozesse im OFC ermöglichen eine differenzierte Regulation und Kontrolle des auslösenden Potentials nonverbaler Reize und der durch sie veränderten Körperprozesse (Schore 1996). So können andere, nicht-synchrone, sondern individuell alterierte Zustände als komplementäre Reaktionen auf den nonverbalen Reiz resultieren. Auch diese werden körperlich kommuniziert und können über das beschriebene Geschehen zu einer Veränderung des ursprünglichen Status des Gegenübers führen. Solch ein Wechselspiel aus dyadischer Synchronisation und Modulation kann sorgenden Personen, aber auch anderen im psychosozialen Bereich professionell Tätigen, die Einstimmung auf und Regulation der Zustände von Kleinkindern bzw. AddressatInnen ermöglichen. Durch diese interaktive Regulation können dann *autonome* Regulationsfertigkeiten erlernt werden.

Spiegelneuronen- und orbitofrontales System könnten also kurz gefasst Mechanismen darstellen, durch welche bestimmte Phänomene „somatischer Resonanz" realisiert werden, wie etwa ein besseres intuitives Verständnis des Gegenübers, das automatische Einnehmen seiner Körperhaltungen oder ein eingestimmtes Emotions- und Körpererleben.

3 Das Beispiel „psychomotorische Gewaltprävention"

Holger Jessels Studie zur psychomotorischen Gewaltprävention (2008) knüpft an das im vorigen Abschnitt Ausgeführte an. Jessel hebt hervor, dass gelingendes leiblich-affektives Attunement Anerkennung, Wertschätzung und leibliche Integrität ermöglicht, während ein misslingendes Attunement mit Erfahrungen der Missachtung, Abwertung, Gleichgültigkeit oder auch mit Ohnmachtsgefühlen einhergeht und bei den Betroffenen häufig zu leiblicher Desintegration führt. Damit würde auch das Phänomen einer „transgenerationalen Übertragung von Gewalt" erklärbar; die Resilienzforschung der letzten Jahre hat allerdings verdeutlicht, dass hier kein einfaches Ursache-Wirkung-Verhältnis zugrunde liegt, sondern ein komplexeres Geschehen vermutet werden muss.

In der konkreten Arbeit mit „Gewalttätern" zeigt sich jedenfalls, dass diese eine hohe Sensibilität für Ohnmachts- und Missachtungserfahrungen aufweisen. Die bei diesem Personenkreis wahrnehmbaren „gewaltaffinen Interpretationsregimes", die sich durch ein dichotomes Weltbild (Freund/Feind) und eine erhöhte Feindlichkeitswahrnehmung (z.B. in Bezug auf Blicke, Gesten, Haltungen, Zwischenleiblichkeit) auszeichnen, sind offenbar eng verknüpft mit einem spezifischen Ehrenkodex, innerhalb dessen „Respekt" eine zentrale Rolle spielt.

Im Fall jugendlicher „Gewalttäter" werden immer wieder folgende Motive beschrieben: der „Triumph der physischen Überlegenheit", die Befriedigung angesichts der Schmerzen des Opfers und nicht zuletzt die Überschreitung des Alltäglichen (Sutterlüty 2003) in der „Extase der Gewalttätigkeit", die offenbar mit starken leiblichen Empfindungen einhergeht. Psychomotorische Gewaltprävention setzt von daher ganz bewusst ebenfalls auf der leiblichen Ebene an: Über Körper-, Leib- und Bewegungserfahrungen werden unmittelbare Erfahrungen der Kontrolle und Selbstwirksamkeit, des Lustgewinns, der Selbstwerterhöhung sowie positive zwischenmenschliche Erfahrungen gesammelt.

Körperbezogene Interventionsformen im Kontext der „Gewaltprävention" werden insbesondere mit Bezug auf die so genannte Konfrontative Pädagogik sehr kontrovers diskutiert. Hier kommt es sehr auf die feinen Unterschiede an: Je nach Menschenbild und professionellem Selbstverständnis, je nach konkreter Prozessgestaltung und gemeinsamer Reflexionsarbeit (die die leibliche und emotionale Dimension u. E. eben gerade nicht ausblenden sollte), sind hier legitimierbare und nicht-legitimierbare Konzepte und Praktiken zu unterscheiden.

Ziele einer psychomotorischen Gewaltprävention im Sinne von Jessel sind die funktionale Reorganisation organismischer Prozesse, die psychophysiologische Stressregulation sowie eine Verbesserung der Körperwahrnehmung. Diese Prozesse brauchen Zeit und Vertrauen, auch einen schützenden Rahmen, der nicht auf Zwang beruht.

Die von Jessel vorgeschlagene „produktive Verstörung gebahnter Erregungsbereitschaften" benötigt zur „Bahnung von Alternativen des Erlebens und Handelns" die realistische Chance zur Erkundung körpersprachlicher Äußerungen (bei sich selbst und beim Gegenüber); damit ist die Notwendigkeit angesprochen, ein Sensorium für auch feinere (leibliche) Regungen zu entwickeln, das wir mit dem Phänomen der „somatischen Resonanz" in Verbindung bringen. Insbesondere ist mit Bezug auf die Gewaltprävention aber auch die Bedeutung der verbalen Artikulation von Empfindungen sowie der ebenso respektvollen wie (selbst)kritischen Auseinandersetzung damit als klärend und bewusstseinsschaffend, nicht zuletzt auch als verlangsamend, zu betonen. Folgende Aspekte können nach Jessel am Beispiel einer „psychomotorischen Gewaltprävention" herausgearbeitet werden:

- Lebensgeschichtlich bedeutsame Beziehungen wurden auch körperlich-leiblich erlebt und strukturieren das Erleben aktueller Situationen und Beziehungen in spezifischer Weise vor.
- Insbesondere in Konfliktsituationen und in als bedrohlich empfundenen Situationen ist es von daher notwendig, die darin enthaltenen und zum Ausdruck kommenden Bedürfnisse zu rekonstruieren, um zu anderen Strategien der Konfliktaustragung zu gelangen.

- Es geht um die Entwicklung eines veränderten Umgangs mit den eigenen (Körper-)Impulsen und einer veränderten Wahrnehmung in Bezug auf die (Körper-)Impulse anderer (die in der Dynamik gewalttätiger Auseinandersetzungen in der Regel ausschließlich als Provokationen im Sinne von „Disrespect" und „Ehrverletzung" gedeutet werden).
- Es geht von daher um eine Auseinandersetzung mit Habitus und leiblicher Identität, mit den einverleibten und verkörperten sozialen Bedingungen und Erfahrungen. Diese Auseinandersetzung sollte von Seiten der Professionellen durch Empathie und wertschätzende Anerkennung ihres Gegenübers geprägt sein, insbesondere auch durch Sensibilität für Situationen, in denen sich biographische Ohnmachts- und Missachtungserfahrungen zu wiederholen drohen.

4 Neue Aufmerksamkeiten

Mit unserem Beitrag wollen wir die Relevanz von Körper und Leib für das Selbst- und Fremdverstehen in der Sozialen Arbeit hervorheben. Wenn es um Hilfeprozesse, um Begleitung und Unterstützung von Menschen geht, so ist die zwischenmenschliche Begegnung eben auch in ihrer Qualität als „somatische Resonanz" wahrzunehmen. Übertragungs- und Gegenübertragungsprozesse finden auch leiblich statt, (sozial)pädagogische Präsenz ist auch unmittelbare und aktive Körperpräsenz.

Soll im Kontext Sozialer Arbeit gemeinsam mit den AdressatInnen an einer gelingend(er)en Lebensgestaltung gearbeitet werden, so müssen die Fachkräfte für ihr Gegenüber auch spürbar sein. Ist der Alltag der Lebensbewältigung im Fokus, so können dabei auch die konkreten Körper in ihrer Praxis wahrgenommen werden. Die Anstrengungen der Lebensbewältigung sind mit Körper-Erleben verbunden, und auch dafür gilt es im Kontext Sozialer Arbeit einen Raum und eine Sprache zu schaffen. Damit dies gelingen kann, müssen die Fachkräfte in der Sozialen Arbeit die Qualität und Dynamik des Körperunbewussten, die sie ja „am eigenen Leib" erfahren, auch reflektiert haben (Jessel 2008).

Für eine körperbezogene Soziale Arbeit einzutreten soll hier nicht geschehen, ohne deren potentiell problematische Seiten anzusprechen. Neuere machtanalytische Studien und kritische Reflexionen zur „Gouvernementalität Sozialer Arbeit" im Anschluss an Michel Foucault zeigen deutlich, wie Körperpraktiken auch als Selbst- und Fremdtechnologien im Sinne eines Optimierungsparadigmas realisiert werden können. Das moderne Arbeitssubjekt ist demnach als Entrepreneur oder „Intrapreneur" („UnternehmerIn seiner/ihrer selbst"/„ArbeitskraftunternehmerIn") konzeptualisiert; damit werden Flexibilität und Elastizität (auch des Körpers und seiner Kräfte) als Subjektqualität gefordert (Schröder 2008). Die damit verbundene „Philosophie der Fitness" kann zu einer neuen Meta-Anstrengung werden, bringt neue „Subjektivierungsweisen" mit sich. Die Veränderung der gesellschaftlichen, der politökonomischen Verhältnisse werden so durch den/am eigenen Leib spürbar. Gleichzeitig zeigt sich in diesem Zusammenhang auch die Funktion des Körpers als Grenze – der Leib lässt eben doch nicht alles mit sich machen, zeigt sich erschöpft, wehrt sich mit Krankheiten „gegen" die (Selbst-)Instrumentalisierung. Kann die Begrenztheit des Körpers vor diesem Hintergrund auch zum Kampf um Anerkennung und zur Verteidigung der Grenzen des Zumutbaren genutzt werden?

Die Wahrnehmung der leiblichen Zustände, des Körper-Ausdrucks, der Körper-Haltungen und -Spannungen, der Bewegungs-Impulse bei anderen kann jedenfalls zu einem Ausgangspunkt für Dialog, konkrete Rückfragen, eine Re-Flexion im wörtlichen Sinne werden, zum Ansatzpunkt für eine mögliche konkrete Intervention. Diese Intervention kann auch in einer Einladung zur Selbstwahrnehmung bestehen, zur bewussten Gestaltung eines eigenen Impulses, kann zum Ausprobieren einer Veränderung ermutigen.

Auch auf der Körper-Ebene können Ressourcen von AdressatInnen (und Fachkräften), aber auch deren Begrenztheit, wahrgenommen werden. Körperbezogene Soziale Arbeit kann dabei unterstützen, diese Grenzen zu reflektieren oder auch zu verschieben, und damit zu einer Erweiterung oder gar Wieder-Gewinnung von Handlungsfähigkeit beitragen. Die bereits vorhandenen „offenen Stellen", die eine Veränderung erst zulassen, werden wahrnehmbar. Schutzlosigkeit ist dabei ein reales Problem. Aufgabe einer körperbezogenen Sozialen Arbeit wäre es von daher vor allem auch einen schützenden Raum zu kreieren, in dem die Impulse der AdressatInnen zugelassen und mit Wertschätzung versehen werden können.

Körperpsychotherapeutische Erfahrungen und Psychomotorik zeigen, dass eine Bewegung „im Außen" mit einer Bewegung/Veränderung im Inneren korrespondiert – und vice versa. Entsprechende (professionell gestützte) Such-Bewegungen sind von einer Praxis sorgfältigen Rückfragens gekennzeichnet, von Versuchen der Über-Setzung, der Re-Artikulation dessen, was gerade wahrgenommen wird. Damit werden für die AdressatInnen Artikulationsmöglichkeiten ihres eigenen Erlebens manchmal überhaupt erst geschaffen, oder doch zumindest erweitert. Das In-Kontakt-Halten der Körperdimension und deren Erleben bedarf der dialogischen Symbolisierung durch Bilder und Sprache, damit es nicht zu technizistischen Verkürzungen kommt, damit das Verhältnis von Wissen und Tun langsam (genug) abgeschritten, zurückverfolgt und auch kognitiv rekonstruiert werden kann. Soziale Arbeit, die sich der körperbezogenen Wahrnehmung öffnet und diese auch im Kontext professioneller Aktivität kultiviert, erweist sich – wieder einmal – als „kreative Improvisation" mit systematischem

Hintergrund, der wissenschaftliche Forschung ebenso beinhaltet wie theoretische Reflexion, nicht zuletzt aber: reflektierte Körper-Erfahrung.

Literatur

Bath, C., Bauer, Y., Bock von Wülfingen, B., Saupe, A., Weber, J. (Hrsg.) (2005): Materialität denken. Studien zur technologischen Verkörperung. Hybride Artefakte, posthumane Körper. Bielefeld

Bauer, J. (2005): Warum ich fühle, was du fühlst. Hamburg

Beer, U. (Hrsg.) (1989): Klasse Geschlecht. Feministische Gesellschaftsanalyse und Wissenschaftskritik. 2. Aufl. Bielefeld

Boadella, D. (1991): Befreite Lebensenergie. Kempten

Carlson, N. R. (2004): Physiologische Psychologie. 8. Aufl. München

Damasio, A. R. (2003): Der Spinoza-Effekt. Wie Gefühle unser Leben bestimmen. München

– (1997): Descartes' Irrtum. Fühlen, Denken und das menschliche Gehirn. München

Goller, H. (1992): Emotionspsychologie und Leib-Seele-Problem. Stuttgart

Grosz, E. (1994): Volatile Bodies. Towards a Corporeal Feminism. Bloomington, Indianapolis

Harding, S. (1990): Feministische Wissenschaftstheorie. Zum Verhältnis von Wissenschaft und sozialem Geschlecht. Hamburg

Iacoboni, M., Dapretto, M. (2006): The Mirror Neuron System and the Consequences of its Dysfunction. Nature Reviews Neuroscience 7, 942–951

Jänig, W. (2003): The Autonomic Nervous System and its Coordination by the Brain. In: Davidson, R. J., Scherer, K. R., Goldsmith, H. H. (Hrsg.): Handbook of Affective Science. New York, 135–186

Jessel, H. (2008): Psychomotorische Gewaltprävention – ein mehrperspektivischer Ansatz. Dissertation. Philipps-Universität Marburg. In: http://archiv.ub.uni-marburg.de/diss/z2008/0125/

Knoblich, G., Thornton, I., Grosjean, M., Schiffar, M. (Hrsg.) (2006): Human Body Perception From the Inside Out. Oxford

Kulke, C. (Hrsg.) (1988): Rationalität und sinnliche Vernunft. Frauen in der patriarchalen Realität. Unter Mitarbeit von E. Scheich. Pfaffenweiler

Maurer, S. (2005): Soziale Bewegung. In: Kessl, F., Reutlinger, C., Maurer, S., Frey, O. (Hrsg.): Handbuch Sozialraum. Wiesbaden, 629–648

Rizzolatti, G., Sinigaglia, C. (2008): Empathie und Spiegelneurone. Die biologische Basis des Mitgefühls. Frankfurt/M.

Schiffar, M. (2006): Body-Based Views of the World: An Introduction to Body Representations. In: Knoblich, G., Thornton, I., Grosjean, M., Schiffar, M. (Hrsg.) (2006): Human Body Perception From the Inside Out. Oxford, 135–145

Schröder, J. (2008): Der flexible Mensch und sein Leib. Dissertation Universität Marburg
Schore, A. N. (2000): Attachment and the Regulation of the Right Brain. Attachment and Human Development 2 (1), 23–47
– (1996): Affect Regulation and the Origin of the Self. New York
Stemmler, G. (2004): Physiological Processes During Emotion. In: Philippot, P., Feldman, R. S. (Hrsg.): The Regulation of Emotion. Mahwah, 33–70
Sutterlüty, F. (2003): Gewaltkarrieren. Jugendliche im Kreislauf von Gewalt und Missachtung. 2. Aufl. Frankfurt/M.
Wilson, M. (2006): Covert Imitation. How the Body Schema Acts as a Prediction Device. In: Knoblich, G., Thornton, I., Grosjean, M., Schiffar, M. (Hrsg.) (2006): Human Body Perception From the Inside Out. Oxford, 211–228

Soziale Altenarbeit. Vom Nutzen eines autobiographischen Gedächtnisses als Wandlungskontinuum für den Alternsprozess und der Gefahr des Verlusts durch eine Demenz

Von Christine Meyer

1 Soziale Altenarbeit, demographischer Wandel und die Herausforderung des dritten und vierten Lebensalters

Die Soziale Altenarbeit wird mit zunehmendem Sichtbarwerden des demographischen Wandels der Gesellschaft in den nächsten Jahrzehnten an Bedeutung gewinnen. Vor allem wird Soziale Altenarbeit danach bewertet werden, inwieweit sie angemessene Angebote für individuelle und gesellschaftliche Lebenslagen im Alternsprozess entwickeln und als reguläres Angebot wird durchsetzen können, angesichts eines verselbstständigten negativen Altersbildes und einer damit einhergehenden Defizitperspektive (Meyer 2008a; 2008b). Eine der wesentlichen Erkenntnisse in Bezug auf Alternsprozesse ist die von Baltes/Baltes bereits Ende der 1980er Jahre vorgenommene Einschätzung, dass Alternsprozesse im Höchstmaß unterschiedlich und sehr variabel verlaufen (Baltes/Baltes 1989, 4). Dabei ist Altern eher ein Nebenprodukt der kulturellen Evolution mit ihren Fortschritten in Bildung, Medizin und Wirtschaft, die die Voraussetzungen schufen, die im menschlichen Genom verankerte Plastizität voll auszuschöpfen. Dem Alter stand die Evolution eher „gleichgültig" gegenüber, der Selektions- sowie Optimierungsprozess galt vielmehr der Reproduktionsfähigkeit im frühen Erwachsenenalter (Baltes 2002).

Mit der demographischen Entwicklung potenzieren sich vor allem Gefahren bezüglich einer möglichen Optimierung des ältesten Alters, da das menschliche Genom zunehmend seine Ordnung verliert. Es wird fehlerhaft und büßt an Regulationskraft ein, die in ihm angelegte biologische Plastizität und Präzision schwinden (Baltes 2002). Diese Entwicklung hat zur Konsequenz, dass die Ermöglichung eines durchschnittlich längeren Lebens bei gleichzeitig gleichbleibender genetischer Ausstattung ein stetes Mehr an kultureller Entwicklung erfordert.

„Und eben darin liegt das Dilemma: Weil sich die biologischen Potenziale mit dem Alter erschöpfen, verlieren auch die kulturellen Stützen an Wirkung – gerade im höheren Lebensalter, das immer mehr kulturelle Intervention erfordert." (Baltes 2002)

Die Auseinandersetzung mit Alternsprozessen insgesamt führte zu einer Teilung in zwei unterschiedliche Phasen: Ein drittes und viertes Lebensalter entstanden. Das dritte Alter verlangt nach der Ausgestaltung des ihm innewohnenden Potenzials, und es geht um die Wahrnehmung der Verletzlichkeit und Widerständigkeit des vierten Alters. Als Konsequenz müsste bereits bei der derzeitigen Lebenserwartung mehr auf die Qualität des Lebens gesetzt werden als auf dessen scheinbar unendliche Verlängerung. Vorsorge und Therapie müssen dabei für die Belastungen und Einschränkungen des Vierten Alters eingesetzt werden, um für eine Entlastung zu sorgen. Das betrifft insbesondere die Demenzen, desgleichen aber das im Alter immer häufigere Zusammenwirken unterschiedlicher Erkrankungen: die Multimorbidität.

Am dramatischen Anstieg demenzieller Erkrankungen lässt sich die Grenze menschlicher Anpassungsfähigkeit zeigen: Bei den unter 70-Jährigen leiden weniger als fünf Prozent an einer Form von Demenz, unter den 80-Jährigen zwischen 10 und 15 Prozent – doch unter den 90-Jährigen bereits jeder Zweite. Bisher hat die medizinische Forschung kaum Antworten, wie und ob Demenzen geheilt oder verzögert werden können. Zahlreiche Forschungen zu Prävalenz und Inzidenz von Demenzerkrankungen veranlassen Bickel zu der Aussage, „dass vermutlich alle Menschen eine Demenz entwickeln, wenn sie nur alt genug werden" (zit. nach Hallauer/Kurz 2002, 13). Mit der Demenz kommt ein schleichender Verlust der zeitlichen Orientierung, der Intentionalität, Selbstständigkeit, Identität und sozialen Eingebundenheit. Dies sind jene Eigenschaften, die wesentlich die menschliche Würde bestimmen und es dem Individuum ermöglichen, selbstbestimmt und eigenständig zu leben. Doch für den Alternsprozess jedes Menschen wird es zunehmend von Bedeutung, die Einbußen des Alterns nicht so sehr als Verlust des bisherigen Lebensstandards zu betrachten, sondern vielmehr den Blick auf Hilfe- und Pflegebedürftigkeit als Ressource zu lenken, in der es weiterhin um gute Lebensqualität geht.

Mit den aktuellen neurowissenschaftlichen Erkenntnissen der Bedeutsamkeit eines autobiographischen Gedächtnisses als Wandlungskontinuum und seinem lebenslangen Lern- und Entwicklungspotenzial bieten sich jedoch Chancen für biographisch unverwechselbare Alternsprozesse, die durch Bewusstmachung aktiv gestaltbar und veränderbar bleiben. Mit dem Wissen darüber, dass weite Bereiche der Entwicklung neuronaler Verschaltungsmuster und entscheidende Phasen der organischen Hirnreifung nachgeburtlich unter sozialen und kulturellen Einflüssen geformt werden, wird geradezu eine zentrale Schnittstelle sozial- und naturwissenschaftlicher Erinnerungs- und Gedächtnisforschung herausgefordert, die auch Alternsprozesse selbstverständlich einschließt (Markowitsch/Welzer 2005).

Neben der Bildung spezifischen Wissens in den unterschiedlichen Disziplinen wird zur Bewältigung dieser gesellschaftlichen Entwicklung in einem hohen Maße interdisziplinäres Denken und Handeln erforderlich zugunsten der Gestaltung einer Lebensqualität von Menschen, deren hohes Alter ihre Selbstbestimmung und Selbstständigkeit gefährdet. Insbesondere die Entwicklung einer starken Position Sozialer Altenarbeit fällt die Aufgabe der Entwicklung eines Gesamtprogramms zu, das einer aktiven Lebensgestaltung im Alter förderlich ist und differenziert ausgearbeitet dazu führt, Lebensentwürfe für das Alter neu denken und entwickeln zu können.

2 Die lebenslange Entwicklung eines autobiographischen Gedächtnisses unter zunehmender Gefährdung des Verlusts durch Demenzen

Die Erkenntnisse der Hirnforschung einer lebenslang möglichen Bildung neuer Nervenzellen bei aktiver Lebensführung erscheinen für die gesellschaftliche Konstruktion eines neuen Altersbildes von großem Nutzen. Die Verbindungen zwischen Nervenzellen, die Synapsen, verändern sich mit Erfahrungen, und es entstehen neue „Spuren" im Gehirn. Langfristig können sich auch die „Landkarten" verändern, die durch Erfahrungen neuronal gebildet werden. Umweltinduzierte Plastizität und Adaptivität stehen für universelle Vorgänge, die auf sensorischer, motorischer und kognitiver Ebene gleichermaßen feststellbar und sowohl im heranreifenden, im erwachsenen wie alternden Individuum von Bedeutung sind. Sie liefern eine Erklärung für Individualität und Besonderheiten, wie sie sich gerade bei menschlichen Individuen in größter Vielfalt zeigen (Markowitsch / Welzer 2005).

Menschen können sich bis in hohe Lebensalter verändern und über neue Erfahrungen und neues Wissen neue Kompetenzen entwickeln, die dazu beitragen, das Muster ihrer Erfahrung zu verändern. Als unterstützende Komponenten für diesen Entwicklungsprozess erweisen sich Freiwilligkeit, Spaß, Bewegung und Aktivitäten sowie Anregungen über soziale Kontakte (Spitzer 2006). Die Einzigartigkeit des Menschen machen der Besitz und die Herausbildung eines autobiographischen Gedächtnisses aus, mit den Besonderheiten der Zeitlichkeit von Erfahrungen, die zu Erinnerungen und je nach Bedeutung bzw. Emotionalität abgespeichert werden und das Selbst bilden.

Über das Vermögen des autonoetischen Bewusstseins ist es zudem möglich, als Mensch zu wissen, dass man reflektieren und sich erinnern kann.

Für die Entwicklung eines Menschen hat insbesondere die Entwicklung bis zum 4-jährigen Kleinkind für den gesamten Lebenszusammenhang eine immense Bedeutung, da alle sie bedingenden Bausteine der Gedächtnisentwicklung in diese Zeitspanne fallen. Für den weiteren Lebenszusammenhang kann dieses Wissen vor allem im Hinblick auf den Zusammenhang von autobiographischem Gedächtnis, dem Vermögen temporaler Zeitreisen sowie emotional gefärbter Erinnerung über Reflexion einen aktiven lebenslangen Entwicklungsprozess für jeden Menschen eröffnen. Das autobiographische Gedächtnis hat ein Selbstkonzept zur Voraussetzung, das in Raum und Zeit situiert ist und emotionale Markierungen von bestimmten Erlebnissen vornehmen kann. Als Beispiel für das Vorhandensein des autobiographischen Gedächtnisses wird folgende Episode bei Markowitsch/Welzer beschrieben: „Wenn ein dreijähriges Kind davon berichten kann, dass es gestern im Kindergarten vom Stuhl geknallt ist und sich dabei wehgetan hat" (Markowitsch/Welzer 2005, 198), hat das Kind begonnen, erste Tempusformen zu benutzen und ein Verständnis für Zeit im Sinn zeitlicher Ordnungen (Temporalität) entwickelt. Darauf folgt in der Entwicklung die Herausbildung von Kausalsätzen (etwas ist passiert, weil (…)), denen grundsätzlich Temporalität zugrunde liegt (Markowitsch/Welzer 2005, 198).

Das autobiographische Gedächtnis ist das, was den menschlichen Geist von dem anderer Primaten und anderer Säugetiere grundsätzlich unterscheidet. Es handelt es sich bei dem autobiographischen Gedächtnis darum,

> „was den Mensch zum Menschen macht, also das Vermögen, ‚Ich' sagen zu können und damit eine einzigartige Person zu meinen, die eine besondere Lebensgeschichte, eine bewusste Gegenwart und eine erwartbare Zukunft hat" (Markowitsch/Welzer 2005, 11).

Das autobiographische Gedächtnis ist ein Wandlungskontinuum. Seine Entwicklung basiert auf dem höchst subtilen Zusammenspiel biologischer, psychologischer, sozialer und kultureller Prozesse, die interdependent sind. Es ist nicht nur als etwas Individuelles zu verstehen, sondern als funktional für die Synchronisierung des Einzelnen mit seiner sozialen Umwelt.

> „Es stellt für einen selbst wie für die anderen sicher, dass man es trotz der verstreichenden Zeit und der physischen und psychischen Veränderungen über die Lebensspanne hinweg immer mit ein und demselben Ich zu tun hat." (Markowitsch/Welzer 2005, 215)

Das autobiographische Ich ist für die gesamte Lebensspanne von Bedeutung, da es mit seinen Anpassungsleistungen dafür sorgt, sich trotz verändernder Umwelten und eigenen körperlichen oder lebensalterbedingten Entwicklungen über die Lebensspanne weiterhin als die eine Person wahrzunehmen.

Das Stadium, das allgemein als „Erwachsensein" bezeichnet wird, ist jedoch kein einmal Erreichtes und ab diesem Zeitpunkt nicht mehr veränderliches Entwicklungsniveau. Die Altersforschung zeigt ebenso wie die Erwachsenensozialisationsforschung und nicht zuletzt die Hirnforschung ein in ständiger Neujustierung befindliches autobiographisches Ich, dessen Gedächtnis ebenso beständig die eigene Lebensgeschichte nach Maßgabe gegenwärtiger Anforderungen umschreibt. Die Größe der Leistung des autobiographischen Gedächtnisses liegt in der Integration des „multiplen Ich", „indem es die wundersame Leistung vollbringt, das Selbst gerade darum als ein immer Gleiches erscheinen zu lassen, weil es sich permanent verändert" (Markowitsch/Welzer 2005, 216). Das autobiographische Gedächtnis wandelt sich selbstverständlich bei allen Erfahrungen beständig auf eine so fein justierte Weise, dass die Passung zur jeweils bedeutsamen sozialen Umgebung nicht verloren geht. Die soziale Umgebung ist dabei selbst ebenfalls höchst variabel.

Für die Entstehung und Bedeutung des autobiographischen Gedächtnisses im Lebensverlauf sind die unterschiedlichen Gedächtnisformen bedeutsam. Nach aktuellen Erkenntnissen wird insgesamt von einem Kurzzeitgedächtnis- und fünf Langzeitgedächtnissystemen ausgegangen (Markowitsch/Welzer 2005, 80). Das Kurzzeitgedächtnissystem umfasst den Bereich von Sekunden bis zu wenigen Minuten, während Langzeitgedächtnissysteme alle darüber hinaus reichenden Zeiträume betreffen. Das Kurzzeitgedächtnis wird richtiger als Arbeitsgedächtnis bezeichnet, da es sich auf ein aktives Verarbeiten von Informationen auf vielen Ebenen und mit mehreren Komponenten einschließlich der Übertragung bereits gespeicherter Informationen in einen zeitlich eng bemessenen Puffer zur Abrufvorbereitung bezieht. Mit dem Auftreten erster aktiver Formen des Erinnerns (um den achten oder neunten Lebensmonat herum) als bewusstem Prozess entsteht das Arbeitsgedächtnis (Markowitsch/Welzer 2005, 153). Zwei für die Entwicklung eines Menschen bedeutsame Elemente beziehen sich auf das Arbeitsgedächtnis. Die Menge an Informationen, die gespeichert werden kann, ist begrenzt und geht verloren, wenn sie nicht über Wiederholungen in einen Langzeitspeicher überführt wird. Mit der Entstehung des Arbeitsgedächtnisses werden Kinder in die Lage versetzt, gedankliche Bilder von Gegenständen und Personen zu formen und aktiv abzurufen. Gegenstände existieren weiter, auch wenn sie nicht physisch anwesend sind (Markowitsch/Welzer 2005, 153). Dabei stellt das Alter von acht Monaten einen Wendepunkt in der emotionalen, kognitiven und motorischen Entwicklung des Kindes dar. Über die Möglichkeit der selbstständigen Fortbewegung wird eine emotionale Bindung an die Mutter oder eine andere Bezugsperson notwendig, denn nur darüber wird gewährleistet, dass sich das schutzbedürftige Kind zeitweise von seiner Bezugsperson entfernen kann. Erst mit der Entwicklung des Arbeitsgedächtnisses kann das Kind diese Entwicklung vollziehen, da es erst zu diesem Zeitpunkt versteht, dass die Mutter auch weiter existiert, wenn sie außer Sichtweite ist (Markowitsch/Welzer 2005, 159).

Innerhalb des Langzeitgedächtnisbereichs wird von unabhängig arbeitenden Systemen ausgegangen, die auch auf Hirnebene unterschiedliche Repräsentationsbereiche haben. Zu den fünf Langzeitgedächtnissystemen gehören das prozedurale Gedächtnis, die Priming-Form des Gedächtnisses, das perzeptuelle Gedächtnis, das Wissenssystem und das episodisch-autobiographische Gedächtnis (Markowitsch/Welzer 2005, 80). Die Entstehung und der Aufbau der unterschiedlichen Gedächtnisformen in der Entwicklung eines Menschen bekommen einen zentralen Stellenwert im Kontext des vorliegenden Zusammenhangs aufgrund der lebenslangen Bedeutung von Erinnerungen und Erfahrungen bis ins hohe Lebensalter. Von der sozialen Umwelt und ihrem Wissen über die Förderung der Gedächtnissysteme hängt es ab, wie und mit welcher Qualität lebenslange Erfahrungen zu Erinnerungen und für Lebenszusammenhänge bedeutsamen Gestaltungs- und Bewältigungsstrategien entwickelt werden können.

Das episodisch-autobiographische Gedächtnis leistet das aktive, bewusste Erinnern von Episoden. Diese überwiegend biographischen Episoden sind emotional gefärbt und werden kontextgebunden in einer Art mentaler Zeitreise zurückverfolgt. Tulving hält dieses Gedächtnissystem für das hierarchisch höchste. Einzigartig für den Menschen beginnt das episodisch-autobiographische Gedächtnis erst ab dem dritten Lebensjahr aufzutreten. Dieses Gedächtnissystem ist „die Schnittmenge von subjektiver Zeit, autonoetischem Bewusstsein und dem sich erfahrenden Selbst" (zit. nach Markowitsch/Welzer 2005, 84). Mit Erreichen des vierten Lebensjahrs hat sich das episodische Gedächtnis aufgebaut und das autobiographische hat begonnen, sich herauszudifferenzieren. Das Kind nimmt sich als ein Selbst wahr und existiert in Abgrenzung von den anderen. Die komplette Entwicklung des episodischen Gedächtnisses gilt als Voraussetzung für ein autonoetisches Bewusstsein, das zwischen Vergangenem und Zukünftigem differenzieren kann. Mit dem Entwickeln autonoetischen Bewusstseins beginnt das Kind, zwischen Vergangenem und Zukünftigem zu differenzieren (Markowitsch/Welzer 2005, 231). Ohne das Vorhandensein des Arbeitsgedächtnisses, prozeduralen Gedächtnisses, der Priming-Form und des perzeptuellen Gedächtnisses sowie des Wissenssystems kann kein autobiographisches Gedächtnis entstehen, mit dem der Mensch die Fähigkeit erhält, sich als einzelnes und kontinuierliches Wesen wahrzunehmen, trotz unterschiedlicher Erfahrungen, Alter und Veränderungen im Lebenslauf. Besonderheiten dieses Gedächtnissystems entstehen mit der emotionalen Färbung und Kontextgebundenheit der Erinnerungen. Für die Lebensphase Alter erscheint die Förderung seiner Entwicklung unter besonderer Berücksichtigung des autobiographischen Gedächtnisses als lebenslanger Garant für die Lebensqualität eines Menschen.

Das autobiographische Gedächtnissystem gilt als hierarchisch Höchstes, da in ihm subjektives Zeitempfinden, autonoetisches Bewusstsein sowie ein sich erfahrendes Selbst zusammen kommen. Mit zunehmendem Lebensalter werden die Ausprägung und die Möglichkeit des Rückgriffs auf Erfahrungen, die im autobiographischen Gedächtnis gespeichert sind, von größerer Bedeutung, da die Art und Weise der Abspeicherung und Erinnerung etwas über das Selbstbild und die eigene Einschätzung im Hinblick auf die Kontinuität des einzelnen Menschen in seinem Lebenszusammenhang aussagen. Das autobiographische Gedächtnis bleibt lebenslang flexibel und kann über neue Erfahrungen im Lebenskontext den einzelnen Menschen verändern und seine Lebensqualität beeinflussen. Es wird ebenfalls deutlich, wie sich die Plastizität des Gehirns im Alternsprozess verändern kann und die hohe Variabilität und Heterogenität dabei für jedes einzelne Individuum differieren.

> „Gedächtnis ist ein dynamischer Prozess – wir speichern Informationen zustandsabhängig und wir rufen Information zustandsabhängig ab. (...) Die Zustandsabhängigkeit des Gedächtnisses bedeutet aber auch, dass sich unser Gedächtnis altersabhängig verändert – einmal, weil wir immer mehr Information mit zunehmenden Alter aufnehmen und zum anderen, weil unser Gehirn immer weniger in der Lage ist, Informationen mit der gleichen Präzision und sozusagen jugendlicher Frische aufzunehmen, wie dies in frühen Jahren der Fall war. Auch verändert sich natürlich unser Gedächtnis insofern, als wir mit zunehmendem Alter Gedächtnisinhalte immer wieder neu verknüpfen und damit neu integrieren und außerdem jeder Abruf eine Neueinspeicherung (Re-Enkodierung) zur Folge hat – die wiederum in der jeweils herrschenden Stimmung vorgenommen wird."
> (Markowitsch/Welzer 2005, 241)

Unterschiedliche Studien zeigen dabei die erhebliche inter- und intraindividuelle Variabilität, denen die Zu- und Abnahme intellektueller Leistungen im Alter unterliegt (Markowitsch/Welzer 2005, 244). Doch es gibt auch die andere Seite, die die Möglichkeit einer lebenslangen Veränderung der „Erfahrungslandkarte" bzw. des Wandlungskontinuums „autobiographisches Gedächtnis" beeinträchtigt und sich seit den 1980er Jahren zunehmend, vor allem unter den Hochaltrigen verbreitet: Mit jedem Lebensjahr wächst die Gefahr, an Demenz zu erkranken.

Mit der gestiegenen Lebenserwartung wurde seit den 1980er Jahren unübersehbar, dass eine substanzielle Anzahl älterer Menschen in der letzten Lebensphase an demenziellen Störungen leidet und diese Störungen einen sehr großen Versorgungsbedarf nach sich zogen (Hallauer/Kurz 2002). Zahlreiche Feldstudien, die seitdem durchgeführt wurden, zeigen die starke Altersabhängigkeit der Prävalenz der Demenz, die einen ausgesprochenen Anstieg ab 80 Jahren aufweist. Das Statistische Bundesamt (Szenario 2a/9. koord. Bevölkerungsvorausschätzung 2004) geht davon aus, dass im Jahr 2050 die Anzahl der Demenzkranken von 1,13 Millionen im Jahr 2000 auf über 2,8 Millionen ansteigen wird. Die Überalterung der Gesellschaft potenziert sich in ihren Auswirkungen mit dieser Einschätzung ins Unvorstellbare (Hallauer/Kurz 2002, 16).

Die möglichen Ursachen einer Demenz lassen sich nach bisherigen Forschungen vier großen Gruppen zuordnen: An erster Stelle stehen der Häufigkeit nach neurodegenerative Prozesse, bei denen ohne sonstige systemische oder zerebrale Störungen bestimmte Nervenzellpopulationen zugrunde gehen. Davon ist die am häufigsten auftretende die Alzheimer-Krankheit, gefolgt vom Parkinson/Lewy-Körper-Spektrum und den frontotemporalen Degenerationen. Am zweithäufigsten sind zerebrovaskuläre Erkrankungen. Neurodegenerative und zerebrovaskuläre Erkrankungen erklären zusammen mehr als 90 % aller Demenzzustände. Infektiöse Ursachen wie Prionen-Krankheiten oder HIV kommen vor, jedoch selten. Nahezu alle zur Demenz führenden Krankheiten sind chronisch und irreversibel.

„Demenzzustände können ein sehr unterschiedliches klinisches Bild bieten, das wesentlich von der Lokalisation der zugrunde liegenden zerebralen Erkrankung bestimmt wird. Auch der Verlauf von Demenzen ist höchst unterschiedlich". (Hallauer/Kurz 2002, 3)

Hirsch zufolge wird vielfältig und häufig ohne differentialdiagnostische Überlegungen und Kenntnisse die Diagnose „Demenz" gestellt. Die Altersvariable ist zwar ein entscheidender Risikofaktor zur Entstehung einer Demenz, dennoch bedarf es spezifischer Untersuchungsverfahren, um diese diagnostizieren zu können.

„Nach dem ICD-10 ist Demenz ein Sammelbegriff für Erkrankungen, die durch eine sekundäre Verschlechterung der geistigen Leistungsfähigkeit mit den folgenden Merkmalen gekennzeichnet sind:
- (1a) Abnahme des Gedächtnisses und (1b) anderer kognitiver Fähigkeiten (z.B. Urteilsfähigkeit, Denkvermögen)
- (2) kein Hinweis auf vorübergehenden Verwirrtheitszustand
- (3) Störung der Affektkontrolle, Antrieb oder Sozialverhalten (mit emotionaler Labilität, Reizbarkeit, Apathie oder Vergröberung des Sozialverhaltens)
- (4) Dauer der unter 1. genannten Störungen mindestens 6 Monate.

Um von einer Demenz sprechen zu können, ist es erforderlich, dass die Symptome dabei so schwerwiegend sind, dass sie zu einer deutlichen Beeinträchtigung der Alltagsbewältigung führen. Zudem zeigt der Verlauf eine große intra- und überindividuelle Schwankungsbreite von Kompetenzen." (Hirsch 2008, 107)

Für die Diagnoseerstellung einer Demenz stehen die kognitiven Störungen im Vordergrund, es treten jedoch auch nicht-kognitive Störungen im Verlauf der Erkrankung auf. Dabei werden Störungen der Perzeption (Wahnvorstellungen 20–73 %), Verkennungen (23–50 %) und Halluzinationen (15–49 %), affektive Störungen (depressive Symptome bis zu 80 %) und Manien (3–15 %) sowie Persönlichkeitsveränderungen (Wesensveränderung bis zu 90 %), Verhaltensprobleme (bis zu 50 %) und Aggressionen / feindselige Verhaltensweisen (bis zu 20 %) unterschieden. Die nicht-kognitiven Störungen sind die für die Angehörigen und andere Bezugspersonen als besonders belastend empfundenen und führen eher zur Klinikeinweisung oder zur Heimübersiedlung: Ca. 70 % der Pflegeheimbewohner leiden unter einer Demenz als kognitive Störungen (Hirsch 2008, 108). Mit der Diagnose Demenz erhöht sich das Risiko, in einer Institution leben zu müssen um das 7,5-Fache, da die nicht-kognitiven Störungen der Demenzerkrankten nach gegenwärtiger Einschätzung nicht lediglich reaktive Erscheinungen oder nur Sekundär- bzw. Begleitsymptome sind, sondern als die „sozioökonomisch bedeutsamsten Symptome von Demenzkranken" (zit. nach Kuhlmey 2007, 62) gelten.

Mit dem auftauchenden Verdacht einer Demenz (Syndrombegriff) wird eine möglichst sorgfältige und ausreichende Diagnostik und darüber hinaus ein mehrdimensionales Assessment erforderlich, um zu einer umfassenden Behandlungs- und Interventionsstrategie zu kommen. Nach Hirsch bedarf es unterschiedlicher Bereiche, die einbezogen werden müssen: Prävention, Behandlung, Rehabilitation und Pflege. Inzwischen ist der wichtigste Grund für eine Pflegebedürftigkeit Demenz, die somit nicht mehr als rein organische Störung betrachtet werden kann, sondern die Persönlichkeit des Betroffenen und seine Umwelt mit einbezieht. Eine klar umrissene Aufgabenteilung sowie eine verbindlich gemeinsame Vorgehensweise und Verantwortlichkeit ist unter den unterschiedlichen Berufsgruppen und Einrichtungen erforderlich, die an der Versorgung demenzkranker Menschen beteiligt sind bzw. sein sollten. Gegenwärtig herrscht jedoch ein Neben- und Durcheinander und eine erhebliche Schnittstellenproblematik in der Versorgung Demenzkranker vor (Hirsch 2008, 106).

Kenntnisse aus Medizin, Epidemiologie und Ökonomie über den Charakter und die Auswirkungen dieser Erkrankungen liegen in detaillierter Weise vor, doch die erforderliche Realisierung dieser Erkenntnisse wird in Diagnostik, Therapie und Versorgung von Patienten mit Demenz dem Stand des Wissens vielfach nicht gerecht. Es fehlt häufig eine vernetzte übergreifende Struktur, um eine integrierte Versorgung in der Praxis wirksam werden zu lassen. Darüber hinaus erfolgt nur verzögert der Transfer von Wissen zu den für Behandlung und Betreuung Verantwortlichen. Und nicht zuletzt bedingen die der Demenz eigenen Krankheitserscheinungen die erhebliche Mitbetroffenheit der Lebenspartner und Angehörigen der Patienten (Hallauer / Kurz 2002, 1; Kuhlmey 2007, 60).

Kuhlmey spitzt die Situation der Diagnose und weiteren Versorgung Demenzkranker aktuell zu, in dem sie es als Fortschritt lobt, dass Demenzen aufgrund aussagekräftiger diagnostischer Verfahren nicht mehr nur als Altersverwirrtheit abgetan werden wie vor dreißig Jahren. Nach wie vor stehen diese Erkenntnisse jedoch zum einen nur unzureichenden therapeutischen Maßnahmen gegenüber und zum anderen lassen sich die Defizite in der Versorgung insbesondere in der fehlenden Früherkennung und im therapeutischen Gesamtkonzept ausmachen, da es keine definierten Kriterien gibt, die das Frühstadium eindeutig von Alterserscheinungen trennen (Kuhlmey 2007, 60).

Für die Versorgungsforschung müssten die Auswirkungen der Demenzbehandlung oder die Angemessenheit der medizinischen und pflegerischen Leistungen deutlicher an Zielen wie mehr Lebensqualität und mehr Gesundheit orientiert sein. Dabei ist bisher ungeklärt, was eigentlich zu mehr Lebensqualität eines Demenzkranken beitragen könnte. Kuhlmey macht dieses Paradoxon an einem Beispiel deutlich:

> „Wir wissen, dass demenzielle Störungen frühzeitig erkannt werden müssen, damit die medikamentöse Behandlung zu einem Zeitpunkt einsetzen kann, wo bislang bekannte Substanzen noch wirksam werden. Wir wissen auch, dass die Wirkung der Antidementiva eher bescheiden bleibt, was die kognitiven Verluste betrifft und noch bescheidener ist, was die Besserung alltagspraktischer Kompetenzen des Kranken angeht. Hebt der günstige Effekt auf den kognitiven Prozess nun wirklich die Lebensqualität des Kranken an? Oder gewinnt der Kranke nur größere Einsicht in seine unumkehrbare Krankheit und gerät immer tiefer in Ängste." (Kuhlmey 2007, 60)

Es sind also Fragen und Diskussionen um Grundsätzliches notwendig bezüglich des Komplexes Demenzerkrankung und Gesellschaft einerseits. Zugleich müssen aber andererseits auch Strukturen und Angebote geschaffen werden, die die Früherkennung von Demenzen fördern, weil damit die Chance auf die Entwicklung eines therapeutischen Gesamtkonzepts besteht, das den Krankheitsverlauf verzögert oder abmildert.

Insgesamt zeigen die dargestellten hirnforscherischen Erkenntnisse Möglichkeiten, Alternsprozesse an ein sich kontinuierlich entwickelndes Selbst anzuschließen, das sich nicht mit der Verrentung aus dem aktiven Lebens- und Erfahrungsprozess zurückzuziehen hat. Vielmehr geht es um die kontinuierliche Gestaltung eines Lebensprozesses, der nicht mehr wie bisher auf einen abbauenden Alternsprozess zu reduzieren ist. Mit dem Wandlungskontinuum „autobiographisches Gedächtnis" lassen sich neue

Perspektiven auf Alternsprozesse in Bezug auf neue Erfahrungen und auch alte Erfahrungen in Form von Erinnerungen und deren Wertigkeit für die Entwicklung einer Gesellschaft entwickeln. Mit zunehmendem Alter wird die Wandlungsfähigkeit jedoch insgesamt bedroht und zur neuerlichen Herausforderung für die Gestaltung des Alternsprozesses: der schleichende Verlust der Persönlichkeit über eine Demenzerkrankung, neben der Gefahr des Eintretens einer multimorbiden Hochaltrigkeit, deren Heilungschancen bisher nicht in Sicht sind und deren Versorgung ein hohes Maß an gesellschaftlicher Verantwortung herausfordert. Insgesamt stellen sowohl die Erkenntnisse zum autobiographischen Gedächtnis als Wandlungskontinuum und der Verlust desselben durch eine Demenzerkrankung die Soziale Altenarbeit vor Herausforderungen, die bisher noch nicht in ihrer Tragweite zur Kenntnis genommen wurden.

3 Die Gestaltung eines selbstbestimmten Alters zwischen Wandlungsfähigkeit, Weitergabe gesellschaftlich relevanten Wissens und dem schleichenden Verlust der Persönlichkeit

Die Erkenntnisse zum autobiographischen Gedächtnis tragen über die individuelle Entwicklungsperspektive im Alternsprozess hinaus auch zu einer gesellschaftlichen bei und zwar im Hinblick auf die Konstruktion und Weitergabe generationsübergreifend bedeutsamer Erinnerungen. Ein Beitrag zur Planung und Gestaltung dieser Erinnerungs- und gleichzeitig Entwicklungsprozesse wird als Aufgabe Sozialer Altenarbeit zur Sicherstellung von Lebensqualität älter werdender Menschen eingeschätzt. Soziale Kontinuitäten im Leben von Menschen lassen sich herstellen, wenn das Gedächtnis mehr als nur zur Klärung unmittelbaren Handelns von Menschen eingeschätzt und genutzt wird. Vergangenheit und Gegenwart verfügen über den zeitlichen Aspekt hinaus über unterschiedliche Wertigkeiten gegenüber der Einschätzung und Reflexion von Erlebnissen und Erfahrungen im Leben (Meyer 2008b). Aus der Gegenwart betrachtet, kann Vergangenheit rekonstruiert und mit jeder Rekonstruktion verändert werden, um in ihrer Einschätzung und Wertigkeit für den gegenwärtigen Lebenszusammenhang Kontinuitäten herzustellen, die es im Verlauf des Lebens im linearen Vorwärtsschreiten in der Zeit so nicht gab. Kontinuität wird bedeutungsvoll in der Rückschau, damit ein Mensch sich in seinem Lebensverlauf als ein und dieselbe Person wahrnehmen kann.

Von Relevanz ist in dieser Rekonstruktionsrückerinnerung nicht mehr die Aneinanderreihung von Ereignissen in der richtigen Reihenfolge, vielmehr werden die Erinnerungen montiert und konstruiert im Sinne einer emotionalen Wertigkeit und Bedeutung für das Leben und den weiteren Lebensverlauf (Welzer 2001). Erinnernde Rückschau in die Vergangenheit schafft Vergewisserung über das eigene Leben in der Zeit, deren emotionale Einschätzungen insbesondere Entscheidungen im gegenwärtigen Leben beeinflussen und tragen werden. Die Forschungserkenntnisse aus der Hirnforschung tragen dazu bei, Altern als Prozess betrachten zu können, in der die Entwicklung von Lebensqualität auf neue Weise herausgefordert erscheint. Erinnerungen, die aus Erfahrungen im Lebensverlauf gewonnen werden und aufgrund ihrer Bedeutung für den individuellen Lebenszusammenhang in den Langzeitspeicher des Gedächtnisses übergehen, können für den Alter(n)szusammenhang Bedeutung erlangen. Aus den gemeinsamen Erkenntnissen der Hirnforschung und Sozialpsychologie ist die Hervorhebung der Zustandsabhängigkeit des Gedächtnisses von Bedeutung sowie die Erkenntnis, dass das Gedächtnis im Wechselspiel kognitiver, attentiver und vieler anderer Persönlichkeitsdimensionen arbeitet, entsteht und sich verändert.

> „Je nachdem nun, was uns das Leben bringt, von welcher Art Emotionen wir eher geleitet werden, wird sich unsere Erinnerungsfähigkeit verändern und mit zunehmender Länge einer ‚Gestimmtheit' die Wahrscheinlichkeit für das Erinnern bestimmter Gedächtnisinhalte verbessern und für andere verringern." (Markowitsch/Welzer 2005, 244f)

Weitere Erkenntnisse aus Hirnforschungszusammenhängen betreffen die Ausstattung des Gehirns mit einem Überschuss an neuronaler Hardware, die erst mit den Erfahrungen, die ein Mensch macht, darüber entscheiden, welche Kontaktstellen letztlich gebraucht werden. Das Gedächtnis ist so gesehen nichts anderes als die Umsetzung von Umwelterfahrungen in die sich organisierende neuronale Struktur des sich entwickelnden Lebewesens, es wird als das „Zentralorgan der Weltbewältigung" bezeichnet. Halbwachs hat 1925, ohne auf Hirnforschungserkenntnisse zurückgreifen zu können, die gesellschaftliche Konstruiertheit der Erinnerungen bearbeitet und hervorgestellt. Sein Ausgangspunkt betraf insgesamt die Frage nach den Erinnerungen, angefangen vom Ereignis über die Speicherung des Ereignisses bis zur Wiederkehr als Erinnerung, von der er annahm, sie sei nicht mehr gleichbedeutend mit dem Ereignis selbst, sondern entsprechend gefestigter in ihrer rekonstruierten Gestalt „Erinnerung".

> „Die Ereignisse sind Erinnerungen, aber der Rahmen ist gleichfalls aus Erinnerungen gebildet. Zwischen ihnen gäbe es den Unterschied, dass die letzteren stabiler sind und dass es von uns in jedem Augenblick abhängt, sie wahrzunehmen, dass wir uns ihrer bedienen, die ersteren wiederzufinden und zu rekonstruieren." (Halbwachs 1985, 144)

Die Erinnerungen wurden von Halbwachs für stabiler gehalten, da die Rekonstruktion Bemühung und Gestaltung und einen Aufmerksamkeitsprozess gegenüber der eigenen Person erfordert, um die Erinnerungen bilden zu können.

> „Das autobiographische Gedächtnis gehört mithin nicht dem Individuum allein, sondern ist zugleich eine soziale Institution, die die Synchronisierungserfordernisse moderner Gesellschaften sicherstellt" (Markowitsch/Welzer 2005, 21).

Der alternde Mensch kann sich über den sozialen Austausch als entwicklungsfähiges Individuum vor dem Hintergrund seiner Erfahrungen wahrnehmen. Ältere Menschen werden damit gleichzeitig auch für die Gesellschaft zu aktiven MitgestalterInnen, da sie über Erinnerungen und die Möglichkeit zur Rekonstruktion aus längst vergangenen Zeiten verfügen. Für einen in dieser Weise aktiv zu denkenden und gestaltenden Prozess könnte die Unterscheidung der Gedächtnisformen des kulturellen, kommunikativen und sozialen Gedächtnisses notwendig sein. Die Besonderheit des kulturellen und kommunikativen Gedächtnisses liegt in ihren vorwiegend intentionalen Bearbeitungen von Vergangenheit. „Es geht hier um bewusste oder zumindest bewusstseinsfähige Praktiken der Kommunikation und Formung von Vergangenheit" (Welzer 2001, 15). Das soziale Gedächtnis ist als die Gesamtheit der sozialen Erfahrungen der Mitglieder einer Wir-Gruppe einzuschätzen und umfasst nach Welzers einschränkender Definition vor allem vier Medien sozialer Praxis der Vergangenheitsbildung, auf die es sich vornehmlich bezieht: Interaktionen, Aufzeichnungen, Bilder und Räume und zwar solche, die nicht zu Zwecken der Traditionsbildung hergestellt wurden und eben Geschichte transportieren sowie im sozialen Gebrauch Vergangenheit bilden (Welzer 2001, 16). Das soziale Gedächtnis in seiner definitorischen Weite ermöglicht den Bezug auf im Alltag jedes Menschen stattfindende Erinnerungsbildungen, von denen ungeklärt ist, inwieweit sie über die Gruppe hinaus von Bedeutung sind, und die entweder für das kulturelle oder kommunikative Gedächtnis gesamtgesellschaftlich tragfähig werden. Von jeder Gesellschaft bleiben nur Erinnerungen und nur das an ihnen, was die Gesellschaft in der gegenwärtigen Zeit mit ihrem gegenwärtigen Bezugsrahmen rekonstruieren kann und will.

Gesellschaftliches Denken gilt wesentlich als ein Gedächtnis, dessen vollständiger Inhalt nur aus kollektiven Erinnerungen besteht, deren Relevanz für die gegenwärtige Zeit bestätigt wurde oder noch wird. Die Gesellschaft lässt dabei alle Ideen zu, auch die ältesten, unter der Voraussetzung, „dass es sich um Ideen handelt, d.h. dass sie in ihr Denken hineinpassen und dass sie noch die Menschen von heute interessieren und diese sie verstehen" (Halbwachs 1985, 390).

Dies wirft die Frage auf, wer für das Erinnern und Weitergeben sowie die Auswahl der Ideen und Erinnerungen verantwortlich zeichnet und sich daran aktiv beteiligt. Bislang liegt weder eine Theorie noch eine Deskription der Weitergabe von Geschichte im Gespräch zwischen den Generationen vor, so Welzer, dennoch haben generationsübergreifende und innerfamiliäre Erinnerungsrekonstruktionen als identitätsstiftend für eine intergenerative „Wir-Gruppe" sowie darüber hinaus als Träger der Vergangenheit in die Gegenwart zu gelten (Welzer 2001, 168). Mit entstehenden Unterstützungs- und Hilfsbedürftigkeiten im Alter verliert niemand die Bedeutung seines eigenen gelebten Lebens, dieses steht weiterhin in vollem Umfang zur Verfügung. Über die Möglichkeiten der Rekonstruktion eigener Erinnerungen und gemachten Erfahrungen wird jedes Wertschätzen von Lebensjahren und Erfahrungen zum wertvollen Gut für das gegenwärtige Leben. Und dieser Wert steigt angesichts der Gefahr, im vierten Lebensalter an einer Demenz zu erkranken und seine Erfahrungen und Erinnerungen zu verlieren.

Kuhlmey (2007) fordert dazu auf, nicht zuletzt vor dem Hintergrund der Stagnation bzw. Rückschläge medizinischer Forschung (Müller 2008) zur Aufklärung von Demenzerkrankungen, endlich danach zu fragen, wie man eine Vorstellung von der Innenperspektive des Demenzkranken bekommen könnte; wie es sich wohl anfühlt, wenn die Zeit verloren geht; was Isolation ist, wenn Menschen, die Partner des Lebens waren, nicht mehr erkannt werden können; welche Ängste zu spüren sind, wenn die Kontinuität aus dem Leben schwindet? Und daraus folgen Fragen zum Beitrag medizinischer und pflegerischer Versorgung und der Verbesserung der Lebensqualität Demenzkranker und der Unterstützung von jeweils vorhandenen Potenzialen alter Frauen und Männer mit Demenz. Dazu gehören auch Fragen zur Stärkung der Selbstbestimmung chronisch kranker alter Menschen vor allem auch unter Berücksichtigung ihres Ichs, das sich davonschleicht (Kuhlmey 2007, 63; vgl. Baer 2007; vgl. Kähler 2008).

Menschen mit Demenzen benötigen ein komplexes und vielfältiges Unterstützungs- und Hilfesystem, das bei den ersten Symptomen von Hirnleistungsstörungen, eine mehrdimensionale Abklärung vorhandener Einschränkungen sowie auch Ressourcen und Resilienzen einer Person einerseits und pflegerischer, sozialer und wirtschaftlicher Bedingungen vornimmt inklusive vorhandener regionaler Einrichtungen, Beratungen zur Pflegeversicherung, Wohnraum, juristische Fragen und die Beratung bzw. Ausbildung pflegender Angehöriger. Darüber hinaus werden je nach Stadium und individueller Ausrichtung medizinische Behandlungen anderer Erkrankungen, Psycho-, Sozio-, Ergo- und körperorientierte Therapie sowie aktivierende Pflegemaßnahmen notwendig (Hirsch 2008, 109). Mit fortschreitendem Stadium der Erkrankung werden Menschen mit Demenz zunehmend von fremder Hilfe abhängig. Die Teilnahme am geselligen Leben bzw. Beschäftigung durch Umhergehen oder Bewegen nehmen ab.

Die Fähigkeit der Sprachproduktion geht bis zum Verstummen zurück, Aktivitäten weichen einer zunehmenden Bettlägerigkeit (Kähler 2008). Menschen mit Demenz benötigen in jedem Stadium der Erkrankung eine materielle und soziale Umwelt, die sich ihren Fähigkeiten und Defiziten anpasst, sie fördert – ohne zu überfordern – und ihnen ein weitgehend stressreduziertes Leben mit viel Bewegungsfreiheit, sowie – aus der Sicht der Betroffenen – sinnvollen Aktivitäten ermöglicht. Der Einfluss auf das Wohlbefinden Demenzkranker lässt sich nachweisen (Kähler 2008). Kähler zeigt Mut, wenn es darum geht, die Betroffenenperspektive einzufordern und zu berücksichtigen, denn die verbreitete Sichtweise ist bisher, dass genau die den Demenzkranken verloren geht. Demenzkranken überhaupt so etwas wie eine eigene Wahrnehmung und Einschätzung zuzugestehen und zurückzugeben, um aufbauend auf diese Perspektivierung etwas über ihre Bedürfnisse herausbekommen zu wollen, kann als Durchbruch zu mehr pflegerischer und sozialer Lebensqualität im Umgang mit Demenzerkrankten bewertet werden (Kähler 2008; Kuhlmey 2007; Hirsch 2008; Baer 2007).

Soziale Altenarbeit wird in den nächsten Jahren daran gemessen, inwieweit sie Lebensqualität für das dritte und vierte Lebensalter entwickeln und durchsetzen wird. Die ausgewählten naturwissenschaftlichen Perspektiven aus Hirnforschung und klinisch-medizinischer Forschung erweitern das Wissensspektrum erheblich und bringen Impulse, für deren interdisziplinäre Perspektivierung und Einordnung Soziale Altenarbeit verantwortlich ist. Gleichzeitig werden jedoch breite Diskussionen notwendig, welche Annahmen, Grundlagen, Sichtweisen, Maßstäbe und Aufgaben Soziale Altenarbeit wahrnehmen möchte und muss. Diese Entwicklung hat erst begonnen und vor dem Hintergrund der Erkenntnisse aus unterschiedlichen Disziplinen wird die Einordnung zugunsten eines dynamischen und Entwicklungen fördernden Alternsprozesses einzufordern sein.

Literatur

Baer, U. (2007): Innenwelten der Demenz. Das SMEI-Konzept. Neukirch-Vluyn.
Baltes, P. B. (2002): Das hohe Alter. Mehr Bürde oder Würde. In: www.elfenbeinturm.net, 16.11.2004
–, Baltes, M. M. (1989): Optimierung durch Selektion und Kompensation. Ein psychologisches Modell erfolgreichen Alterns. Zeitschrift für Pädagogik 35, 85–105
Halbwachs, M. (1925 / 1985): Das Gedächtnis und seine sozialen Bedingungen. Berlin / Neuwied

Hallauer, J. F. , Kurz, A. (Hrsg.) (2002): Weißbuch Demenz. Versorgungssituation relevanter Demenzerkrankungen in Deutschland

Hirsch, R. (2008): Im Spannungsfeld zwischen Medizin, Pflege und Politik. Menschen mit Demenz. Zeitschrift für Gerontologie und Geriatrie 41, 2, 106–116

Kähler, G. (2008): Das Modell „Pflegeoase". Ein Beitrag zur Lebensqualität von Menschen mit Demenz im fortgeschrittenen Stadium der Erkrankung. Theorie und Praxis der sozialen Arbeit 59, 116–121

Kuhlmey, A. (2007): Demenz aus der Perspektive der Versorgungsforschung. Bundesministerien für Gesundheit. Berlin

Markowitsch, H. J. (2002): Autobiographisches Gedächtnis aus neurowissenschaftlicher Sicht. BIOS – Zeitschrift für Biographieforschung und Oral History 15, 187–201.

–, Welzer, H. (2005): Das autobiographische Gedächtnis. Hirnorganische Grundlagen und biosoziale Entwicklung. Stuttgart

Meyer, C. (2008a): Mit der Zeit kommt das Alter(n) in die Soziale Arbeit. Demographischer Wandel und die Auswirkungen auf Soziale Arbeit. Neue Praxis 3, 268–286

– (2008b): Altern und Zeit. Der Einfluss des demographischen Wandels auf Zeitstrukturen. Wiesbaden

Müller, Th. (2008): Dämpfer für Amyloid-Hypothese. Ärzte Zeitung online. In: http://www.aerztezeitung.de/medizin/krankheiten/demenz/?sid=506679, 5.8.2008

Statistisches Bundesamt (2003): Bevölkerung Deutschlands bis zum Jahr 2050. 10. koord. Bevölkerungsvorausberechnung. Wiesbaden. In: www.destatis.de/presse/deutsch/pk/2003/Bevoelkerung.pdf

Spitzer, M. (2006): Lernen. Gehirnforschung und die Schule des Lebens. Heidelberg/Berlin

Welzer, H. (2001): Das soziale Gedächtnis. Geschichte, Erinnerung, Tradierung. Hamburg

ZWEITER TEIL

Sozialpolitik und Menschenbild –
Veränderungen im sozialpädagogischen Denken

Neo-soziale Körperpolitiken in der Sozialen Arbeit. Eine sozialpolitische Vergewisserung

Von Fabian Kessl

Prolog

Fraktionsübergreifende Gruppenanträge gelten im Deutschen Bundestag eher als Instrumente zur generellen Themenstimulation. Legislative Konsequenzen versprechen sich die Antragsinitiatoren von den Forderungen, die sie mit dem jeweiligen Gruppenantrag einbringen, zumeist keine, denn es ist nicht damit zu rechnen, dass ein Gruppenantrag zu einem Gesetzesbeschluss führt.

Als der Heidelberger SPD-Abgeordnete Lothar Binding im Herbst 2006 einen Gruppenantrag zum Nichtraucherschutz initiierte, geschah insofern Erstaunliches: Der sich als ehemaliger Kettenraucher bekennende Binding konnte nicht nur innerhalb kürzester Zeit deutlich mehr als die erforderlichen 31 Stimmen aus verschiedenen Fraktionen sammeln, sondern löste mit seiner Initiative auch eine derart weitreichende parlamentarische wie öffentliche Diskussion aus, dass die Mitglieder des Bundestags bereits im Mai 2007 ein generelles Rauchverbot in Bussen und Bahnen und damit verbunden auch in den Verwaltungsgebäuden des Bundes beschlossen, außerdem daran anschließend entsprechende Landesgesetze verabschiedet wurden, die ein Rauchverbot auch in allen öffentlichen Gebäuden der Länder und allen Gaststätten vorschrieben. Obwohl diese Gaststättengesetze im Juli 2008 durch ein Urteil des Bundesverfassungsgerichts mit Verweis auf die Grundrechte der Gastwirte als teilweise verfassungswidrig beurteilt und dieser Teil des Rauchverbots damit wieder eingeschränkt wurde, scheint die Zuschreibung, Binding sei der „Vater des Nichtraucherschutzgesetzes" trotzdem berechtigt. Mit seiner Initiative zu einem Gruppenantrag hat Binding, obwohl der Antrag nie vom Bundestag verabschiedet wurde, nämlich nicht nur einen parlamentarischen Gesetzgebungsprozess zur Frage der Regulierung des Rauchverhaltens ins Rollen gebracht, sondern auch eine immense öffentliche Debatte befördert: Kneipengespräche streifen in den vergangenen zwei Jahren fast regelmäßig das Thema Rauchverbot und häufig werden damit ideologische Grundsatzdiskussionen entfacht. Auf Privatfeten werden die unterschiedlichen Varianten des Rauchverbots in den Bundesländern auf Basis einer manches Mal verblüffenden Detailkenntnis diskutiert, und Tageszeitungen bieten in ihren Onlineausgaben dieses Wissen didaktisch aufbereitet höchst zugänglich an, beispielsweise in Form interaktiver Landkarten, auf denen die unterschiedlichen bundeslandspezifischen Regelungen markiert sind. Die Frage der Regulierung des Rauchverhaltens ist außerdem nicht nur zu einem der präsentesten öffentlichen Diskussionsthemen der letzten Jahre geworden, sondern wird von manchem Gastronom als existenzbedrohlich erfahren. Ein Gastwirt hat sich mit Verweis auf diese Entscheidungen sogar das Leben genommen (Südkurier 2008).

Die Gestalt(ung) eines bundesweiten bzw. der jeweils spezifischen bundeslandspezifischen Rauchverbote ist allerdings kein zufälliges Produkt und nicht nur ein Ausdruck des Engagements einzelner politisch einflussreicher Akteure, wie des Bundestagsabgeordneten Binding, sondern ein Symbol, so die These des nachfolgenden Betrags, veränderter Körperregulierungsstrategien, *transformierter Körperpolitiken* also, und als solcher ein Ausdruck der umfassenden neo-sozialen Transformation der bisherigen wohlfahrtsstaatlichen Gestaltung und Regulierung sozialer Zusammenhänge (Kessl/Otto 2008).

Die damit angesprochene aktuelle *Neuerfindung des Sozialen* (Lessenich 2008) stellt eine weit reichende Neuformatierung des bisherigen wohlfahrtsstaatlichen Arrangements dar, die im Prinzip der subjektiven Verpflichtung „zum verantwortlichen Umgang mit den gemeinsamen Ressourcen" (Schmidt-Semisch/Schorb 2007, 171) verankert ist. Individuelle wie kollektive Subjekte werden zur *präventiven* Ausgestaltung ihres Alltagshandelns aufgerufen und als solche rational kalkulierende Akteure angerufen (Ziegler 2004). Wohlfahrtsstaatliche Institutionen, wie die Einrichtungen der Sozialen Arbeit, werden dementsprechend zu Instanzen der Aktivierung einer solchen *subjektiven Lebensgestaltungsverantwortung* umgebaut (Kessl 2005; Richter 2004; Oelkers 2009). Diese neo-soziale Neujustierung und Neuprogrammierung der bisherigen „Regierung des Sozialen" (Krasmann 2003, 99ff) realisiert sich immer auch in einer körperbezogenen Dimension (Lemke 2007; Langer 2008; Magiros 1995), wie die alltagstheoretische Thematisierung der Körperregulierung um die Frage von Rauchverboten symbolisieren kann: Die Präsenz der Diskussionen um Sinn und Unsinn von Rauchverboten markiert nicht weniger als die Relevanz jener Transformation „des Sozialen" (Rose 1996) in seiner bisherigen – wohlfahrts- und damit immer auch nationalstaatlichen – Gestalt. Das Beispiel der Rauchverbotslandkarten zeigt in diesem Zusammenhang daher nicht weniger als eine territoriale Markierung solcher körperbezogener „Freiheits- und Regulierungsräume".

Die wohlfahrtsstaatlichen Körperregulierungsstrategien finden ihren Ansatzpunkt im Individualkörper, in Form von Normierungs- und Normalisierungsstrategien, wie den sozialpädagogischen Interventionsmustern. Diese nehmen konzeptionell zugleich immer Bezug auf den kollektiven Bevölkerungskörper: Sie werden in Relation zum sozialstatistisch erfassten Normalitätsstandard gestaltet (Barlösius 2001). Diese Logik eines „Normalismus" (Link 1997) zeigt sich für die Soziale Arbeit in der wohlfahrtsstaatlich bestimmenden Programmatik von Normalität und Abweichung (Bettmer 2001; Peters 2002; Seelmeyer 2008). Kennzeichnend für das wohlfahrtsstaatliche Format der Körperregulierung ist dabei, dass die jeweilige Normalisierungsaufforderung an den Einzelnen mit einem prinzipiellen sozialen Integrationsversprechen verbunden wird (Brunkhorst 2002, 21 ff). Damit wird die wohlfahrtsstaatlich relevante Dimension des geltenden Gesellschaftsvertrags deutlich, der den Einzelnen an die Einhaltung spezifischer Normalitätsgrade in Form einer entsprechenden Lebensführung bindet und ihm dafür eine institutionell abgesicherte Teilhabe verspricht. Widersetzt er oder sie sich dieser Vereinbarung, sieht sie oder er sich auch im wohlfahrtsstaatlichen Arrangement Normierungsstrategien (*Disziplinierung*) ausgesetzt, wie sie sich symbolisch vor allem im institutionellen Format des Gefängnisses, also dem Einschluss individueller Körper, manifestiert, aber auch in den Zwangsanteilen sozialpädagogischer Angebote, wie sie beispielsweise in Form mancher Fremdunterbringung in den Feldern der Erziehung zu finden sind, sichtbar werden. Zugleich sind auch diese normierenden Eingriffe im wohlfahrtsstaatlichen Kontext immer an das allgemeine Normalisierungsmuster rückgebunden und nicht unabhängig von diesem als „reine Zwangsmaßnahmen" verfasst. Auch diesen Zusammenhang verdeutlicht die Instanz „Gefängnis", denn auch im Fall des leiblichen Einschlusses, einer Inhaftierung, ist dieser Akt im wohlfahrtsstaatlichen Kontext mit einem generellen Resozialisierungsanspruch verbunden.

Mit der grundlegenden Transformation dieser wohlfahrtsstaatlichen Gestalt(ung) des Sozialen, das heißt der post-wohlfahrtsstaatlichen Transformation der bisherigen (wohlfahrtsstaatlichen) Regulierungs- und Gestaltungsformate sozialer Zusammenhänge seit dem letzten Drittel des 20. Jahrhunderts, wird dieses Muster der verkoppelten Individual- und Kollektivkörperregulierung zunehmend zugunsten der ersten Körperdimension verschoben. Ins Zentrum der sich ausbildenden post-sozialen oder besser *neo-sozialen* Regierungsstrategien rückt nun der direkte Zugriff auf den einzelnen Körper. „Neo-sozial" beschreibt dabei die Neu-Programmierung des bisherigen wohlfahrtsstaatlichen Arrangements (Kessl/Krasmann 2005), das heißt eine grundlegende Neu-Formatierung der Regierung des Sozialen, aber nicht deren völlige Überwindung. Mit der Differenzierung von „neo-sozial" und „post-wohlfahrtsstaatlich" wird hier die Unterscheidung von *inhaltlich-konzeptioneller* Dimension – auf der das Phänomen der Ablösung des bisherigen Konzepts sozialer Integration aufgrund einer Identifizierung von sozialen Problemen durch eine Denkweise, die menschliche Notlagen zunehmend privater Verantwortung zuweist, verortet wird – und *institutionellem* Arrangement gekennzeichnet. Auf letztgenannter Ebene realisieren sich – eben post-wohlfahrtsstaatliche – Phänomene, wie die Kommerzialisierung ehemals öffentlich organisierter Dienstleistungen.

Die neo-soziale Körperpolitik wird wiederum in zweifacher Weise realisiert: zum einen über präventive Strategien, mit denen der Einzelne zur Körper-Selbstregierung aufgefordert wird (z. B. gesundheitspräventive Programme gegen Fettleibigkeit in Schule und Jugendhilfe), das heißt zur *Selbstinklusion* des Individualkörpers in den Kollektivkörper *bei drohender Exklusion* (im Fall der Verweigerung präventiver Verhaltensweisen), und zum anderen über fokussierte disziplinierende Strategien der *inklusiven Exklusion* des Individualkörpers (z. B. geschlossene Unterbringung von Jugendlichen, Steigerung der Inhaftierungen) oder über dessen *territoriale Exklusion* (z. B. kommunale Platz- und Bettelordnungen in bundesdeutschen Großstädten).

1 Von der wohlfahrtsstaatlichen zur post-wohlfahrtsstaatlichen Regierung des/r Körper

Die wohlfahrtsstaatlichen Vereinbarungen basieren auf einer spezifischen Normalitätsvorstellung und einer damit verbundenen Körperregulierung. Diese wird in Bezug auf den kollektiven Bevölkerungskörper einerseits und den menschlichen Individualkörper andererseits realisiert. Michel Foucault fasst diese Körperregierungsform in seinen Arbeiten als „Bio-Politik" oder als „Bio-Macht", die das Kennzeichen der modernen Gesellschaften darstellten: Bio-Politik meine eine „sorgfältige Verwaltung der Körper und die rechnerische Planung des Lebens" (Foucault 1999, 167). Der Kapitalismus habe, so Foucault, zunächst einmal den Körper in seiner Funktion als Produktiv- und Arbeitskraft vergesellschaftet: „Die Kontrolle der Gesellschaft über die Individuen wird nicht über das Bewusstsein oder durch die Ideologie, sondern ebenso im Körper und mit dem Körper vollzogen" (2003, 275).

Diese Implementierung der Bio-Macht stelle zugleich eine Weiterentwicklung der vormaligen Souveränitätsmacht dar und produziere damit einen grundlegend neuen Machttypus:

> „Jahrtausende hindurch ist der Mensch das geblieben, was er für Aristoteles war: ein lebendes Tier, das auch einer politischen Existenz fähig ist. Der moderne Mensch ist ein Tier, in dessen Politik sein Leben als Lebewesen auf dem Spiel steht" (Foucault 1999, 171).

Die klassische Souveränitätsmacht war für Foucault dadurch ausgezeichnet, dass der Souverän das Recht zum Töten hatte, er also über die Untertanen regierte, weil er das Recht hatte, ihr Leben zu beenden: „Das sogenannte Recht ‚über Leben und Tod' ist in Wirklichkeit das Recht, sterben zu *machen* und leben zu lassen" (Foucault 1999, 162).

Demgegenüber wird in modernen Gesellschaften die „Gestaltung und Beherrschung des Lebens, nicht des Todes" zum Zielpunkt der Macht (Magiros 1995, 989). Die moderne Regierung über die Körper basiert also nicht mehr auf der Todesdrohung, sondern auf der „Verantwortung für das Leben, die der Macht Zugang zum Körper verschafft" (Foucault 1999, 171). Und diese Verantwortung realisiert sich als zweifacher Zugriff auf individuelle wie kollektiven Körper: „als individuelle Disziplinierung und soziale Regulierung" (Lemke 2007, 146). Die individuellen Körper werden, vor allem durch spezifische institutionalisierte Prozeduren, diszipliniert: zum Beispiel durch die Disziplinierung der heranwachsenden Körper von Kindern und Jugendlichen als Schülerkörper (Langer 2008). Der kollektive Körper wird als – nationalstaatlich verfasste – Bevölkerungseinheit auf seine Regelmäßigkeiten hin vermessen. Von den damit mathematisch gewonnenen Normalitätsstandards aus werden die Interventionsmuster für die Disziplinierungsstrategien, die auf die Individualkörper zugreifen, abgeleitet.

Disziplinierung und Regulierung von Individual- und Kollektivkörper greifen also ineinander und sind im wohlfahrtsstaatlichen Kontext nicht unabhängig voneinander zu denken. Normalismustheoretisch lässt sich diese wohlfahrtsstaatliche Logik der Verkopplung von Individual- und Kollektivkörper auch als spezifisches Verhältnis von Innen- und Außenbereich beschreiben: Im Innenbereich werden auf Basis der sozialstatistischen Normalverteilung von Verhaltensmustern, von Krankheitsbildern oder von Kriminalitätsraten die Grenzen der Normalität bestimmt. Diese Grenzen markieren damit den Außenbereich, den Bereich der „indiskutable(n) Anormalität" (Link 1997, 21; für die Soziale Arbeit: Schütte-Bäumner 2007, 151 ff). Mit der Etablierung des Sozialen ist also keineswegs eine generelle Überwindung der Körperdisziplinierung verbunden, diese ist aber konstitutiv an das wohlfahrts- und damit immer auch nationalstaatliche Normalisierungsprogramme rückgebunden, also mit Bezug auf diese – im Muster von individueller Disziplinierung (*Individualkörper*) und sozialer Regulierung (*Kollektivkörper*) – legitimiert: „Die Normalisierungsgesellschaft ist eine Gesellschaft, in der sich (...) die Norm der Disziplin und die Norm der Regulierung miteinander verbinden" (Foucault 1999, 293).

Diese Logik lässt sich auch am prägenden wohlfahrtsstaatlichen Instrument der Sozialversicherungen zeigen (Schmidt-Semisch 2002). Francois Ewald (1993) fasst den entsprechenden Zusammenhang in seiner Studie zur Genealogie des *Vorsorgestaats* folgendermaßen zusammen:

„Die Klassifizierung geschieht unter Bezugnahme auf deren Normalität nicht mehr in einer hierarchischen Abstufung von 1 bis 10, sondern anhand der Abweichungen von einem Mittelwert, der nicht das zu erreichende Minimum, sondern den gruppenspezifischen Typus bezeichnet" (192 f).

Mit der Etablierung des wohlfahrtsstaatlichen Arrangements, das unter anderem durch die Logik der Sozialversicherungssysteme charakterisiert ist, entsteht nicht weniger als eine staatlich verantwortete Risikokalkulation menschlicher Verhaltensweisen. Henning Schmidt-Semisch (2002, 19 ff) charakterisiert diesen Wandel in seiner risikotheoretischen Studie im Anschluss an Ewalds und Robert Castels Überlegungen daher auch als Entwicklung vom „Schicksal zum Risiko". Zugleich ist dieser Normalismus, das spezifische Format nationalstaatlicher und zugleich wohlfahrtsstaatlicher Normalitätskonstruktion, aber nicht „ohne Subjekte" realisierbar. Die soziale Regulierung vollzieht sich erst in der Disziplinierung der Subjekte, die dem anormalen Außenbereich zugewiesen sind – und diese Disziplinierung wird daher am Individualkörper angedockt. Dieser wird zur Ermöglichung einer Normalisierung von wohlfahrtsstaatlichen Institutionen diszipliniert. Wohlfahrtsstaatliche Interventionsmuster, wie die sozialpädagogischen Muster der Lebensführungsregulierung und -unterstützung, zielen also im gelungenen Fall auf die Rückführung des Individualkörpers in den Innenbereich der Normalität (*Prinzip gesellschaftlicher Integration*).

Für die wohlfahrtsstaatlichen und zugleich immer nationalstaatlichen Regierungsprogramme lässt sich also zusammenfassen, dass diese in Absetzung zu dem vormaligen Prinzip der Souveränität mit deutlich veränderten Denkweisen der Körperregierung verbunden sind – Denkweisen, *wie* soziale Zusammenhänge als Zusammenhang von Individual- und Bevölkerungskörper reguliert und gestaltet werden sollen. Mit der Implementierung der wohlfahrtsstaatlichen Regierungsstrategien war also vor allem im 19. und beginnenden 20. Jahrhundert nicht weniger als eine grundlegende Veränderung der vormaligen (Souveränitäts-)Politik verbunden.

Seit dem letzten Drittel des 20. Jahrhunderts ist inzwischen eine erneute grundlegende Transformation dieses bis dahin etablierten wohlfahrtsstaatlichen Arrangements und der damit verbundenen Praktiken der Körperregierung zu beobachten. Dabei spielt zwar die Risikokalkulation (Kessl 2006) weiterhin eine zentrale Rolle, allerdings wird diese „zunehmend von der Referenz auf den Bevölkerungskörper (ge)löst, um durch ein Unsicherheitsmanagement der (individuellen wie kollektiven) Subjekte abgelöst" zu werden (Lemke 2007, 146). Neo-soziale Körperregierungsstrategien fokussieren also zunehmend auf die einzelnen Körper, relativ unabhängig von dessen Rückführungsermöglichung in den Kollektivkörper der nationalstaatlichen Bevölkerung. Das wohlfahrtsstaatliche Format der Körperregulierung wird also seit einigen Dekaden einer grundlegenden Transformation unterzogen, allerdings ohne dass dieses komplett diffundieren würde, weshalb hier von „post-wohlfahrtsstaatlicher" Transformation die Rede ist (Kessl / Otto 2009, 10 ff).

2 Zur präventiven Individualisierung der postwohlfahrtsstaatlichen Körperregierung und den damit verbundenen Ausschließungspraktiken

Angelika Magiros (1995, 27) macht in ihren rassismustheoretischen Überlegungen sehr deutlich, wie sehr der rassistische Diskurs einen Staatsdiskurs darstellt, in dem die Idee des Nationalstaats mit der Idee einer einheitlichen Gesellschaft verknüpft ist:

> „Man sieht nun auch, wie eng diese Idee des ‚legitimen Staates' mit dem Thema der ‚Einheit der Gesellschaft' verknüpft ist. Der Einheits- und Gleichheitsgedanke (...) taucht nun im Rassismus wieder auf: Die Gesellschaft als biologische Einheit, als ‚rassische Gemeinschaft', das Verschwindenmachen von Spaltungen und Oppositionen – alle diese Punkt zielen auf die Integration, auf die Vereinheitlichung des ‚Gesellschaftskörpers' und nicht zuletzt auf die Identifikation von ‚Souveränität' und ‚Untertanen'" (Magiros 1995, 27).

Der moderne Staat im Rassismusdiskurs bilde die Spitze „einer biologischen Gemeinschaft, die ihn braucht, um gesund zu bleiben" (27). Zugleich erweise sich der Rassismus aber auch als „Bestandteil der modernen ‚Bio-Macht'" (100), wie Magiros im Anschluss an Etienne Balibars (1990) Überlegungen zum *Neo-Rassismus* ausführt. Mit der Kulturalisierung des Rassismus kommt es nach Einschätzung von Balibar zu dessen Verallgemeinerung: Die biologisierende Begründungsstruktur wird in Richtung einer Naturalisierung kultureller Differenzen verschoben. Diese „allgemeine ‚Verlagerung' der (...) Biologie-Problematik im rassistischen Diskurs" (Magiros 1995, 122) zeichne den Neo-Rassismus aus, die Differenzierung von scheinbar natürlich gegebenen kulturell-differenten Gruppen also (zur Kritik des Neo-Rassismus Magiros 2004).

Auch Michel Foucault schlägt in seinen Überlegungen zur Bio-Macht einen umfassenden Begriff des Rassismus vor, den er allerdings bereits als Teil der Entstehung moderner Gesellschaften ansieht. Der Rassismus ist für Foucault daher auch im Unterschied zu Balibars umfassendem Verständnis des Neo-Rassismus „ein zentrales Element gesellschaftlicher Normalisierung" (Lemke 2007, 113). Insofern erweist sich für Foucault die Vergemeinschaftungslogik des national gefassten Wohlfahrtsstaates selbst als rassistisch, da sich das „Problem von einer Pluralität von Rassen zum Singular einer Rasse verschiebt", also einem als einheitlich konzipierten, nationalstaatlich-verfassten kollektiven Bevölkerungskörper (Lemke 2007, 112). Im Sinne eines solchen umfassenden Rassismusverständnisses werde aus dem vormaligen Rassenkampfkonzept, das gegebene rassistische Einheiten als mindestens potenzielle Kriegsparteien unterstellt habe, nun ein „moderner

Rassismus", der sich nach innen verlagert: „(E)in Rassismus permanenter Reinigung, der zu einer der grundlegenden Dimensionen der gesellschaftlichen Normalisierung wird" (Foucault 1999, 75, zit. n. Lemke 2007, 112).

Die gleichzeitige soziale Regulierung und individuelle Disziplinierung der Bio-Macht basiert also auf der Konstruktion eines solchen „biologischen Kontinuums" (Lemke 2007, 113), das eine Stratifizierung der Bevölkerungsgruppe zulässt. Thomas Lemke (2007, 82) sieht deshalb in Foucaults Konzept der Biomacht auch eine deutliche Erweiterung der Marxschen Kritik der politischen Ökonomie, die diese um eine Perspektive „einer ‚politischen Anatomie' ergänze. Damit spielt er auf die Foucaultsche Idee einer „Verkörperung der Macht" (Foucault 2003, 204, zit. n. Lemke 2007, 82) an, das heißt eine Organisation der Körper und Verhaltensweisen als Unterbau der kapitalistisch organisierten Gesellschaften.

Dieser Unterbau werde mit der post-wohlfahrtsstaatlichen Transformation neu ausgestaltet, indem die wohlfahrtsstaatlichen Risikostrategien zunehmend von einer Entkopplung der Regulierungsstrategien in Bezug auf den Populations- und die einzelnen Körper geprägt sind. Neue neo-soziale Körperregierungsmuster, wie das der *Genetifizierung*, also der Regierung über genetische Risiken, die als symptomatisches neo-soziales Regierungsmuster im Zentrum der Arbeiten von Nikolas Rose und Thomas Lemke steht, unterliegt eine Idee der Diagnostizierung von Risikolagen in direktem Bezug auf den Individualkörper. Die wohlfahrtsstaatlichen Normalisierungspolitiken, die die Risikoverortung der Subjekte und die damit verbundenen Disziplinierungsstrategien in Bezug auf den Individualkörper immer hinsichtlich der Normalverteilungsmuster in der Gesamtbevölkerung bestimmten, werden also dahingehend verändert, dass genetische Dispositionen – oder für die Soziale Arbeit bisher relevanter: individuelle Verhaltensdispositionen (*Risikofaktoren*) – als Ansatz für Programme der Risikoregulierung dienen. „Moderne Prävention widmet sich vor allem dem Aufspüren möglicher Risikofaktoren" (Rabinow 2004, 140). Die diagnostische Vermessung von Risikopotenzialen und deren Verortung im Individualkörper werden dementsprechend mit den Programmen der *subjektiven Präventionserziehung* verbunden: Die und der Einzelne wird erstens zur Risikoidentifizierung aufgefordert oder verpflichtet und zweitens im Fall der Feststellung und Markierung von Risikopotenzialen mit der Forderung nach deren Substitution konfrontiert oder in gesonderte Risikogruppen verwiesen; drittens werden alle Bevölkerungsmitglieder mit der Aufgabe einer generellen Risikokalkulation angerufen, das heißt zu einem prinzipiell präventiven Verhaltensmuster aufgefordert. In dieser dreifachen Programmstrategie materialisiert sich also die Aufforderung zur *Selbstinklusion* des Individualkörpers in den Kollektivkörper unter dem Schirm der Drohung einer *Exklusion*.

Mit diesen veränderten wohlfahrtsstaatlichen Normalisierungsstrategien (*neo-soziale Neu-Programmierung*) kommt den naturwissenschaftlichen gegenüber den sozialwissenschaftlichen Disziplinen erneut eine immense, aber veränderte Aufmerksamkeit zu. Wie Foucault in der letzten Vorlesung seiner 1976 gehaltenen Vorlesung zur Verteidigung der Gesellschaft zeigt, stellen die naturwissenschaftlichen Disziplinen – vor allem die Biologie und die Medizin – bereits für die Implementierung der Prinzipien einer Regierung des Sozialen entscheidende Größen dar (Foucault 1999, 276 ff). Die Bestimmung der Norm als Regulationsgröße, an der die Normalisierungsgesellschaft vermessen wird und Risikoregulierungsprogramme ausgerichtet werden, basiert auf Vermessungsinstrumenten, die nicht zuletzt die Medizin und die Biologie – neben der Demografie und der Sozialstatistik – zur Verfügung stellen:

> „Die Medizin ist ein Macht-Wissen, das sich auf die Körper wie die Bevölkerung, auf den Organismus wie die biologischen Prozesse erstreckt und also disziplinierende und regulierende Wirkungen hat" (Foucault 1999, 292).

Zugleich wird im wohlfahrtsstaatlichen Format dieses naturwissenschaftliche Wissen insofern „sozialisiert", als es immer in Bezug auf das Soziale wirkmächtig wird. Mit der zunehmenden Überführung dieser bevölkerungsbezogenen Risikoregulierung in Strategien individueller Risikoidentifizierung und damit verbundenen Programmen der subjektiven Substitution und Prävention im Kontext neo-sozialer Strategien, diffundiert die Bindung an das bisherige Modell des „Sozialen", das heißt auch die Bindung der (wohlfahrtsstaatlichen) Risikoregulierung an den nationalstaatlich verfassten Gesellschaftskörper.

Insofern kann im Anschluss an Rabinow (2004, 139) von der „Auflösung der Kategorie des ‚Sozialen'" gesprochen werden, wobei diese Rede nicht mit der unscharfen Rede vom „Tod des Sozialen" (Baudrillard 1988) verwechselt werden sollte. Nicht „das Soziale" im Sinne der wohlfahrtsstaatlich und nationalstaatlich verfassten Körperregierungsstrategien ist an sich hinfällig, es unterliegt allerdings seit den 1970er Jahren in der Mehrheit der OECD-Staaten einem sehr grundlegenden Wandel, eben einer *neo-sozialen Neu-Formatierung*. Darauf weist beispielsweise auch Nikolas Rose (1996) in seinen Überlegungen hin, wenn er diese – allerdings irritierend-programmatisch – mit „The Death of the Social" überschreibt.

Rassismustheoretisch gewendet: Der von Foucault diagnostizierte „Staatsrassismus" (1999, 75), der auch als „wohlfahrtsstaatlicher Rassismus" bezeichnet werden kann, also der Rassismus, den „die Gesellschaft gegen sich selber, gegen ihre eigenen Elemente, ihre eigenen Produkte kehrt", ist mit der neo-sozialen Transformation keineswegs hinfällig. Dieser innere Rassismus der „permanente(n) Reinigung, der zu einer der grundlegenden Dimensionen der gesellschaftlichen Normalisierung wird", wird seit dem letzten Drittel des 20. Jahrhunderts aber grundlegend neu formatiert. Dieser Transformationsprozess führt nicht zu dessen Ablösung durch einen ganz anderen Rassismus oder ein komplettes Alternativprogramm. Ganz im Gegenteil: Die Gestaltung und Beherrschung des Lebens als zentrales Prinzip der wohlfahrtsstaatlichen Normalisierungsgesellschaft, mit der sie sich in zentraler Weise von der vorgängigen Souveränitätsgesellschaft unterscheidet, kommt in gewisser Weise mit den neo-sozialen Transformationsprozessen erst zu sich selbst. Die wohlfahrtsstaatlichen Kontrollprogramme waren nämlich immer von der *Antizipation eines Ordnungsideals des Sozialen* abhängig (*soziale Ordnung*). Allerdings versprechen neo-soziale Risikovermessungs- und -kalkulationsprogramme ein bisher ungekanntes Maß an sozialer Kontrolle und mit dem Dreischritt von Risikoidentifizierung, Risikosubstitution und präventiver Risikokalkulation verbundene neue Muster der sozialen Ordnung – neue Muster, die die Rede von einer „Auflösung des Sozialen" oder eben dem „Tod des Sozialen" übersehen machen können. Die Rationalisierungsmuster dieser dreischrittigen neo-sozialen Regierungsweisen sind quasi-naturwissenschaftliche Modelle der Kausalitätserklärung menschlicher Verhaltensmuster, die damit als Risikoverhalten markiert werden. Diese mathematisch errechnete Potenzialität eines solchen (Risiko)Verhaltens dient dann der Verortung und politischen Legitimierung entsprechender (präventiver) Regulierungsprogramme, beispielsweise evidenzbasierte Strategien in der Erziehungshilfe.

3 Epilog: Neo-soziale Körperpolitiken in der Sozialen Arbeit. Post-wohlfahrtsstaatliche Formate der sozialpädagogischen Körperregierung

Soziale Arbeit ist als Teil der wohlfahrtsstaatlichen Körperregierungsprogramme seit dem 19. Jahrhundert institutionalisiert worden. Seit dem letzten Drittel des 20. Jahrhunderts wird dieses Muster der verkoppelten Individual- und Kollektivkörperregulierung in den Feldern Sozialer Arbeit zunehmend zugunsten der ersten Körperdimension verschoben. Charakteristikum dieses Prozesses einer grundlegenden Transformation des bisherigen wohlfahrtsstaatlichen Konzepts, Charakteristikum der sich ausbildenden neo-sozialen Strategien der Körperregierung also, ist auch in unterschiedlichen Handlungskonzeptionen und Arbeitsformen Sozialer Arbeit der verstärkte Versuch eines veränderten Zugriffs auf die Leibdimension, das heißt auf das innere Erleben der einzelnen Personen, auf ihr individuelles, radikal subjektives Fühlen (Villa 2007). Diese Entwicklung symbolisiert sich beispielsweise in der vehementen Implementierung kognitiv-behavioraler Trainingselemente innerhalb sozialpädagogischer Interventionsstrategien.

Diese transformierten sozialpädagogischen Körperpolitiken sind zwar weder konzeptionell einheitlich noch ausschließliches Prägungsmuster aktueller sozialpädagogischer Vorgehensweisen. Dennoch lässt sich auch innerhalb der Sozialen Arbeit der skizzierte Prozess der Ausbildung postwohlfahrtsstaatlicher Formate der Körperregierung deutlich beobachten. Am deutlichsten zeigen sich solche Interventionsmuster in jüngster Zeit in der Wiederentdeckung disziplinierender Strategien, die unter Labeln wie „Konfrontative Pädagogik", „Konsequent Grenzen setzen" oder „Zwang als erzieherisches Mittel" daherkommen. Argumentativer Bezugspunkt solcher Programme sind spezifische zeitdiagnostische Unterstellungen, die davon ausgehen, dass sich in den vergangenen Jahren auch im bundesdeutschen Kontext eine „Kultur der Armut" in einer „neuen Unterschicht" ausgebildet habe (Nolte 2004; kritisch dazu Lindner 2008; für die Soziale Arbeit die Beiträge in Kessl/Reutlinger/Ziegler 2007). Derartige Bevölkerungsgruppen zeichneten sich durch ein „unzivilisiertes" Verhalten aus, das selbst- wie fremdschädigend sei: Es schwäche nämlich zum einen den bisherigen Aufstiegswillen der Gesellschaftsmitglieder auf den unteren Sprossen der sozialen Hierarchieleiter und unterwandere zum anderen den Zusammenhalt der bürgerlichen Gesellschaft durch die Ausbildung von „Parallelkulturen".

Symptomatisch für die neo-soziale Gestalt(ung) dieser politischen Re-Pogrammierungsversuche ist nun, dass sowohl in Bezug auf den visuellen Teil ihrer medialen Inszenierung als auch innerhalb der vorgeschlagenen Gegenstrategien der Zugriff auf die individuelle Körperdimension im Mittelpunkt steht (Wollrad 2008). Die mediale Inszenierung dieser neuen Unterschichtskörper wird nämlich nicht zuletzt in Form von spezifischen Bildkompositionen realisiert, die das „Außen" der bürgerlichen Mehrheitsgesellschaft greifbar zu machen scheinen: Bildreihen übergewichtiger, ungepflegter weißer Menschenkörper beim offensichtlichen Verzehr von Fast Food vor laufendem Fernseher, tätowierter männlicher Körper in ungelüfteten Räumen, rauchend und Kaffee trinkend, an einem Plastiktisch mit überquellendem Aschenbecher und leeren Kaffeesahne-Einwegpackungen oder schließlich von Kleinkinderkörpern alleine vor laufendem Fernseher, zwischen scheinbar wahllos hingeworfenen Bergen von Süßwaren. Derartige Körperinszenierungen sollen das „ganz Andere" der Mehrheitsgesellschaft sichtbar machen, um damit „deren Eigenes" wieder besser markierbar und fixierbar zu machen. Denn adressiert werden hier die Individualkörper *innerhalb* der unterstellten „Parallelkulturen" und damit zugleich das *Außerhalb* der damit begrenzbaren Mehrheitskultur. Die jeweiligen Körpersubjekte werden damit zur *Selbstinklusion* ihrer – individuellen wie kollektiven – Einzelkörper angerufen. Die Inszenierung des „Ganz Anderen" soll „Unterschichts-" wie „Mittelschichtsangehörige" an die Mehrheitskultur binden, aber auch zugleich die Drohung aussprechen, dass im Fall der Verweigerung präventiver Verhaltensweisen eine *Exklusion* ihrer Individualkörper aus dieser Mehrheitsgruppe drohen bzw. sich verfestigen kann. Die Mitglieder der suggerierten „neuen Unterschicht" sehen sich dabei von vornherein mit fokussierten disziplinierenden Strategien der *inklusiven Exklusion* ihrer Einzelkörper konfrontiert – häufig sogar bereits verbunden mit deren *territorialen Exklusion*. Und an dieser Stelle bringen sich aktuell immer wieder Akteure aus der Sozialen Arbeit als neo-disziplinierende Instanzen ins Spiel. Die inklusiven und territorialen Exklusionsstrategien schreiben sich nämlich in sozialkartografischen Vermessungen sozialer Zusammenhänge ein, mit denen lokale, regionale und überregionale Muster der Zugehörigkeiten oder Nicht-Zugehörigkeiten geografisch fixiert werden (*Territorialisierung des Sozialen*): „sozial benachteiligte" Wohnareale, Gebiete mit hohem Anteil von übergewichtigen Menschen oder Stadtteile mit überdurchschnittlichen Bevölkerungsanteilen von Migrantinnen und Migranten werden so territorial markiert (*Sozialkartografie*) und an diesen Orten wird dann die Zuständigkeit einer entsprechend zielgruppenspezifisch ausgerichteten Sozialen Arbeit verankert.

Derartige körperbezogene Rationalisierungsmuster der Disziplinierung sind prinzipiell als *reaktionär-neoliberale* Positionierungen zu kategorisieren. Allerdings finden sie sich nicht nur in explizit reaktionär-neoliberalen Argumentationen, sondern vielfach auch in oberflächlich *sozialliberalen* Positionen. Zwar wird von entsprechenden Autoren auch eine strukturelle Komponente dieser Entwicklungen bestimmt:

> „Der Druck kommt aus der Unsicherheit des Systems heraus. Es stuft die Schüler in eine bestimmte Kategorie ein und stuft sie herab, wenn sie in diese Leistungsbox nicht mehr passen, gibt dabei aber keine gezielten, individuellen Hilfen" (Hurrelmann 2006).

Allerdings weisen diese Autoren anschließend darauf hin, dass es ihres Erachtens verkürzt sei, das Ergebnis dieses „Systemdrucks" nur als Beschränkung für einzelne Personen zu lesen, vielmehr müsse auch das jeweilige *individuelle Defizit* in Blick genommen werden, das sich daraus ergebe: „Das verunsichert" (Hurrelmann 2006). Und Ergebnis dieser Verunsicherung sei, dass „wir" deshalb „in Deutschland auch so viele Jugendliche (haben), die Zigaretten rauchen" (Hurrelmann 2006). Denn das sei „immer ein Zeichen von ungesichertem Selbstwert" (Hurrelmann 2006). Und schon läuft er wieder rund, der argumentative Transformationsriemen hin zur präventiven Anrufung des einzelnen Subjekts über dessen (Individual-) Körper.

Sozialpädagogische Interventionsmaßnahmen setzen dann an solchen Diagnosen direkt an, wie schulische „Anti-Raucher-Programme" zeigen, in denen die Schüler/innen dahingehend aktiviert werden (sollen), eine kalkulative Einsicht in die „Kosten" des Rauchens zu bekommen: der Spieleinsatz sei ihre „persönliche" Gesundheit, ihre „subjektiven" Lebensgestaltungsmöglichkeiten und ihre „individuelle" Lebensqualität – unter Umständen sogar ihr „eigenes" Leben, wie die markanten Beschriftungen der Zigarettenpackungen bereits illustrieren sollen. Die Schüler/innen sollen durch derartige Trainingsspiele lernen, ihr Handeln und damit das persönliche Risiko möglichst zielgenau zu kalkulieren. Damit ist der dritte Schritt der neosozialen Regierungslogik von Risikoidentifizierung, Risikosubstitution und präventiver Risikokalkulation wieder in die Hände der individuellen und kollektiven Subjekte übergeben: Die präventive Kalkulation der Subjektkörper, die solchen Präventionsprogrammen unterliegt, ist angeschoben, wenn die Schüler/innen begreifen, dass sie bei schlechter oder fehlender Risikokalkulation, also beispielsweise bei einer Entscheidung für das Rauchen, „selber schuld" (Schmidt-Semisch 2000) sind, das heißt, die Kosten möglicher Konsequenzen ihres Verhaltens selbst zu tragen haben. Doch diese Konsequenzen und eine entsprechend konsequent-kalkulative Denkweise ist nach Ansicht neo-sozialer Regierungslogiken den Menschen erst noch zu vermitteln, also – beispielsweise sozialpädagogisch – beizubringen: Neo-soziale Programme stellen in diesem Sinne fokussierte Disziplinierungsstrategien dar – ganz im Sinne der Aussage von Lothar Binding, er wäre ja nur dann ein Träumer in Sachen seiner Nicht-Raucher-Initiative, wenn er darauf vertrauen würde, „dass es keiner gesetzlichen Regelung bedarf, weil der vernunftbegabte Mensch selbst die Konsequenzen zieht, insbesondere dann, wenn die Fakten klar sind" (www.racket-center.de/fileadmin/racket-center/user_upload/pdf/interview_lothar_binding.pdf, 30.11.2008). Darauf könne er nun eben nicht vertrauen, so der Subtext in Bindings Aussage, weshalb er auf die gesetzliche Verankerung von Rauch*verboten* setze.

Eine ganz andere Geschichte wäre es, wenn sich Akteure in den Feldern Sozialer Arbeit auf pädagogische Traditionen besinnen würden, die darauf aufmerksam machen, dass das pädagogische Handeln zwar immer auch risikokalkulativ sein sollte, allerdings nicht in Bezug auf quasi-naturwissenschaftliche Gewissheiten und eine vorzeitige Verhinderung bestimmter Risiken aufgrund vermeintlicher körperbezogener Risikofaktoren, sondern dahingehend, dass *alle* Beteiligten immer achtsam sein sollten gegenüber ihren körperlichen Ressourcen, leiblich habitualisierten Ängsten, Reflexionsmöglichkeiten und den jeweiligen biografischen Geschichten, ohne damit das formale Ziel (sozial)pädagogischer Handlungsvollzüge zu gefährden – das Ziel nämlich, möglichst vielfältige und auch bisher nicht sichtbare und unzugängliche Handlungsoptionen zu ermöglichen und zu eröffnen (Kessl/Richter 2006). Doch das wäre eben eine ganz andere, „post-neo-soziale" Geschichte.

Literatur

Balibar, E. (1990): Gibt es einen „Neo-Rassismus"? In: Balibar, E., Wallerstein, I. (Hrsg.): Rasse Klasse Nation. Ambivalente Identitäten. Berlin, 23–38

Barlösius, E. (2001): Die Macht der Repräsentation. In: Barlösius, E, Müller, H.-P., Sigmund, S. (Hrsg.) (2001): Gesellschaftsbilder im Umbruch. Opladen, 179–202

Baudrillard, J. (1988): America. London

Bettmer, F. (2001): Abweichung und Normalität. In: Otto, H.-U., Thiersch, U. (Hrsg.): Handbuch Sozialarbeit/Sozialpädagogik. München

Brunkhorst, H. (2002): Solidarität. Frankfurt/M.

Ewald, F. (1993): Vorsorgestaat. Frankfurt/M.

Foucault, M. (2003): Die Geburt der Sozialmedizin. In: Foucault, M.: Schriften III. Frankfurt/M.

– (1999): In Verteidigung der Gesellschaft. Frankfurt/M.

Hurrelmann, K. (2006): „Eine empfindsame Generation". Interview mit Christina Sticht für das Goethe Institut. In: www.goethe.de/ges/soz/thm/de 91442.htm, 23.04.2008

Kessl, F. (2006): Individualität – Dein Risiko! Soziale Arbeit auf dem Weg zur neo-sozialen Risikokalkulatorin. In: Dollinger, B. (Hrsg.): Individualität als Risiko? Soziale Pädagogik als Modernisierungsmanagement. Berlin, 33–47.

– (2005): Der Gebrauch der eigenen Kräfte. Eine Gouvernementalität Sozialer Arbeit. Weinheim/München

–, Otto, H.-U. (2008): Soziale Arbeit ohne Wohlfahrtsstaat? Zeitdiagnosen, Problematisierungen und Perspektiven. Weinheim/München

–, Reutlinger, C., Ziegler, H. (Hrsg.) (2007): Erziehung zur Armut? Soziale Arbeit und die „neue Unterschicht". Wiesbaden

–, Richter, M. (2006): Lebenslanges Lernen oder ununterbrochene Bildung? Eine symptomale Lektüre aktueller Bildungsprogrammatiken. Neue Praxis 36, 3, 308–323

–, Krasmann, S. (2005): Sozialpolitische Programmierungen. In: Kessl, F., Reutlinger, C., Maurer, S., Frey, O. (Hrsg.): Handbuch Sozialraum. Wiesbaden, 227–245

Krasmann, S. (2003): Die Kriminalität der Gesellschaft. Zur Gouvernementalität der Gegenwart. Konstanz

Langer, A. (2008): Disziplinieren und entspannen. Körper in der Schule. Eine diskursanalytische Ethnographie. Bielefeld

Lessenich, S. (2008): Die Neuerfindung des Sozialen. Der Sozialstaat im flexiblen Kapitalismus. Bielefeld

Lemke, T. (2007): Gouvernementalität und Biopolitik. Wiesbaden, 129–148

Lindner, W. (2008): Kinder- und Jugendarbeit wirkt. Aktuelle und ausgewählte Evaluationsergebnisse der Kinder- und Jugendarbeit. Wiesbaden

Link, J. (1997): Versuch über den Normalismus. Wie Normalität produziert wird. Opladen

Magiros, A. (2004): Kritik der Identität. „Bio-Macht" und „Dialektik der Aufklärung" – Werkzeuge gegen Fremdenabwehr und (Neo-)Rassismus. Münster
– (1995): Foucaults Beitrag zur Rassismustheorie. Mit einem Essay von James W. Bernauer. Hamburg
Nolte, P. (2004): Generation Reform. Jenseits der blockierten Republik. München
Oelkers, N. (2009): Die Umverteilung von Verantwortung zwischen Staat und Eltern. Konturen post-wohlfahrtsstaatlicher Transformation eines sozialpädagogischen Feldes. In: Kessl, F., Otto, H.-U. (2009): Soziale Arbeit ohne Wohlfahrtsstaat? Weinheim / München, 71–86
Peters, H. (2002): Soziale Probleme und soziale Kontrolle. Wiesbaden
Rabinow, P. (2004): Anthropologie der Vernunft. Studien zu Wissenschaft und Lebensführung. Frankfurt / M.
Richter, M. (2004): Zur (Neu)Ordnung des Familialen. Widersprüche 24, 92, 7–16
Rose, N. (1996): The Death of the Social. Economy & Society 3, 25, 327–356
Schmidt-Semisch, H. (2002): Kriminalität als Risiko. Schadenmanagement zwischen Strafrecht und Versicherung. München 2002
– (2000): Selber Schuld. Skizzen versicherungsmathematischer Gerechtigkeit. In: Bröckling, U., Krasmann, S., Lemke, T. (Hrsg.): Gouvernementalität der Gegenwart. Frankfurt / M., 168–193
–, Schorb, F. (2007): Kreuzzug gegen Fette. Sozialwissenschaftliche Aspekte des gesellschaftlichen Umgangs mit Übergewicht und Adipositas. Wiesbaden
Seelmeyer, U. (2008): Das Ende der Normalisierung? Soziale Arbeit zwischen Normativität und Normalität. Weinheim / München
Schütte-Bäumner, C. (2007): Que(e)r durch die Soziale Arbeit. Professionelle Praxis in den AIDS-Hilfen. Bielefeld
Südkurier (2008): Selbstmord wegen Rauchverbot. In: http://www.suedkurier.de/news/brennpunkte/Balingen;art407,3153361, 28.7.2009
Villa, P.-I. (2007): Der Körper als kulturelle Inszenierung und Statussymbol. Aus Politik und Zeitgeschichte 18, 18–26
Wollrad, E. (2008): White trash. Das rassifizierte „Prekariat" im postkolonialen Deutschland. In: Altenhain, C., Danilina, A. , Hildebrandt, E., Kausch, S., Müller, A., Roscher, T. (Hrsg.): Von „Neuer Unterschicht" und Prekariat. Gesellschaftliche Verhältnisse und Kategorien im Umbruch. Kritische Perspektiven auf aktuelle Debatten. Bielefeld, 35–48
Ziegler, H. (2004): Jugendhilfe als Prävention. Die Refiguration sozialer Hilfe und Herrschaft in fortgeschritten liberalen Gesellschaftsformationen. Dissertationsschrift Universität Bielefeld. In: http://bieson.ub.unibielefeld.de/volltexte/2004/533, 02.01.2007

Die Natur des Menschen und das Leben als Person. Naturalistische Herausforderungen der Sozialen Arbeit

Von Ulrich Steckmann

1 Sozialpädagogische Bildung und menschliche Natur

Auch wenn der Ausdruck ‚Bildung' im sozialpädagogischen Diskurs lange Zeit nur wenig Verwendung fand, so kann doch kaum Zweifel bestehen, dass die Handlungsziele Sozialer Arbeit immer mit Blick auf ein implizites Bildungskonzept bestimmt wurden. Beispielhaft wird dies deutlich, wenn Michael Winkler die weithin als verbindlich akzeptierte ‚Subjektorientierung' der Sozialen Arbeit dahingehend ausgelegt: „Sozialpädagogisches Handeln bezieht sich [...] auf den Bildungsprozeß eines Subjekts" (Winkler 1988, 271).

Wo der Begriff der Bildung in Anspruch genommen wird, da ist die Berufung auf die menschliche Natur nicht fern. Denn mit dem Bildungsbegriff verbindet sich in der einen oder anderen Form die Vorstellung, dass etwas, das in der allgemeinen Natur des Menschen angelegt ist, angemessen zur Entfaltung zu bringen sei. Als ‚Bildung' können daher nicht beliebige Sozialisations- und Erziehungsverläufe bezeichnet werden, sondern nur solche, die bestimmte Vorgaben einlösen, die mit der menschlichen Natur gegeben sind. Der mit dem Bildungsbegriff angesprochene Zweck wird verfehlt, wenn eine spezielle Erziehungspraxis oder die sozialen, ökonomischen und kulturellen Rahmenbedingungen nur eine rudimentäre oder einseitige Entfaltung der genannten Anlagen erlauben.

Die Behauptung eines begrifflichen Zusammenhangs zwischen Bildung und menschlicher Natur stößt im sozialpädagogischen Denken allerdings auf eine Reihe von Vorbehalten, die sich vor allem auf die Annahme natürlicher menschlicher Entwicklungsziele richten. In unterschiedlichem Maße haben diese Bedenken bereits am Beginn der 1970er-Jahre die erziehungswissenschaftliche Kritik am Begründungsanspruch der Pädagogischen Anthropologie geleitet (siehe Zirfas 1998). Es lassen sich dabei drei Arten von Vorbehalten unterscheiden:

Erstens wird vor dem Hintergrund historischer und kulturvergleichender Analysen mindestens die epistemische Zugänglichkeit, oft aber auch die Existenz einer einheitlichen Menschennatur in Zweifel gezogen. Statt einer allgemeingültigen Bestimmung der menschlichen Natur ist dieser Argumentationslinie zufolge lediglich die Beschreibung kontextvarianter ‚Menschenbilder' erreichbar. Dementsprechend wäre Bildung jeweils nur das, was in speziellen Geltungskontexten dafür gehalten wird.

Ein *zweiter Vorbehaltstypus* hat die Gestalt des Verdachts, anthropologische Festlegungen seien mehr oder weniger bewusst von einem politischen Konservativismus motiviert. Diejenigen menschlichen Eigenschaften und Fähigkeiten, die der menschlichen Natur zugerechnet würden, seien in Wahrheit nur die Charakteristika eines bestimmten gesellschaftlichen Status quo. Verkannt werde damit entweder, dass die menschliche Natur grundsätzlich entwicklungsoffen und somit in keiner Weise festlegbar sei, oder, dass das wahre Entwicklungsziel der Menschheit epistemisch unerreichbar bleibe, weil anthropologische Überzeugungen grundsätzlich durch soziokulturelle Entfremdungszustände verzerrt seien.

Die *dritte Art von Vorbehalten*, die im Folgenden diskutiert werden soll, setzt bei der Fragestellung an, inwiefern aus naturalistischen Bestimmungen überhaupt Handlungsorientierungen zu gewinnen sind. Die vorangehende anthropologische Zuständigkeitsfrage „Wer erklärt den Menschen?" (Könnecker 2006) wird dabei durchaus zugunsten der Naturwissenschaften vom Menschen, insbesondere der Humanbiologie, beantwortet. Zugestanden wird, dass die naturwissenschaftliche Entzauberung der Welt auch die Auffassung der menschlichen Natur von ihrem metaphysischen Ballast befreit habe. Im Gegenzug habe sie aber eine schweigende Natur zurückgelassen, die prinzipiell kein geeigneter Kandidat mehr sei für die Begründung sozialpädagogischer Handlungsziele. Die rapide anwachsenden Wissensbestände der verschiedenen Zweige der Humanbiologie erlaubten es zwar, immer präziser die *Möglichkeiten und Konsequenzen* sozialpädagogischen Handelns in Betracht zu ziehen, doch über dessen *Ziele* erteilten die Naturwissenschaften grundsätzlich keine Auskunft. Denn Naturgesetze sind keine Handlungsempfehlungen, man kann ihnen trivialerweise nicht zuwiderhandeln.

Der Blick auf die entzauberte menschliche Natur kann also, so der Vorbehalt, der Sozialen Arbeit zwar zunehmend besser sagen, was sie mit den Menschen tun *kann*, doch sei auf diesem Wege nichts darüber zu erfahren, was sie mit den Menschen tun *soll*. Dem Begriff sozialpädagogischer Bildung droht dadurch das Fundament wegzubröckeln. Wenn keine der menschlichen Natur inhärenten Bildungsziele zu rechtfertigen sind, bleibt nur der Rückgriff auf andere Begründungsquellen wie etwa individuelle Interessen oder überindividuelle Erfordernisse. Durch eine solche Konditionalisierung würde der Bildungsbegriff jedoch aus dem konstruktiven Zentrum sozialpädagogischen Denkens rücken. Eine Soziale Arbeit, die darauf beharrt, dass die von ihr generierten und begründeten Praxisnormen nicht für beliebige Zwecke einsetzbar sind, muss dies mit Sorge betrachten.

2 Biologie, Bildung und Freiheit

Dass die humanbiologischen Forschungen und insbesondere die Neurowissenschaften zu einer Vielzahl von Erweiterungen und Korrekturen unserer Auffassung vom Menschen geführt haben, ist ebenso wenig zu bestreiten wie die Tatsache, dass dieser Wissenszuwachs eine erstaunliche Bereicherung technischer Interventionsmöglichkeiten insbesondere im biomedizinischen Sektor mit sich bringt. Strittig sind jedoch die Reichweite der betreffenden Erklärungsmodelle und die Ausdehnung der zulässigen Anwendungsgebiete technischer Interventionen. Die öffentlichkeitswirksamen Kontroversen um die Bedeutung vor allem neurowissenschaftlicher Forschungsergebnisse haben ihren Anlass in umfassenden Erklärungsansprüchen, die von manchen Akteuren der Hirnforschung erhoben und von Vertretern anderer Diszplinen – etwa der Rechtswissenschaft, der Erziehungswissenschaft und auch der Philosophie – aufgenommen wurden. Inhaltlich geht es dabei um eine grundsätzliche Revision des menschlichen Selbstverständnisses, die ihren konkreten Anlass zumeist im Problem der menschlichen Willensfreiheit findet: Die Entscheidungs- und Handlungsspielräume, die ein Mensch sich selbst und anderen Menschen normalerweise zuerkenne, seien, so die neurobiologische Herausforderung, angesichts einschlägiger Forschungsergebnisse illusionär. Diese „Illusion der Autorschaft für unsere Handlungen" (Roth 2003b, 172) wird in neurowissenschaftlicher Perspektive teils als wichtiges Funktionselement neuronaler Verhaltenssteuerung erklärt, teils gilt sie als Ergebnis sozialer Zuschreibungen.

Im Verlauf der Debatte um die menschliche Willensfreiheit haben die so genannten Libet-Experimente eine besondere Prominenz erlangt (zu den Experimenten siehe Libet 2007, 159ff), deren Ergebnisse häufig – allerdings nicht von Benjamin Libet selbst – dahingehend interpretiert werden, dass mit ihnen die Vorstellung von einem freien Willen empirisch widerlegt sei. In experimentellen Situationen habe sich gezeigt, dass der von den Probanden berichtete Moment der Handlungsentscheidung sich erst dann ereigne, wenn im Gehirn der Aufbau des verhaltensrelevanten Bereitschaftspotentials nachweislich bereits eingesetzt habe. Aus diesen Befunden sei zu schließen: *„Der Willensakt tritt auf, nachdem das Gehirn bereits entschieden hat, welche Bewegung es ausführen wird."* (Roth 2003a, 523).

Die in Deutschland vor allem von Gerhard Roth und Wolf Singer verfochtene These des illusionären Charakters von Willensfreiheit hat eine breite interdisziplinäre Debatte ausgelöst (siehe Geyer 2004; Sturma 2006; Fink / Rosenzweig 2006 und Heinze et al. 2006). Das hohe Maß an Aufmerksamkeit ergibt sich daraus, dass mit der Autorität naturwissenschaftlicher Forschung eine fundamentale Alltagsüberzeugung bestritten wird, die Personen im gewöhnlichen Umgang miteinander präsupponieren: Schon mit unscheinbaren lebensweltlichen Einstellungen und Haltungen wie dem Übelnehmen einer Unaufrichtigkeit, der Empörung über eine Grausamkeit oder dem Loben einer uneigennützigen Tat setzen wir stillschweigend voraus, dass die Personen, denen gegenüber die betreffenden Haltungen eingenommen werden, für ihr Verhalten verantwortlich sind (siehe Strawson 1978; Nida-Rümelin 2005, 26 ff). Diese anscheinend unhintergehbaren Einstellungen bilden die Zielscheibe der revisionären Thesen. So heißt es etwa bei Roth:

> „Das bewusste, denkende und wollende Ich ist nicht im *moralischen* Sinne verantwortlich für dasjenige, was das Gehirn tut, auch wenn dieses Gehirn ‚perfiderweise' dem Ich die entsprechende Illusion verleiht." (Roth 2003b, 180).

Die dem entsprechende, von Singer geäußerte Empfehlung, ‚aufzuhören, von Freiheit zu sprechen' (Singer 2004), ist somit keineswegs nur als akademische Provokation metaphysischer Freiheitstheorien gemeint, sondern reklamiert einen konkreten Bedarf an tief greifenden Reformen eingespielter sozialer Praxen. Den aktuellen Angriffspunkt bilden spezielle, mehr oder weniger formalisierte Praxen. Bevorzugt werden in diesem Zusammenhang die rechtlich institutionalisierte Strafpraxis einerseits und die (öffentliche) Erziehung und Bildung andererseits diskutiert. In beiden Fällen liegt die Herausforderung auf der Hand: Weder das strafrechtliche Schuldkonzept noch die herkömmlichen Auffassungen von Erziehung und Bildung sind ohne den Rückgriff auf Begriffe wie ‚Verantwortung', ‚Willensfreiheit' oder ‚Autonomie' angemessen zu charakterisieren.

Im strafrechtstheoretischen Bereich ist die genannte Herausforderung angenommen worden. In jüngster Zeit hat sich eine lebhafte, interdisziplinär geführte Debatte entfaltet (siehe etwa Zilles 2006, Grün et al. 2008 und Merkel 2008). Im Vergleich dazu reagieren die Akteure der Erziehungswissenschaft und insbesondere der Sozialpädagogik bemerkenswert zurückhaltend (eine Ausnahme: Giesinger 2006). Es ist von daher nicht ohne Ironie, dass das Freiheitsproblem in diesem Diskussionskontext ausgerechnet seitens derjenigen Fachvertreter thematisiert wird, die für einen „Paradigmenwechsel" (Voland 2006, 105, vgl. Treml 2002) hin zur Anerkennung der Humanbiologie als erziehungswissenschaftliche Leitdisziplin plädieren. „Erziehbarkeit", so heißt es etwa bei Annette Scheunpflug, „kann nur gedacht werden, wenn Menschen gleichzeitig als frei gedacht werden." (Scheunpflug 2003, 155). Doch Letzteres widerspreche den Erkenntnissen der Hirnforschung. Den Ausweg aus dem sich damit einstellenden Dilemma sieht die Autorin in einer Reformulierung des Freiheitsbegriffs: Relevant sei der *Eindruck* von Freiheit, der sich bei menschlichen Subjekten deshalb einstelle, weil sie aufgrund ihrer beschränkten kognitiven Kapazitäten die hochkomplexen biologischen Determinationen ihres Verhaltens nicht als solche erfassen könnten und sich deshalb selbst in der Rolle der

Handlungsurheber imaginierten (dazu Roth 2003b, 168 ff und Singer 2004, 59 ff). Doch dieser argumentative Zug, der das ontologische Problem in ein epistemisches umdeutet, verfehlt die Fragestellung, denn auf diese Art lässt sich bestenfalls erklären, weshalb Menschen sich *für frei halten*, nicht aber, wie es rechtfertigungsfähig denkbar ist, dass Menschen *frei sind*. Auf eine als illusionär enthüllte Freiheitsauffassung lässt sich kein Bildungsgedanke errichten. Eckart und Renate Voland, die mit der von Scheunpflug verfolgten Linie grundsätzlich übereinstimmen, sind denn auch bedeutend zurückhaltender im Umgang mit dem Freiheitsproblem. Den „nur schwer verdaulichen Widerspruch einer ‚determinierten Freiheit' des Ichs" (Voland / Voland 2002, 693) überlassen sie vorsichtshalber der künftigen Forschung als Desiderat.

Die Problemstellung in dieser Weise offen zu lassen, ist allerdings vom sozialpädagogischen Standpunkt aus zutiefst unbefriedigend. Sollten die humanbiologische Erklärung der menschlichen Natur und insbesondere die neurowissenschaftliche Rekonstruktion individueller Entscheidungsprozesse wirklich nachweisen können, dass die Freiheitsunterstellungen, die Personen im lebensweltlichen Umgang miteinander vornehmen, unbegründet sind, dann verlören auch sozialpädagogische Leitkonzepte wie *Anerkennung*, *Respekt* oder *Aushandeln* ihren sachlichen Anhalt. In einer ausschließlich „biologisch determinierten Welt" (Voland / Voland 2002) gäbe es für Bildungsprozesse, die auf individuelle Selbstbestimmung, Selbsterweiterung und Selbstverwirklichung abzielen, keinen Ort, denn aufgrund biologischer Determinationsverhältnisse könnten wir „unsere Welt nicht unseren Bedürfnissen entsprechend frei strukturieren" (Singer 2002, 163).

Für jeden sozialpädagogischen Bildungsbegriffs ist es grundlegend, die Adressaten Sozialer Arbeit als Individuen zu betrachten, die wenigstens in rudimentärer Form über die Fähigkeit verfügen, sich an Gründen zu orientieren. Personen besitzen die Basisfähigkeit zu erkennen, dass etwas – mehr als andere, konkurrierende Gründe – dafür spricht, Vorkommnisse der natürlichen und der sozialen Welt in bestimmter Weise zu deuten und, wenn erforderlich, entsprechend zu handeln. Sich an Gründen zu orientieren ist der charakteristische Ausdruck menschlicher Freiheit: „Als Personen gewinnen wir unsere Freiheit dadurch, dass wir den von uns akzeptierten Gründen bzw. dem Ergebnis der Abwägung von Gründen folgen" (Nida-Rümelin 2005, 91). Die individuelle Orientierung an Gründen nimmt im Verlauf des Bildungsprozesses eine immer komplexere Gestalt an. Das Kennzeichen fortschreitender Bildung besteht zum einen in der zunehmend umfassenderen Aneignung der Welt, die damit tendenziell aufhört, etwas zu sein, das dem betreffenden Individuum lediglich zustößt. Die Welt wird verstehbar und damit partiell auch kontrollierbar. Zum anderen stellt sich aber mit der Fähigkeit zur Orientierung an Gründen auch unausweichlich die Aufgabe, das eigene Leben aktiv zu organisieren. Selbstbestimmung bedeutet, vor der prinzipiell unabschließbaren Aufgabe zu stehen, Klarheit darüber zu erlangen, welche Art von Person man sein will, und sein Verhalten an dem so selbst bestimmten Ziel auszurichten.

Als Bewohner eines kulturellen „Raums der Gründe" führen Menschen das Leben von Personen (siehe Sturma 2007a). Im praktischen Zentrum personaler Existenz steht, Sorge dafür zu tragen, wer man ist und wer man sein will. Die Sorge erstreckt sich in allgemeiner Form auf die Einheit des eigenen Lebens über die Zeit hinweg bzw. auf die „Identität der Person in der Zeit" (siehe Bieri 1986, 273 ff). Sie motiviert dabei eine fortlaufende Einheitsarbeit mit dem „Ziel einer gelingenden Biographie" (Thiersch 2008, 122). Dies umfasst im Weiteren die Sorge um die Einheit des eigenen Willens (siehe Frankfurt 2001 und Bieri 2001, 281 ff), um die Gefühle und die Sensibilität, die man haben möchte, um das Wissen, über das man verfügt, und nicht zuletzt die Sorge darum, sich selbst in den Augen der anderen achten zu können (siehe Rawls 1975, 479 ff).

Sofern sie am klassischen Bildungsbegriff festhält, kann die sozialpädagogische Praxis nicht anders, als die Selbstbestimmungsfähigkeit ihrer Adressaten zu unterstellen. Sie tut dies insofern, als Menschen in der Bildungsperspektive gerade nicht nur als *Adressaten* von Aneignungsprozessen verstanden werden können, sondern immer auch als deren *Subjekte* zu begreifen sind. ‚Bildung' meint die aktive Aneignung durch einen Akteur im Raum der Gründe. Dementsprechend verfügt die Rede vom Einzelnen als dem „Subjekt der Gestaltung seines Lebensentwurfs in seiner Welt" (Thiersch 2008, 110) über einen zweifachen Sinn: Einerseits ist damit im emphatischen, normativen Sinn das Ziel sozialpädagogischer Bildung angesprochen, andererseits bezieht sich die Wendung aber auch ganz deskriptiv auf eine vorfindliche (und mutmaßlich korrektur- oder unterstützungsbedürftige) Art, das eigene Leben zu führen.

Insbesondere in den letzten Jahrzehnten des 20. Jahrhunderts hat die Soziale Arbeit Leitbegriffe entwickelt, die dem hier umrissenen Bildungsverständnis Rechnung tragen. Die Achtung der unterstützungsbedürftigen Person, die Akzeptanz ihrer Lebenssituation oder das Aushandeln von Zielen sind als *integrale* Elemente eines sozialpädagogischen Bildungsprozesses zu verstehen, weil deren Abwesenheit die zumeist ohnehin reduzierten Aneignungsmöglichkeiten der betroffenen Personen weiter untergrübe. Lebensgeschichten müssen erst einmal als solche akzeptiert werden, um im Rahmen sozialpädagogisch angeleiteter Bildungsprozesse fortgeschrieben werden zu können (womit partielle Revisionen nicht ausgeschlossen sind). Ohne die Achtung des sozialpädagogischen Akteurs wird sich die Selbstachtung der unterstützungsbedürftigen Person kaum stabilisieren können, und die mit dem Aushandeln gegebene Gelegenheit, den eigenen Willen effektiv durchzusetzen, ist eine unerlässliche Voraussetzung für die erfolgreiche Arbeit am eigenen Willen.

Ein sozialpädagogisches Selbstverständnis, dem die skizzierten Person- und Bildungskonzepte zugrunde liegen, ist erkennbar unverträglich mit

Eliminationsszenarien, die beanspruchen, gesicherte Erkenntnisse von Evolutionsbiologie, Humangenetik und Neurowissenschaften auf den Gegenstandsbereich der Erziehung und Bildung zu übertragen. In eliminativistischer Perspektive gelten „Pläne, Ziele, Absichten und Wünsche" (Voland 2006, 105) entweder als bloße Epiphänomene oder als Konzepte einer *folk psychology*, die – analog zum Glauben an Magie oder an Hexen – eine gewisse Zeit lang erfolgreiche Orientierungsleistungen und damit „Wettbewerbsvorteile im Darwinischen Fitnessrennen" (Voland 2006, 112) erbracht hätten, vom wissenschaftlichen Standpunkt jedoch gänzlich unhaltbar seien. Aber auch dort, wo anstelle eines harten Eliminativismus eine eher zurückhaltende Position vertreten wird, die die Frage offen lässt, ob etwa ‚Freiheit' nicht doch in ein wissenschaftliches Weltbild zu integrieren sei, sehen sich Verfechter traditioneller Erziehungs- und Bildungskonzepte oftmals in die Defensive gedrängt, denn angesichts beeindruckender Forschungserfolge durch die Naturwissenschaften vom Menschen ist ihnen offenbar eine Beweislast zugefallen, die mit den eigenen Bordmitteln kaum bewältigbar scheint.

Drohen der Sozialpädagogik aber wirklich ihre gesichert geglaubten Wissensbestände abhanden zu kommen? Steht zu befürchten, dass sozialpädagogische Grundbegriffe wie ‚Bildung', ‚Emanzipation', ‚Autonomie' oder ‚Verantwortung' einer fundamentalen Neubestimmung unterzogen oder sogar aus dem Wortschatz der Sozialen Arbeit gestrichen werden müssen? Derartige Befürchtungen sind unbegründet. Die öffentlichkeitswirksamen Eliminationsszenarien büßen bei näherer Betrachtung ihren Nimbus rasch ein. Im Hinblick auf die neurowissenschaftliche Verabschiedung der Willensfreiheit sehen sich zunächst einmal die viel zitierten Libet-Experimente – wie auch die Nachfolgeexperimente von Patrick Haggard und Martin Eimer (siehe Haggard/Eimer 1999) – erheblichen methodologischen Einwänden ausgesetzt (siehe Habermas 2004, 873 f und Janich 2006, 87 ff). Darüber hinaus lassen sich an der vermeintlichen neurowissenschaftlichen Widerlegung der Willensfreiheit, unabhängig von der Validität der experimentellen Befunde, eine Reihe von Begründungslücken und Scheinerklärungen nachweisen (siehe Sturma 2007b, 120 f). Dazu zählt unter anderem, in explanatorischer Absicht einzelnen Teilsystemen die Eigenschaften und Fähigkeiten von Personen zuzusprechen. An der textuellen Oberfläche wird dies kenntlich, wenn Formulierungen das Gehirn in die Rolle eines epistemischen oder praktischen Subjekts versetzen, wenn also beispielsweise die ‚Sicht des Gehirns' expliziert werden soll (Roth 2003b) oder behauptet wird, Entscheidungen würden „vom Gehirn selbst getroffen" (Singer 2004, 57).

Unterzieht man die Einwände gegen die Willensfreiheit einer genauen Untersuchung, um das jeweils zugrunde gelegte und zumeist nur implizite Verständnis von Willensfreiheit zu rekonstruieren, dann offenbart sich eine beeindruckende Reihe von „Fehlschlüssen über Willensfreiheit" (Rescher

2008), die den Streitgegenstand von vornherein unsachgemäß darstellen. Dazu gehört vor allem die Annahme, der Wille müsse eine merkwürdige Art von Impuls sein, der die menschlichen Handlungen anschiebe. Dem Verteidiger der Willensfreiheit wird dabei die Auffassung zugeschrieben, es existierten spezielle „Willensakte", die zudem ein besonderes Gefühl hervorriefen (siehe etwa Roth 2003a, 495 ff) – eine Auffassung, bei der es gewiss leicht fällt, begriffliche Absurdität und empirische Haltlosigkeit nachzuweisen. Indes übersieht die Kritik, dass das von ihr betrachtete paramechanische Willensmodell weder handlungstheoretisch alternativlos ist noch der Alltagserfahrung von Willensfreiheit entspricht (siehe Gethmann 2006).

Der Kritik an den begrifflichen Voraussetzungen schließt sich auch Peter Bieris Beobachtung an, die Willensfreiheitskritik richte sich in der Regel gegen die von vornherein konfuse Annahme eines ‚unbedingt freien Willens' (siehe Bieri 2001, 230 ff). Einer solchen Annahme werde dann entgegengehalten, dass sich eine Vielzahl biologischer und sozialer Einflüsse auf individuelle mentale Vorgänge angeben ließen und daher von der Unbedingtheit des freien Willens keine Rede sein könne. Dieser vermeintlich empirische Nachweis läuft jedoch ins Leere, denn die Aussage, es gebe keinen *unbedingt* freien Willen, bringt überhaupt keine empirische, sondern eine begriffliche Wahrheit zum Ausdruck. Denn ein unbedingter Wille wäre ein *unbestimmter* Wille, und das hieße: ein Wille ohne inhaltliche Konturen und ohne persönlichen Inhaber. Er wäre damit überhaupt kein Wille. Die Annahme eines unbedingt freien Willens muss als eine inkohärente Idee gelten, von der auch nicht recht ersichtlich ist, wer sie jemals ernsthaft vertreten hätte. Gegen das Unbedingtheitskriterium ist geltend zu machen, dass ein Wille nur durch eine Abfolge von natürlichen und sozialen Einflüssen, denen eine Person ausgesetzt ist, zu einem bestimmten und persönlichen Willen wird. Eine individuelle Bildungsgeschichte wird nicht zuletzt durch das Bemühen darum erzeugt, die äußeren und inneren Einflüsse zu regulieren, indem man sich ihnen gegenüber Stellung nehmend verhält.

Unter dem Strich bestehen hinreichend Gründe, den revisionären Thesen, die sich an die Bestreitung der menschlichen Willensfreiheit knüpfen, nicht zu folgen. Zwar ist mit der Kritik dieser Thesen noch kein positiver Freiheitsbeweis erbracht, doch umgekehrt ist das bildungstheoretische Fundament, auf dem die gegenwärtigen Ansätze der Sozialen Arbeit in mehr oder weniger expliziter Form aufbauen, auch nicht auf rechtfertigungsfähige Weise in Frage gestellt. Hinsichtlich des Verhältnisses von Sozialer Arbeit und Humanbiologie stellen sich jedoch weitere Fragen: Zum einen ist zu fragen, inwieweit im Begriffssystem einer Sozialen Arbeit, die die Ansprüche einer umfassenden humanbiologischen Naturalisierung ihres Gegenstandsbereichs zurückweist, noch Platz ist für naturalistische Bestimmungen. Die Frage führt zurück zum Ausgangsproblem: Überlässt man nämlich den Naturbegriff den Naturwissenschaften vom Menschen, so droht der Bildungsbegriff sein *fundamentum in re* einzubüßen. Zum anderen ist zu klären, wie in einer transdisziplinären Kooperation zwischen den humanbiologischen Disziplinen und der Sozialen Arbeit die Zuständigkeitsaufteilungen vorgenommen und begründet werden können. Beide Problemstellungen können im Folgenden nur im Umriss behandelt werden.

3 Wem gehört die menschliche Natur?

Verfechter eines Erklärungsmonismus nach Maßgabe naturwissenschaftlicher Modelle richten gegen ihre geistes- und sozialwissenschaftlichen Opponenten bisweilen den Vorwurf ontologischer Tollpatschigkeit. Bildungstheoretiker, die eine Eigenständigkeit kultureller Ordnungen voraussetzten, werden dabei als heimliche Anhänger eines ‚Cartesianischen Dualismus' betrachtet, die der irrwitzigen Auffassung anhängen, neugeborene Menschen gingen als ‚unbeschriebene Blätter' an den Start, die im Zuge der Sozialisation bzw. durch Erziehung und Bildung mit prinzipiell beliebigen Inhalten zu füllen seien (siehe Voland 2006, 103 f). Die naturale Basis des Lern- und Bildungsgeschehens werde systematisch vernachlässigt, wodurch der Mensch als ein weitenteils außer- oder übernatürliches Wesen begriffen werde, das aus der Alleinherrschaft der Naturgesetze entlassen sei. Damit lege sich der herkömmliche Geistes- oder Sozialwissenschaftler auf eine unhaltbare Zwei-Welten-Ontologie fest.

Der Vorwurf ist sicherlich ungerecht. Eine derart naive ‚Naturvergessenheit' wird man in keinem pädagogischen bzw. sozialpädagogischen Ansatz der Gegenwart antreffen. Zutreffend ist allerdings, dass noch vor wenigen Jahrzehnten in Teilen der Sozialen Arbeit die Ansicht vorherrschte, psychische Auffälligkeiten und Erkrankungen seien allein sozial oder kulturell induziert und vor dem explanatorischen Zugriff von Psychiatrie und Neurologie in Schutz zu nehmen. Auch der Dualismusvorwurf ist nicht völlig von der Hand zu weisen. Dort, wo das überkommene geisteswissenschaftliche Vokabular in Pädagogik und Sozialpädagogik noch Verwendung findet, werden die Ausdrücke ‚Natur' und ‚Geist' oft in einer Weise eingesetzt, die zumindest den Eindruck nahe legt, es würden distinkte ontologische Regionen angesprochen. Jedoch dürfte die naturalistische Polemik an zeitweiligen explanatorischen Vereinseitigungen oder an begrifflichen Unschärfen einzelner Ansätze wenig interessiert sein. Ihr geht es ums Ganze, und das heißt: Wer das erwiesenermaßen unsinnige dualistische Menschenbild meiden wolle, der müsse anerkennen, dass der Mensch durch und durch ein Naturwesen ist, und wer diese naturalistische Anthropologie akzeptiere, der habe sich auch dazu zu bekennen, dass die Methoden der Naturwissenschaften den einzigen Weg zur Wahrheit eröffneten.

Weil substanzdualistische Konzeptionen in der Tat über keinerlei metaphysischen Kredit mehr verfügen, scheint ein Naturalismus alternativlos. Nicht zuletzt daraus schöpfen naturalistische Argumente ihre Durchschlagskraft auch in den Erziehungs- und Bildungsdiskursen. Doch die Zurückweisung dualistischer Optionen spielt jener Position, die eine grundsätzliche Revision des menschlichen Selbstverständnisses anstrebt, nur dann in die Hände, wenn der im Gegenzug verfochtene Naturalismus einen sehr engen Zuschnitt hat. Ein solcher Naturalismus wäre unter anderem mit der Hypothek belastet, die These einer starken Diskontinuität zwischen lebensweltlichem und wissenschaftlichem Wissen verteidigen zu müssen, denn wenn das lebensweltliche Wissen unter einen generellen Irrtumsverdacht gestellt wird, büßt es seine Fundierungsrolle ein. Die enge Auslegung des Naturalismusbegriffs ist allerdings ihrerseits nicht alternativlos. Ein nicht-eliminativer Naturalist kann durchaus den Satz „The world is as natural science says it is" (Quine 1992, 9) unterschreiben und dennoch der Auffassung sein, dass das Bild der (menschlichen) Natur, das uns die Erklärungsmodelle der *gegenwärtigen* Naturwissenschaften zeigen, unvollständig ist (eine solche Naturalismusoption wird von Wolf Singer immerhin in Erwägung gezogen; siehe Singer 2004, 39).

Das Selbstverständnis der Naturwissenschaften, das den allgemeinen Forschungsprozess in inhaltlicher wie in methodologischer Hinsicht als offen begreift, liefert keinen Grund für die Annahme, die gegenwärtige Humanbiologie sei imstande, die Natur des Menschen erschöpfend zu erklären, so dass man sich von denjenigen Elementen des menschlichen Selbstverständnis, die sich nicht in das humanbiologische Bild der Menschennatur fügen, verabschieden müsse. Genuine Eigenschaften und Fähigkeiten personalen Lebens – wie etwa Intentionalität, Moralität oder Leiblichkeit – sind Tatsachen der menschlichen Natur, auch wenn sie allein in der Binnenperspektive personaler Existenz zugänglich sind. Die Naturwissenschaften vom Menschen können aufgrund ihrer epistemischen Voraussetzungen bislang nur deren naturale Basis (Dispositionen) aufklären. Der Umstand, dass sich Phänomene wie Empörung, Fairness oder Ironie nicht verlustfrei in der Sprache der heutigen Humanbiologie erfassen lassen, kann jedenfalls nicht hinreichend sein, sie für illusionär zu erklären. Vielmehr ist die Perspektive eines *integrativen* Naturalismus offen zu halten, der das naturwissenschaftliche Bild vom Menschen und das Selbstverständnis des Menschen als Person in einem einheitlichen Begriffsrahmen zusammenbrächte (siehe dazu Sellars 1963, 40).

Da ein integrativer Naturalismus bzw. ein einheitlicher Erklärungsrahmen für alle Ereignisse der menschlichen Welt derzeit nicht zur Verfügung steht, lässt sich die Forderung nach umfassender Berücksichtigung des Phänomenbestands der menschlichen Lebensform nur über eine Dualität der Erklärungsperspektiven einlösen. Dabei bleibt die Überzeugung von der Existenz einer einzigen, einheitlichen Natur unangetastet, doch zumindest für die Ereignisse der menschlichen Welt werden zwei unterschiedliche, wechselseitig irreduzible Beschreibungs- und Erklärungsarten veranschlagt, die sich mithilfe des Begriffspaares ‚Gründe / Ursachen' näher bestimmen lassen (siehe Habermas 2004; Nida-Rümelin 2005; Sturma 2007b und Hübner 2006, 51 f). Diesem Zugang zufolge kann der größte Teil menschlichen Verhaltens sowohl aus Ursachen als auch aus Gründen erklärt werden. Das Denken und Handeln von Personen orientiert sich an Gründen, wobei diese der betreffenden Person im Regelfall gar nicht als solche bewusst werden. Erklärungen aus Gründen rekonstruieren Einstellungen, Absichten oder Zwecke, um die Frage zu beantworten, warum Person P in der Situation S so und nicht anders gehandelt hat. Unbestritten bleibt dabei, dass es zu den verhaltenssteuernden Deliberationsprozessen auch eine neurobiologische Verursachungsgeschichte gibt, denn trivialerweise treten Bewusstseinszustände nicht ohne neuronale Aktivität auf. Welche der Erklärungen herangezogen wird, richtet sich nach den jeweiligen Erklärungszwecken. Im Alltag wie auch in Erziehungs- und Bildungssituationen genießt die Gründe-Perspektive einen starken Vorrang, der nicht zuletzt im moralischen Gebot der Achtung von Personen verankert ist.

Der Raum der Gründe, in dem Menschen ihr Leben als Personen führen, ist keine obskure Sonderwelt jenseits der Natur. Er bildet vielmehr eine eigene Ordnung *in* der Natur, die im Verlauf der Evolution in emergenter Weise aus der biologischen Ordnung hervorgegangen ist. Für viele genetische Dispositionen der Angehörigen der Gattung Mensch ist kennzeichnend, dass sie sich nur im kulturellen Raum der Gründe entfalten können und dabei einer geeigneten Erziehung und Bildung bedürfen. Über die Ausrichtung und die Wirkungsweise einzelner Dispositionen sowie über deren Zusammenhang können die humanbiologischen Disziplinen aufklären. Die wachsende Einsicht in neuronale Reifungsprozesse könnte beispielsweise entscheidend zur Gestaltung von Lernarrangements für Kinder und Jugendliche beitragen, indem sie Einflüsse erhellt, die auf der für die erziehungswissenschaftliche Forschung maßgeblichen Verhaltensebene nicht beobachtbar sind. Erfahrungen aus der empirischen Lehr-Lern-Forschung legen allerdings nahe, nicht mit überzogenen Erwartungen an die neurowissenschaftliche Forschung heranzutreten (siehe Stern 2004). Für sozialpädagogische Belange wird der Ertrag neurowissenschaftlicher Forschungsergebnisse vermutlich noch weit geringer ausfallen, weil sich den hochkomplexen sozialpädagogischen Bildungsaufgaben – „Leben lernen" (Thiersch 2006) – kein auch nur annähernd überschaubares Set neuronaler Dispositionen klar zuordnen lassen dürfte.

Vor dem Hintergrund des angesprochenen Perspektivendualismus wird man sich von der Vorstellung verabschieden müssen, genuin sozialpädagogische Einsichten durch schlichte Ableitungen aus humanbiologischem Wissen zu gewinnen. Ausdrücke wie ‚Neurodidaktik' und ‚Neuropädagogik' sowie die beliebte Rede vom ‚gehirngerechten Lernen' legen derartige

Ableitungsverhältnisse fälschlicherweise nahe. Neurowissenschaftliche Antworten auf Fragen danach, worin die *richtigen* sozialpädagogischen Bildungsziele bestehen oder wie eine *gut* gestaltete sozialpädagogische Bildung auszusehen hat, leiden unter einer grundsätzlichen Unterbestimmung (siehe Schumacher 2006, 178 ff). Derartige Fragen verlangen nach Antworten, die auf der Ebene neurowissenschaftlicher Ursachenerklärungen prinzipiell nicht gegeben werden können – was indes bislang nicht verhindert hat, dass im gesamten erziehungswissenschaftlichen Bereich zahlreiche ‚Neuro-Mythen' kursieren (siehe Becker 2006). Angesichts der Fragen nach den Zielen und Mitteln sozialpädagogischen Handelns beschränkt sich die Reichweite humanbiologischer Expertise darauf zu sagen, inwieweit das sozialpädagogisch begründete Sollen und die konkrete Ausgestaltung von Lernanforderungen zum Beispiel durch neurowissenschaftlich attestierbare Lernkompetenzen gedeckt sind. Aussagen über das Sollen selbst können im neurowissenschaftlichen Sprachspiel nicht rechtfertigungsfähig formuliert werden.

Neben dem humanbiologischen Beitrag zur möglichst passgenauen Gestaltung sozialpädagogischer Lerngelegenheiten umfasst die Kooperation von Humanbiologie und Sozialer Arbeit auch die Diagnose von Einschränkungen individueller Bildungsmöglichkeiten. Wo die Soziale Arbeit mit Phänomenen wie Lernstörungen, geistiger Behinderung, psychischer Erkrankung oder Psychopathie zu tun hat, ist sie schon aus ethischen Gründen auf biomedizinische Expertisen angewiesen, denn umstandslose Perfektibilitätsunterstellungen würden in manchen Fällen zu unerfüllbaren Erwartungen und Anforderungen zu Lasten der Betroffenen führen. Allerdings stellt sich hierbei das für die Soziale Arbeit ohnehin stets virulente ethische Paternalismusproblem in einer besonders intrikaten Weise, die bislang kaum hinreichend bedacht ist (siehe etwa Wikler 1979).

4 Sozialpädagogische Bildung der menschlichen Natur

Am Anfang der Überlegungen stand die Frage, inwiefern sich ein sozialpädagogischer Bildungsbegriff auf ein normativ gehaltvolles Konzept menschlicher Natur stützen kann. Eine solche Auffassung der menschlichen Natur würde ersichtlich nicht mit derjenigen übereinstimmen, die die Disziplinen der Humanbiologie ihren Erklärungen zugrunde legen. Diese Disziplinen verfügen auch nicht über die begrifflichen Ressourcen zu bestimmen, welche Entwicklungsverläufe von Menschen als *naturgemäß* auszuzeichnen wären. Zwar ist es die besondere biologische Natur von Menschen, die sie unter geeigneten Bedingungen sich zu Personen entwickeln lässt. Doch was als gelingende Form personaler Existenz zu betrachten ist, kann nicht auf der Grundlage biologischer Kriterien entschieden werden. Der Humanitätsbegriff der Bildungssemantik ist kein biologisches Konzept und lässt sich auch nicht in die Sprache der Biologie rückübersetzen (Sturma 2007a, 134). Nur im Rahmen der Binnenperspektive der menschlichen Lebensform lässt sich aufklären, in welcher Weise die biologischen Anlagen des Menschen bildungsmäßig zu entwickeln sind, um von einem *guten* menschlichen Leben – und das heißt: von einem Leben als Person – sprechen zu können. Erst mit der Emergenz des Raums der Gründe entstehen auch die spezifischen Gelingensbedingungen personalen Lebens, die nichtsdestoweniger beanspruchen können, darüber Auskunft zu geben, wann ein Mensch sich *seiner Natur gemäß* zur Person entwickelt hat.

Fasst man sozialpädagogische Bildung als einen professionell organisierten „Prozess des Lebenlernens" (Thiersch 2006, 23), so setzt man sich dem Einwand aus, damit bestenfalls vage in eine Richtung zu deuten, die ohnehin kaum kontrovers sei. Geht man jedoch weiter und bestimmt das ‚Lebenlernen' dahingehend, dass man die Eigenschaften und Fähigkeiten expliziert, die ein Mensch erlernen können muss, um ein selbst bestimmtes Leben als Person zu führen, dann eröffnet sich die Möglichkeit, konkrete Maßstäbe für eine umfassende Bildungsgerechtigkeit zu formulieren. Konkretisierungen dieser Art werden derzeit vor allem von neoaristotelischen Ansätzen vorangetrieben (siehe Nussbaum 1993), deren Vorgaben inzwischen wiederum von Seiten der Sozialen Arbeit aufgegriffen werden (siehe etwa Andresen et al. 2008).

Literatur

Andresen, S., Otto, H.-U., Ziegler, H. (2008): Bildung as Human Development. In: Otto, H.-U., Ziegler, H. (Hrsg.): Capabilities. Handlungsbefähigung und Verwirklichungschancen in der Erziehungswissenschaft. Wiesbaden, 165–197

Becker, N. (2006): Abschied von den Neuro-Mythen. TPS – Theorie und Praxis der Sozialpädagogik 10, 18–21

Bieri, P. (2001): Das Handwerk der Freiheit. Über die Entdeckung des eigenen Willens. München / Wien

– (1986): Zeiterfahrung und Personalität. In: Burger, H. (Hrsg.): Zeit, Natur und Mensch. Berlin, 261–281

Fink, H., Rosenzweig, R. (Hrsg.) (2006): Freier Wille – frommer Wunsch? Gehirn und Willensfreiheit. Paderborn

Frankfurt, H. G. (2001): Über die Bedeutsamkeit des Sich-Sorgens. In: Frankfurt, H. G.: Freiheit und Selbstbestimmung. Ausgewählte Texte. Berlin, 98–115

Gethmann, C. F. (2006): Die Erfahrung der Handlungsurheberschaft und die Erkenntnisse der Neurowissenschaften. In: Sturma, D. (Hrsg.): Philosophie und Neurowissenschaften. Frankfurt/M., 215–239

Geyer, C. (Hrsg.) (2004): Hirnforschung und Willensfreiheit. Zur Deutung der neuesten Experimente. Frankfurt/M.

Giesinger, J. (2006): Erziehung der Gehirne? Willensfreiheit, Hirnforschung und Pädagogik. Zeitschrift für Erziehungswissenschaft 9, 97–109

Grün, K.-J., Friedman, M., Roth, G. (Hrsg.) (2008): Entmoralisierung des Rechts. Maßstäbe der Hirnforschung für das Strafrecht. Göttingen

Habermas, J. (2004): Freiheit und Determinismus. Deutsche Zeitschrift für Philosophie 52, 871–890

Haggard, P., Eimer, M. (1999): On the Relation Between Brain Potentials and the Awareness of Voluntary Movements. Experimental Brain Research 126, 128–133

Heinze, M., Fuchs, T., Reischies, F. M. (Hrsg.) (2006): Willensfreiheit – eine Illusion? Naturalismus und Psychiatrie. Lengerich

Hübner, D. (2006): Person, Genom, Gehirn. In: Hübner, D. (Hrsg.): Dimensionen der Person. Genom und Gehirn. Paderborn, 23–56

Janich, P. (2006): Der Streit der Welt- und Menschenbilder in der Hirnforschung. In: Sturma, D. (Hrsg.): Philosophie und Neurowissenschaften. Frankfurt/M., 75–96

Könnecker, C. (Hrsg.) (2006): Wer erklärt den Menschen? Hirnforscher, Psychologen und Philosophen im Dialog. Frankfurt/M.

Libet, B. (2007): Mind Time. Wie das Gehirn Bewusstsein produziert. Frankfurt/M.

Merkel, R. (2008): Willensfreiheit und rechtliche Schuld. Baden-Baden

Nida-Rümelin, J. (2005): Über menschliche Freiheit. Stuttgart

Nussbaum, M. C. (1993): Menschliches Tun und soziale Gerechtigkeit. In: Brumlik, M., Brunkhorst, H. (Hrsg.): Gemeinschaft und Gerechtigkeit. Frankfurt/M., 323–361

Quine, W. V. O. (1992): Structure and Nature. Journal of Philosophy 89, 5–9.

Rawls, J. (1975): Eine Theorie der Gerechtigkeit. Frankfurt/M.

Rescher, N. (2008): Fehlschlüsse über Willensfreiheit. Deutsche Zeitschrift für Philosophie 56, 483–494.

Roth, G. (2003a): Fühlen, Denken, Handeln. Wie das Gehirn unser Verhalten steuert. Frankfurt/M.

– (2003b): Aus Sicht des Gehirns. Frankfurt/M.

Scheunpflug, A. (2003): Natur oder Kultur? Anmerkungen zu einer alten pädagogischen Debatte. In: Liebau, E., Peskoller, H., Wulf, C. (Hrsg.): Natur. Pädagogisch-anthropologische Perspektiven. Weinheim/Basel, 149–160

Schumacher, R. (2006): Die prinzipielle Unterbestimmtheit der Hirnforschung im Hinblick auf die Gestaltung schulischen Lernens. In: Sturma, D. (Hrsg.): Philosophie und Neurowissenschaften. Frankfurt/M., 167–186

Sellars, W. (1963): Philosophy and the Scientific Image of Man. In: Sellars, W.: Science, Perception and Reality. London, 1–40

Singer, W. (2004): Verschaltungen legen uns fest. Wir sollten aufhören, von

Freiheit zu sprechen. In: Geyer, C. (Hrsg.): Hirnforschung und Willensfreiheit. Zur Deutung der neuesten Experimente. Frankfurt/M., 30–65
– (2002): Conditio humana aus neurobiologischer Perspektive. In: Elsner, N., Schreiber, H.-L. (Hrsg.): Was ist der Mensch? Göttingen, 143–167
Stern, E. (2004): Wie viel Hirn braucht die Schule? Chancen und Grenzen einer neuropsychologischen Lehr-Lern-Forschung. In: Scheunpflug, A., Wulf, C. (Hrsg.): Biowissenschaften und Erziehungswissenschaften. Wiesbaden, 531–538
Strawson, P. F. (1978): Freiheit und Übelnehmen. In: Pothast, U. (Hrsg.): Freies Handeln und Determinismus. Frankfurt/M., 201–233
Sturma, D. (2007a): Bildung und Menschenrechte. In: Robertson-von Trotha, C. Y. (Hrsg.): Kultur und Gerechtigkeit. Baden-Baden, 133–139
– (2007b): Gefangen im Raum der Ursachen? Philosophische Überlegungen zur Willensfreiheit in interdisziplinärer Absicht. Jahrbuch für Wissenschaft und Ethik 12, 115–131
– (Hrsg.) (2006): Philosophie und Neurowissenschaften. Frankfurt/M.
Thiersch, H. (2008): Bildung als Zukunftsprojekt der Sozialen Arbeit. Eine essayistische Skizze. In: Bütow, B. K., Chassé, A., Hirt, R. (Hrsg.): Soziale Arbeit nach dem sozialpädagogischen Jahrhundert. Opladen, 107–125
– (2006) Leben lernen, Bildungskonzepte und sozialpädagogische Aufgaben. In: Otto, H.-U., Oelkers, J. (Hrsg.): Zeitgemäße Bildung. München/Basel, 21–36
Treml, A. K. (2002): Evolutionäre Pädagogik. Umrisse eines Paradigmenwechsels. Zeitschrift für Pädagogik 48, 652–669
Voland, E. (2006): Lernen. Die Grundlegung der Pädagogik in evolutionärer Charakterisierung. In: Scheunpflug, A., Wulf, C. (Hrsg.): Biowissenschaften und Erziehungswissenschaften. Wiesbaden, 103–115
–, Voland, R. (2002): Erziehung in einer biologisch determinierten Welt. Zeitschrift für Pädagogik 48, 690–706
Wikler, D. (1979): Paternalism and the Mildly Retarded. Philosophy and Public Affairs 8, 377–392
Winkler, M. (1988): Eine Theorie der Sozialpädagogik. Stuttgart
Zilles, K. (2006): Neurowissenschaft und Strafrecht: Von Fakten und Phantasien. In: Barton, S. (Hrsg.): ‚… weil er für die Allgemeinheit gefährlich ist!'. Prognosegutachten, Neurobiologie, Sicherheitsverwahrung. Baden-Baden, 49–69
Zirfas, J. (1998): Die Frage nach dem Wesen des Menschen. Zur pädagogischen Anthropologie der 60er Jahre. In: Marotzki, W., Masschelein, J., Schäfer, A. (Hrsg.): Anthropologische Markierungen. Herausforderungen pädagogischen Denkens. Weinheim, 55–81

Das Menschenbild des Neurophysiologischen Determinismus. Mögliche Entgegnungen und deren Implikationen für den Erziehungsprozess

Von Katharina Schumann

1 Grundlagen

1.1 Einleitung

Vertreter der Neurowissenschaften sind in der Gegenwart die größte Gruppe von Wissenschaftlern, die ein von Descartes kommendes, in gewissen Teilen jedoch schon modifiziertes Menschenbild revidierten möchten: Der Mensch als Naturwesen und Geistwesen. Im Zentrum der Diskussionen steht dabei insbesondere das Problem des freien Willens (Pauen 2007, 41).

In vorliegendem Artikel wird nach einer einführenden Begriffsklärung der Neurophysiologische Determinismus als eine die menschliche Willensfreiheit verneinende Strömung dargestellt und diskutiert. Es wird im Anschluss daran gezeigt, dass und wie Erziehungswissenschaft und Pädagogik die Debatte über die Willensfreiheit bereichern können.

Die Befürwortung eines Determinismus oder Libertarismus ist Bestandteil eines Menschenbildes. Deren Brisanz wird sowohl für die Erziehungswissenschaft als theoriebasierte Disziplin als auch für die Soziale Arbeit als anwendungsbezogene bzw. angewandte Disziplin gezeigt.

1.2 Freier Wille

Der Terminus ‚Wille' ist einer der zentralen Begriffe der Philosophie und wird gewöhnlich als „handlungseinleitendes Streben" verstanden (Enzyklopädie Philosophie und Wissenschaftstheorie 1995, 704). Wird der Wille als vernunftgeleitet angesehen, spricht man von ‚Intellektualismus'. Er zeigt sich u. a. im Werk von Sokrates, Platon, Thomas von Aquin, Kant und Hegel. In solch einem Fall wird der Wille beschrieben als „Fähigkeit eines Akteurs, sich überlegtermaßen Ziele zu setzen und diese planmäßig zu verfolgen" (Historisches Wörterbuch der Philosophie). Im gegenteiligen Fall wird von ‚Voluntarismus' gesprochen, der sich im Werk von J. Duns Scotus, Schopenhauer und Nietzsche niederschlägt (Lexikon der Neurowissenschaft 2000, 140; Enzyklopädie Philosophie). Für freie Handlungen sind Kriterien bekannt, die im Folgenden aufgeführt werden (auf Widersprüche soll in diesem Artikel nicht eingegangen werden (vgl. Pauen 2001, 31 ff)):

- Das Prinzip der alternativen Möglichkeiten (Walter 2004, 170). Es besagt, dass eine Entscheidung unter identischen Bedingungen, „auch wenn jedes Elementarteilchen im Universum wieder an seinem Ort wäre" (Goschke 2004, 186) „und den gleichen Impuls hätte" (Bischof 2005, 38), in dieser oder jener Weise getroffen werden kann oder hätte getroffen werden können.
- Das Prinzip der Urheberschaft (Pauen 2005, 179; Walter 2004, 170; Bieri 2001, 43; Pauen 2001, 27) oder Origination (Vaas 2000, 452). Der Grund einer freien Handlung oder Entscheidung liegt bei der handelnden Person selbst, indem sie die Handlung auf eine nichtphysische Weise auslöst (Vaase 2000, 425). Das Ich des Agierenden wird somit als Ursprung der Handlung gedeutet (Walter 2004, 170).
- Das Autonomieprinzip (Pauen 2005, 179; Walter 2004, 170; Pauen 2001, 27). Eine freie Handlung baut auf selbstbestimmten Grundsätzen auf, indem das Handeln aus Gründen resultiert und „eine optimale Aussicht auf die Erlangung ihrer Ziele bietet" (Hempel 1985, 389).

Im Alltag ist die Ansicht tradiert, dass nur überlegte, abgewogene und reflektierte Entscheidungen als frei empfunden werden. Sie geht auf Aristoteles zurück (Herbart 1982, 59). Nach dieser Auffassung kann man eine rein zufällige Handlung, Affekthandlungen oder andere Handlungen, die auf Bedürfnissen oder Gefühlen beruhen, nicht als frei bezeichnen. Durch die Prinzipien der Urheberschaft und Autonomie können die freien Handlungen (und Entscheidungen) von denen unterschieden werden, die erstens allein durch externe Faktoren determiniert oder erzwungen und zweitens zufällig sind (Walter 2004, 170).

In Betrachtung der Bedingungen für den freien Willen scheint das Prinzip der Urheberschaft das wichtigste zu sein (Kane 2000, 408). Denn das Prinzip der alternativen Möglichkeiten und das Autonomieprinzip lassen sich aus dem Urheberprinzip ableiten.

1.3 Determinismus

„Die gegenwärtigen Ereignisse sind mit den vorangehenden durch das evidente Prinzip verknüpft, daß kein Ding ohne erzeugende Ursache entstehen kann. (…) Der freieste Wille kann sie nicht ohne ein bestimmendes Motiv hervorbringen (…) Wir müssen also den gegenwärtigen Zustand des Weltalls als die Wirkung seines früheren und als die Ursache des folgenden Zustands betrachten." (Laplace 1932, 1 f)

Der Determinismus ist die Lehre von der kausalen Bestimmtheit allen Geschehens. Er hält den Willen, wie auch die Gegenstände der Natur, für determiniert. Der Wille kann zwar das Tun beeinflussen, ist aber selbst eine Folge von Bedingungen, die nicht ihren Ursprung im Menschen haben (Vaas 2000, 453). Der Bestimmungsgrund des Willens kann bis ins Endlose und damit nicht Einsehbare zurückverfolgt werden (Spinoza 1982, 100).

2 Das Menschenbild des Neurophysiologischen Determinismus und mögliche Entgegnungen

2.1 Neurophysiologischer Determinismus

Die Neurowissenschaften sind ein komplexer und interdisziplinärer Forschungszweig der Biowissenschaften bzw. Humanwissenschaften. Sie fassen Untersuchungen über die Struktur und Funktion von Nervensystemen zusammen und interpretieren diese auf integrative Weise (Pickenhain 2000, 475). Es arbeiten hierbei mehrere Fachgruppen zusammen, die sich im Laufe der Zeit immer mehr spezialisiert haben (Nave/Nave 2008, 9). Die Neurowissenschaften entwickelten sich in den letzten hundert Jahren aus Untersuchungen des Nervensystems im Rahmen verschiedener klassischer Disziplinen (Kandel/Schwartz/Jessel 1996, 4). Die Frage der Neurowissenschaften ist, „welche neuronalen Prozesse Wahrnehmungen, Erinnerungen, Gefühlen oder Handlungen zugrunde liegen." (Gall/Kerschreiter/Mojzisch 2002, 7). Sie ist seit 1990 zum Gegenstand der Neurowissenschaft erhoben worden (Christen 2007, 305). Immer mehr Fachbereiche schließen sich den Neurowissenschaften an. Das liegt höchstwahrscheinlich daran, dass der Begriff ‚Neuro' eine charismatische Ausstrahlung in der Wissenschaftswelt hat (Nave/Nave 2008, 9). Auch im Alltagsverständnis der meisten Menschen genießen die Neurowissenschaften einen Vertrauensbonus (Schmidt 2008; Becker 2006, 97).

Der im Folgenden darzustellende Neurophysiologische Determinismus ist eine Variante des Determinismus und meldet sich in neurowissenschaftlicher und psychologischer Weise zu Wort, teilweise einhergehend mit einem Anlage-Umwelt-Determinismus.

Als aktuelle Vertreter des Neurophysiologischen Determinismus seien Hans J. Markowitsch (geb. 1949) (2004), Wolfgang Prinz (geb. 1942) (2004a, b, 2003), Gerhard Roth (geb. 1942) (2004a, b, c, 2003) und Wolf Singer (geb. 1943) (2004, 2003, 2002) genannt. Diese Wissenschaftler lehnen den freien Willen nicht ausschließlich wegen eines kausal geltenden physikalischen Determinismus ab, sondern berufen sich auf die Resultate neurophysiologischer Forschung. Das Gehirn, welches durch seine Struktur den Naturgesetzen unterliegt, wird als Ursache der mentalen Prozesse angesehen. Letztere werden also nicht als abgehoben von den Naturereignissen angesehen. Diese Denkart sei in Anlehnung an den Philosophen Majorek (2005, 25) „Neurophysiologischer Determinismus" genannt.

Die Argumentation lautet folgendermaßen: Mentale Strukturen können durch Reizung entsprechender Gehirnareale hervorgerufen werden bzw. fallen aus, wenn die entsprechenden neuronalen Strukturen gestört sind. Zusammengefasst heißt das, dass zwischen mentalen und neuronalen Strukturen nicht nur eine Parallelität herrscht, sondern die neuronalen Prozesse dem bewussten Geschehen „notwendig und offenbar hinreichend vorausgehen" (Roth 2004, 72; auch Singer 2004, 49 ff; Singer 2003, 24). Die Argumentation bezieht sich dabei in der Regel auf das so genannte Libet-Experiment, welches 1982 von dem bekannten Neurophysiologen Benjamin Libet (geb. 1916) durchgeführt wurde. Dabei hatten Probanden (aus Gründen der Übersichtlichkeit verwende ich die durchgehend grammatisch maskuline Form der Personenbezeichnung, die die feminine keineswegs ausschließt) zwischen zwei zu drückenden Tasten zu wählen und den Zeitpunkt anzugeben, wann sie sich ihrer Entscheidung für eine Taste bewusst waren. Gleichzeitig wurden elektrische Potentiale im Gehirn der Probanden gemessen. Das interpretierte Resultat des Experiments besagt, dass 550 ms vor einem Willensakt ein einleitender Prozess (‚Bereitschaftspotential') im Gehirn stattfindet, der Willensakt jedoch erst 150–200 ms vor der Handlung als Zielabsicht bewusst wird. Daraus wird gefolgert, dass der Entschluss im Unbewussten liegen müsse.

Ein erstes Experiment dieser Art wurde bereits 1965 durchgeführt, indem Hirnpotentiale bei Willkürbewegungen untersucht wurden. Vor der Bewegung wurde eine „flach ansteigende negative Welle" gemessen, welche den Namen Bereitschaftspotential erhielt (Kornhuber / Deecke 1965, 4).

Der Zeitpunkt des Willensentschlusses („W"), den die Probanden am Bildschirm ablesen, liegt ca. 200 ms vor der motorischen Handlung (meist Tastendruck, mit „TD" abgekürzt). Das so genannte Bereitschaftspotential (prototypische Kurve) geht dem Zeitpunkt W um ca. 350 ms voran.

Die Probanden sollten den Zeitpunkt ihres ersten bewussten Willensentschlusses mithilfe eines schnellen im Uhrzeigersinn kreisenden Kathodenstrahloszilloskops auf dem Bildschirm einer Oszilloskopröhre bestimmen (somit erst konnte die bewusste Zielabsicht der Probanden als zeitlich nach dem Bereitschaftspotential bestimmt werden).

Libet interpretierte sein Experiment in der Weise, dass in der Zeit zwischen Bewusstwerden der Entscheidung und tatsächlicher Ausführung genug Zeit für das Bewusstsein bliebe, die gewünschte Handlung zu hemmen. Diesen Sachverhalt bezeichnet er als Vetorecht (Abb. 9). Er beruft sich dabei auf die menschliche Erfahrung, dass man eine gesellschaftlich nicht akzeptierte Handlung gerne begehen würde, diese aber unterdrückt. Seiner Auffassung nach kann der Wille keinen Willensprozess direkt initiieren, aber die Handlung ermöglichen oder unterdrücken (Libet 2005, 183).

Aufgrund verschiedener Kritiken wurde das Experiment 1990 unter anderen Bedingungen (indem eine Wahlaktion des rechten oder linken Zeigefingers enthalten war) von Patrick Haggard und Martin Eimer wiederholt (Haggard/Eimer 1999).

Die hochgradig vernetzten, distributiv organisierten Prozesse im Gehirn, die gleichzeitig ablaufen, zeigen für Singer, dass es kein Ich geben kann, welches, einer Schaltzentrale gleich, die verschiedenen Prozesse zentral koordiniert. Die Tatsache, dass ein Mensch sich als frei empfindet, wird aus dem Blickwinkel der Sozialisation erklärt. Die Kinder würden schon von klein auf lernen, dass sie dieses tun oder jenes lassen sollten, da andernfalls Konsequenzen analog dem Prinzip von „actio = reactio" einträten (Markowitsch 2004, 166; auch Singer 2004, 49; 2003, 59). Die Unterscheidung zwischen Handeln aus Affekt und bedächtigem Handeln wird demzufolge als eine Scheinunterscheidung angesehen, denn beide Handlungen beruhen auf determinierenden neuronalen Prozessen. Nur stünden bei der ersten andere Determinanten (affektive) als bei der zweiten (rationale) im Vordergrund (Markowitsch 2004, 164; Singer 2004, 58 ff). Den Unterschied zwischen rationalen und intuitiven Handlungen macht Singer an den Handlungsmotiven fest. Bei den rationalen Entscheidungen sind wir uns der Gründe bewusst. Bei intuitiven Handlungen hingegen entspringen die Motive unbewussten Wahrnehmungen und Bewertungen. Intuition wird folglich als ein Teil des Wissens beschrieben, welches im Unbewussten bleibt. Die intuitiven Entscheidungen laufen parallel zu den rationalen. Der Mensch erwirbt sich diese Intuition durch vielfältige Sinnes- und Gefühlseindrücke, hat aber auch durch seine genetische Ausstattung ein intuitives Grundwissen. Von diesem Wissen, welches nach Singer sowohl unser Denken als auch die Art unseres Weltverständnisses determiniere, gelange aber nur ca. 20 % in unser Bewusstsein (Singer 2003, 120 f).

Da die menschlichen Gehirne sich fast nicht von den tierischen unterscheiden würden, die Tiere jedoch den deterministischen Gesetzen der „physiko-chemischen" Prozesse im Gehirn unterworfen seien, müsse die Bedingtheit von Verhalten auch auf den Menschen zutreffen (Singer 2004, 37). Das Gehirn mit seinen hochkomplexen und nicht-linearen Prozessen weist seiner Meinung nach ähnliche Eigenschaften wie die eines chaotischen Systems auf. Er versteht unter Chaos einen Prozess in einem nichtlinearen System, welches Naturgesetzen strikt unterworfen sei und sich lediglich dadurch auszeichne, dass aufgrund kleiner Veränderungen in den Anfangsbedingungen große und nicht berechenbare Bewegungen entstünden. Das Gehirn sei auch als ein offenes System anzusehen, welches sich in fortwährender Interaktion mit der Umwelt befinde (Singer 2003, 69). Er begründet dies damit, dass das Gehirn zum Zeitpunkt der Geburt nicht abgeschlossen ist und sich bis in die Pubertät wesentliche strukturelle Veränderungen vollziehen. Aus den insgesamt angelegten Verbindungen bleiben nur ca. 30–40 % erhalten (Singer 2003, 70; auch Cowan 1988, 110; Hüther 2004a, 489; 2004b, 57f).

Die Neurowissenschaft kann nicht beantworten, wie sich das dezentrale Gehirn seiner selbst bewusst werden kann (Singer 2004, 44). Dieses Problem wird als „Bindungsproblem" (Singer 2002, 152ff) bezeichnet. Eine weitere große Frage betrifft das Zusammenspiel zwischen den Funktionen des Gehirns und den geistig-psychischen Erlebnissen. Es ist nicht klar, ob die Interaktion dualistisch zu erklären ist, oder ob die zwei Kategorien ‚Geist und Gehirn' dem gleichen Gegenstandsbereich entstammen. Somit wären sie zwei unterschiedliche Erscheinungsformen eines Gegenstandes, die man aus zwei Perspektiven betrachten kann. Die erste Perspektive ist introspektiv zu erfassen, die zweite aus einer von außen beschreibenden Perspektive. Als Erforscher psychischer Phänomene (denen neuronale Prozesse zu Grunde liegen) erfasst sich der Forscher selbst und nimmt sich in der ersten Perspektive (Ich-Perspektive) wahr. Die Resultate, die er in dieser Perspektive wahrnimmt, kann er aber von außen in der zweiten Perspektive (Dritte-Person-Perspektive) nicht fassen. Der freie Wille sei lediglich in der Ich-Perspektive erfahrbar, aus der Perspektive von Außen müsse er jedoch als eine Illusion definiert werden (Singer 2003, 24ff).

2.2 Gegenstimmen zum Neurophysiologischen Determinismus aus überwiegend philosophischer Perspektive

An den Libet-Experimenten wird u.a. kritisiert, dass das Wählen zwischen zwei Tasten nicht gleichbedeutend mit einem Handeln ist, welches auf dem Abwägen von Gründen beruht (Habermas 2004, 873f). Das Auswählen zweier Tasten kommt einem automatisierten Akt gleich. Beim Wählen wird sich höchstwahrscheinlich keiner wie der sogenannte Buridanische

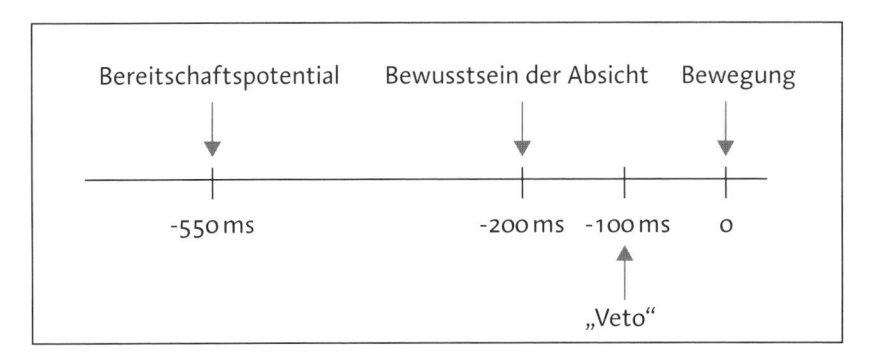

Abb. 9: Vetorecht (Becker et al. 2006)

Esel verhalten, der sich nicht für einen von zwei Heuhaufen entscheiden konnte. Bezüglich der Libet-Experimente (auch der Nachfolgeexperimente) bleibt also die Frage, ob die Testergebnisse auf Handlungen bezogen werden dürfen, die auf einem Abwägen von Gründen beruhen. Die Handlungen innerhalb des Libet-Experiments und seiner Nachfolgexperimente benötigen keine Gründe. Gründe sind aber ein wichtiger Baustein im bedachtsamen Handeln. Der Philosoph Nida-Rümelin konstatiert, dass Gründen durch die naturwissenschaftliche Erforschung nicht nahe gekommen werden kann. Pauen, ebenfalls Philosoph, weist darauf hin, dass die Bewegungsmöglichkeiten der Testpersonen durch die Instruktion des Experimentes von Anfang an feststehen. Sie haben folglich bewusst gewählt, als sie dem Experiment zustimmten und danach nur noch die Instruktionen ausgeführt. Damit stünde offen, welcher mentale Akt seinen physiologischen Gegenpart findet (Pauen 2005, 189; 2004, 22).

So ist ein Folgeexperiment durchgeführt worden, in dem Probanden auf einen visuellen Reiz hin je einen Knopf (mit der rechten oder linken Hand) drücken sollten. Das Bereitschaftspotential war jedoch schon vor dem visuellen Reiz, damit also auch vor der Wahlentscheidung, vorhanden (Herrmann et al. 2005, 128). Pauen stellt deshalb die Vermutung auf, dass das Bereitschaftspotential lediglich eine Vorbereitung auf bestimmte Bewegungen ist, „ohne dass damit schon die Entscheidung darüber vorweggenommen würde, welche Bewegung genau vollzogen wird" (Pauen 2005, 190).

Auch Majorek (2005, 30) gibt zu bedenken, dass die Bereitschaftspotentiale lediglich allgemeine Erregungszustände sein könnten, die jeglicher motorischer Aktivität voraus gehen. Denn die Bereitschaftspotentiale würden im Wesentlichen konstant bleiben, egal ob der Proband Zeigefinger, Ringfinger oder die ganze Hand bewege. Die Erklärungen über das Experiment jedoch setzen, wie Nida-Rümelin (2007, 98) pointiert, meist eine zeitliche Reihenfolge, die Kausalität suggeriert, voraus. So wird das Bereitschaftspotential als zeitlich erstes und kausales Ereignis beschrieben. Der Bewegungswunsch bekommt bestenfalls den Status eines kausal irrelevanten Epiphänomens.

Bezüglich der Thesen der Vertreter des Neurophysiologischen Determinismus über die Vorherrschaft der neuronalen Prozesse weist Pauen darauf hin, dass die Erkenntnis der Parallelität von mentalen und neuronalen Prozessen nicht zeige, „dass geistige Zustände, ‚in Wirklichkeit' neuronale und ‚eigentlich nicht' mentale Zustände sind" (Pauen 2005, 176). Auch der Neurobiologe Libet, der Namensgeber des Libet-Experiments stellt dar, dass die mentalen und neuronalen Phänomene nicht aufeinander reduzierbar sind, sogar nicht einmal das jeweils andere Phänomen beschreiben können (Libet 2005, 25 ff).

Die Verneinung der zentralen Steuerungsinstanz im Gehirn wird von Singer herangezogen, um die Willensfreiheit argumentativ zu verwerfen. Mehrere Philosophen jedoch haben darauf hingewiesen, dass dieser Punkt unerheblich für die Frage nach dem freien Willen sei (Nida-Rümelin 2005, 164). Ein entsprechender Beweis der These der Nichtexistenz der Willensfreiheit müsse empirisch belegen, dass „alles Handeln und Urteilen, alle deliberativen und emotionalen Vorgänge ohne Rest neurophysiologisch beschrieben, erklärt und prognostiziert werden können" (Nida-Rümelin 2005, 164).

Der Vergleich des menschlichen mit dem tierischen Gehirn soll ein weiterer Meilenstein für die Negation des freien Willens sein: Da tierische Gehirne deterministischen Gesetzmäßigkeiten unterliegen, wird dies auch für die ähnlichen menschlichen Gehirne angenommen. Allerdings ist hier kritisch nachzuprüfen, ob hoch entwickelte Säugetiergehirne überhaupt deterministisch sind (Nida-Rümelin 2005, 169). Auch ist dieser Vergleich insofern irreführend, da Menschen nicht per se frei oder weniger frei sind, sondern freiheitliche Momente eben nur in bestimmten Situationen möglich sind: Der Libertarismus behauptet ja im Prinzip nur, dass einige, aber nicht alle Handlungen frei sein können. In bestimmten Situationen kann der Mensch keine überlegte Entscheidung fällen (Goschke 2004, 190; Hüther 2004b, 61; 1997, 36 ff; Roth 2004c, 154 ff; 2003, 447 ff; Goleman 2001, 31 ff; Roth 1976, 427).

Im Sinne Immanuel Kants als Vertreter des Libertarismus wäre die Methode der Neurowissenschaft „physiologisch" zu nennen, da sie darauf schaut, was die Natur aus dem Menschen mache – im Gegensatz zu der pragmatischen Methode, die auf den Menschen und seine Möglichkeit zur Entwicklung schaut. So ist seiner Meinung nach das „theoretische Vernünfteln" der physiologischen Betrachtungsweise „ein reiner Verlust" (Kant 2000, 3).

Das Gehirn wurde von Singer hauptsächlich nach den Kriterien der klassischen Mechanik bewertet. In der klassischen Mechanik haben die Orts- und Impulskoordinaten q und p definierte Zahlenwerte, die eine bestimmte voraussagbare Bahn eines Teilchens ergeben (Nolting 1997, 4). Bei der Betrachtung gewisser physikalischer Prozesse kann man aber auch Quantenphänomene beobachten, die innerhalb der klassischen Physik nicht erklärbar sind. Deshalb musste sie zur Quantenphysik erweitert werden. Die hier relevante Aussage der Quantenphysik ist, dass im Bereich der Elementarteilchen eine prinzipielle Zufälligkeit herrscht (Feynman et al. 1999, 30; Nolting 1997, 85). Damit ist jeglicher absolute Determinismus vom gegenwärtigen Forschungsstand der Physik als widerlegt zu betrachten.

Ein weiteres Argument, das dem Determinismus entgegensteht, ist die menschliche Fähigkeit zur Antizipation (Goschke 2004, 189). So können wir in der Handlungssituation vorher überlegen, wie wir handeln könnten und sind damit nicht durch die unmittelbare Reizsituation determiniert (Goschke 2004). Z. B. kann sich der Mensch ohne weiteres vorstellen, beim nächsten Wortgefecht die Augen zu verdrehen, die Stimme zu erheben, aufzustehen oder ruhig zu bleiben. Der Mensch ist sogar in der Lage, eine bestimmte, auch langweilige Handlung jeden Tag aus freien Stücken zu vollziehen. Für einen solchen Selbstversuch bedarf es jedoch erheblicher Selbstkontrolle. Der literarische Held der Selbstkontrolle ist nach Goschke Odysseus, „der sich von seinen Gefährten an den Mast seines Schiffes fesseln lässt und seine Ohren mit Wachs verstopft", um den verführerischen Gesängen der Sirenen zu widerstehen (Goschke 2004, 190). Hier muss korrekterweise eingefügt werden, dass Odysseus nicht sich selbst, sondern seinen Gefährten die Ohren verstopft: „Nun verstopft' ich die Ohren der Reihe nach allen Gefährten" (Homerus 1990, 331). Er selbst ließ sich an den Stamm fesseln und konnte somit nicht zu den Sirenen rudern.

2.3 Gegenstimmen zum Neurophysiologischen Determinismus aus erziehungswissenschaftlicher und pädagogischer Perspektive

Das Thema Willensfreiheit wird in erziehungswissenschaftlichen Fachzeitschriften in der Regel äußerst selten rezipiert, wie ich in einer Analyse zeigen konnte (Schumann 2005, 72). Das ist damit erklärbar, dass innerhalb der Erziehungswissenschaft, Pädagogik und pädagogischen Praxis (zu dieser Unterscheidung z.B. Horn 1999, 216ff) andere Fragen gestellt werden als in Philosophie und Psychologie.

Die Erziehungswissenschaft kann zu der Debatte über Willensfreiheit beitragen, indem sie die Bedingungen für die Ausübung von Freiheit angibt. Auch unter Einnahme einer libertarischen Position kann man m.E. die Auffassung vertreten, dass der Mensch das Potential und die Möglichkeit (capability) zur Freiheit hat, diese Fähigkeit jedoch erst angeeignet und ausgebaut und später durch die Selbsterziehung aufrechterhalten werden muss.

2.3.1 Entwicklung zur Freiheit

Der Erziehungswissenschaftler und Psychologe Heinrich Roth hat in seinem Standardwerk der pädagogischen Anthropologie die Entwicklung zur Freiheit skizziert. Die Ausführungen können m.E. auch als Willensschulung betrachtet werden. Sie besteht nach Roth (1976, 448ff) in folgenden Lernprozessen:

- Das Erlernen der frei geführten Bewegung. Zu dieser gehört, dass das Kind die Fähigkeit erlernt, sich Ziele zu setzen
- Das Erlernen sacheinsichtigen Verhaltens und Handelns
- Das Erlernen sozialeinsichtigen Verhaltens und Handelns. Hiermit ist Interaktion im weitesten Sinne gemeint, aber auch das Sich-selbst-Verstehen

- Das Erlernen werteinsichtigen Verhaltens und Handelns. Hierzu gehört die Emanzipation von der Meinung anderer

Diese Entwicklungsstufen können und müssen von dem Erzieher begleitet und gefördert werden. Zur Erlernung des sacheinsichtigen Verhaltens und Handelns ist nach Roth die Förderung der Sprach- und Denkfähigkeit notwendig. Das Erlernen sozialeinsichtigen Verhaltens und Handelns wird vom Kind durch das Erlernen von Regeln geübt. Wichtig ist für Roth, dass Emotionen nicht verdrängt werden, sondern das Kind die eigenen Emotionen erforschen kann. Es soll bemerken, dass der Antrieb zur Tat und das Ziel voneinander zu trennen sind (Roth 1976, 477). Das Erlernen werteinsichtigen Verhaltens und Handelns als höchste Stufe wird in einer Erziehung zur Moral gelernt, die Wärme ausstrahlt und wenig Kontrolle ausübt (Roth verweist hier auf empirische Untersuchungen). Weiterhin spricht Roth von der „Entscheidungsinstanz" oder „Führungsinstanz" (Roth 1976, 431), die dem Menschen zwar nicht von Geburt an zur Verfügung steht, aber ausgebildet werden kann. Verfügt der Mensch über reichhaltige Erfahrungen, die ihm Sicherheit geben, auch neue Verhaltensformen zu erproben, wird das Reiz-Reaktions-Schema seiner Meinung nach durchbrochen.

Es muss ebenfalls ein Strukturelement der pädagogischen Interaktion bedacht werden. Es besagt, dass der Erzieher, wenn er neue Entwicklungschancen eröffnen will, voraussetzen muss, dass der Zögling das zu Lernende bereits kann (Wolf 2002, 27 ff). Dies kann dafür sorgen, dass der Zögling die neue Verhaltensform ausprobiert und verinnerlicht.

2.3.2 Bedingungen für Freiheit

Der Gründungsvater der Humanistischen Psychologie Abraham Harold Maslow (1908–1970) stellt dar, dass der Mensch ein Bedürfniswesen und darauf angewiesen ist, dass einige der Bedürfnisse erfüllt werden. In seiner bekannten Maslowschen Bedürfnispyramide unterscheidet er niedrige und höhere Bedürfnisse. Die niedrigen physiologischen Bedürfnisse sind „die mächtigsten unter allen" (Maslow 1991, 63). Sind diese erfüllt, tauchen höhere auf. Wenn diese ihrerseits befriedigt sind, kommen neue (und wiederum höhere) Bedürfnisse zum Vorschein. Höhere Bedürfnisse sind „Sicherheitsbedürfnisse", die „Bedürfnisse nach Zugehörigkeit und Liebe", „nach Achtung", nach „Selbstverwirklichung" und die „konativen und kognitiven Bedürfnisse", die mit den „ästhetischen Bedürfnissen" zusammengehen (Maslow 1991, 66 ff).

Friedrich Schiller, ein Klassiker der ästhetischen Erziehung, vertritt in seiner Anthropologie die Ansicht, dass der Mensch durch die Ästhetik bzw. die Kunst als die „Tochter der Freyheit" (Schiller 2000, 9) frei wird.

Schillers Briefe „Über die ästhetische Erziehung des Menschen" geben einen sehr guten Einblick in seine Visionen ästhetischer Erziehung. Der „Erzpädagoge im Poetengewand" (Gidion 2004, 389) vertritt in den ästhetischen Briefen eine bestimmte Konzeption der Erziehung, die nach dem Erziehungswissenschaftler Rittelmeyer (2005, 13) in der Sekundärliteratur kaum interpretiert wurde: Schiller beschreibt die Entwicklung des Kleinkindes, welche parallel mit der Entwicklung früherer Formen des Menschseins zu betrachten sei. Nach der individuellen und historischen Weiterentwicklung durch Erziehung und Sozialisation gewinnt das Kind ständig an Bewusstsein. In diesem Zustand ist es der sinnlichen Welt nicht mehr, wie vorher, ausgeliefert, da es die Welt zunehmend erklären kann. Mit dem Erwachen des Verstandes ist die Gefahr gegeben, dass dieser nun im Menschen eine dominierende Stellung bekommt. Nach Schiller ist auch dieser Zustand nicht frei, sondern der Mensch ist zwei antagonistischen Trieben ausgesetzt: dem Stofftrieb und dem Formtrieb. Sie werden im 12. Brief beschrieben. Der Stofftrieb wirkt ab der Geburt des Individuums, der Formtrieb erwacht mit der Persönlichkeit. Die „Empfindung" geht dem „Bewusstsein" also voraus. Bevor der Mensch wahrhaft frei werden kann, müssen beide Triebe in ihm zur Ausprägung gekommen sein. Der Spieltrieb als dritte Kraft sorgt für das Zusammenwirken der beiden polaren Triebe und hebt die physische Nötigung der Naturgesetze sowie die moralische Nötigung der Verstandesgesetze auf (Schiller 2000, 57). Im Spiel sind durch die Ausprägung beider Triebe sowohl Welt- als auch Selbsterfahrung möglich. Dadurch erlebt sich der Mensch als Materie und Geist: Beide Triebe wirken in ihm, sind aber durch das jeweilige Gegengewicht nicht zwingend. Mit Schiller gesprochen, führt also der Weg von Natur zu Kultur über das Spiel. Dieses schafft Rituale, Symbolisierungen und spielerische Tabus (Safranski 2005, 27), die unverzichtbar für die Sozialisation der Heranwachsenden sind. Denn hier ist ein Raum des Ausprobierens geschaffen, in dem auch Fehler begangen werden können. Das Spiel kann damit als ein fehlerfreundliches Sozialisationsmanagement apostrophiert werden, mit dem eine Überforderung durch den Ernst des realen Lebens kreativ umschifft werden kann.

3   Die Relevanz des Menschenbildes für den Erziehungsprozess

Ein Menschenbild umfasst Vorstellungen und Überzeugungen über das Wesen des Menschen (Europäische Enzyklopädie zu Philosophie und Wissenschaft, 358; Wolters 1999, 96). Der Standpunkt zur Willensfreiheit ist ein zentraler Bestandteil des individuellen Menschenbildes (Libet 2005,

179). Erziehung wird immer von einem unbewussten oder bewussten Menschenbild geleitet (Gudjons 2006, 173; Haeberlin 1998, 18; Sofos 1997, 519; Lassahn 1995, 291; Zdarzil 1982, 152 f; Litt 1959, 6). Bollnow (1980, 51) spricht im Anschluss an den Philosophen Landmann von einer impliziten Anthropologie, die in sämtlichen Kulturdomänen eines Volkes und einer Epoche als ein implizites und gebrochenes menschliches Selbstverständnis enthalten ist (Landmann 1962, XI).

Durch die Forschungsfrage der Disziplin Erziehungswissenschaft:

> Wer (Subjekt) erzieht wen (Adressat) wozu (Ziel) unter welchen Umständen (Situation, Rahmenbedingungen) wie (Art und Weise, Form des erzieherischen Handelns)? (Brezinka 1990, 96)

wird deutlich, dass das Menschenbild (und untergeordnet die Position zur Willensfreiheit) final (im Ziel) als auch modal (in der Art und Weise) eine Rolle spielen kann.

Durch diese Forschungsfrage können enthaltene Elemente eines Menschenbildes, z.B. „bindungsunfähig", „hoch aggressiv" (Charakterisierungsversuche von vermeintlich Delinquenten in der Geschlossenen Unterbringung, in: Wolffersdorf et al. 1996) und deren praktische Umsetzung (Art und Weise, Form des erzieherischen Handelns) aufgezeigt und kritisch analysiert werden.

Das Menschenbild des Erziehers hat eine bestimmte Wirkung auf den Zögling, wie in der Erziehungswissenschaft schon verschiedentlich zum Ausdruck gebracht wurde:

> „(...) so wie der Mensch sich selbst sieht, so sieht er seine Mitmenschen (...) so wie der Mensch seine Mitmenschen sieht, so handelt er mit ihnen; so wird aber er selbst auch von ihnen behandelt. (...) So wie wir das Kind sehen, so gestalten wir das Leben für das Kind, seine Umwelt, den Weg durch die Schule und die Vorbereitung auf das Erwachsenenleben." (Lassahn 1983, 21).

Es ist daher von großer Wichtigkeit, dass das eingenommene Menschenbild reflektiert und somit geprüft werden kann (Haberlin 1998, 18). Lassahn stellt in diesem Zusammenhang dar, dass einem Menschen der Weg zu einer autonomen Persönlichkeit verwehrt wird, wenn man ihn als determiniert entwirft (Lassahn 1983, 159). (Selbst wenn man den Menschen als determiniert begreift, sollte man m.E. diese Auffassung nicht allzu deutlich in den pädagogischen Zusammenhang hervorscheinen lassen, da die Gefahr der Internalisierung durch den Zögling gegeben ist.) Ebenso ist die Gefahr des Pygmalion-Effekt bzw. der sich selbst erfüllenden Prophezeiung (Woolfolk 2008, 608) gegeben. Auch im therapeutischen Kontext, z.B. in der Suchthilfe, sollte m.E. der Berater so weit wie möglich das Ideal eines frei handelnden Klienten vor sich haben. Wie sollte man sonst neue Verhaltensweisen mit dem z. B. ehemaligen Süchtigen einüben?

Ein Menschenbild beeinflusst nicht nur die Praxis, sondern auch die Theorie, indem es das Interesse auf bestimmte Sachverhalte fokussiert und darüber entscheidet, was in der Theorie analysiert wird (Flammer 2003, 20).

Innerhalb der pädagogischen Anthropologie werden Menschenbilder kritisch untersucht (Dienelt 1999, 2) und u. a. deren Historizität verdeutlicht (Zirfas 2004, 23). Auch wird kritisch von der Schneisenwirkung von Menschenbildern gesprochen, die nicht das gesamte Phänomen erfassen können (Bollnow 1980, 46). Die pädagogische Anthropologie hat nach Lassahn (1995, 291) Kritik an den Menschenbildern der eigenen Disziplin zu leisten. Ich erweitere diesen Anspruch für die Wissenschaftsforschung innerhalb der Allgemeinen Erziehungswissenschaft: Nicht nur an den Menschenbildern der eigenen, sondern auch an denen der fremden Disziplinen. Dazu soll dieser Artikel beitragen.

Literatur

Becker, A.-K., Halm, K., Schulz-Ruhtenberg, J. (2006): Die Libet-Experimente. Ist der freie Wille bloß eine Illusion? PowerPoint-Präsentation. In: www.uni-muenster.de / Soziologie / Papcke / PapckeHeyseBrailich_SS06_Hirn_PP.pdf, 28.09.2008

Becker, N. (2006): Die neurowissenschaftliche Herausforderung der Pädagogik. Klinkhardt, Bad Heilbrunn

Bieri, P. (2001): Das Handwerk der Freiheit. Über die Entdeckung des eigenen Willens. München / Wien

Bischof, N. (2005): Das Paradox des Jetzt. Psychologische Rundschau 56, 1, 36–42

Bollnow, O. F. (1980): Die anthropologische Betrachtungsweise in der Pädagogik. In: König, E., Ramsenthaler, H. (Hrsg.): Diskussion Pädagogische Anthropologie. München, 36–54

Brezinka, W. (1990): Grundbegriffe der Erziehungswissenschaft. Analyse, Kritik, Vorschläge. 5. Aufl. München / Basel

Christen, M. (2007): Eine Neurobiologie der Moral? – Fragen an ein aktuelles Projekt. In: Holderegger, A., Sitter-Liver, B., Hess, C. (Hrsg.): Hirnforschung und Menschenbild. Beiträge zur interdisziplinären Verständigung. Academic Press und Schwabe, Fribourg / Basel, 305–316

Cowan, W. M. (1988): Die Entwicklung des Gehirns. In: Gehirn und Nervensystem. Spektrum der Wissenschaft. Heidelberg, 101–110

Dienelt, K. (1999): Pädagogische Anthropologie. Eine Wissenschaftstheorie. Köln / Weimar / Wien

Dietrich, T. (1998): Zeit- und Grundfragen der Pädagogik. Eine Einführung in pädagogisches Denken. Bad Heilbrunn

Enzyklopädie Philosophie (1999). Unter Mitwirkung von D. Pätzold, A. Regenbogen und P. Stekeler-Weithofer. Hrsg. von Hans Jörg Sandkühler. Hamburg

Enzyklopädie Philosophie und Wissenschaftstheorie (1995). In Verbindung mit Cereon Wolters herausgegeben von Jürgen Mittelstraß. Stuttgart / Weimar

Europäische Enzyklopädie zu Philosophie und Wissenschaften. Herausgegeben von Hans Jörg Sandkühler (1990). Band 3. Hamburg

Feynman, R. P., Leighton, R. B., Sands, M. (1999): Feynman. Vorlesungen über Physik. Band 3 Quantenmechanik. 4. Aufl. München / Wien

Flammer, A. (2003): Entwicklungstheorien. Psychologische Theorien der menschlichen Entwicklung. Bern et al.

Gall, S., Kerschreiter, R., Mojzisch, A. (2002): Handbuch Biopsychologie und Neurowissenschaften. Ein Wörterbuch mit Fragenkatalog zur Prüfungsvorbereitung. Bern et al.

Gidion, J. (2004): Zur Aktualität von Texten Schillers. Jahrbuch der deutschen Schillergesellschaft 48, 387–391

Goleman, D. (2001): Emotionale Intelligenz. München

Goschke, T. (2004): Vom freien Willen zur Selbstdetermination. Kognitive und volitionale Mechanismen der intentionalen Handlungssteuerung. Psychologische Rundschau 55, 4, 186–197

Gudjons, H. (2006): Pädagogisches Grundwissen. Überblick – Kompendium – Studienbuch. Bad Heilbrunn

Habermas, J. (2004): Freiheit und Determinismus. Deutsche Zeitschrift für Philosophie 52, 6, 871–890

Haeberlin, U. (1989): Das Menschenbild für die Heilpädagogik. Bern / Stuttgart / Wien

Haggard, P., Eimer, M. (1999): On the Relation Between Brain Potentials and the Awareness of Voluntary Movements. Experimental Brain Research 126, 1, 128–133

Hempel, C. G. (1985): Rationales Handeln. In: Analytische Handlungstheorie. Band 1 Handlungsbeschreibungen. Frankfurt / M., 388–414

Herbart, J. F. (1982): Pädagogische Schriften. 1. Band. Herausgegeben von Walter Asmus. Stuttgart

Herrmann, C. S., Pauen, M., Min, B. K., Busch, N. A., Rieger, J. W. (2005): Eine neue Interpretation von Libets Experimenten aus der Analyse einer Wahlreaktionsaufgabe. In: Herrmann, C. S., Pauen, M., Rieger, J. W., Schicktanz, S. (Hrsg.): Bewusstsein. Philosophie, Neurowissenschaften, Ethik. München, 120–134. (auch in: www-e.uni-magdeburg.de / cherrman / pdfs / Kapitel-Bewusstsein.pdf, 28.09.2008)

Historisches Wörterbuch der Philosophie (1980). Unter Mitwirkung von mehr als 1500 Fachgelehrten. Hrsg. von Joachim Ritter, Karlfried Gründer und Gottfried Gabriel. Völlig neubearb. Ausgabe des Wörterbuchs der Philosophischen Begriffe von Rudolf Eisler. Basel

Homerus (1990): Odyssee. Griechisch und Deutsch mit Urtext, Anhang und Registern. Übertr. von Anton Weiher. Einf. von A. Heubeck. München/Zürich

Horn, K.-P. (1999): Wissensformen, Theorie-Praxis-Verhältnis und das erziehungswissenschaftliche Studium. Der pädagogische Blick. Zeitschrift für Wissenschaft und Praxis in pädagogischen Berufen 7, 4, 215–221

Hüther, G. (2004a): Die Bedeutung sozialer Erfahrungen für die Strukturierung des menschlichen Gehirns. Zeitschrift für Pädagogik 50, 4, 487–495

– (2004b): Die Bedeutung innerer und äußerer Bilder für die Strukturierung des Gehirns. In: Neider, A. (Hrsg.): Lernen. Stuttgart, 55–77

– (1997): Biologie der Angst. Wie aus Stress Gefühle werden. Göttingen

Kandel, E. R., Schwartz, J. H., Jessel, T. J. (1996) (Hrsg.): Neurowissenschaften. Eine Einführung. Heidelberg/Berlin/Oxford

Kane, R. (2002): Some Neglected Pathways in the Free Will Labyrinth. In: Kane, R. (Hrsg.): The Oxford Handbook of Free Will. Oxford, 406–437

Kant, I. (2000): Anthropologie in pragmatischer Hinsicht. Herausgegeben von Reinhard Brandt. Hamburg

Kornhuber, H. H., Deecke, L. (1965): Hirnpotentialänderungen bei Willkürbewegungen und passiven Bewegungen des Menschen. Bereitschaftspotential und reafferente Potentiale. Pflügers Archiv für die gesamte Physiologie des Menschen und der Tiere 284, 1, 1–17

Landmann, M. (1962): De Homine. Der Mensch im Spiegel seines Gedankens. Freiburg/München

Laplace, P. de (1814/1932): Philosophischer Versuch über die Wahrscheinlichkeit. Herausgegeben von R. v. Mises. Leipzig

Lassahn, R. (1995): Konstruiertes Selbstverständnis. Implizite Menschenbilder in pädagogischer Theorie und Praxis. Pädagogische Rundschau 49, 3, 285–294

– (1983): Pädagogische Anthropologie. Eine historische Einführung. Heidelberg

Lexikon der Neurowissenschaft (2000) in vier Bänden. Heidelberg/Berlin

Libet, B. (2005): Mind Time. Wie das Gehirn Bewusstsein produziert. Übersetzt von Jürgen Schröder. Frankfurt/M.

Litt, T. (1959): Das Bildungsideal der deutschen Klassik und die moderne Arbeitswelt. Bonn

Majorek, M. B. (2005): Wie frei denken und handeln wir? Rudolf Steiner und die aktuelle Diskussion um Willensfreiheit und Ich-Erleben. Die Drei 75, 4, 22–32

Markowitsch, H. J. (2004): Warum wir keinen freien Willen haben. Der sogenannte freie Wille aus Sicht der Hirnforschung. Psychologische Rundschau 55, 4, 163–168

Maslow, A. H. (1991): Motivation und Persönlichkeit. Aus dem Amerikanischen von Paul Kruntorad. Reinbek

Nave, K.-H., Nave, R. (2008): Unsere Nervenzellen – die materielle Basis des Verstandes und der Erinnerung. Eine Einführung in die Erkenntnisse und die Begriffswelt der Neurowissenschaft. Berlin

Nida-Rümelin, J. (2005): Über menschliche Freiheit. Stuttgart

Nida-Rümelin, M. (2007): Zur philosophischen Interpretation der Libet-Experimente. In: Holderegger, A, Sitter-Liver, B., Hess, C. (Hrsg.): Hirnforschung und Menschenbild. Beiträge zur interdisziplinären Verständigung. Fribourg / Basel, 91–120

Nolting, W. (1997): Grundkurs Theoretische Physik. Quantenmechanik. Grundlagen. 5. Band. Teil 1. Braunschweig / Wiesbaden

Pauen, M. (2007): Keine Kränkung, keine Krise. Warum die Neurowissenschaften unser Selbstverständnis nicht revidieren. In: Holderegger, A., Sitter-Liver, B., Hess, C. (Hrsg.): Hirnforschung und Menschenbild. Beiträge zur interdisziplinären Verständigung. Fribourg / Basel, 41–53

– (2005): Keine Freiheit in einer determinierten Welt? Neurowissenschaftliche Erkenntnis und das menschliche Selbstverständnis. In: Engels, E.-M., Hildt, E. (Hrsg.): Neurowissenschaften und Menschenbild. Paderborn, 171–193

– (2004): Illusion Freiheit? Mögliche und unmögliche Konsequenzen der Hirnforschung. Frankfurt / M.

– (2001): Freiheit und Verantwortung. Wille, Determinismus und der Begriff der Person. Allgemeine Zeitschrift für Philosophie 26, 1, 23–44

Pickenhain, L. (2000): Neurowissenschaft. In: Lexikon der Neurowissenschaft in vier Bänden. Mit einem Vorwort von Wolf Singer. 2. Band. Heidelberg / Berlin, 475–479

Prinz, W. (2004a): Kritik des freien Willens. Bemerkungen über eine soziale Institution. Psychologische Rundschau 55, 4, 198–206

– (2004b): Der Mensch ist nicht frei. Ein Gespräch. In: Geyer, C. (Hrsg.): Hirnforschung und Willensfreiheit. Zur Deutung der neuesten Experimente. Frankfurt / M., 20–26

– (2003): Freiheit oder Wissenschaft? Zum Problem der Willensfreiheit. In: Schmidt, J. C., Schuster, L. (Hrsg.): Der entthronte Mensch? Anfragen der Neurowissenschaften an unser Menschenbild. Paderborn, 261–279

Rittelmeyer, C. (2005): „Über die ästhetische Erziehung des Menschen". Eine Einführung in Friedrich Schillers pädagogische Anthropologie. Weinheim / München

Roth, G. (2004a): Das Problem der Willensfreiheit. Die empirischen Befunde. Information Philosophie 5, 14–21

– (2004b): Worüber dürfen Hirnforscher reden – und in welcher Weise? In: Geyer, C. (Hrsg.): Hirnforschung und Willensfreiheit. Zur Deutung der neuesten Experimente. Frankfurt / M., 66–85

– (2004c): Aus Sicht des Gehirns. Frankfurt / M.

– (2003): Fühlen, Denken, Handeln. Wie das Gehirn unser Verhalten steuert. Frankfurt / M.

Roth, H. (1976): Pädagogische Anthropologie. Band II. Dortmund / Darmstadt / Berlin

Safranski, R. (2005): Friedrich Schiller als Philosoph. Eine Anthologie. Ausgewählt und mit einem Essay versehen von Rüdiger Safranski. Berlin

Schiller, F. (2000): Über die ästhetische Erziehung des Menschen in einer Reihe von Briefen. Mit den Augustenburger Briefen herausgegeben von Klaus L. Berghahn. Stuttgart

Schmidt, R. E. (2008): Der betörende Nimbus der Neurowissenschaften. Hinweise auf Resultate der Hirnforschung können das Urteilsvermögen trüben. Neue Züricher Zeitung, 27.02.2008

Schumann, K. (2006): Sind wir so frei? Über Willensfreiheit und ihre pädagogische Relevanz. Unveröffentlichtes Manuskript. Magisterarbeit der Friedrich-Schiller-Universität Jena.

Singer, W. (2004): Verschaltungen legen uns fest. Wir sollten aufhören, von Freiheit zu sprechen. In: Geyer, C. (Hrsg.): Hirnforschung und Willensfreiheit. Zur Deutung der neuesten Experimente. Frankfurt/M., 30–65

– (2003): Ein neues Menschenbild? Gespräche über Hirnforschung. Frankfurt/M.

– (2002): Der Beobachter im Gehirn. Essays zur Hirnforschung. Frankfurt/M.

Sofos, A. (1997): Eine kategoriale Begründung von Handlungsnormen in pädagogischen Theoriekonzepten. Pädagogische Rundschau 51, 5, 517–557

Spinoza, B. de (1982): Die Ethik. Schriften und Briefe. Herausgegeben von Friedrich Bülow. Stuttgart

Vaas, R. (2000): Willensfreiheit. In: Lexikon der Neurowissenschaft in vier Bänden. Mit einem Vorwort von Wolf Singer. Heidelberg/Berlin, 450–459

Walter, H. (2004): Willensfreiheit, Verantwortlichkeit und Neurowissenschaft. Psychologische Rundschau 55, 4, 169–177

– (1999): Neurophilosophie der Willensfreiheit. Von libertarischen Illusionen zum Konzept natürlicher Autonomie. Paderborn

Wolf, K. (2002): Erziehung zur Selbstständigkeit in Erziehung und Heim. Münster

Wolffersdorf, C. v., Sprau-Kuhlen, V., Kersten, J. (1996): Geschlossene Unterbringung in Heimen. Kapitulation der Jugendhilfe? 2. Aufl. München

Wolters, G. (1999): Darwinistische Menschenbilder. In: Reichardt, A. K., Kubli, E. (Hrsg.): Menschenbilder. Bern et al., 95–115

Woolfolk, A. (2008): Pädagogische Psychologie. Bearbeitet und übersetzt von Ute Schönpflug. München et al.

Zdarzil, H. (1982): Das Menschenbild der Pädagogik. Zum Forschungsstand der Pädagogischen Anthropologie. In: Konrad, H. (Hrsg.): Pädagogik und Anthropologie. Kippenheim, 152–165

Zirfas, J. (2004): Pädagogik und Anthropologie. Eine Einführung. Stuttgart

Entwicklungspsychiatrische und psychodynamische Diagnostik als Grundlage interdiziplinärer Intervention bei Kindern und Jugendlichen

Von Oliver Bilke

1   Einleitung

Die Vielzahl von Störungsbildern bei Kindern und Jugendlichen, die neben familiären Problemen auch individuelle Auffälligkeiten, soziale Störungen und neurobiologisch zu erklärende Schwierigkeiten beinhalten, erfordern eine multidisziplinäre und sorgfältige Mehrebenendiagnostik.

Neben der internationalen Klassifikation der Krankheiten bzw. der Funktionseinschränkungen (ICD-10 und ICF) eignet sich für psychodynamische Therapieplanung hier insbesondere die (operationalisierte psychodynamische Diagnostik im Kinder- und Jugendalter (OPD-KJ).

Im Kontext einer von der Jugendhilfe gestalteten therapeutischen Wohn- und Lebensumgebung kommt einer regelmäßigen multiaxialen Diagnostik zusätzliche Bedeutung für die Evaluation und die Prozessdokumentation zu.

Hierfür ist ein abgestimmtes Vorgehen von unterschiedlichen Berufsgruppen unabdingbar, um die komplexen Lebens- und Erlebenswelten von Kindern und Jugendlichen und deren Veränderungen adäquat abzubilden.

2   Multiaxiales Klassifikationssystem für seelische Störungen im Kindes- und Jugendalter

Die internationale Klassifikation der Krankheiten (ICD-10, WHO) und das multiaxiale Klassifikationsschema (MAS) (Remschmidt / Schmidt 2004) dienen ebenso wie das in der Forschung gebräuchliche DSM-IV (APA 2004) primär als Grundlage. Auch wenn ein therapie- und hilfebedürftiger Jugendlicher selbstverständlich nicht nur unter dem Aspekt von Defekten und Störungen zu betrachten ist, wie es die ICD-10 als Krankheitsklassifikation nahe legt, so ist doch eine genaue Beschreibung und Bewertung von Funktionsstörungen als Basis für weitere Interventionen gemäss den fachlichen Leitlinien (vor allem der Deutschen Gesellschaft für Kinder- und Jugendpsychiatrie und Psychotherapie 2006) sinnvoll.

Auch bei einer ressourcenorientierten Grundhaltung und einer an den Entwicklungspotentialen eines Kindes orientierten Interventionsstrategie sind es die definitiv festzustellenden Einschränkungen, die jeweils bestimmte Entwicklungsschritte hemmen. Beispielhaft seien hier die wenig oder ungenau diagnostizierten Teilleistungsstörungen wie Dyskalkulie (Rechenschwäche) oder Lese-/Rechtschreibschwäche genannt, die bestimmte Übergangssituationen in Schule und Leistungsbereich erheblich erschweren können. Hierbei hilft ein regelhaftes Vorgehen nach dem multiaxialen Klassifikationsschema für seelische Störungen im Kindes- und Jugendalter, das auf sechs Achsen systematisch auch diejenigen Auffälligkeiten, die im klinischen oder sozialen Rahmen oft nicht direkt erkennbar sind, aufzeigt und unterschiedlich bewertet.

Zum Ersten wird festgestellt, ob überhaupt eine psychiatrische Erkrankung im engeren Sinne vorliegt, sei es eine Persönlichkeitsstörung, sei es ein ADS, sei es eine Phobie. Nur die Klassifikation von umschriebenen Störungsbildern und die Berücksichtigung des Komorbidiätsprinzips (paralleles Auftreten von mehreren Störungen) lässt die bei einzelnen Erkrankungen immanente Dynamik, wie sie beispielsweise bei einer Magersucht oder einer bipolaren Störung auftritt, von Anfang an in die Behandlung einfließen. So sind weder Therapeuten noch therapeutisches Team noch der Patient selbst oder seine Angehörigen überrascht über bestimmte Verlaufsschwankungen, die weniger aus der psychosozialen Intervention oder dem Willen der Patienten herrühren, sondern in der Störung selbst begründet liegen, was bei Stimmungsschwankungen im Rahmen einer bipolaren Störung beispielsweise besonders auffällig ist.

Auch ist die Hinwendung zum Krankheitsbegriff in manchen Lebensbereichen für den Patienten entlastend, da nicht nur die eigene Willenskraft und die eigene Vorstellung für die Lebenssituation von Bedeutung sind, sondern auch anerkannt wird, dass genetische oder neurobiologische Risiken, die vom Einzelnen in keiner Weise zu verantworten sind, eine Rolle bei Krankheitsentstehung und Aufrechterhaltung spielen. Dieses traditionelle Vorgehen hat weniger mit Stigmatisierung und Festschreibung zu tun, sondern vielmehr mit genauer und individueller Interventionsplanung – wo diese möglich ist.

Im Rahmen der MAS werden auch einzelnen, scheinbar weniger wichtigen Krankheitsbildern, wie etwas speziellen Phobien, ihre besondere Rollen zugewiesen. Darüber hinaus schützt beispielsweise die sorgsame Diagnostik einer Aufmerksamkeitsdefizitstörung davor, die bei einem Patienten im Alltag vorhandenen Aufmerksamkeitsschwierigkeiten z. B. mit denen bei einer Depression oder bei einer posttraumatischen Stressstörung zu verwechseln, die völlig andere therapeutische Implikationen haben.

Auf der zweiten Achse des MAS wird der Frage nachgegangen, inwieweit Teilleistungsstörungen, wie die Leseschwäche, die Rechtschreibschwäche, die viel zu selten sorgfältig diagnostizierte Dyskalkulie (als schwerste Form der Rechenstörung), aber auch sensorische und motorische Integrationsstörungen für den Patienten eine Rolle spielen. Gerade bei Jugendlichen wird häufig im Alltag der Jugendhilfe vergessen, dass motivationsunabhängige Leistungsschwierigkeiten erhebliche Einschränkungen der sozialen Teilhabe im Schul- und Leistungsbereich bedeuten und beispielsweise auch bei sensorischen oder motorischen Störungen die Integration in alterstypische Aktivitäten wie Sport, Tanz und Vergnügungen erheblich reduzieren können.

Ein besonders tragisches Beispiel für die Unterdiagnostizierung bei Teilleistungsstörungen findet sich beispielsweise in Jugendgefängnissen bzw. auch Drogeneinrichtungen, bei denen Teilleistungsstörungen erheblich überrepräsentiert sind. Auch wenn man im Jugendalter nur begrenzt intervenieren kann, dient eine klare Diagnosestellung in diesem Bereich häufig zur Erklärung seit langen Jahren bestehender Probleme, so dass der Patient u. U. seine Einschränkungen klarer erkennt, besser akzeptieren kann und sich dann auch in Ausbildungsfragen stärker in andere Richtungen als ursprünglich geplant orientieren kann.

Das Intelligenzprofil – bei allen bekannten und allerdings überschaubaren Einschränkungen der Intelligenztests – stellt ebenfalls eine wichtige klinisch und praktisch nicht einfach zu ersetzende Grundlage für die Therapieplanung auf der dritten Achse dar. Insbesondere Einbrüche in einzelnen Intelligenzbereichen oder eine starke Überbetonung, beispielsweise der verbalen Intelligenz gegenüber der handlungspraktischen, haben erhebliche therapeutische Konsequenzen. Je nach eingesetztem Intelligenztest kann man – wie beispielsweise mit dem K-ABC, der jetzt auch für Jugendliche vorliegt – auch die typischen Leistungsfähigkeiten im seriellen oder ganzheitlichen Denken feststellen, um Therapieverläufe z. B. eher Stück für Stück oder eher ganzheitlich zu planen.

Auch hier geht es nicht um eine Stigmatisierung oder Zuschreibung, sondern eher um eine sachliche Beschreibung der Schwächen, aber auch der Fähigkeiten, die entsprechend zu fördern sind. Insbesondere die Kombination von Konzentrationsschwäche, nicht erkannten Teilleistungsstörungen und leichter Lernbehinderung kann im Sinne einer gegenseitigen Verstärkung die Entwicklung eines Kindes oder Jugendlichen erheblich belasten.

Auf der vierten Achse werden körperliche Erkrankungen diagnostiziert, die stärker in den medizinischen und neurologischen Bereich fallen.

Beachtet man die geringe Inanspruchnahmequote der gesetzlich angeregten Routineuntersuchungs- und Screeninginstrumente in den kinderärztlichen Praxen, so finden sich im Bereich der stationären Jugendhilfe häufig Jugendliche, die seit fünf bis zehn Jahren überhaupt nicht mehr medizinisch untersucht worden sind und deren Hörschwierigkeiten, Sehstörungen, Impfstatus, orthopädische Probleme, urologische Probleme und nicht zuletzt auch dermatologische Probleme nie vernünftig eingeordnet geschweige denn behandelt wurden. Dadurch, dass diese Probleme aber bestanden und teilweise schamhaft verborgen wurden, haben sich zusätzliche psychologische Schwierigkeiten aufgebaut.

Auch eingeschränkte Sinnesorgane tragen nicht zur sozialen Integrationsfähigkeit bei. Da viele Eltern nicht in der Lage sind, von sich aus auf diese Probleme aufmerksam zu werden, ist eine sorgfältige, nicht zwangsläufig von aktuellen Symptomen geleitete medizinische „Durchuntersuchung" sehr hilfreich. Unabhängig davon gelingt es unter entwicklungspsychiatrischem Aspekt immer einmal wieder, eine latente Epilepsie oder auch Hirntumoren und ähnliche schwere Erkrankungen zu entdecken, die vordergründig neuropsychiatrisch und sozial mitdeterminierte Krankheitsbilder imitieren und selbstverständlich ein völlig anderes erstes Vorgehen erfordern.

Auf der fünften Achse, den so genannten abnormen psychosozialen Umständen, werden ohne Interpretation und Wertung psychosoziale Entwicklungsrisiken benannt, die als bekannte Risikofaktoren für seelische Störungen identifiziert worden sind. In neun Unterbereichen werden heterogene Entwicklungsbedingungen kodiert, wie z. B.:

- Migration,
- sexueller Missbrauch,
- Gewalt in der Familie,
- verzerrte intrafamiliäre Kommunikation,
- psychische Erkrankung eines Geschwisterkindes
- Trennung und Scheidung

Insbesondere bei Langzeitfällen, die in der Kooperation und Schnittstelle zwischen Jugendpsychiatrie, Psychotherapie und Jugendhilfe stehen, sind hier sehr viele Entwicklungsrisiken die Regel.

Auf der sechsten Achse des MAS wird dann die psychosoziale Funktionseinschränkung (Global Assessment of Functioning, GAF) bestimmt, die für die jeweilige Altersphase wichtigen Lebensbereiche wie die Schule, Ausbildung, Familie, Gleichaltrige, Funktionieren unter Stress und anderes mit einbezieht. Sie lässt sich insbesondere als Hinweis auf Verbesserungen im psychosozialen Adaptionsverlauf benutzen.

Mit dieser sechsachsigen Zugangsweise wird der Situation vorgebeugt, dass gerade bei strukturell schwachen Patienten, bei denen in der Außenwelt relativ viel „passiert", stets den aktuellen sozialen Auffälligkeiten mehr Bedeutung geschenkt wird als längerfristig relevanten Faktoren.

3 Die Operationalisierte Psychodynamische Diagnostik im Kindes- und Jugendalter

Unabhängig von der im Einzelfall notwendigen Pharmakotherapie und den sozialpsychiatrischen Maßnahmen sowie den bei vielen Störungsbildern notwendigen Trainingsmethoden bzw. verschiedenen verhaltenstherapeutischen Interventionen ist gerade im Bereich der stationären Jugendhilfe das tiefenpsychologische oder psychodynamische Krankheits- und Störungsmodell stark verbreitet. Aufbauend auf der Psychoanalyse und deren vielfältigen Weiterentwicklungen wird dem psychodynamischen Krankheitsmodell aber häufig eine gewisse Beliebigkeit und definitorische Ungenauigkeit zugeschrieben. Aus diesem Grunde haben sich etwa Mitte der neunziger Jahre des 20. Jahrhunderts eine Gruppe von 40 kinder- und jugendpsychiatrischen und psychotherapeutischen Wissenschaftlern, Klinikern und Praktikern zusammengeschlossen, um im Jahre 2003 (2. Auflage, 2007) mit der Operationalisierten Psychodynamischen Diagnostik für Kinder und Jugendliche, in Anlehnung an die OPD des Erwachsenenalters, ein Instrumentarium zu schaffen, dass auf den vier Achsen

- Beziehung,
- Konflikt,
- Struktur und
- Behandlungsvoraussetzungen / Ressourcen

mit altersspezifischen operationalisierten Ankerbeispielen ermöglicht, einen psychodynamischen Befund in reliabler und valider Weise so zu erheben, dass unterschiedliche Diagnostiker und Therapeuten zu höchst ähnlichen Ergebnissen kommen, trotz aller späteren therapeutischen Varianten.

Die OPD-KJ, in der mittlerweile in den drei deutschsprachigen Ländern über 1200 Therapeuten geschult wurden, hat sich in mehreren Regionen und Kliniken bzw. Praxen als Standardinstrument der Diagnostik und auch der Qualitätssicherung und Dokumentation etabliert, vor allem dort, wo es sich um langfristige Therapieprozesse handelt, bei denen stark auf das Individuum eingewirkt werden soll (Arbeitskreis OPD-KJ 2007).

Über die Achse Beziehung lässt sich in drei Schritten das typische dysfunktionale und auch positive Beziehungsverhalten von Jugendlichen erfassen, sei es zum Therapeuten, sei es zu Peers, sei es zu Familienmitgliedern.

Auf einem bidimensionalen Modell werden die Mischungsverhältnisse von emotionaler Zugewandtheit und Kontrolle und Unabhängigkeit nach bestimmten Kriterien geratet, so dass ein differenziertes Bild der unterschiedlichen Beziehungsqualitäten der Jugendlichen entsteht.

Auf der Konfliktachse wird – bei ausreichend guter psychischer Struktur – erarbeitet, welche die Entwicklung erheblich hemmenden intrapsychischen Konflikte ein Jugendlicher in sich trägt, die sich teilweise in den aktuellen Beziehungen äußern, teilweise aber auch sehr versteckt darunter liegen. So geht es beispielsweise bei Jugendlichen, die scheinbar um Autonomie ringen und Verselbständigung suchen, häufig um andere Themenbereiche, wie Selbstwertkonflikte, Versorgungs-Autarkiekonflikte oder Über-Ich und Schuldkonflikte.

Auf der Achse Struktur werden in den drei Unterbereichen Steuerungsfähigkeit, Selbst- und Objekterleben und Kommunikation ebenfalls mit altersspezifischen Ankerbeispielen die Fähigkeiten geratet, die ein Jugendlicher mitbringt, um auf den Boden seiner je individuellen biographischen Erfahrung und seiner früheren Objektbeziehungen den anstehenden Entwicklungsaufgaben und aktuellen Beziehungen gerecht zu werden und Impulse und Emotionen so zu steuern, dass sie proaktiv in eine zukünftige Beziehungsgestaltung einfließen können.

Mit der grundsätzlichen Achse der Behandlungsvoraussetzungen werden die subjektiven Krankheitshypothesen, die subjektive Einschätzung der eigenen Befindlichkeit sowie der Leidensdruck einerseits, die faktisch vorhandenen Ressourcen in den Bereichen Familie, Selbstwirksamkeit, außerfamiliäre Unterstützung und Peerbeziehungen sowie die spezifische Therapiemotivation und der Veränderungswille andererseits anhand von alterstypischen Ankerbeispielen bewertet.

In ersten Interraterreliabilitätsstudien konnte gezeigt werden, dass insbesondere die positiven und dysfunktionalen Beziehungsmuster, aber auch die Hauptkonflikte und die Gesamtintegration der psychischen Struktur unabhängig von den stets trainierten und ausgebildeten einzelnen Ratern bei den gleichen Jugendlichen hohe Übereinstimmungen zeigten, es sich also bei diesen Beobachtungsbereichen um für das Individuum sehr wichtige zentrale Bereiche handelt.

4 Methodenintegration

Unbestritten ist, dass bei mehrfach auffälligen Jugendlichen mit schwieriger Familien- und individueller Leidensgeschichte, die in der stationären Jugendhilfe zur Betreuung sind, ähnlich wie in der Jugendpsychiatrie ein Mehrebenenzugang in der Therapie vonnöten ist (Meng et al. 2002).

Dieser Mehrebenenzugang ist aber nur durch eine ebenfalls multiaxiale und multidimensionale Diagnostik zu fundieren, die neben den aktuellen Auffälligkeiten oder Symptomen auch schwerer zugängliche Langzeitphänomene, wie beispielsweise Teilleistungsstörungen oder innerpsychische Konflikte, earbeitet.

Hierbei sind die einzelnen diagnostischen Bausteine so auf den individuellen Patienten / Klienten abzustimmen, dass nicht i. S. eines rigiden Abarbeitens von Diagnoselisten, sondern i. S. einer auf das Individuum und seine Pathographie bzw. Biographie zugeschnittenen gezielten Auswahl von wichtigen Beobachtungsbereichen eine ausreichend breite Diagnostik angelegt wird.

Es ist also stets für den Einzelfall eine Balance zwischen Vollständigkeit und Spezifizierung zu finden, was sich im multiprofessionellen Team unter Supervision (auch der Diagnostik) gut erreichen lässt. Aus der multiaxialen Diagnostik kann dann ein sequentieller Therapieplan erfolgen auf dem Boden einer Hierarchisierung einzelner Therapieziele. So könnten zunächst pharmakologische und sozialtherapeutische Maßnahmen im Vordergrund stehen, um dann auf milieutherapeutischer Ebene die Basis für eine vertiefte Psychotherapie zu liefern.

So ist u. U. ein Rückgriff auf psychiatrische Notfallintervention vonnöten, um den Jugendlichen letztlich aber wieder in seiner Jugendhilfeumgebung weiter zu entwickeln. Es ist dabei stets diagnostischen Instrumenten den Vorzug zu geben, die auch in der Lage sind, Veränderungen so abzubilden, dass dem Jugendlichen und dem therapeutischen Team Fortschritte gut rückzumelden sind.

Die Methodenintegration auf der diagnostischen Ebene erscheint damit aus dem Blickwinkel des pragmatischen Klinikers u. U. einfacher als die Integration auf einer therapeutischen Ebene, bei der noch viel stärker auch individuelle Faktoren des Therapeuten und der jeweiligen Institutionsgeschichte eine Rolle spielen mögen.

Die Benutzung standardisierter und operationalisierter Diagnoseinstrumente kann hierbei ein erster Schritt sein, so dass Systeme wie die ICD-10, das DSM IV, das MAS, die ICF oder auch das neu für die Jugendhilfe entwickelte MAD-J (multiaxiales Diagnoseschema für die Jugendhilfe, Jacob und Wahlen 2006) hier jeweils ihre eigene Bedeutung in einem angestimmten Vorgehen haben werden.

Trotz aller Objektivierungen, aller Klassifikation und aller Versuche, durch Reduktion von Komplexität das teilweise chaotisch empfundene Feld zu ordnen, ist es doch letztlich die einzigartige Persönlichkeit des Klienten, die in all ihren Chancen und Risiken und auch ihren unentdeckten Potentialen und Ressourcen zu würdigen ist.

Literatur

APA (American Psychiatric Association) (1994): Diagnostic and Statistical Manual of Mental Disorders (= DSM-IV), 4th ed., Washington (= Diagnos-

tisches und Statistisches Manual psychischer Störungen; deutsche Bearbeitung: Saß H., Wittchen, H. U., Zaudig, M. Göttingen 1996)
Arbeitskreis OPD-KJ (Hrsg.) (2007): Die Operationalisierte Psychodynamische Diagnostik bei Kindern und Jugendlichen. 2. Aufl. Bern
Deutsche Gesellschaft für Kinder- und Jugendpsychiatrie und Psychotherapie (Hrsg.) (2006): Leitlinien zu Diagnostik und Therapie von psychischen Störungen im Säuglings-, Kindes- und Jugendalter. 2. Aufl. Köln
Jacob, A., Wahlen, H. (2006): Das Multiaxiale Diagnoseschema für die Jugendhilfe (MAD-J). Ernst Reinhardt, München / Basel
Meng, H., Zarotti, G., Bilke, O. (2002): Stationäre Jugendpsychiatrie. Praxis Kinder- und Jugendpsychiatrie 6, 111–119
Remschmidt, H., Schmidt, M. H. (Hrsg.) (2004): Multiaxiales Klassifikationsschema für psychische Störungen des Kindes- und Jugendalters nach ICD-10 der WHO. 4. Aufl. Bern

Herausgeber und AutorInnen

Prof. Dr. **Michael Behnisch**, Fachhochschule Frankfurt am Main, Fachbereich Soziale Arbeit und Gesundheit; Arbeitsschwerpunkte: Konzepte und Methoden Sozialer Arbeit; Theorien, Geschichte und Handlungsfelder der Kinder- und Jugendhilfe; sozialpädagogische Wissensformen; Kontakt: behnisch@fb4.fh-frankfurt.de

Dr. **Oliver Bilke**, Chefarzt der Klinik für Kinder- und Jugendpsychiatrie, Psychotherapie und Psychosomatik des Vivantes Humboldt Klinikums Berlin; Arbeitsschwerpunkte: Kinder- und Jugendpsychiatrie, jugendpsychiatrische Diagnostik, Familie und Sucht.
Kontakt: oliver.bilke@vivantes.de

Prof. Dr. **Doris Bischof-Köhler**, Professorin für Psychologie an der Ludwig Maximilian Universität München; Arbeitsschwerpunkte: Kognitive und emotionale Entwicklung von Kindern, Entwicklungspsychologie, geschlechtstypisches Verhalten.

Sabine Bollig, Goethe Universität Frankfurt, Fachbereich Erziehungswissenschaften, Institut für Pädagogik der Elementar- und Primarstufe; Arbeitsschwerpunkte: Kindheitsforschung, Ethnographie, Pädagogische und Medizinische Wissensordnungen.

Prof. Dr. **Silvia Denner**, Dipl.-Pädagogin, Ärztin für Kinder- und Jugendpsychiatrie, Fachhochschule Dortmund, Fachbereich Angewandte Sozialwissenschaften, Schwerpunkt Sozialmedizin, Psychiatrie.

Dr. **Jörg Dinkelaker**, Goethe-Universität Frankfurt am Main, Fachbereich Erziehungswissenschaften, Institut für Sozialpädagogik und Erwachsenenbildung; Arbeitsschwerpunkte: Umgang mit (Nicht-)Wissen/Kommunikation von Lernen, Institutionalisierungsformen des Lernens Erwachsener, Erziehungswissenschaftliche Videografie, Kursforschung.
Kontakt: dinkelaker@em.uni-frankfurt.de

Christine Freytag, M. A., Friedrich-Schiller-Universität Jena, Institut für Bildung und Kultur; Arbeitsschwerpunkte: Historische Persönlichkeitsforschung (Rudolph Zacharias Becker, Herzog Ernst II. von Sachsen-Gotha-Altenburg), Pädagogik im Zeitalter der Aufklärung sowie Geheimbundforschung (Illuminaten, Freimaurer), Methoden der Sozialwissenschaft, Emotionale- und Teilleistungsstörungen im Kindes- und Jugendalter (ADHS, Dyslexie, Dyskalkulie, Angststörungen, Depressionen, Suizid).

Björn Enno Hermans, Dipl.-Psychologe, systemischer Kinder-, Jugendlichen- und Familientherapeut und Supervisor. Geschäftsführer eines Trägerverbundes der Jugend-, Familien- und Gefährdetenhilfe (SKF Essen-Mitte e. V.), zuvor leitender Psychologe an der Elisabeth-Klinik Dortmund, Klinik für Kinder- und Jugendpsychiatrie.

Matthias Herrle, Dipl.-Pädagoge, Goethe-Universität Frankfurt am Main, Fachbereich Erziehungswissenschaften, Institut für Sozialpädagogik und Erwachsenenbildung; Arbeitsschwerpunkte: Erziehungswissenschaftliche Videografie, Kurs- und Interaktionsforschung, Methodologien und Methoden qualitativer Sozialforschung. Kontakt: herrle@em.uni-frankfurt.de

Prof. Dr. **Jochen Kade**, Goethe-Universität Frankfurt am Main, Fachbereich Erziehungswissenschaften, Institut für Sozialpädagogik und Erwachsenenbildung; Arbeitsschwerpunkte: Theorie des Erziehungssystems/Lebenslanges Lernen, Erwachsenenbildung/Weiterbildung, Biographie- und Adressatenforschung, Umgang mit Wissen, Erziehungswissenschaftliche Videografie, Pädagogik der Medien. Kontakt: kade@em.uni-frankfurt.de

Prof. Dr. **Helga Kelle**, Goethe-Universität Frankfurt, Fachbereich Erziehungswissenschaften, Institut für Pädagogik der Elementar- und Primarstufe; Arbeitsschwerpunkte: Kindheits-, Geschlechter- und Schulforschung, Ethnographie.

Fabian Kessl, Fachbereich Bildungswissenschaften, Institut für Soziale Arbeit und Sozialpolitik, Universität Duisburg-Essen; Mitglied der Redaktion Widersprüche und des Co-Ordinating Office von Social Work & Society – Online-Journal for Social Work & Social Policy (www.socwork.net); Arbeitsschwerpunkte: Gouvernementalität, sozialpädagogische Transformationsforschung, Empirie der Lebensführung und Sozialraumforschung. Kontakt: fabian.kessl@uni-due.de

Antje Langer, Johann Wolfgang Goethe-Universität, Fachbereich Erziehungswissenschaften; Arbeitsschwerpunkte: Empirisch-pädagogische Geschlechterforschung, Ethnographische Jugend- und Geschlechterforschung, Fotoanalyse, Analyse diskursiver Praktiken in den historischen Erziehungswissenschaften.

Prof. Dr. **Susanne Maurer**, Lehrstuhl Erziehungswissenschaft/Sozialpädagogik am Institut für Erziehungswissenschaft der Philipps-Universität Marburg; Arbeitsschwerpunkte: Lebensgeschichte und Gesellschaftsgeschichte, Bildung und Emanzipation, Soziale Fragen und soziale Bewegungen.

Prof. Dr. **Christine Meyer**, Universität Jena, Vertretung der Professur Sozialmanagement in pädagogischen Handlungsfeldern; Arbeitsschwerpunkte:

Sozialmanagement, Sozialberichterstattung, demographischer und Strukturwandel des Alters, personenbezogene Dienstleistungsberufe und Professionalisierungsprozesse, soziale Altenarbeit als Handlungs- und Entwicklungfeld.

Ulf Sauerbrey, M. A., Friedrich-Schiller-Universität Jena, Institut für Bildung und Kultur, Lehrstuhl für Allgemeine Pädagogik und Theorie der Sozialpädagogik; Arbeitsschwerpunkte: Fröbelpädagogik, Frühkindliche Bildung, Entwicklungspsychologie, Gesundheitsaspekte und Umweltgifte.

Katharina Schumann, M. A., wissenschaftliche Assistentin am Institut für Erziehungsiwssenschaft der Universität Zürich, davor Stipendiatin der Deutschen Forschungsgemeinschaft (DFG) am Graduiertenkolleg „Bioethik – Zur Selbstgestaltung des Menschen durch moderne Biotechnologien"der Universität Tübingen. Titel der Dissertation: „Designer-Kind?" Kindesbilder und Menschenbilder in Erziehungswissenschaft, Neurowissenschaften und Genetik; Arbeitsschwerpunkte: Grundlagenforschung der Erziehungswissenschaft und ihrer Nachbardisziplinen, Wissenschaftstheorie, Anthropologie, Menschenbild und Kindesbild, ethische Reflexionen.

Ulrich Steckmann, M. A., Studium der Sozialpädagogik, Geschichte und Philosophie; derzeit Lehrbeauftragter an der Fakultät I: Bildungs-, Kultur- und Sozialwissenschaften der Leuphana Universität Lüneburg; Arbeitsschwerpunkte: Philosophie des Geistes, Philosophie der Person, Bildungsphilosophie, Gerechtigkeitsethik, biomedizinische Ethik, politische Philosophie.

Prof. Dr. **Stephan Sting**, Professor für Sozial- und Integrationspädagogik im Institut für Erziehungswissenschaft und Bildungsforschung der Alpen-Adria-Universität Klagenfurt; Arbeitsschwerpunkte: Sozialpädagogische Bildungsforschung, Sozialpädagogik im Kindes- und Jugendalter, Soziale Arbeit und Gesundheit, Suchtprävention.

Lars Täuber, Cand. Psych., Philipps-Universität Marburg, körperpsychotherapeutische Ausbildung am Internationalen Institut für Biosynthese, Diplomarbeit zum Thema „Emotionsregulation, Psychophysiologie und Persönlichkeit"; Arbeitsgebiete: Konvergenz körperorientierter Psychotherapie mit biopsychologischer Emotions- und Persönlichkeitsforschung.

Prof. Dr. **Michael Winkler**, Lehrstuhl für Allgemeine Pädagogik und Theorie der Sozialpädagogik. Institut für Bildung und Kultur, Friedrich-Schiller-Universität Jena; Arbeitsschwerpunkte: Theorie und Geschichte der Pädagogik, Pädagogische Gegenwartsdiagnose; Theorie der Sozialpädagogik, Hilfen zur Erziehung. Familienerziehung; Übergänge von der Schule in die Berufswelt.

Sachregister

Alltag 62, 77, 81, 83, 96, 106, 113f, 137, 149, 159, 164, 181, 209, 215, 232f
Altenarbeit 33, 167–182, 241
Alter 48, 74, 92, 95, 106, 110f, 121f, 167ff, 192f,
Altersforschung 171
Anthropologie 13, 18f, 23, 31, 38, 56, 103, 155, 198f, 213, 222–230
Armut 42, 86, 97, 105, 194, 197
Armutsbekämpfung 99
Aufmerksamkeitsdefizit 58–60, 64–70
Autonomie 23, 202, 205, 215, 230, 236

Bedürfnisse 89, 163, 180, 223
Behinderung 9, 78, 81, 210
–, seelische 9, 13, 61, 71, 80f, 111, 231f
Beratung 79, 81, 86, 180
Beziehung 57, 66, 79f, 86, 115f, 150, 155, 159, 235f
Beziehungsgestaltung 78f, 236
Bezugsperson 58, 74, 79, 171
Bildung 11f, 19, 23, 25, 31, 37f, 100, 118, 136, 155, 169, 199–213, 240
–, frühkindliche 7, 241
–, sozialpädagogische 199, 210f, 241
Bildungsprozesse 89, 98, 101, 203f
Bildungskonzepte 204f, 213
Bindung 32, 171, 192
Bindungsstörungen 59, 78
Bindungsverhalten 75, 161
Biologie 37f, 73, 108, 112, 190, 192, 211, 228
Biowissenschaften 25f, 30, 213, 215

Diagnostik 21, 48–51, 60, 65, 79, 174f, 210, 231, 239
Disziplinierung 104, 106, 186–188, 195f
Demenz 167–182

Demografischer Wandel 182
Determinismus 23, 212–229
Drogen 86, 99, 102f

Empathie 38, 74f, 126, 160, 164, 166
Entwicklungspsychologie 102, 106, 239, 241
Entwicklungsstörungen 42–57, 93
Entwicklungsrisiken 42, 53f, 234
Ernährung 16, 53, 71, 90, 92f, 95, 99f, 102, 135
Ernährungsprogramme 58, 60
Erziehung 11–17, 19, 26, 31, 53f, 78, 97, 121, 130, 155, 186, 197, 202–224, 229f
Ethik 57, 109, 152, 213, 227, 230
Eugenik 16, 38, 87
Evolution 13, 19, 23, 37, 41, 69, 125, 132, 167, 209
Exklusion 46, 187, 191, 195

Familie 43, 76, 79, 80f, 93, 99f, 126, 128, 234–236
Forschung 19f, 29, 44, 58–60, 64, 67, 69, 72, 98, 106, 117, 152, 166, 168, 180f, 201, 203, 209, 213, 217, 231
Frühe Hilfen 44, 77
Früherkennung 42–57, 78, 176
Frühförderung 78
Fürsorglichkeit 125f

Geist 12, 139, 149, 154f, 170, 207, 219, 224
Geschichte 11, 15, 37, 60f, 69, 71f, 125, 130, 179f, 196, 206
Geschlecht 105, 113f, 120–131, 166
Geisteswissenschaften 7, 11, 12, 15, 36, 64
Genetisch 13, 17, 19, 23, 36f, 46, 59, 62, 67, 75, 124, 127, 152, 158, 191, 209, 219, 232
Gesundheit 34f, 48, 56, 85–100, 134–137, 151, 176, 181, 196

Gesundheitsbildung 134–139, 151
–, dienste 20, 78
–, prävention 86–100
–, schutz 46–49, 55, 70, 103
–, störung 48
–, wissenschaften 42, 56 f, 86 ff
Gewalt 61, 74, 95, 162 f
Gewaltprävention 162–166

Hilfe 32, 42, 78, 81, 97, 112, 139, 168, 179, 198
Hirnforschung 24, 27 f, 37, 169, 171, 178, 181 f, 201 f, 212, 230
Hormone 75 f, 110, 113 f, 125, 128 f, 132
Humanbiologie 200, 202, 206, 208, 210

Identität 30, 87, 90, 104, 118, 133, 147, 164, 168, 180, 198, 204
Identitätsbildung 87, 90, 96
Individualisierung 137, 190
Individualität 12, 91, 139, 169, 197
Integration 32, 82, 89, 171, 186, 189 f, 233, 237
Interdisziplinarität 8, 22 ff, 30, 42, 78, 82–84, 87, 153, 169, 181, 201 f, 213, 216, 226, 229
Intervention 42 f, 48, 55, 87, 97–100, 104, 165, 168, 175, 188, 194, 201, 231 f, 235
–, sozialpädagogische 195

Jugend 8, 17, 43, 92, 95, 107, 109, 113–119
Jugendalter 58–70, 78, 86, 89, 93, 95, 97–105, 231 f, 235, 238
Jugendliche 57, 88 f, 93, 96–99, 102, 111, 119, 195, 209, 233
Jugendpsychiatrie 68, 73, 76–84, 231, 234, 236–239
Jungen 52, 63, 92, 95, 108–115, 121–132

Kindergärten 43, 99, 121
Kinderläden 121, 131
Kindesvernachlässigung 42, 56

Kindheit 8, 42 f, 55, 60 f, 68–72, 77, 92, 100, 103 ff, 106 f, 111–120, 239
Klassifikation 30, 33, 45, 69, 188, 231–238
Kleinkinder 89, 162, 194
Körper 16, 74, 89–92, 100–106, 112–119, 134, 137, 139, 147 ff, 174, 186–198
–, bezogen 90, 102, 153 f, 163 f, 185, 195 f
–, bildung 35, 134–139, 150 f
–, politiken 184–197
–, regulierung 185–187, 189, 193
Konkurrenz 23, 52, 125–129
Kontrolle 113, 150, 162 f, 187, 193, 198, 223, 235
Krankheit 13, 33, 44, 48 f, 69 f, 72, 79 f, 87, 93, 97, 102 f, 135, 155, 165, 174 f, 182, 231–235
Krankheitsbilder 30, 188, 232, 234

Lebenslage 83, 88, 167
Lebensweltlich 201, 203, 208, 231
Lehr-Lern-Prozess 22, 115, 222
Lernen 21, 24, 28 f, 33, 35–38, 53, 56, 134 ff, 149–152, 182, 191, 198, 209, 212

Mädchen 91 f, 95, 108–115, 120–124, 130–132
Medien 33, 35, 41, 59, 65, 71, 86, 102, 113, 137, 179
Medikalisierung 34, 41 f, 44, 55
Medizin 9, 13, 20, 30 f, 38, 42, 44, 56, 60–66, 72, 86, 88, 103, 167, 175, 182, 192
Menschenbild 9, 20, 23, 25, 163, 183, 207, 214–217, 219, 221, 225–229
Motorisch 14, 59, 65, 89, 92, 171, 217, 233

Natur 11–19, 34, 36 f, 84, 103–132, 150 f, 155, 198–203, 207–212, 216, 221, 224
Neurobiologie 21, 29, 35, 41, 58, 67 f, 75 f, 82, 113, 153, 161, 213, 226, 231

Neurowissenschaften 23, 25, 34, 41, 153, 205, 212–216, 219, 227–230
Normalisierung 18, 110, 189 f, 198
Normalisierungsgesellschaft 16 f, 40, 189, 192 f
Normalität 30, 37, 40, 47, 55 f, 99, 107, 109, 111, 115, 118, 188 f, 197
Normativität 47, 97, 109, 118, 198

Pädagogik 11 f, 15 f, 18, 22, 24–28, 33, 36–42, 56, 107, 119, 163, 194, 213
Pädiatrie 43, 50, 78
Persönlichkeit 97, 117, 175–178, 224 f, 228, 232, 237
Person 16, 24, 32, 45, 51, 76 f, 111, 115, 122, 125, 137, 140, 143, 153, 170 f, 177–180, 203–213, 219
Phylogenetisch 127, 129 f
Prävention 35, 42–47, 49, 57, 67, 77 f, 97 f, 102, 175, 191 f, 198, 207, 209–214, 222, 230, 239
Psychiatrie 20, 31, 37, 79, 207, 212
Psychologie 30, 70, 84, 88, 112, 123, 132 f, 153, 166, 222 f, 230
Pubertät 34, 89, 91, 106–119

'Rassenhygiene' 87
Rassismus 190–193
Rechtlich 12, 16, 33, 202, 212
Reformpädagogik 16, 18, 28
Risiko 39, 45, 51, 78, 93, 96, 111, 124, 126, 175, 189, 193, 196 f
–, faktoren 43, 48, 54, 62, 67, 70, 191, 196, 234
–, verhalten 93, 95–101, 193

Schule 116–120, 187, 197, 213, 225, 232, 234
Sexualität 18, 117–120
Sexualerziehung 106, 112, 117 f, 120
Somatisch 91, 94, 100, 103, 107, 123, 153, 155 f, 158, 162–164
Sozialisation 40, 123 f, 207, 218, 224
Sozialpolitik 9, 30, 34–36, 88, 183 f
Spiegelneuronen 20, 75, 160, 162
Sucht 78, 96, 103 f
Subjekt(ivität) 23, 27, 36, 91, 150, 155 f, 165, 173, 185, 189, 191–196, 199, 202, 204 f, 225, 236

Teilleistungsstörungen 232–235, 239
Trauma 73, 75, 79, 154, 232

Übergewicht 30, 86, 92–94, 98, 100, 103, 194 f, 198
Umweltgifte 60, 62
Ungleichheit 87 f, 93 f, 97, 100–104

Veranlagung 59, 124, 126, 130–132
Verhaltensauffälligkeiten 7, 42, 58 f, 61, 63, 65, 67, 69, 71, 76, 78, 82
Vernachlässigung 76
Verwendungsforschung 64–71

Wille 206, 211, 214–219, 226, 228
Willensfreiheit 23, 38, 201–206, 211–214, 221–229
Wohlfahrtsstaatlich 16 f, 43, 185–194, 197 f

Leseprobe

Hans Günther Homfeldt / Stephan Sting
Soziale Arbeit und Gesundheit

1 Soziale Arbeit und Gesundheit

Das Verhältnis von Sozialer Arbeit und Gesundheit ist ambivalent. Auf der Seite der Profession lassen sich vielfältige Bezüge erkennen. So ist es evident, dass soziale und gesundheitliche Probleme eng miteinander verknüpft sind: Gesundheit hat eine starke soziale Komponente, die sozialpolitische und sozialpädagogische Zugänge erforderlich macht. Zugleich sind zahlreiche Absolventen mit Universitäts- oder Fachhochschulabschlüssen aus dem Bereich der Sozialen Arbeit in gesundheitsbezogenen Arbeitsfeldern tätig. Beispielsweise zeigt eine berufliche Verbleibstudie der Universität Halle, dass für Diplom-Pädagogen das Arbeitsfeld Gesundheitswesen / Rehabilitation mittlerweile zum zweitgrößten Berufsfeld geworden ist: Anteil Ost: 15 %, Anteil West: 25 % (Grunert 2003, 8).

Demgegenüber ist das Verhältnis von Sozialer Arbeit und Gesundheit auf der Seite der Disziplin, zumindest der universitär verankerten – also im Bereich der fachlichen und wissenschaftlichen Auseinandersetzungen – von einem Vergessen dieser Bezüge und von wechselseitiger Ignoranz gekennzeichnet. Innerhalb der universitären Auslegung Sozialer Arbeit taucht Gesundheit bestenfalls als Randthema auf. Auch findet sie im gesamten Kinder- und Jugendhilfegesetz außer in kurzen Hinweisen in den Abschnitten zur Jugendarbeit und zum erzieherischen Kinder- und Jugendschutz keine Erwäh-

ℝ/ reinhardt
www.reinhardt-verlag.de

nung. Umgekehrt werden im Bereich Public Health zwar Psychologie, Soziologie, Ökonomie, Pflegewissenschaften und Medizin als Bezugswissenschaften gesehen, nicht aber Soziale Arbeit (Homfeldt / Sting 2005, 41).

Die Soziale Arbeit droht mit dem häufigen Vergessen ihres Gesundheitsbezugs eigene Entwicklungsmöglichkeiten zu verspielen, die sich ihr aus aktuellen Akzentverschiebungen im Gesundheitsbereich anbieten. Beispielsweise wurde mit der Neufassung des § 20, SGB V im Jahr 2000 die „Verminderung sozial bedingter Ungleichheit von Gesundheitschancen" als Ziel von Prävention und Gesundheitsförderung sowie als Aufgabe der gesetzlichen Krankenkassen festgeschrieben. Für die Soziale Arbeit böten sich hier vielfältige Anknüpfungspunkte. Doch eine niedersächsische Studie von Altgeld et al. hat gezeigt, dass der Sozialbereich Entwicklungen im Gesundheitssektor nach wie vor wenig zur Kenntnis nimmt. Die geringe Zahl bisher etablierter Projekte gesundheitsbezogener Sozialer Arbeit ist Ausdruck massiver Informationsdefizite sowie eines zu engen Gesundheitsverständnisses, das sich zwar programmatisch auf umfassende Perspektiven im Sinne der Ottawa-Charta bezieht, die gesundheitsrelevanten Handlungsspielräume im eigenen Arbeitsfeld jedoch nicht erkennt. Die Autoren der Studie kommen zu dem Schluss, dass eine stärkere Kooperation zwischen Sozial- und Gesundheitssektor dringend erforderlich ist und dass sich Sozial- und Gesundheitsberufe angesichts veränderter, zukünftiger Aufgabenstellungen neu positionieren müssen (Altgeld et al. 2003).

Blickt man auf die geschichtliche Entwicklung der Sozialen Arbeit, dann ist erkennbar, dass soziale und gesundheitliche Probleme von Anfang an miteinander verknüpft waren. Der Gesundheitszustand wurde häufig als Indikator für soziale Probleme und Benachteiligungen genutzt.

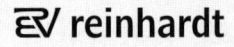

ℝ/ reinhardt
www.reinhardt-verlag.de

Beispielsweise waren für Pestalozzi Ende des 18. Jahrhunderts ein ungepflegtes Erscheinungsbild, Ungezieferbefall und Mangelernährung Indizien für die soziale Vernachlässigung von Kindern. Ebenso dienten Marx und Engels Anfang des 19. Jahrhunderts in der Frühphase der Industrialisierung körperlicher Verfall und frühe Sterblichkeit als Symptome für die Deklassierung der Arbeiterschaft. Bis heute belegen sozialepidemiologische Befunde immer wieder den Zusammenhang von sozialer und gesundheitlicher Ungleichheit. Soziale Benachteiligung bringt in vielen Fällen gesundheitliche Beeinträchtigung mit sich. Dies hat in der Phase der Herausbildung der modernen Medizin dazu geführt, dass Rudolf von Virchow die Medizin selbst als eine „sociale Wissenschaft" begriffen und die Ärzte zu „natürlichen Anwälten der Armen" erklärt hat (Hörmann 1997, 11).

Im historischen Verlauf hat die Soziale Arbeit die „soziale Komponente" der Medizin zu großen Teilen übernommen. Sie war von Anfang an in die Entstehung des Krankenhauswesens integriert; und der Krankenhaussektor ist bis heute ein wichtiges Arbeitsfeld für die Soziale Arbeit (Ansen et al. 2004). Mitte der 1990er Jahre waren über 4.100 Sozialarbeiter / -innen im Sozialdienst von Krankenhäusern tätig. Sie stellen damit eine größere Berufsgruppe in den Krankenhäusern als Psychologen / -innen und Diätassistenten / -innen (Hey 1997, 29).

Außerdem war die Soziale Arbeit in den Feldern des Gesundheitswesens schon immer für eine Klientel mit Negativimage und hohem Armutsrisiko zuständig, gegen welche die Gesundheitsdienste selbst (Krankenhäuser, Ärzte, Krankenkassen usw.) häufig eine ausgeprägte Abwehr entwickeln: Suchtkranke, psychisch Kranke und chronisch Kranke. Aber auch besonders gesundheitsgefährdete Gruppen wie Schwangere, Säuglinge und Kleinkinder zählten zu ihren Zielgruppen (Brieskorn-Zinke / Köhler-Offierski 1997, 76; Labisch 1992, 72 f). Aus dieser Zuständigkeit entstand Anfang des 20. Jahrhunderts mit der „Gesundheitsfürsorge" ein eigenständiger Bereich der Sozialen Arbeit, der neben der Armen- und der Jugendfürsorge als dritte Säule in der Entwicklungsgeschichte der modernen Sozialen Arbeit betrachtet werden kann. Insbesondere in den 20er Jahren des 20. Jahrhunderts galt die Gesundheitsfürsorge als innovativstes Feld des Fürsorgewesens (Tennstedt 1998, 98 f). Für Alice Salomon war sie selbstverständlicher Bestandteil des „Gesamtgebietes der Wohlfahrtspflege", in der es darum ging, den Menschen in seiner gesamten äußeren Existenz zu sichern, „in seiner Lebenshaltung, im Erwerbsleben, in körperlicher und geistiger Gesundheit, in der Selbstbehauptung gegenüber der Umwelt, als Glied der Kulturgemeinschaft des Volkes" (Salomon 1998, 134).

Es stellt sich heute die Frage, warum diese Wurzel der Sozialen Arbeit inzwischen weitgehend in Vergessenheit geraten ist (Homfeldt / Sting 2005). Wir vermuten, dass dies zumindest zum Teil an der spezifisch deutschen Geschichte des sozialen und gesellschaftlichen Zugangs zur Gesundheit liegt. Während Deutschland zu Beginn des 20. Jahrhunderts in der Beschäftigung mit den Wechselwirkungen von Individuum und Gesellschaft bei der Entstehung von Krankheiten führend war, zog dieser Blick auf die gesellschaftliche Relevanz gesundheitlicher Fragen unter der veränderten Perspektive der „Rassenhygiene" und „Eugenik" eine verhängnisvolle Herrschaft der „öffentlichen Gesundheit" über das Wohlbefinden des Individuums nach sich. Im Dienst der Gesunderhaltung der Allgemeinheit wurde für „lebensunwert" erklärtes Leben sowie als „rassisch minderwertig" bezeichnetes Erbgut vernichtet. Diese Extremform der öffentlichen

ℰℛ reinhardt
www.reinhardt-verlag.de

Gesundheitspflege im Dritten Reich hat nicht nur deren historische Vorläufer gründlich diskreditiert, sondern sie hat bis heute ein berechtigtes Misstrauen gegenüber Gesundheitsansprüchen geschürt, die die Gesellschaft dem Einzelnen zum Wohl des Allgemeinen – womöglich gegen seine Selbstbestimmungsbestrebungen – auferlegt (Hurrelmann / Laaser 1998, 5. 20 f).

1.1 Gesundheitswissenschaften und Gesundheitspsychologie im Blickfeld Sozialer Arbeit

Bei der Lektüre gesundheitswissenschaftlicher Literatur wird deutlich, dass es keine allgemein anerkannte Definition gibt. So sind für Waller (1996) die Bedeutungen „Public Health" und „Gesundheitswissenschaften" nicht identisch, hingegen verstehen Hurrelmann / Laaser (1998) beide Begriffe als synonym. Mühlum trifft in Bezug auf die Begriffe „Gesundheitswissenschaft" und „Gesundheitswissenschaften" folgende Unterscheidung:

> *„Gesundheitswissenschaft als wissenschaftliche Reflexion der Gesundheitsförderung und eines Gesundheitsmanagements soll die Prozesse des kulturellen Wandels und der gesundheitsbezogenen Restrukturierung öffentlicher Organisationen und Institutionen empirisch fundieren helfen. (...) Gesundheitswissenschaften in der Form einer transdisziplinären Wissenschaftsbasis sollen dagegen einen Rahmen für eine metatheoretische Reflexion grundlegender gesellschaftlicher Orientierungsprobleme schaffen"* (Mühlum et al. 1997, 80).

Kolip (2002) verweist darauf, dass der Plural verdeutlichen soll, dass es sich bei Public Health um eine Multidisziplin handelt, die vielfältige methodische und inhaltliche Facetten aufweist. Ähnlich formulieren Gerber / v. Stünzner (1999, 62): Die Gesundheitswissenschaften würden „das Thema Gesundheit in den Mittelpunkt stellen und die Kompetenzen aller Wissenschaftsdisziplinen, die zu diesem Thema beitragen können, zu integrieren" versuchen. Zentrale Themen sind Gesundheitsforschung und Gesundheitssystemforschung. In der Gesundheitsforschung geht es um die Analyse körperlicher, seelischer und sozialer Bedingungen für Gesundheit und Krankheit sowie der Ermittlung des Gesundheits- und Krankheitsstatus der Gesamtbevölkerung, aber auch einzelner Bevölkerungsgruppen (z. B. Migranten, alleinerziehender Mütter und Väter) sowie um die Formulierung und Erfassung des Versorgungsbedarfs. In der Gesundheitssystemforschung hingegen geht es um die Analyse der Versorgungsbereiche Gesundheitsförderung, Prävention, Therapie / Kuration, Rehabilitation und Pflege sowie deren Vernetzung, Steuerung, Organisation und Finanzierung. Aus der Perspektive Sozialer Arbeit sehen Mühlum et al. (1997) die Gefahr, dass sich die Gesundheitswissenschaften – trotz anders lautender Ansprüche – letztlich doch wieder mit Krankheitsthemen und Versorgungsaspekten, vor allem aber mit der Gesundheitssystemgestaltung beschäftigen.

Leseprobe (S. 9-12) aus:

Hans Günther Homfeldt / Stephan Sting
Soziale Arbeit und Gesundheit
Eine Einführung
2006. 244 Seiten.
(978-3-497-01867-3) kt

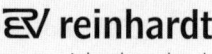

ℝV reinhardt
www.reinhardt-verlag.de

Hans-Uwe Otto / Hans Thiersch (Hg.)
Handbuch Sozialarbeit/Sozialpädagogik

Unter Mitarbeit von Karin Böllert, Gaby Flösser, Cornelia Füssenhäuser und Klaus Grunwald
3. Aufl. 2005. 2062 Seiten. (978-3-497-01817-8) gb

Umfassend und kritisch – diese Schlagworte charakterisieren ein Handbuch, das seit Jahren ein unverzichtbarer Bestandteil Sozialer Arbeit ist. Das Nachschlagewerk ist für die tägliche Arbeit und für das Studium sinnvoll strukturiert: Die über 200 Beiträge sind alphabetisch sortiert – von Abweichung über Handlungskompetenz bis Zivilgesellschaft. Mit dem systematischen Verzeichnis können Sie schnell auf inhaltlich verwandte Beiträge zugreifen. Ein ausführliches Register hilft Ihnen bei der gezielten Suche nach Stichwörtern. In jedem Artikel sind die zentralen wissenschaftlichen Erkenntnisse zusammengefasst, die Handlungsfelder der Sozialen Arbeit werden lebendig und die Autoren entwerfen Perspektiven für die künftige Arbeit.

ℰⱽ reinhardt
www.reinhardt-verlag.de

Caterina Gawrilow
ADHS

2009. 88 Seiten. 11 Abb. Innenteil zweifarbig.
UTB-Profile (978-3-8252-3289-4) kt

Die Autorin gibt einen fundierten Überblick über den aktuellen Forschungsstand zur Aufmerksamkeitsdefizit-/Hyperaktivitätsstörung (ADHS) und beschreibt die drei Kernsymptome Unaufmerksamkeit, Hyperaktivität und Impulsivität. Diagnostik, Verlauf über die Lebensspanne und Behandlungsmöglichkeiten sind weitere Schwerpunkte.

ℝ/ **reinhardt**
www.reinhardt-verlag.de

Hannes Brandau / Manfred Pretis / Wolfgang Kaschnitz
ADHS bei Klein- und Vorschulkindern

(Beiträge zur Frühförderung interdisziplinär; 9)
2. Aufl. 2006. 191 Seiten. 19 Abb. 13 Tab.
(978-3-497-01681-5) kt

Hyperaktive Klein- und Vorschulkinder sind eine besondere Herausforderung: nicht nur für Eltern, sondern auch für Pädagogen und Therapeuten. Welche Förderung brauchen diese Kinder? Wie können Eltern kompetent beraten werden? Diesen Fragen gehen die Autoren in ihrem fachlich fundierten Buch nach. Anschaulich informieren sie über Ursachen von Hyperaktivität und geben mögliche Erklärungsversuche. Aus aktuellen Forschungsergebnissen leiten sie praktische Hilfen für Prävention und frühe Förderung ab. Dabei stellen sie spieltherapeutische Interventionen vor und geben Tipps für die Elternberatung und Spielangebote in der Gruppe, die durch viele konkrete Fallbeispiele illustriert sind.

ℝ/ reinhardt
www.reinhardt-verlag.de

Günther Opp / Michael Fingerle (Hg.)
Was Kinder stärkt

Erziehung zwischen Risiko und Resilienz
3. Aufl. 2008. 322 Seiten.
(978-3-497-01908-3) kt

Kinder sind verletzlich – zahlreiche Risikofaktoren können sie in ihrer Entwicklung beeinträchtigen. Manchmal können Kinder auch schwierigste Lebenssituationen erfolgreich bewältigen – dann spricht man von „Resilienz". Wissenschaftler aus verschiedensten Disziplinen und Ländern stellen aktuelle Ergebnisse der Resilienzforschung vor und leiten neue Wege der (heil-)pädagogischen Förderung von Kindern ab.

℞ reinhardt
www.reinhardt-verlag.de

Otto Speck
Soll der Mensch biotechnisch machbar werden?

Eugenik, Behinderung und Pädagogik
2005. 183 Seiten. (978-3-497-01787-4) kt

Das Zeitalter der Biotechnik verheißt einen neuen Menschen, der sein Schicksal in die eigene Hand nehmen kann: Durch Eingriffe in sein Genom können erbliche Krankheiten oder Behinderungen verhindert werden. Die neue Eugenik tritt in einem liberalen Gewande auf und gibt sich hilfreich. Aber erzeugt sie nicht gerade über wirtschaftliche Interessen einen ungeheuren sozialen Druck? Gegenüber den euphorischen Verheißungen der neuen Eugenik will das Buch die gesellschaftlichen und pädagogischen Folgen aufzeigen, die sich aus einer in Aussicht gestellten Machbarkeit des Menschen und damit seiner Instrumentalisierung ergeben.

ℛ reinhardt
www.reinhardt-verlag.de

Annette Leonhardt (Hg.)
Wie perfekt muss der Mensch sein?

Behinderung, molekulare Medizin, Ethik
2004. 214 Seiten. 3 Abb. 11 Tab. (978-3-497-01658-7) kt

Der Einsatz modernster Methoden in der Biomedizin eröffnet dem Menschen scheinbar unbegrenzte Möglichkeiten. Der Glaube an die Machbarkeit oder – je nachdem – Vermeidbarkeit ist ungebrochen. Der Erwartungsdruck in Richtung „Perfektionierung" des Menschen wird größer. Droht damit nicht der Abweichende, der Andere eklatant oder subtil stigmatisiert zu werden? Im Buch werden Aspekte von Ethik, molekularer Medizin und Behinderung von hochkarätigen Fachleuten diskutiert, die zum Teil Mitglieder des Nationalen Ethikrates sind. Neben Vertretern der Sonderpädagogik, Molekularbiologie und Medizin äußern sich Wissenschaftler der Moraltheologie, Rechtswissenschaft, Soziologie, Philosophie, Bioinformatik, Gesundheitsökonomie und Philologie.

ℝ reinhardt
www.reinhardt-verlag.de